Biblioteca "HISTÓRIA, EXPLORAÇÃO E DESCOBERTAS" — 01

Volumes Publicados:

1. *História dos Povos de Língua Inglesa* — Winston Churchill
2. *A Revolução Russa* — Alan Moorehead
3. *Memórias de Montgomery* — Mal. Montgomery
4. *Jornal do Mundo* — Vários
5. *História das Orgias* — Burgo Partridge
6. *Os Sonâmbulos* — Arthur Koestler
7. *A Revolução Francesa* — Georges Lefreve
8. *As Grandes Guerras da História* — H. Lidell Hart
9. *Nova Mitologia Clássica* — Mário Meunier
10. *História dos Gregos* — Indro Montanelli
11. *História de Roma* — Indro Montanelli
12. *Hernan Cortez* — S. de Madariaga
13. *Pequena História da Ciência* — W. C. Dampier
14. *De Adão à ONU* — René Sédillot
15. *Rendição Secreta* — Allen Dulles
16. *A Angústia dos Judeus* — E. H. Flannery
17. *Idade Média: Treva ou Luz?* — Indro Montanelli e R. Gervaso
18. *Itália: Os Séculos Decisivos* — Indro Montanelli e R. Gervaso
19. *Itália: Os Séculos de Ouro* — Indro Montanelli e R. Gervaso
20. *Hitler e a Rússia* — Tumbull Higgins
21. *Síntese Histórica do Livro* — J. Barbosa Mello
22. *Ruínas Célebres* — Herman e Georg Schreiber
23. *Impérios Soterrados* — Herman e Georg Schreiber
24. *Romance e Arqueologia* — P. E. Cleator
25. *Autobiografia de Benjamin Franklin* — Benjamin Franklin
26. *A Declaração de Independência* — Carl L. Becker
27. *Hitler: Autodestruição de Uma Personalidade* — H. D. Röhrs
28. *Israel: Do Sonho à Realidade* — Chaim Weizmann
29. *A Conspiração Mundial dos Judeus: Mito ou Realidade?* — Norman Cohn
30. *A Longa Marcha* — Simone de Beauvoir
31. *De Leste a Oeste* — Arnold Toynbee
32. *A Manipulação da História no Ensino e Meios de Comunicação* — Marc Ferro
33. *Japão — Passado e Presente* — José Yamashiro
34. *História da Cultura Japonesa* — José Yamashiro
35. *Os Astrônomos Pré-Históricos do Ingá* — F. C. Pessoa Faria
36. *Choque Luso no Japão dos Séculos XVI e XVII* — José Yamashiro
37. *João Paulo II* — Jean Offredo
38. *História da Bíblia* — G. S. Wegener
39. *A Papisa Joana* — Rosemary e Darrol Pardoe
40. *História dos Samurais* — José Yamashiro
41. *A Língua de Camões* — José Verdasca
42. *Raízes da Nação Brasileira* — José Verdasca

Direitos desta
edição reservados à

IBRASA
Instituição Brasileira de Difusão Cultural Ltda.

Rua 13 de Maio, 446
Fone/Fax: (0xx11) 3284 8382
CEP: 01327-000 – São Paulo – SP
ibrasa@ibrasa.com.br
WWW.IBRASA.COM.BR

Nenhum trecho desta obra poderá ser reproduzido, por
qualquer meio, sem prévio consentimento dos editores.
Excetuam-se as citações de pequenos trechos
em resenhas para jornais, revistas ou outro
veículo de divulgação.

Tradução:
Aydano Arruda

Capa e Arte final de
Antonio Carlos Ventura

Produção Editorial:
Tania Jorge

Editoração eletrônica de
Set-up Time Artes Gráficas

Revisão
Maria Margarida Negro
Gumercindo Rocha Dorea

Titulo do Original Inglês:
A history of the english speaking peoples
Copyright by Emery Reves, 157 Route de Florissant, Genebra

Impresso em **2010**

C488h CHURCHILL, Winston S., Sir, 1874-1965
História dos povos de língua inglesa / Winston S. Churchil.
Tradução de Aydano Arruda – São Paulo: IBRASA, 2005.

448p. (História, explorações e descobertas; 1)

ISBN 85-348-0230-0

1. História. 2. Reino Unido. 3. Inglaterra
I. Título. II. Série

CDU 942

Índices para catálogo sistemático:

1. História da Inglaterra   942
2. História do Reino Unido   942

WINSTON S. CHURCHILL

HISTÓRIA
DOS POVOS DE LÍNGUA INGLESA

1
BERÇO DA INGLATERRA

Ibrasa – Instituição Brasileira de Difusão Cultural Ltda.
São Paulo – SP

Desejo registrar meus agradecimentos ao sr. F. W. Deakin e ao sr. G. M. Young pela assistência que, antes da Segunda Guerra Mundial, prestaram na preparação deste trabalho, ao sr. Alan Hodge, e ao sr. A. R. Myers, da Universidade de Liverpool, que examinara o texto à luz dos progressos subseqüentes no conhecimento histórico, e ao sr. Denis Kelly e sr. C. C. Wood. Devo também agradecer a muitos outros que bondosamente leram estas páginas e sobre elas fizeram comentários.

Pela permissão de incluir diversas citações no texto, são devidos agradecimentos aos seguintes editores: The Clarendon Press ("Roman Britain"), Messrs. Eyre & Spottiswoode, Ltd. ("The Anglo-Saxon Chronicle"), Messrs. William Heinemann, Ltd. ("Dio's Roman History", Loeb Classical Library), Messrs. Longmans, Green & Co., Ltd. ("History of the Anglo-Saxons"), Messrs. John Murray, Ltd. ("Tacitus' Annals"), Penguin Books, Ltd. ("The Conquest of Gaul").

Sumário

Prefácio, 11

LIVRO I

A RAÇA DA ILHA, 23

    1. Britânia, 25
    2. Subjugação, 38
    3. A Província Romana, 52
    4. A Ilha Perdida, 62
    5. Inglaterra, 82
    6. Os Vikings, 97
    7. Alfredo, o Grande, 111
    8. O Crepúsculo Saxônico, 133

LIVRO II

A FORMAÇÃO DA NAÇÃO, 151

    1. A Invasão Normanda, 153
    2. Guilherme, o Conquistador, 164

3. Crescimento entre Tumultos, 176
4. Henrique Plantagenet, 194
5. O Direito Comum Inglês, 208
6. Coração de Leão, 217
7. A Magna Carta, 230
8. Sobre a Bigorna, 243
9. A Mãe dos Parlamentos, 255
10. O Rei Eduardo I, 265
11. Bannockburn, 286
12. Escócia e Irlanda, 294
13. O Arco, 304
14. A Morte Negra, 321

LIVRO III

O FIM DA ERA FEUDAL, 333

1. O Rei Ricardo e a Revolta Social, 335
2. A Usurpação de Henrique Boling Broke, 355
3. O Império de Henrique V, 363
4. Joana D'Arc, 374
5. York e Lancaster, 383
6. As Guerras das Rosas, 397
7. As Aventuras de Eduardo IV, 412
8. Ricardo III, 431

MAPAS E GENEALOGIAS

Bretanha romana, 49
Inglaterra saxônica do século VIII, 117
Inglaterra durante as invasões dinamarquesas, 117
Casa de Wessex, 137
Dinastias Normanda e Plantageneta, 184
Possessões de Henrique II, 199
França em 1360, 318
Possessões inglesas na França no reinado de Henrique V, 371
Casas de York e Lancaster, 394
Inglaterra e Gales durante as Guerras das Rosas, 402

PREFÁCIO

oi há quase vinte anos que eu fiz os preparativos de que resultou este livro. Quando irrompeu a guerra, cerca de meio milhão de palavras já estavam devidamente entregues. Naturalmente, havia ainda muita coisa a fazer em matéria de revisão, quando eu fui para Almirantado, em 3 de setembro de 1939. Tudo isso foi deixado de lado. Durante quase seis anos de guerra e um período ainda mais longo, no qual estive ocupado com minhas memórias de guerra, o livro ficou pacificamente esquecido. Somente agora, quando as coisas se acalmaram, é que apresento ao público uma *História dos Povos de Língua Inglesa*.

Se antes havia necessidade dele, certamente a necessidade não desapareceu. Pela segunda vez neste século, o Império Britânico e os Estados Unidos ergueram-se juntos para enfrentar os perigos da guerra na mais ampla escala já conhecida pelos homens e, depois que os canhões cessaram de disparar e as bombas deixaram de explodir, nós nos tornamos mais conscientes de nosso dever comum para com a raça humana. O idioma, a lei e os processos pelos quais chegamos a existir já proporcionavam um alicerce sem igual para que nos uníssemos e executássemos uma tarefa conjunta. Quando comecei, eu pensava que tal união poderia influenciar notavelmente o destino do mundo. Certamente acho que a necessidade disso não diminuiu em qualquer sentido nos vinte anos transcorridos.

Pelo contrário, o tema do trabalho adquiriu vigor e realidade ao mesmo tempo que se alargou o pensamento humano. Numerosas pessoas de ambos os lados do Atlântico e em toda a Comunidade de Nações Britânicas experimentaram um sentimento de fraternidade. Uma nova geração está aí. Adotaram-se muitas medidas práticas que nos levam para a frente. Pensar principalmente nos povos de língua inglesa de maneira alguma implica qualquer sentido de restrição. Não significa canalizar o desenvolvimento dos negócios mundiais, nem impede a construção de estruturas como a Europa Unida ou outros agrupamentos semelhantes que possam encontrar lugar na organização mundial que instituímos. Antes ajuda a dar-lhes vida e verdade. Há um crescente sentimento de que os povos de língua inglesa poderão apontar com o dedo o caminho se as coisas correrem bem e poderão naturalmente defender-se, até onde cheguem as forças de qualquer de nós, se as coisas correrem mal.

Este livro não pretende fazer concorrência aos trabalhos dos historiadores profissionais. Objetiva antes apresentar uma opinião pessoal sobre os processos pelos quais os povos de língua inglesa em todo o mundo conseguiram sua posição e natureza características. Escrevo sobre coisas do nosso passado que me parecem significativas e o faço não sem alguma experiência de acontecimentos históricos e violentos do nosso próprio tempo. Emprego a expressão "povos de língua inglesa" porque não há outra que se aplique ao mesmo tempo aos habitantes das Ilhas Britânicas e aos daquelas nações independentes que derivam da Inglaterra seus princípios, seu idioma e muitas de suas instituições, e que agora os preservam, alimentam e desenvolvem por seus próprios meios.

Este primeiro volume traça a história dos povos de língua inglesa desde os primeiros tempos até as vésperas da descoberta do Novo Mundo pelos europeus. Conclui no campo de Bosworth, com a última batalha da tumultuosa Idade Média Inglesa. O ano é 1485 e uma nova dinastia acaba de subir ao trono inglês. Sete anos mais tarde, Colombo desembarcava nas Américas e, a partir dessa data, 1492, tem início uma nova era na história da humanidade.

Nossa história centraliza-se numa ilha, separada do continente por distância não muito grande e de tal maneira inclinada que suas montanhas ficam todas no oeste e no norte, enquanto o sul e o leste formam uma planície suavemente ondulada, com vales florestados, campinas abertas e rios preguiçosos. É muito acessível ao invasor, venha ele em paz ou em guerra, com pirata ou mercador, como conquistador ou missionário. Aqueles que aqui moram não são insensíveis a qualquer transferência de poder, a qualquer mudança de religião ou mesmo de modas, no Continente, mas dão o seu próprio e peculiar cunho e toque a toda prática, a toda doutrina que recebem do exterior. Uma província do Império Romano, desligava e abandonada para que afundasse ou flutuasse na grande convulsão da Idade Média; reunida à Cristandade e dela quase arrancada mais uma vez pelo dinamarquês pagão; vitoriosa, unida, mas exausta, cedendo, quase sem resistência, ao conquistador normando; submersa, poderia parecer, dentro da augusta estrutura do feudalismo católico, mas ainda assim capaz de reaparecer com uma individualidade própria. Nem sua civilização nem seu idioma são completamente latinos ou completamente germânicos. Possui um conjunto de costumes que, tenham sido quais forem as suas fontes básicas – direito comum trazido de além dos mares pelos dinamarqueses e, antes deles, pelos saxões, máximas de jurisprudência civil colhidas nos códigos romanos –, está sendo fundido numa Lei Comum. Esta é a Inglaterra do século XIII, o século da Magna Carta e do primeiro Parlamento.

Olhando para trás, através dos nevoeiros do tempo, podemos discernir vagamente os homens da Velha Idade da Pedra e da Nova Idade da Pedra, os construtores dos grandes monumentos megalíticos; os recém-chegados da Renânia, com suas taças e suas ferramentas de bronze. De pé sobre uma planície gramada, onde agora se situa Dover, e apontando para o vale a seus pés, um deles poderia ter dito ao seu neto: "O mar chega àquela enseada até mais alto do que chegava quando eu era menino". E o neto talvez tivesse vivido para observar uma maré enchente, um trovejante turbilhão de água branca, inundando o vale de ponta a ponta, escavando em suas orlas gramadas escarpadas arestas de greda e ligando o mar do Norte ao Canal. Não houve mais, daí por diante, incursões vadias de pequenos clãs à procura de caça ou de plantas alimentícias, vindas das planícies da França ou da Bélgica; não houve mais pequenas aventuras em frágeis canoas através de acanhados estreitos de águas paradas. Aqueles que agora chegavam vinham em navios e precisavam ser corajosos e prudentes para enfrentar e vencer os nevoeiros do Canal, as marés do Canal e tudo quanto ainda pudesse existir além deles.

Repentinamente, o nevoeiro se dissipa. Por um momento, a Ilha ergue-se à plena luz do dia histórico. Em si própria, a invasão da Grã-Bretanha por Júlio César foi um episódio que não teve conseqüências; mostrou, porém, que o poderio de Roma e a civilização do mundo mediterrâneo não estavam necessariamente limitados pela costa do Atlântico. O desembarque de César em Deal fechou o abismo que a natureza escavara. Durante um século, no qual o mundo romano se estava reduzindo a pedaços em guerra civil ou se recuperando lentamente sob uma nova forma imperial, a Grã-Bretanha permaneceu incomodamente colocada entre o isolamento e a união com o Continente, mas absorvendo, através do comércio e do intercâmbio pacífico, algo da cultura comum do Ocidente. No final, Roma deu a ordem e as legiões embarcaram. Durante quase quatrocentos anos, a Grã-Bretanha tornou-se uma província romana. Esse período considerável foi caracterizado em grande parte do tempo por aquela profunda tranqüilidade que deixa pouca coisa para ser registrada na história. Apresenta-se sereno, luminoso e calmo. E que restou dele? Nobres estradas às vezes invadidas pela mata; o estupendo trabalho da Muralha Romana, fendida e desmoronada; fortalezas, cidades-mercados, casas de campo, cujas ruínas os que vieram depois contemplaram com respeito. Contudo, da língua romana, da lei romana, das instituições romanas, dificilmente restou um vestígio. Estaríamos, porém, enganados se supuséssemos por isso que a ocupação romana pode ser deixada de lado com um incidente sem conseqüências. Ela deu tempo à fé cristã para que se instalasse. Bem longe no Oeste, embora separado do mundo pela larga inundação do batismo, lá ficou, cruelmente sitiado, mas defendido por suas montanhas, um minúsculo reino cristão. O Cristianismo britânico converteu a Irlanda. Da Irlanda, a fé cruzou de novo o mar até a Escócia. Assim, os recém-chegados foram envolvidos pela velha civilização; enquanto em Roma homens se lembravam de que a Grã-Bretanha fora cristã em certa época e poderia voltar a ser cristã.

Esse mundo insular não ficou completamente isolado do continente. Os moradores do sudeste, pelo menos, mantiveram certo intercâmbio com seus primos francos através do estreito e por aí vieram os missionários romanos.

Trouxeram com eles um novo conjunto de crenças que, depois de breve, mas obstinada resistência, aqui e acolá, foi aceito com surpreendente prontidão. Trouxeram uma nova ordem política, uma Igreja que iria ter seus próprios governantes, seus próprios funcionários e suas próprias assembléias, e fazem suas próprias leis, todas as quais de um modo ou de outro teriam de ser adaptadas aos costumes antigos do povo inglês. Plantaram a semente de um grande problema, o problema da Igreja e do Estado que se desenvolveria até quase despedaçar, mil anos mais tarde, os alicerces de ambos. Entretanto, isso tudo fica no futuro. O que importava no momento era que com sua conversão a Inglaterra se tornara mais uma vez parte do Mundo Ocidental. Logo, missionários ingleses estariam em ação no Continente; peregrinos ingleses abriram caminho através dos Alpes para ver as maravilhas de Roma; entre eles iriam príncipes ingleses, os quais, concluída sua tarefa neste mundo, desejariam que seus ossos repousassem perto do túmulo dos Apóstolos.

E isso não era tudo, pois o povo inglês dispunha agora de uma instituição que superava todas as distinções locais de idioma, costumes ou mesmo soberania. Fossem quais fossem as disputas entre os reinos, a Igreja era una e indivisível; seus ritos eram iguais em toda parte e seus ministros eram sagrados. O reino de Kent pode ter perdido sua antiga primazia, Northumbria cedeu lugar a Mercia; mas Canterbury e York permanecem. É impressionante o contraste entre os anais seculares dessas gerações, com seus magros e tediosos registros de pilhagens e massacres, e as brilhantes realizações da Igreja inglesa. O maior erudito na Cristandade era um monge de Northumbria. O mais popular estilista era um abade da Saxônia Ocidental. O Apóstolo da Alemanha foi Bonifácio, de Devon. O renascimento do ensino no Império de Carlos Magno foi dirigido por Alcuin, de York.

Contudo, a esta civilização jovem, florescente e imatura, faltava, uma sólida defesa militar. O Norte estava agitado de novo: da Dinamarca até o Báltico, até os fiordes noruegueses, as galeras de piratas estavam mais uma vez avançando em busca de pilhagens e de novos lares para uma população congestionada. Uma ilha sem esquadra, sem um soberano para comandar sua força dispersa, rica em peças de ouro, em graciosos trabalhos de metal e em bordados raros, tudo guardado em igrejas e mosteiros indefesos, era uma presa que os homens pagãos podiam considerar como reserva para eles a qualquer momento em que dela se quisessem apossar. Aqueles rios largos e preguiçosos da planície inglesa convidavam suas galeras a penetrarem até o próprio coração do país. E, uma vez em terra, como poderiam camponeses apressadamente convocados das lavouras resistir à rápida e disciplinada marcha de bandos armados, montados ou a pé? Quando a tempestade irrompeu, o Norte, o Midlands, o Leste, caíram sob sua fúria. Se Wessex tivesse sucumbido, tudo estaria perdido. Gradualmente, porém, se tornou manifesto que os invasores tinham vindo, não apenas para devastar, mas também para instalar-se.

Finalmente, o furacão amainou e os homens puderam fazer o balanço de suas perdas. Uma larga faixa de terra, ao longo do centro da costa oriental e estendendo-se para o interior até Derby, estava nas mãos dos dinamarqueses; marinheiros transformavam-se em lavradores, mantendo-se ainda unidos como um exército. Contudo, Londres, que já era um dos grandes portos do norte da Europa, havia sido salva, bem como todo o Sul, e ali estavam a sede e o poderio da casa real. Os laços com o Continente não foram cortados. Ano após ano, às vezes por tratado, outras vezes por renhida luta, a dinastia do rei Alfredo trabalhou para firmar sua ascendência e reunir o país. Foi tão bem-sucedida que a substituição temporária de um rei inglês por outro dinamarquês pouca marca deixou na história. Este último também era cristão; ele também fez a peregrinação a Roma. Depois desse breve intervalo, a velha linhagem voltou ao trono e nele poderia ter permanecido de geração para geração. No entanto, em três curtos meses de inverno, entre outubro e o dia do Natal de 1066, ocorreu o espantoso acontecimento. O governante de uma província francesa – que não era a maior, nem a mais poderosa – atravessou o Canal e tornou-se rei da Inglaterra.

A estrutura em que os normandos entraram pela violência era um reino, reconhecido por todos quantos falavam o inglês do Rei e reivindicando também uma vaga soberania sobre os galenses e os escoceses. Era governado, podem dizer, pelo Rei em Conselho, e o Conselho consistia em seus homens sábios, leigos e clérigos; em outras palavras, bispos e abades, grandes proprietários de terra e funcionários da Casa Real. E tudo isso não fugia em sentido algum ao padrão comum de todos os reinos construídos com os fragmentos do Império Romano. Vinha demostrando também, desde quando morrera o último dos reis fortes, uma perigosa tendência a dividir-se em províncias ou condados, à custa da Coroa e da unidade da nação; tendência apenas, porque persistia a noção de que o reino era uno e indivisível, e a Paz do Rei pairava igualmente sobre todos os homens. Dentro dessa paz, o homem estava ligado ao homem por uma complicadíssima rede de direitos e deveres, que podiam variar quase indefinidamente de "shire" para "shire" e mesmo de aldeia para aldeia. Em geral, porém, a doutrina inglesa era a de que um homem livre podia escolher seu lorde, segui-lo na guerra e trabalhar para ele na paz; em troca, o lorde devia protegê-lo contra a invasão de vizinhos e apoiá-lo nas cortes de lei. Ainda mais, o homem podia passar de um lorde para outro e obter sua terra de seu novo lorde. E esses lordes, tomados em conjunto, eram a classe dominante. Os maiores deles, como vimos, tinham assento no Conselho do Rei. Os menores eram os magnatas locais, que assumiam a liderança no "shire" ou "hundred"; e, quando os homens livres se reuniam no tribunal do "shire" ou "hundred" para decidir sobre o certo e o errado de uma questão, era a sua voz que exercia influência. Não podemos ainda falar de uma grande nobreza e uma pequena nobreza, porque os saxões faziam aguda distinção entre nobres e camponeses, e não havia ainda lugar para qualquer classe média. Mas lá estavam as potencialidades de uma pequena nobreza, que se concretizaria no futuro.

Esse era o estado da Inglaterra quando sobre ela foi imposta a nova ordem normanda. O Conquistador assumiu todos os direitos dos antigos reis, mas seu Conselho era agora formado principalmente de franceses de nascimento e de linguagem. A tendência para a divisão em províncias foi contida; a Paz do Rei estava em toda parte. Entretanto, o cambiante padrão de relações é drasticamente simplificado para adaptar-se à doutrina normanda, mais avançada ou mais lógica, de que a ligação do homem ao lorde não é apenas moral e legal, mas também material, de modo que a posição de cada homem pode ser fixada pela terra que possui e pelos serviços que presta, se for um rendeiro, ou que pode exigir, se for um lorde. Nos tempos normandos, de maneira muito mais definida do que no período saxônico, a classe governante é uma classe de proprietários de terras.

Apesar de sua violenta reanexação ao Continente e de sua fusão no feudalismo comum do Ocidente, a Inglaterra conservou uma positiva individualidade, manifestada em instituições que se modelaram nos quinhentos ou seiscentos anos transcorridos desde sua separação e que estavam predestinadas a ter um desenvolvimento notável. A antiga nobreza inglesa de cargo cedeu lugar à nobreza normanda de fé e de riqueza territorial. A gente menos importante prosperava numa obscuridade pacífica, mas movimentada, na qual logo se misturaram ingleses e normandos; e dela sairiam na devida oportunidade os Grandes Jurados, os Juízes de Paz, os cavaleiros do "shire"; e finalmente ela ofuscaria, em poder senão em dignidade, a nobreza e mesmo a própria Coroa. Esses dias ainda estão distantes. Entrementes, podemos retratar o Governo da Inglaterra no reinado de Henrique II. Uma monarquia forte, alcançando através de seus juízes e xerifes todos os cantos da terra; uma Igreja poderosa, que chegara com a Coroa a um acordo pelo qual os direitos de ambas as partes são reconhecidos; uma nobreza rica e voluntariosa, que a Coroa é obrigada pelo costume a consultar em todas as questões de Estado; um corpo maior de nobres rurais pelos quais é exercida a administração local; e a Casa Real com seu pessoal, formado de homens experimentados em direito e finanças. A isso devemos acrescentar os "boroughs", que estão crescendo em riqueza e importância, agora que a paz mantida, as estradas e as vias marítimas são seguras e o comércio é florescente.

Parando neste ponto e perscrutando o futuro, vemos quanta coisa depende da personalidade do soberano. No período posterior à Conquista, tivemos três poderosos governantes: em Guilherme, um príncipe-soldado implacável e decidido, que estampou na terra o padrão normando; em seu filho Henrique I, um administrador paciente e de longa visão; no neto de Henrique, o segundo Henrique, um grande estadista que percebeu que a unidade nacional e o poder da Coroa estavam unidos e que ambos só podiam ser servidos oferecendo, por um preço, justiça igual para todos os homens e impondo-a pela autoridade real. Certas tensões estão-se formando naquele compacto tecido da Inglaterra dos Plantagenet. A Coroa está fazendo forte pressão sobre a nobreza; a Casa Real está começando a expulsar os antigos conselheiros do reino. Precisamos de um rei forte que mantenha a lei, mas um rei justo que a mantenha não apenas para seu enriquecimento e engrandecimento pessoal, mas para o bem de todos.

Com o rei João entramos num século de experiência política. Quem quer que, na infância, tenha ouvido falar na Magna Carta, tenha lido com que interesse e reverência uma cópia dela foi mais tarde recebida em Nova Iorque, e que a examine pela primeira vez, ficará estranhamente desapontado e talvez chegue a concordar com o historiador que propôs traduzir seu título não como a Grande Carta de Liberdades, mas como a Longa Lista de Privilégios – privilégios da nobreza à custa do Estado. A razão está em que nossa noção de lei é completamente diferente da de nossos antepassados. Pensamos na lei como em algo que muda constantemente para atender às nossas circunstâncias; reprovamos um governo que se mostre lento em aprovar nova legislação. Na Idade Média, as circunstância mudavam muito gradualmente; o padrão da sociedade era fixado pelo costume ou por decreto divino, e os homens pensavam na lei mais como num padrão fixo pelo qual pudessem ser impostos ou determinados os direitos e deveres em caso de injustiça ou disputa.

A Grande Carta não é, portanto, no sentido que nós damos às palavras, um instrumento legislativo ou constitucional. Trata-se de uma declaração acordada sobre o que é a lei, entre o rei e seus barões; e muitas das provisões que nos parecem insignificantes e técnicas indicam os pontos nos quais o rei invadira os antigos direitos dos barões. Talvez, por seu turno, os barões vitoriosos tenham invadido indebitamente os direitos da Coroa. Na ocasião, ninguém considerou a Carta como uma solução final para todas as questões importantes, e sua importância está, não nos detalhes, mas na ampla afirmação do princípio de que existe uma lei à qual a própria Coroa está sujeita. *Rex non debet esse sub homine, sed sub Deo et lege* – o Rei não deve estar subordinado ao homem, mas a Deus e à lei. Isto pelo menos é claro. Ele tem sua esfera de ação, dentro da qual está livre do controle humano. Se sair fora dela, deve ser levado de volta. E fora dela sairá se, ignorando o antigo conselho do reino e recusando aceitar o conselho de seus homens sábios, tentar governar por intermédio de sua Casa Real, de seus favoritos ou de seus funcionários.

Em outras palavras, o governo pessoal, com todas as suas latentes possibilidades de opressão e capricho, não pode ser duradouro. Todavia não é fácil impedi-lo. O Rei é forte, mais forte do que qualquer grande lorde e mais forte do que a maioria das combinações de grandes lordes. Para que a Coroa seja mantida dentro de seus devidos limites, é preciso encontrar uma base de resistência mais ampla do que os antigos privilégios da nobreza. Mais ou menos nessa época, em meados do século XIII, começamos a ter uma nova palavra: Parlamento. Tem um significado muito vago e aqueles que a usaram pela primeira vez ficariam espantados se pudessem prever o que ela viria a significar um dia. Gradualmente, porém, difundiu-se a idéia de que não é suficiente que o Rei "discuta as coisas" com seu próprio Conselho, de modo que, por outro lado, não é suficiente que os barões insistam apenas em que seus direitos sejam considerados no Conselho do Reino. Embora muitas vezes afirmem que falam pela comunidade do reino, na realidade representam apenas a si próprios, e o rei afinal de contas representa todo o povo. Então por que não convocar a nobreza menor e os burgueses? Eles são sempre usados em questões locais. Por que não usá-los nos assuntos nacionais? Levemo-los a Westminster, dois cavalheiros de cada "shire", dois comerciantes de cada "borough". O que irão fazer quando lá chegarem ninguém sabe com precisão. Talvez para ouvir enquanto os melhores do que eles falarem; para fazê-los conhecer as queixas do campo; para discutir as coisas entre si por trás dos bastidores; para saber quais são as intenções do rei com referência à Escócia e à França; e para pagar mais satisfeitos pelo fato de saber. É uma instituição muito delicada, esse Parlamento. Nada há de inevitável em seu desenvolvimento e poderia ter sido abandonado com uma experiência que não merecesse ser continuada. Mas criou raízes. Depois de duas ou três gerações, um estadista prudente não pensaria em governar a Inglaterra sem um Parlamento mais do que sem um rei.

Os poderes efetivos do Parlamento seriam muito difíceis de definir. De maneira ampla, seu consentimento é necessário para que seja dada sanção legal a qualquer substancial ato de autoridade: uma modificação importante num costume antigo só pode ser efetuada por um Ato do Parlamento; um novo imposto só pode ser cobrado com a aprovação dos Comuns. O passar do tempo mostrará o que mais ele pode fazer. Entretanto, sua autoridade está estabilizada por uma série de acidentes. Eduardo III precisava de dinheiro para as suas guerras francesas. Henrique IV necessitava de apoio para a conquista da Coroa. E nas Guerras das Rosas, ambas as partes em luta desejavam para suas ações uma sanção pública, que só o Parlamento podia dar.

Assim, quando no século XV a estrutura baronial pereceu em guerra partidária e civil, restou não apenas a Coroa, mas a Coroa no Parlamento, agora claramente modelado em suas duas divisões: os lordes, com assento por seu próprio direito, e os Comuns, como representantes de "shires" e "boroughs". Até agora nada mudou. Todavia, a destruição da velha nobreza, em batalha ou depois da batalha, influenciaria o equilíbrio das duas Casas; e os Comuns, cavaleiros e burgueses, representavam aqueles elementos da sociedade que mais sofriam com a anarquia e mais se beneficiavam com um governo forte. Houve uma aliança natural entre a Coroa e os Comuns. Os Comuns tinham pouca objeção a que a Coroa ampliasse suas prerrogativas à custa da nobreza, instituindo Conselho do Norte e Conselho de Gales, ou que a Câmara da Estrela exercesse uma jurisdição saneadora pelo qual o homem pequeno pudesse ser defendido contra o grande. Por outro lado, a Coroa estava suficientemente disposta a deixar a administração local confiada aos Juízes de Paz, cujo interesse eram ser leais, fazer calar os pedintes fortes e tornar-se serena e pacificamente ricos. Ainda em 1937, o serviço da Coroação proclamava o ideal do governo no Tudor, orando para que o soberano pudesse ser abençoado com "uma nobreza leal, uma "gentry" submissa e uma "commonalty" honesta, pacífica e obediente".

Assim, em fins do século XV haviam tomado forma as principais características e instituições da raça. Os rudes dialetos alemães dos invasores anglo-saxônicos haviam sido modificados antes da conquista normanda pela passagem do tempo e pela influência do latim eclesiástico. Os vocabulários foram ampliados com muitas palavras de raízes britânicas e dinamarquesas. Esse processo de ampliação e abrandamento foi grandemente apressado pela introdução do francês normando nas ilhas e a assimilação das duas línguas processou-se ao mesmo tempo. Sobrevivem escritos do começo do século XIII que o homem comum de hoje reconheceria como uma forma de inglês, embora não os pudesse compreender inteiramente. Em fins do século XIV, o século de Geoffrey Chaucer, acredita-se que mesmo os grandes magnatas haviam deixado de usar o francês como seu idioma principal e falavam habitualmente o inglês. Ademais, a linguagem não foi a única instituição que adquiriu um caráter distintivamente inglês. Ao contrário do restante da Europa Ocidental, que ainda conserva a marca e a tradição do direito romano e do sistema de governo romano, os povos de língua inglesa tinham, no final do período abrangido por este volume, conseguido um corpo de princípios legais e que poderiam ser quase chamados de democráticos, o qual sobreviveu aos levantes e ataques dos impérios francês e espanhol. Parlamento, julgamento por júri, governo local por cidadãos locais e mesmo os princípios de uma imprensa livre podem ser discernidos, pelo menos em forma primitiva, na época em que Cristóvão Colombo navegou em direção ao continente americano.

Qualquer nação ou grupo de nações tem sua própria história a contar. O conhecimento das provações e das lutas é necessário a todos quantos querem compreender os problemas, perigos, desafios e oportunidades com que nos defrontamos hoje. Não se pretende incentivar um novo espírito de supremacia ou criar, no estudo da história, uma disposição que favoreça a ambição nacional à custa da paz mundial. É possível, com efeito, que uma capacidade selecionadora interior possa conduzir ao contínuo alargamento de nosso pensamento. É com a esperança de que a contemplação das provações e atribulações de nossos antepassados possa não só fortalecer os povos de língua inglesa de hoje, mas também desempenhar papel importante na união de todo o mundo, que eu apresento este relato.

W. S. C.

Chartwell Westerham Kent

15 de janeiro de 1956

Livro I

A Raça da Ilha

CAPÍTULO

I

BRITÂNIA

o verão do ano romano de 699, hoje descrito como ano 55 antes do nascimento de Cristo, o procônsul da Gália, Caio Júlio César, voltou seus olhos para a Grã-Bretanha. No meio de suas guerras na Alemanha e na Gália, tornou-se consciente desta nublada ilha que atiçava suas ambições e já obstruía seus desígnios. Sabia que ela era habitada pelo mesmo tipo de nativos que enfrentavam as armas romanas na Alemanha, na Gália e na Espanha. Os ilhéus haviam ajudado as tribos locais na últimas campanhas ao longo do litoral norte da Gália. Pertenciam à mesma raça céltica, um tanto intensificada pela vida insular. Voluntários britânicos haviam partilhado da derrota dos Veneti nas costas da Bretanha no ano anterior. Refugiados da Gália, momentaneamente conquistada, haviam sido bem recebidos e abrigados na Britânia. Para César, a Ilha apresentava-se agora como parte integrante de sua tarefa de submeter os bárbaros do norte ao domínio e ao sistema de Roma. A terra, onde não era coberta por florestas ou pântanos, era viçosa e fértil. O clima, embora longe de ameno, era uniforme e saudável. Os nativos, embora rústicos, tinham certo valor como escravos para o trabalho pesado na terra, nas minas e mesmo em serviços domésticos. Falava-se em pesca de pérolas e mesmo em ouro. "Ainda que não houvesse tempo para uma campanha naquela estação, César pensou que seria de grande vantagem para ele visitar a ilha, para ver como eram seus habitantes e conhecer a disposição do terreno, as baías e os pontos de desembarque. Sobre isso tudo, os gauleses quase nada sabiam."[1] Outras razões também contribuíam. O colega de César no Triunvirato, Crasso, excitara a imaginação do Senado e do povo romano por sua animada marcha sobre a Mesopotâmia. Aqui, na outra extremidade do mundo conhecido, estava um empreendimento igualmente audacioso. Os romanos odiavam e temiam o mar. Por um supremo esforço de sobrevivência haviam, duzentos anos antes, vencido Cartago em seu próprio elemento no Mediterrâneo, mas a idéia de legiões romanas desembarcando na remota, desconhecida e fabulosa Ilha do vasto oceano do Norte criaria nova emoção e novo assunto em todas as camadas da sociedade romana.

Além disso, a Britânia era o principal centro da religião druídica que, em várias formas e graus, influenciara profundamente a vida da Gália e da Alemanha. "Aqueles que querem fazer um estudo do assunto", escreveu César, "geralmente vão à Grã-Bretanha com essa finalidade." O princípio antinatural do sacrifício humano era levado pelos druidas britânicos a um exagero impiedoso. Os misteriosos sacerdotes das florestas dedicavam-se junto com seus fiéis ao mais mortal sacramento que os homens poderiam aceitar. Ali, talvez, naqueles altares de madeira de uma ilha soturna, se encontrava um dos segredos, terríveis, excitantes e unificadores, das tribos da Gália. E de onde vinha esse sombrio costume? Seria talvez parte da mensagem que Cartago oferecera ao mundo ocidental antes que as legiões romanas a tivessem estrangulado em sua origem? Aqui estava pois a maior questão. A visão de César perscrutava os séculos e onde ele conquistava a civilização se firmava.

Assim, naquele verão, cinqüenta e cinco anos antes do nascimento de Cristo, César retirou seu exército da Alemanha, destruiu sua maciça e engenhosa ponte de madeira através do Reno acima de Coblenz e, durante todo o mês de julho, marchou para oeste a longos passos em direção ao litoral gaulês, aí pelas proximidades de onde se erguem as modernas Calais e Boulogne.

---

[1] César, *"The Conquest of Gaul"*, traduzida por S. A. Handford, Penguin Classics, 1951.

César via os bretões como uma ramificação mais rude e tosca das tribos celtas que haviam subjugado na Gália. Com um exército de dez legiões, menos de cinqüenta mil soldados, empenhava-se contra uma raça brava e guerreira, que certamente compreendia meio milhão de combatentes. Em seu outro flanco estavam os alemães, empurrados para oeste pela pressão feita do leste. Sua política em relação a eles era de lançar suas hordas invasoras, embora fugitivas, ao Reno sempre que investiam além dele. Embora toda guerra fosse então travada de ambos os lados apenas com ferro temperado e o domínio dependesse apenas da disciplina e capacidade de comando, César não achava que ele próprio e seus soldados fossem incapazes desses prodígios. Uma incursão à Britânia não parecia senão um pequeno acréscimo a seus trabalhos e riscos. No litoral, porém, novos problemas surgiram. Havia marés desconhecidas no Mediterrâneo; tempestades castigavam com mais freqüência e ferocidade as costas. As galeras romanas e os seus capitães estavam em contato com a violência do mar do Norte. Somente um ano antes, com notáveis dificuldades, haviam destruído a frota dos valentes e marítimos Veneti. Com foices presas à ponta de compridas lanças haviam cortado as cordas e adriças de seus belos veleiros e exterminado suas tripulações com grupos de abordagem. Haviam conquistado o domínio dos Mares Estreitos que separavam a Britânia do continente. A água salgada era agora um caminho e não uma barreira. Afora os acidentes do tempo, as marés e as correntes, sobre as quais admitia não lhe ser possível obter informações fidedignas, Júlio César não via dificuldades na invasão da Ilha. Não existia então aquela longa linha de navios batidos pela tempestade, que cerca de dois mil anos mais tarde se ergueu entre o grande conquistador corso e o domínio do mundo. Tudo quanto importava era escolher um belo dia no bom tempo de agosto, lançar algumas legiões até a praia mais próxima e ver o que havia afinal de contas naquela estranha Ilha.

Enquanto marchava do Reno, através da Gália do Norte, talvez através de Rheims e Amiens, para o litoral, César enviou um oficial num navio de guerra para espiar as costas da Ilha. Quando chegou perto do que é hoje Boulogne ou talvez na embocadura do Somme, esse capitão estava à sua espera, com outras pessoas instruídas, comerciantes, príncipes celtas e traidores britânicos, para saudá-los. César concentrara as forças que haviam derrotado os Veneti em dois portos ou enseadas mais próximos da Britânia e agora esperava um dia conveniente para o desembarque.

O que era, de fato, essa Ilha que agora, pela primeira vez na história coerente, estava para ser ligada ao grande mundo? Nos tempos atuais, desenterramos dos cascalhos de Swanscombe um crânio humano que tem certamente um quarto de milhão de anos de idade. Biologistas nele distinguem importantes diferenças em relação às cabeças que hoje contêm nossos cérebros, mas não há razão para supor que esse remoto ancestral paleolítico não fosse capaz de todos os crimes, loucuras e doenças definitivamente associados à humanidade. Evidentemente, durante períodos prolongados e quase sem movimentos, homens e mulheres, nus ou vestidos com peles de animais, vaguearam pelas florestas primitivas e chapinharam através de largos pântanos, caçando uns aos outros e a outros animais selvagens, animados, como diz bem o historiador Trevelyan[2], pelos trinados de inúmeros pássaros. Dizem que todo o Sul da Grã-Bretanha não podia, nesse período, sustentar com sua caça mais do que setecentas famílias. Ali estavam, com efeito, os senhores da Criação. Setecentas famílias, com toda aquela bela terra e nenhum trabalho, a não ser o esporte e a luta. O homem já descobrira que uma pedra era melhor do que um punho. Seus descendentes cavariam fundo na greda e no cascalho a fim de encontrar pedras do melhor tamanho e qualidade para seus machados de batalha e assim conquistar a sobrevivência. Até então, porém, ele apenas aprendera a aparar suas pedras a fim de fazer toscos instrumentos.

No fim da Idade do Gelo, as alterações no clima provocaram o colapso das civilizações caçadoras do Homem da Velha Idade da Pedra e depois de um longo período de tempo as marés de invasão trouxeram a cultura neolítica para as florestas ocidentais. Os recém-chegados tinham uma agricultura primitiva. Raspavam o solo e lançavam as sementes de capins comestíveis. Faziam covas ou tocas que enchiam com os detritos de gerações e aglomeravam-se para gozar de maior segurança. Agora construíram

---

[2] "History of England".

fortificações no cume dos montes, para onde tocavam seu gado à noite. Windmill Hill, perto de Avebury, ilustra os esforços desses engenheiros primitivos para oferecer proteção aos rebanhos e aos homens. Além disso, o homem neolítico aperfeiçoara um meio de polir suas pedras de modo a dar-lhes forma perfeita para matar. Isso oferecia grande vantagem, mas outras estavam em perspectiva.

Parece que nessa época "toda a Europa Ocidental era habitada por uma raça de homens de cabeça comprida, variando um tanto na aparência e especialmente na cor, pois eram provavelmente mais claros no Norte e mais escuros no Sul, mas na maioria dos aspectos substancialmente iguais. Nessa área de população de cabeça comprida foi introduzida uma cunha de imigrantes de cabeça redonda vindos do Leste, conhecidos pelos antropologistas como raça alpina. A maioria dos povos que invadiram a Grã-Bretanha pertencia à raça européia de cabeça comprida e tinha portanto uma semelhança geral com a gente que lá já vivia; conseqüentemente, apesar das diferenças entre esses vários recém-chegados, a tendência na Grã-Bretanha foi para o estabelecimento e conservação de um tipo de cabeça comprida toleravelmente uniforme"[3].

A grande maioria dos crânios encontrados na Grã-Bretanha, pertencentes a qualquer idade, é das variedades de cabeça comprida ou média. Apesar disso, sabe-se que o povo Beaker e outros tipos de cabeça redonda penetraram aqui e acolá e estabeleceram-se como elemento definitivo. A cremação, quase universal no fim da Idade de Bronze, destruiu todos os indícios da mistura de tipos de homens de cabeça comprida e cabeça redonda, mas sem dúvida ambos sobreviveram e, através de traços posteriores, quando nos tempos romanos o sepultamento foi adotado em lugar da cremação, antropologistas da escola mais antiga declaram-se em condições de distinguir um tipo romano-britânico característico, embora na realidade esse tipo possa ter-se estabelecido muito tempo antes da conquista romana. O aumento do conhecimento tornou menos certas essas categorias primitivas.

Nos primeiros tempos, a Grã-Bretanha era parte do Continente. Uma larga planície ligava a Inglaterra e a Holanda, e nela o Tâmisa e o Reno se

---

[3] Collingwood e Myres, "Roman Britain".

encontravam e lançavam suas águas para o norte. Devido a algum ligeiro movimento na superfície da Terra, essa planície afundou algumas centenas de pés e permitiu a entrada do oceano até o mar do Norte e o Báltico. Outro tremor, importante para nossa história, separou os rochedos de Dover dos do cabo Gris Nez, e a invasão do oceano e de suas marés criou o estreito de Dover e o canal Inglês. Quando ocorreu essa tremenda ruptura? Até recentemente, geólogos a situariam em períodos muito anteriores ao homem neolítico. Entretanto, o estudo de argilas listradas, dos depósitos de geleiras norueguesas, mostra camada por camada e ano por ano como era o clima, e a ciência moderna encontrou outros métodos de contar os séculos. Através dessas e de outras indicações, elaboraram-se escalas de tempo e clima que cobrem com tolerável precisão muitos milhares de anos da época pré-histórica. Essas escalas permitem fixar os tempos em que, devido a condições mais brandas, o carvalho substituiu o pinheiro nas florestas britânicas, e a vegetação fossilizada completa a história. Pescadores ergueram em suas redes fragmentos de árvores do fundo do mar do Norte e esses fragmentos, quando ajustados à escala climática, mostram que há menos de nove mil anos cresciam carvalhos em lugares hoje cobertos por sessenta braças de águas tempestuosas. A Grã-Bretanha era ainda pouco mais que um promontório da Europa ou era dela separada por um estreito canal de maré que gradualmente se alargou até transformar-se no estreito de Dover, quando as pirâmides estavam em construção e quando sábios egípcios exploravam diligentes as antigas ruínas de Sakkara.

Enquanto o que é hoje nossa Ilha estava ainda ligado ao Continente, outro grande aperfeiçoamento foi feito nos métodos humanos de destruição. O cobre e o estanho foram descobertos e extraídos da terra; um deles era muito mole e o outro muito quebradiço para a finalidade principal, mas, misturados pelo gênio humano, abriram a Idade do Bronze. Havendo igualdade nas outras coisas, os homens com bronze podiam derrotar os homens com pedras. A descoberta foi aclamada e a Idade do Bronze começou.

A invasão, ou melhor, a infiltração de armas e ferramentas de bronze do Continente estendeu-se por muitos séculos e somente depois de passadas vinte ou trinta gerações é que se distingue qualquer modificação digna de nota. O professor Collingwood traçou-nos um quadro do que é chamado Nova Idade de Bronze. "A Grã-Bretanha", diz ele, "era em geral um país atrasado em comparação com o Continente; primitiva em sua civilização, estagnada e passiva em sua vida, e recebendo a maioria do progresso de que gozava através de invasão e importação do exterior. Sua população vivia em fazendas isoladas ou em aldeias e cabanas, situadas em sua maior parte sobre o cascalho das margens dos rios ou no solo poroso das terras altas, com as planícies de greda ou os planaltos oolíticos, que naquela época já estavam em grande parte desprovidos da sua vegetação nativa; cada colônia era cercada por pequenas lavouras, cultivadas com um arado manual do tipo usado até há não muito tempo pelos sitiantes das Hébridas ou, na melhor das hipóteses, com um arado ligeiro puxado por bois, que raspava o solo sem virar os torrões; os mortos eram queimados e suas cinzas, conservadas em urnas, eram enterradas em cemitérios regulares. Assim, a terra era habitada por uma população camponesa estável e industriosa, vivendo da agricultura e da criação de gado, completadas, sem dúvida, pela caça e pela pesca. Fazia peças toscas de cerâmica sem roda e ainda usava pedras para coisas como pontas de flechas; entretanto, era visitada por fundidores de bronze itinerantes capazes de fazer espadas, lanças, machados com encaixes e muitos outros tipos de implementos e utensílios, como foices, ferramentas de carpinteiro, peças de metal para veículos com rodas, baldes e caldeirões. A julgar-se pela ausência de cidades e pela escassez de qualquer coisa semelhante a verdadeira fortificação, essa gente era pouco organizada para a guerra e sua vida política era simples e não desenvolvida, embora houvesse certamente uma distinção entre ricos e pobres, pois muitas espécies de objetos de metal pertencentes ao período implicam considerável grau de riqueza e luxo."

A Nova Idade de Bronze, nas partes meridionais da Grã-Bretanha, de acordo com a maioria das autoridades, começou mais ou menos no ano 1.000 antes de Cristo e durou até cerca de 400 antes de Cristo.

Nesse ponto, a marcha da invenção pôs em cena um novo fator. O ferro foi extraído e forjado. Homens armados com ferro, vindos do Continentes, entraram na Grã-Bretanha e mataram os homens do bronze. Nesse ponto, podemos reconhecer claramente através dos milênios desaparecidos um nosso semelhante. Um bípede capaz de matar outro com ferro é evidentemente, aos olhos modernos, um homem e um irmão. Não pode haver dúvida de que para esmagar crânios, sejam de cabeça comprida ou redonda, o ferro é o melhor.

A Idade do Ferro sobrepôs-se à do Bronze. Criou uma forma mais viva e elevada de sociedade, mas só muito gradualmente se impôs à população existente e os costumes desta, formados por rotina imemorial, modificaram-se muito lenta e paulatinamente. Não há dúvida de que instrumentos de bronze continuaram em uso, particularmente no Norte da Grã-Bretanha, até o último século antes de Cristo.

O impacto do ferro sobre o bronze estava em ação na nossa Ilha antes ·que sobre ela Júlio César lançasse os olhos. Lá pelo ano 500 antes de Cristo, sucessivas invasões procedentes do Continente modificaram gradualmente toda a parte Sul da Ilha. "Em geral", diz o professor Collingwood, "localidades apresentando a característica de cerâmica dessa cultura aparecem em todo o sudeste, desde Kent até Costwolds e Wash. Muitas dessas povoações indicam um modo de vida que não difere perceptivelmente daquele de seu passado do fim da Idade do Bronze; são fazendas ou aldeias, muitas vezes sem defesas, situadas entre suas pequenas lavouras sobre o cascalho da margem dos rios ou o solo poroso de terras altas, em sua maioria ainda cremando seus mortos, guardando de terras altas, em sua maioria ainda cremando seus mortos, guardando seus cereais em poços subterrâneos e moendo-os com moinhos primitivos, que ainda não eram feitos com a mó superior girando sobre a inferior; criando bois, carneiros, cabras e porcos; usando ainda instrumentos de bronze e mesmo de pedra e possuindo muito pouco ferro, mas indicando sua data por uma modificação no estilo de sua cerâmica que, todavia, é ainda feita sem a roda."

As imigrações de Idade do Ferro produziram um renascimento dos acampamentos nos cumes de montes, que haviam deixado de ser construídos desde a Idade Neolítica. Durante o terceiro e o quarto séculos antes de Cristo, numerosos desses acampamentos foram construídos nas partes habitadas de nossa Ilha. Consistiam em um baluarte simples, às vezes de pedra, mas geralmente de terra coberta de madeira e protegida por um único fosso.

Os baluartes geralmente não eram muito grandes. As entradas eram planejadas de maneira simples, embora escavações arqueológicas tenham revelado em alguns casos os restos de salas de guarda de madeira. Esse acompanhamentos não eram simples locais de refúgio. Muitas vezes eram povoações contendo residências particulares e permanentemente habitadas. Não parecem ter servido à finalidade de fortalezas de invasores em território inimigo. Pelo contrário, parecem ter surgido gradualmente à medida que os recém-chegados da Idade do Ferro se multiplicaram e desenvolveram um sistema tribal do qual posteriormente resultaram as guerras tribais.

A última das sucessivas vagas de incursões e dominações célticas que assinalaram a Idade do Ferro ocorreu no começo do primeiro século antes de Cristo. "As tribos belgas chegaram a Kent e espalharam-se por Essex, Hertfordshire e partes de Oxfordshire, enquanto outros grupos da mesma raça... mais tarde... se espalharam por Hampshire, Wiltshire, Dorset e parte de Sussex."[4] Não há dúvida de que os belgas foram, por grande margem, os mais esclarecidos invasores que até então haviam penetrado nos recessos da ilha. Eram um povo de condutores de carros e cavaleiros. Estavam menos apegados aos fortes montanhosos em que os habitantes existentes depositavam sua confiança. Construíram novas cidades nos vales, às vezes por baixo do cume do monte sobre o qual havia um velho forte. Introduziram pela primeira vez uma moeda de prata e cobre. Estabeleceram-se como uma aristocracia tribal na Grã-Bretanha, subjugando a raça mais antiga. No Leste construíram Wheathampstead, Verulam (St. Albans) e Camulodunum (Colchester); no Sul, Calleva (Silcherter) e Venta Belgarum (Winchester). Eram intimamente aparentados com os habitantes da Gália, de onde saíram. Essa raça ativa, alerta, conquistadora e dominadora estabelecia-se com facilidade e rapidez em toda parte aonde chegava e poderia ter esperado um prolongado domínio. Contudo, as passadas das legiões seguiam-na de perto e ela logo precisaria defender a presa que conquistara contra homens ainda melhores e sistemas mais aperfeiçoados de governo e de guerra.

Enquanto isso, em Roma, no centro e no cume, só existiam idéias vagas sobre as ilhas ocidentais. "Os mais antigos geógrafos acreditam que a corrente do oceano cerca toda a terra e não tem conhecimento de ilhas nela existentes." Heródoto, lá pelo ano 445 antes de Cristo, ouviu falar no estanho de misteriosas ilhas no longínquo oeste, a que chamou de

---

[4] Darby, *"Historical Geography of England"*.

Cassiterides, mas prudentemente as tratou como estando no reino da fábula. Contudo, em meados do século IV antes de Cristo, Pytheas de Marselha – sem dúvida um dos maiores exploradores da história – fez duas viagens nas quais circunavegou realmente as ilhas britânicas. Proclamou a existência das "Ilhas Pretânicas de Albion e Ierne", como a chamara Aristóteles. Pytheas foi tratado como um contador de histórias e suas descobertas só foram admiradas muito tempo depois de ter ficado no passado o mundo em que ele viveu. Entretanto, mesmo no terceiro século antes de Cristo, os romanos tinham uma concepção definida de três grandes ilhas, Albion, Ierne e Thule (Islândia). Ali tudo era estranho e monstruoso. Essas eram as orlas finais do mundo. Apesar disso, havia o comércio de estanho, no qual estavam envolvidos importantes interesses, e Polybios, escrevendo mais ou menos em 140 antes de Cristo, mostra que esse aspecto pelo menos fora plenamente discutido por escritores comerciais.

Nós estamos muito mais bem informados sobre esses assuntos do que César quando partiu de Boulogne. Aqui estão algumas das impressões que colheu:

"O interior da Grã-Bretanha é habitado por pessoas que, por força de uma tradição oral, se dizem aborígenes; o litoral, por imigrantes belgas que chegaram para saquear e fazer guerra – quase todos eles conservam os nomes das tribos de que se originaram – e mais tarde se instalaram para cultivar o solo. A população é extraordinariamente grande, o terreno densamente coberto de casas, muito semelhantes às dos gauleses, e o gado é muito numeroso. Com dinheiro, usam moedas de bronze ou de ouro, ou lingotes de ferro com pesos fixos. O estanho é encontrado na Ilha, bem como pequenas quantidades de ferro nas proximidades do litoral; o cobre que usam é importado. Há madeira de toda espécie, como na Gália, exceto faia e abeto. Consideram ilegal comer lebres, galinhas e gansos, mas criam-nos por prazer e divertimento. O clima é mais temperado do que na Gália, sendo o frio menos intenso.

"Os habitantes mais civilizados, por grande diferença, são os que vivem em Kent (um distrito puramente marítimo), cujo modo de vida difere pouco do dos gauleses. A maioria das tribos do interior não produz trigo, mas vive de leite e carne, e usa peles. Todos os bretões tingem seus corpos com pastel-dos-tintureiros, que produz uma cor azul e lhes dá uma aparência mais aterrorizadora na batalha. Usam os cabelos compridos e raspam todo o corpo, exceto a cabeça e o lábio superior. As mulheres são partilhadas entre grupos de dez ou doze homens, especialmente entre irmãos e entre pais e filhos; todavia, a prole dessas uniões é considerada como filhos do homem com quem cada mulher coabitou primeiro".

Em fins de agosto de 55 antes de Cristo, César embarcou, à meia-noite, com oitenta transportes e duas legiões. À luz da manhã, viu os rochedos brancos de Dover cobertos de homens armados. Julgou o lugar "absolutamente inadequado para desembarque", pois era possível arremessar projéteis dos rochedos para a praia. Por isso, ancorou até a mudança da maré, navegou mais sete milhas e desembarcou em Albion na praia baixa e inclinada entre Deal e Walmer. Contudo, os bretões, observando esses movimentos, acompanharam os romanos ao longo da costa e estavam prontos para enfrentá-los. Seguiu-se uma cena sobre a qual pousaram os olhos da história. Os ilhéus, com seus carros e seus cavaleiros, avançaram pela água para enfrentar o invasor. Os transportes e as belonaves de César ancoraram em águas profundas. Os legionários, incertos quanto à profundidade, hesitaram diante da chuva de dardos e pedras, mas o porta-estandarte da Décima Legião mergulhou nas ondas com o sagrado emblema da águia e César lançou suas belonaves, com suas catapultas e suas flechas, sobre o flanco britânico. Os romanos, assim encorajados e apoiados, saltaram de seus navios e, organizando suas formações da melhor forma possível, avançaram através da água em direção ao inimigo. Travou-se uma luta rápida e feroz no meio das ondas, mas os romanos alcançaram a praia e, uma vez concentrados, forçaram os bretões à fuga.

Contudo, o desembarque de César foi apenas a primeira de suas dificuldades. Sua cavalaria, que partiu três dias depois em dezoito transportes, chegou às vistas do acampamento, mas, apanhada por um temporal, foi levada canal abaixo e sentiu-se feliz por ter conseguido voltar ao Continente. A maré alta da lua cheia, que César não compreendia, causou sérios danos à sua frota ancorada. "Diversos navios", diz ele, "foram despedaçados e os demais, tendo perdido seus cabos, suas âncoras e o restante de sua cordoalha, ficaram inutilizados, o que naturalmente causou grande consternação em todo o exército. Este não tinha outros vasos nos quais pudesse voltar, nem materiais para reparar a frota; e, como ficara geralmente entendido que deveria voltar para passar o inverno na Gália, não se aprovisionara com um estoque de cereais para passar o inverno na Grã-Bretanha."

Os bretões haviam pedido a paz depois da batalha na praia, mas agora que viam a situação de seus atacantes suas esperanças renasceram e eles romperam as negociações. Em grande número, atacaram os invasores romanos. Entretanto, a legião atacada não se descuidara das precauções, e a disciplina e a armadura mais uma vez contaram sua história. Indicação de quanto alimento havia na Ilha foi o fato de duas legiões terem podido viver durante uma quinzena com o produto dos trigais próximos de seu acampamento. Os britânicos renderam-se. Seu conquistador impôs apenas condições nominais. Desmantelando muitos de seus navios para consertar os demais, César sentiu-se feliz em voltar para o Continente com alguns reféns e prisioneiros. Jamais sequer pretendeu que sua expedição tivesse sido um sucesso. Para superar sua realização, voltou no ano seguinte, desta vez com cinco legiões e alguma cavalaria transportada em oitocentos navios. Os ilhéus sentiram-se atemorizados pelo tamanho da armada. O desembarque foi realizado sem obstáculos, mas novamente o mar atacou. César havia marchado doze milhas para o interior quando foi chamado de volta pela notícia de que uma violenta tempestade destruíra ou danificara grande parte de sua frota. Foi forçado a passar dez dias arrastando todos os seus navios para a terra e fortificando o campo de que eles fizeram parte. Feito isso, reiniciou a invasão e, depois de destruir facilmente as estacadas em que os britânicos se abrigavam na floresta, atravessou o Tâmisa perto de Brentford. Entretanto, os britânicos haviam encontrado um líder no chefe Cassivellaunus, que foi um mestre de guerra nas condições prevalecentes. Mandando de volta para suas casas a massa de infantes e camponeses destreinados, acompanhou os invasores marcha por marcha com seus carros e seus cavaleiros. César faz uma descrição pormenorizada da luta com carros:

"Na luta com carros, os bretões começam por avançar por todo o campo lançado dardos, e geralmente o terror inspirado pelos cavalos e pelo barulho das rodas é suficiente para estabelecer a desordem nas fileiras de seus adversários. Em seguida, depois de abrir caminho entre os esquadrões de sua própria cavalaria, saltam dos carros retiram-se para curta distância da batalha e colocam os carros em tal posição que seus senhores, se sofrerem muito a pressão numérica, dispõem de meio fácil para retirar-se para suas próprias linhas. Assim, eles combinam a mobilidade de cavalaria com a capacidade de estabilidade da infantaria; e através de treinamentos e prática diários conseguem tal proficiência que mesmo numa íngreme encosta são capazes de controlar os cavalos em pleno galope, detê-los e virá-los num momento. Podem correr ao longo do varal do carro, ficar em pé na canga e voltar para o carro com a rapidez do relâmpago".

Cassivellaunus, empregando essas forças móveis e evitando uma batalha campal com as legiões romanas, acompanhou-as em sua incursão e isolou seus grupos de pilhagem. Nem por isso César deixou de capturar sua primeira fortaleza; as tribos começaram a entrar em acordo por si próprias, um bem idealizado plano para destruir a base de César no litoral de Kent foi derrotado. Nessa conjuntura, Cassivellaunus, com uma prudência de política comparável à de suas táticas, negociou nova entrega de reféns e uma promessa de tributo e submissão, em troca do que César se contentou de novo em abandonar a Ilha. Numa calmaria total, "ele lançou velas ao anoitecer e levou toda a sua frota para terra em segurança ao amanhecer". Desta vez, proclamou uma conquista. César teve o seu triunfo e cativos britânicos marcharam lugubremente atrás dele pelas ruas de Roma; durante quase cem anos, nenhum exército invasor desembarcou nas costas da Ilha.

Pouca coisa se sabe a respeito de Cassivellaunus, e só podemos esperar que os defensores posteriores da Ilha sejam igualmente bem-sucedidos e que suas providências sejam tão adequadas às necessidades do tempo quanto às que ele tomou. Fica-se com a impressão de um chefe prudente e hábil, cujas qualidades e realizações, não fosse o fato de terem sido reveladas num cenário bárbaro, poderiam ter-se equiparado às de Fabius Maximus Cunctator.

CAPÍTULO

2

SUBJUGAÇÃO

urante os cem anos que se seguiram à invasão de Júlio César, os habitantes das Ilhas Britânicas não foram molestados. As cidades belgas desenvolveram uma vida própria e as tribos guerreiras, entre suas destruidoras lutas, gozaram da ilusão confortadora de que ninguém as iria atacar de novo. Todavia, seus contatos com o Continente e com a civilização do Império Romano aumentaram e floresceu o comércio de uma grande variedade de artigos. Comerciantes romanos estabeleceram-se em muitas partes e levavam de volta para Roma histórias sobre a riqueza e as possibilidades da Britânia, desde que lá fosse apenas instalado um governo estável.

No ano 41 depois de Cristo, o assassínio do imperador Calígula e uma série de acidentes levaram seu tio, o apalhaçado intelectual Cláudio, ao trono do mundo. Ninguém poderia supor que houvesse no novo governante qualquer vontade coerente de conquista, mas a política de Roma era modelada pelas autoridades de departamentos altamente competentes. Desenvolvia-se em linhas amplas e, em seus diversos aspectos, atraía grande e crescente escala de apoio dos vários setores da opinião pública. Senadores eminentes expunham suas opiniões; importantes interesses comerciais e financeiros eram conciliados; e a sociedade elegante tinha um novo tópico para tagarelice.

Assim, nesse triunfante período, haviam sempre à disposição de um novo imperador diversos projetos convenientes, bem idealizados previamente e em harmonia com o sistema geralmente reconhecido de Roma, dos quais qualquer um poderia conquistar a imaginação do último detentor do poder supremo. Assim vemos imperadores elevados pelo acaso – que só se distinguiram por suas paixões desenfreadas e caprichosas, cujas cortes eram corrompidas pela luxúria e crueldade, que eram eles próprios depravados ou débeis mentais, que agiam como peões nas mãos de seus conselheiros e favoritos – decretando grandes campanhas e impondo seu selo sobre duradouros atos de salutar legislação.

As vantagens da conquista da recalcitrante ilha Britânia foram expostas ao novo monarca, cujo interesse ficou excitado. Sentiu-se atraído pela idéia de conquistar reputação militar. Deu ordens para que se executasse esse empreendimento dramático e possivelmente lucrativo. No ano 43, quase cem anos depois da retirada de Júlio César, um poderoso e bem organizado exército romano de cerca de vinte mil homens estava preparado para a subjugação da Grã-Bretanha. "Os soldados estavam indignados pela idéia de realizar uma campanha fora dos limites do mundo conhecido." Quando o liberto favorito do imperador, Narcissus, tentou dirigir-lhes a palavra, eles sentiram o insulto. O espetáculo de um antigo escravo convocado para servir de fiador de seu comandante chamou-os ao dever. Insultaram Narcissus com a lembrança de sua origem escrava, com o grito escarnecedor de "Io Saturnalia!" (porque no festival de Saturno os escravos vestiam os trajes de seus senhores e participavam dos festejos), mas apesar disso resolveram obedecer à ordem de seu chefe.

"Sua demora, porém, fizera com que sua partida ficasse tardia na estação." Foram enviados em três divisões, a fim de que não fossem embaraçados no desembarque – como poderia acontecer a uma única força – e em sua travessia sentiram-se a princípio desencorajados porque foram retardados em sua rota e depois recuperaram a coragem porque um raio de luz, erguendo-se no leste, atravessou para oeste, na direção em que estavam navegando. Assim, chegaram à Ilha e não encontraram ninguém para fazer-lhes oposição. Isso porque os bretões, como resultado de suas investigações, não esperavam que eles chegassem e, portanto, não se haviam concentrado previamente"[1]

---

[1] Dio Cassius, Livro LX.

A situação interna favorecia os invasores. Cunobelinus (o Cymbeline de Shakespeare) estabelecera uma suserania sobre o sudeste da Ilha, com sua capital em Colchester. Em sua velhice, porém, dissensões começaram a prejudicar sua autoridade e, após sua morte, o reino foi governado conjuntamente por seus filhos Caractacus e Togodumnus. Estes não eram reconhecidos em toda parte e não tiveram tempo de formar uma união do reino tribal, antes que o comandante romano, Plautius, chegasse com suas legiões. A população de Kent recorreu de novo às táticas de Cassivellaunus, e Plautius teve muita dificuldade para forçá-la à luta; todavia, quando a enfrentou, derrotou primeiro Caractacus e, em seguida, seu irmão em alguma parte do leste de Kent. Avançando depois ao longo da velha linha de marcha de César, chegou a um rio de que ainda não ouvira falar, o Medway. "Os bárbaros pensaram que os romanos não eram capazes de atravessá-lo sem uma ponte e, conseqüentemente, entrincheiraram-se de maneira bastante descuidada na margem oposta." Todavia, o general romano enviou através do rio "um destacamento de alemães que estavam acostumados a nadar facilmente com toda a sua armadura através das correntezas mais turbulentas. Estes caíram inesperadamente sobre o inimigo, mas ao invés de atirar contra os homens inutilizaram os cavalos que puxavam os carros. Na confusão que se seguiu, nem mesmo os homens montados do inimigo puderam salvar-se". Apesar disso, os britânicos enfrentaram-nos no segundo dia e só foram derrotados por ataque de flanco, depois que Vespasiano – que um dia seria imperador – descobriu um vau mais acima. Esta vitória arruinou o preparativo teatral da campanha. Plautius venceu sua batalha muito cedo e no lugar errado. Tornava-se agora necessário fazer alguma coisa para mostrar que a presença do imperador era indispensável para a vitória. Assim, Cláudio, que ficara aguardando na França o desenvolver dos acontecimentos, atravessou os mares, trazendo substanciais reforços, inclusive diversos elefantes. Uma batalha foi procurada e os romanos venceram. Cláudio voltou a Roma para receber do Senado o título de "Britannicus" e a permissão de celebrar um triunfo.

A guerra britânica, porém, continuou. Os bretões não se empenhavam em luta aberta com os romanos, mas procuravam refúgio nos pântanos e florestas, esperando cansar os invasores de modo que, como nos tempos de Júlio César, eles embarcassem de novo sem nada ter conseguido. Caractacus fugiu para a fronteira galense e, levantando suas tribos, manteve uma indomável resistência por mais de seis anos. Somente no ano 50 depois de Cristo é que foi derrotado por um novo general, Ostorius, sucessor de Plautius, que reduziu à submissão todas as regiões mais colonizadas desde o Wash até o Severn. Caractarus, escapando das ruínas de suas forças no oeste, procurou levantar os Brigantes no norte. A rainha destes, porém, entregou-o aos romanos. "A fama do príncipe britânico", escreve Suetônio, "havia por essa época se espalhado pelas províncias da Gália e da Itália; e por ocasião de sua chegada à capital romana acorreu gente de toda parte para observá-lo. O cerimonial de uma entrada foi realizado com grande solenidade. Numa planície vizinha ao acampamento romano, tropas pretorianas foram formadas em concentração marcial. O imperador e sua corte ocuparam sua posição na frente das fileiras e, por trás deles, estendia-se toda a massa do povo. A procissão começou com os diferentes troféus que haviam sido tomados aos bretões durante o desenvolvimento da guerra. Seguiram-se depois os irmãos do príncipe vencido, com sua esposa e filha, acorrentados, expressando por sua aparência e seus gestos suplicantes o temor de que estavam possuídos. Mas mesmo não acontecia com Caractarus. Com porte viril e fisionomia impávida, marchou até a tribuna onde estava sentado o imperador e dirigiu-se a ele nos seguintes termos:

"Se ao meu elevado nascimento e à minha distinta posição eu tivesse juntado as virtudes da moderação, Roma ter-me-ia considerado mais como um amigo do que como um cativo, e não teríeis rejeitado uma aliança com um príncipe descendente de ilustres ancestrais e governando muitas nações. O reverso de minha fortuna é glorioso para vós e humilhantes para mim. Eu tenho armas e homens e cavalos; possuo extraordinárias riquezas; é possível que se admire de que eu não estivesse disposto a perdê-las? Por que Roma aspira ao domínio mundial os homens devem implicitamente resignar-se à sujeição? Eu me opus por muito tempo ao progresso de vossos exércitos, e se tivesse agido de outro modo teríeis tido a glória da conquista ou eu a de uma brava resistência? Agora estou em vosso poder. Se estais decidido a tomar vingança, meu destino logo será esquecido e não tirareis honra alguma de transação. Preservai minha vida e permanecerei até a mais velha idade como um monumento de vossa clemência."

"Imediatamente após esse discurso, Cláudio concedeu-lhe a liberdade, assim como aos outros prisioneiros reais. Todos apresentaram seus agradecimentos da maneira mais agradável ao imperador; e logo que suas cadeias foram retiradas, caminhando em direção a Agripina, que estava sentado em um banco a pequena distância, repetiram-lhe as mesmas fervorosas declarações de gratidão e estima[2].

A conquista não foi concretizada sem uma terrível convulsão de revolta. "Neste ano de 61 depois de Cristo", de acordo com Tácito, "um grave desastre foi sofrido na Grã-Bretanha." Suetônio, o novo governador, empenhara-se profundamente no oeste. Transferira a base de operações do exército romano para Chester. Como esse era o centro da resistência druídica, preparou-se para atacar "a populosa ilha de Mona (Anglesey), que se tornara um refúgio de fugitivos, e construiu uma frota de barcos de fundo chato adequados aquelas águas rasas e perigosas. A infantaria atravessou nos barcos, a cavalaria passou por vaus; onde a água era muito funda os homens nadavam ao lado de seus cavalos. O inimigo alinhou-se nas praias, uma densa hoste de homens armados, intercalados com mulheres vestidas de preto com as Fúrias, com seus cabelos pendentes e segurando tochas nas mãos. Ao seu redor, havia druidas proferindo horríveis maldições e estendendo suas mãos para o céu. Essa estranha visão aterrorizou os soldados. Permaneceram imóveis, como que paralisados, oferecendo seus corpos aos golpes. Finalmente, encorajados pelo general e exortando uns aos outros a não se intimidarem diante da turba de mulheres fanáticas, avançaram com seus estandartes, esmagaram toda resistência e envolveram o inimigo com suas próprias chamas".

"Suetônio impôs uma guarnição aos vencidos e cortou os bosques dedicados às suas cruéis superstições; pois fazia parte de sua religião derramar o sangue dos prisioneiros sobre seus altares e indagar os deuses por meio de entranhas humanas."

Esta dramática cena nas fronteiras da moderna Gales foi o prelúdio de uma tragédia. O rei iceni da Ânglia Oriental havia morrido. Esperando poupar sacrifícios ao seu reino e à sua família, nomeara Nero, que substituíra Cláudio como imperador, para seu herdeiro, juntamente com suas duas filhas.

---

[2] Suetonius Tranquillus, "The Lives of the Twelve Caesars".

"Entretanto", diz Tácito, "as coisas saíram diferentes. Seu reino foi saqueado por centuriões e suas propriedades privadas por escravos, como se tivessem sido capturadas numa guerra; sua viúva, Boadicea (mencionada pelos eruditos como Boudicca), foi açoitada e suas filhas ultrajadas; os chefes icenis foram despojados de suas propriedades ancentrais como se os romanos tivessem recebido todo o país de presente e os próprios parentes do rei foram reduzidos à escravidão." Isso diz o historiador romano.[3]

A tribo de Boadicea, outrora a mais poderosa e até então a mais submissa, movimentou-se com frenesi contra os invasores romanos. Seus integrantes correram às armas. Boadicea encontrou-se à frente de um numeroso exército e quase todos os britânicos dentro de seu alcance concentraram-se sob o seu estandarte. Seguiu-se uma explosão de ódio vindo do abismo, que é uma medida da crueldade da conquista. Foi um grito de raiva contra a opressão invencível e a cultura superior que parecia emprestar-lhe forças. "Boadicea" disse Ranke, "é severa, rude e terrível."[4]

Seu monumento no Thames Embrankment, diante do "Big Ben", lembra-nos do alto grito de "Liberdade ou morte" que ecoou através das idades.

Em toda a Grã-Bretanha, havia apenas quatro legiões, no máximo com vinte mil homens. A Décima quarta e a Vigésima estavam com Suetônio em sua campanha na Gales. A Nona estava em Lincoln e a Segunda em Gloucester.

O primeiro alvo da revolta foi Camulodunum (Colchester), centro da autoridade e da religião romana, onde os veteranos recentemente estabelecidos, auxiliados pela soldadesca, que esperava licença semelhante para si própria, vinham pondo os habitantes para fora de suas casas e expulsando-os de suas terras. Os bretões foram encorajados por augúrios. A estátua de Vitória caiu com o rosto para a frente, como se estivesse fugindo do inimigo. O mar tornou-se vermelho. Estranhos gritos foram ouvidos na câmara do conselho e no teatro. Os romanos, funcionários, homens de negócio,

---

[3] Os extratos dos "Anais" de Tácito são da tradução de G. G. Ramsay; os trechos de "Agrícola" são tirados da tradução de Church e Brodibb.

[4] "History of England".

banqueiros e usurários, e os bretões, que haviam participado de sua autoridade e de seus lucros, viram-se com um punhado de soldados velhos no meio de "uma multidão de bárbaros". Suetônio estava a um mês de distância. A Nona Legião estava a cento e vinte milhas. Não houve mercê nem esperança. A cidade foi reduzida a cinzas. O templo, cujas fortes muralhas resistiram à conflagração, sustentou-se durante dois dias. Todos, romanos e romanizados, foram massacrados e tudo foi destruído. Enquanto isso, a Nona Legião estava · marchando em socorro da cidade. Depois do saque de Colchester, os bretões vitoriosos avançaram para enfrentá-la. Pela simples força do número, dominaram a infantaria romana e mataram até o último homem. O comandante, Petilius Cerialis, sentiu-se feliz em poder escapar com sua cavalaria. Essas foram as notícias que chegaram a Suetônio em Anglesey. Ele percebeu imediatamente que seu exército não podia cobrir a distância a tempo de impedir um desastre ainda maior, mas, diz Tácito, "impávido, abriu caminho através de um território hostil até Londinium, uma cidade que, embora não honrada com o título de colônia, era um movimentado empório para os comerciantes". Esta é a primeira menção feita a Londres na literatura. Embora lá tenham sido encontrados fragmentos de cerâmica gaulesa e italiana, que podem ou não ser anteriores à conquista romana, o certo é que a localidade não obteve proeminência senão quando os invasores de Cláudio levaram uma massa de fornecedores do exército e funcionários para a mais conveniente cabeça de ponte sobre o Tâmisa.

Suetônio chegou a Londres apenas com uma pequena escolta montada. Dera ordens à segunda Legião para que fosse de Gloucester para lá encontrá-lo, mas o comandante, aterrorizado pela derrota da Nona não cumpriu as ordens. Londres era uma grande cidade sem defesas, cheia de comerciantes romanos e seus sócios, dependentes e escravos britânicos. Continha um estabelecimento militar fortificado, com valiosos estoques e um punhado de legionários. Os cidadãos de Londres imploraram a Suetônio que os protegesse, mas quando soube que Boadicea, tendo perseguido Cerialis em direção a Lincoln, havia se virado e estava marchando para o sul, ele tomou a dura mas acertada decisão de deixar a cidade entregue a seu destino. O comandante da Segunda Legião havia desobedecido e ele não tinha forças para resistir às enormes massas que investiam em sua direção. Seu único recurso era juntar-se à Décima quarta e à Vigésima Legiões, que estavam marchando com toda sua capacidade de Gales para Londres, ao longo da estrada romana hoje conhecida como Watling Street. Sem se comover com as súplicas dos habitantes, deu o sinal para a marcha, recebendo entre suas linhas todos quantos quiseram acompanhá-lo.

A carnificina que caiu sobre Londres foi universal. Ninguém foi poupado, nem homem, nem mulher, nem criança. O furor da revolta concentrou-se contra aqueles de sangue britânico que se haviam entregue à lábia e as seduções do invasor. Em tempos recentes, tornando-se os edifícios de Londres mais altos e precisando de alicerces mais profundos, as máquinas escavadeiras mecânicas encontraram em muitos pontos as camadas de cinzas que assinalam o arrasamento de Londres nas mãos dos nativos da Grã-Bretanha.

Boadicea voltou-se então para Verulamium (St. Albans). Este era outro centro comercial, ao qual fora concedida alta categoria cívica. O massacre e a destruição foram totais. "Nada menos", segundo Tácito, "que setenta mil cidadãos e aliados foram mortos" nessas três cidades. "Os bárbaros não capturavam, não vendiam, nem faziam qualquer espécie de comércio habitual na guerra; nada queriam senão matar, pela espada, pela cruz, pela forca ou pelo fogo." Essas sombrias palavras descrevem-nos uma guerra implacável, como a que foi travada entre Cartago e seus mercenários revoltados, três séculos antes. Algumas eminentes autoridades modernas acham que esses números são exagerados; todavia, não há razão para que Londres não tivesse então trinta ou quarenta mil habitantes, e Colchester e St. Albans, em conjunto, população mais ou menos igual. Se os massacres no campo forem acrescentados, a estimativa de Tácito pode bem ser verdadeira. Este foi provavelmente o mais horrível episódio que nossa Ilha já conheceu. Vimos o tosco e corrompido começo de uma civilização mais adiantada ser exterminado pelo feroz levante das tribos nativas. Ainda assim, é direito primário do homem morrer e matar pela terra em que vive, e castigar com excepcional severidade todos os integrantes de sua própria raça que aqueceram suas mãos na lareira do invasor.

"E agora Suetônio, tendo com ele a Décima quarta Legião, com os veteranos da Vigésima e os auxiliares perto de seu alcance, constituindo uma força de cerca de dez mil homens plenamente armados, decidiu... pela batalha. Escolhendo uma posição num desfiladeiro fechado por trás de um bosque e tendo verificado que não havia inimigos senão à frente, onde existia um terreno aberto inadequado para emboscadas, dispôs suas legiões em ordem unida, com as tropas de armamento ligeiro nos flancos, enquanto a cavalaria era concentrada nas extremidades das alas." O dia foi sangrento e decisivo. O exército bárbaro, com um efetivo de oitenta mil homens, assistidos, como os alemães e os gauleses, por suas mulheres e crianças num pesado comboio de provisões, dispôs suas tropas, resolvido a conquistar ou perecer. Ali ninguém pensava numa conciliação subseqüente. De ambos os lados, era tudo por tudo. Com grandes desvantagens, a disciplina e a capacidade tática dos romanos triunfaram. Nenhum quartel foi dado, nem mesmo às mulheres.

"Foi uma vitória gloriosa, digna de figurar ao lado daquelas dos tempos antigos. Dizem alguns que pouco menos de oitenta mil bretões caíram, enquanto nossos mortos foram de cerca de quatrocentos, com número um pouco maior de feridos." Essas são as histórias dos vencedores. Boadicea envenenou-se. O comandante do acampamento da segunda Legião, que desobedecera seu general e privara seus homens de participação na vitória, ao receber a notícia do sucesso da Décima quarta e da Vigésima, matou-se com a própria espada.

Suetônio pensava agora apenas em vingança e, com efeito, havia muita coisa a vingar. Reforços de quatro ou cinco mil homens foram enviados da Alemanha por Nero e todas as tribos hostis ou suspeitas foram dizimadas pelo fogo e pela espada. Pior que tudo era a falta de alimentos, pois na confiante expectativa de capturar os suprimentos dos romanos os bretões haviam levado para o campo de batalha todos os homens disponíveis e deixado a terra sem semear. Ainda assim, seu ânimo não se abateu e o extermínio de toda a antiga raça britânica poderia ter-se seguido, não fossem as advertências de um novo procurador, apoiado por seus superiores no Tesouro, em Roma, que se viam na iminência de possuir um deserto ao invés de uma província. Como homem de ação, Suetônio coloca-se alto e suas decisões militares eram sólidas. Contudo, havia viva no Estado romano uma faculdade de crítica que não pôde ser atribuída apenas aos ciúmes de pessoas importantes. Sustentava-se que Suetônio fora imprudentemente ambicioso de glória militar e fora apanhado desprevenido pelo amplo levante da província, que "seus reveses eram devidos à sua própria loucura e seus êxitos à boa sorte", e que devia ser mandado um governador "liberto de sentimentos de hostilidade ou triunfo, capaz de tratar com moderação nossos inimigos conquistados". O procurador, Julius Classicianus, cujo túmulo está hoje no Museu Britânico, continuou escrevendo a Roma nesse sentido e pleiteando veementemente a pacificação dos bandos guerreiros, que ainda continuavam lutando sem procurar trégua ou mercê, passando fome e perecendo nas florestas e nos pântanos. Finalmente, foi resolvido aproveitar do melhor modo os bretões. As agitações na Alemanha e os perigos do outro lado do Reno faziam com que os próprios círculos militares de Roma se sentissem desinclinados a desperdiçar forças em regiões mais remotas. A perda, numa tempestade, de alguns dos navios de guerra de Suetônio foi aproveitada como pretexto e ocasião para sua substituição. O imperador Nero mandou um novo governador, que fez a paz com as tribos desesperadas, permitindo assim que seu sangue se perpetuasse na raça da Ilha.

Tácito faz um relato interessante da nova província:

"O cabelo vermelho e os membros grandes dos habitantes da Caledônia", diz ele, "apontam bem claramente para uma origem germânica, enquanto a tez escura dos Silures, seus cabelos geralmente ondulados e o fato de a Espanha ficar do lado oposto a eles constituem indícios de que ibéricos de uma época anterior fizeram a travessia e ocuparam aquelas partes. Aqueles que estão mais próximos dos gauleses são também semelhantes a eles, seja pela permanente influência de seu desembarque original, seja porque o clima produziu qualidades semelhantes... As crenças religiosas da Gália podem ser percebidas na superstição britânica fortemente marcada (Druidismo). A língua difere pouco. Há a mesma ousadia em desafiar o perigo e, quando ele está próximo, a mesma timidez em fugir dele. Os bretões, porém, apresentam mais ânimo, sendo um povo ainda não enervado por uma prolongada paz... Seu céu é obscurecido por contínuas chuvas e nuvens. O frio intenso é desconhecido. Os dias ultrapassam em comprimento os do nosso mundo; as noites são brilhantes e, no extremo norte, tão curtas, que entre o pôr-do-sol e a alvorada não há senão pequena distinção... Com exceção da oliva e da uva, e de plantas que geralmente crescem em climas mais quentes, o solo dá em abundância todos os produtos comuns. Eles amadurecem vagarosamente, mas crescem rapidamente, em ambos os casos por causa da excessiva umidade do solo e da atmosfera.

No ano 78 depois de Cristo, Agrícola, um governador dotado de talento e energia, foi enviado à Britânia. Ao invés de passar seu primeiro ano de exercício na costumeira excursão de cerimônia, ele se pôs em campo contra todos quantos ainda se opunham à autoridade romana. Uma grande tribo que massacrara um esquadrão de cavalaria auxiliar foi exterminada. A ilha de Mona, de onde Suetônio fora chamado pelo levante de Boadicea, foi subjugada. À capacidade militar, Agrícola unia uma humanidade de estadista. ·De acordo com Tácito (que se casou com sua filha), ele proclamava que "pouco se ganha com a conquista, se ela for seguida pela opressão". Abrandou a severidade do tributo do trigo. Encorajou e auxiliou a construção de templos, cortes de justiça e moradias. Proporcionou liberal educação aos filhos dos chefes e demonstrou "tal preferência pelas capacidades naturais dos bretões sobre o estilo mais caprichado dos gauleses" que as classes abastadas foram conquistadas e se mostraram dispostas a adotar a toga e outras modas romanas. "Passo a passo, foram levadas a práticas que criavam disposição para o vício – a ociosidade, o banho, o banquete elegante. A tudo isso, em sua ignorância, chamavam de civilização, embora não fosse senão parte de sua servidão."

Ainda que no Senado e nos círculos governantes de Roma se explicasse constantemente que a política imperial seguia o princípio do grande Augusto, segundo o qual as fronteiras deviam ser mantidas mas não ampliadas, Agrícola obteve permissão para realizar seis campanhas de expansão na Britânia. Na terceira delas, atingiu o Tyne, sendo o avanço de suas legiões apoiado em todas as fases por uma frota de suprimentos marítimos. Na quinta campanha, alcançou a linha do Forth e do Clyde; ali, nessa cintura de vespa da Grã-Bretanha, bem poderia ter-se entrincheirado. Todavia, não havia segurança ou paz permanente para a província britânica, a menos que pudesse dominar as poderosas tribos e os grandes bandos de desesperados guerreiros que haviam sido expulsos para o Norte pelo seu avanço. Com efeito, é evidente que, por sua própria vontade, jamais teria parado em qualquer direção antes de atingir o litoral do oceano. Assim, em sua sexta campanha, marchou para o Norte com todas as suas forças. A posição agora tornara-se formidável. Os infortúnios passados haviam ensinado aos bretões as penas da desunião.

Conta-nos o genro de Agrícola:

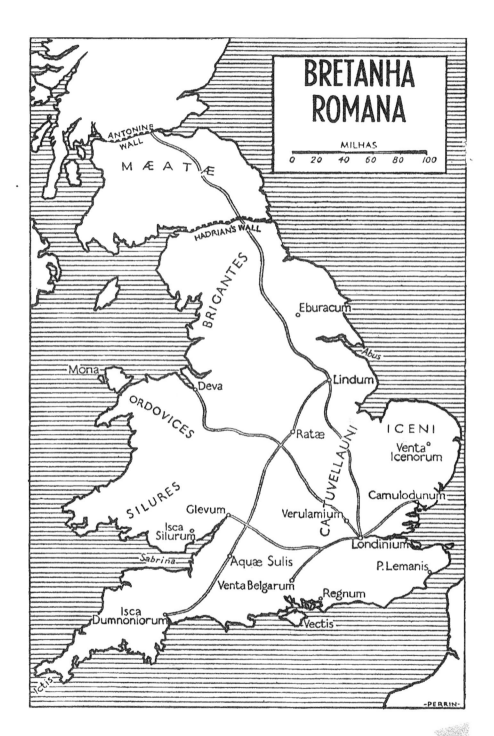

"Nosso exército, estimulado pela glória que havia conquistado, bradou que devia penetrar nos recessos da Caledônia e finalmente, numa ininterrupta sucessão de batalhas, descobriu os limites mais distantes da Grã-Bretanha. Entretanto, os bretões, considerando-se batidos não tanto por nosso valor como pelo hábil aproveitamento de uma oportunidade por parte de nosso general, nada perderam de sua arrogância, armaram sua mocidade, retiraram suas mulheres e crianças para lugar seguro e reuniram-se para ratificar, com ritos sagrados, uma confederação de todos os seus Estados".

A batalha decisiva foi travada no ano 83 depois de Cristo, em Mons Graupius, local não identificado, embora alguns sugiram que é o Passo de Killiecrankie. Tácito descreve com pormenores pouco convincentes o desenvolver dessa famosa luta. Toda a Caledônia, tudo quanto restava da Britânia, uma vasta hoste de homens derrotados e caçados, resolvidos a obter a morte ou a liberdade, enfrentou com sua superioridade de quatro ou cinco contra um as bem dirigidas legiões romanas e forças auxiliares, entre as quais sem dúvida serviam muitos britânicos renegados. É certo que Tácito exagerou muito as dimensões do exército nativo naquelas selvas, onde ele não poderia ter depósitos preparados de víveres e munições. O número, embora ainda considerável, deve ser drasticamente reduzido. Aparentemente, como em muitas batalhas, o lado derrotado foi vítima de desentendimentos e o destino do dia foi decidido contra ele antes que o grosso das forças percebesse que havia sido iniciado um encontro sério. Reservas desceram dos montes muito tarde para conseguir a vitória, mas a tempo de serem massacradas na debandada. A última resistência organizada da Grã-Bretanha contra o poderio romano cessou em Mons Graupius. Ali, segundo o relato romano, "dez mil inimigos foram mortos, e de nosso lado houve cerca de trezentos e sessenta homens". A vitória de Clive em Plassey, que assegurou para o Império Britânico um longo período de autoridade na Índia, foi conquistada com maiores desvantagens, forças inferiores e perdas menores.

Estava agora aberto o caminho para a subjugação de toda a Ilha e, se Agrícola tivesse sido encorajado ou pelo menos apoiado pelo Governo Imperial, o curso da história poderia ter sido alterado. Entretanto, para Roma, Caledônia era apenas uma sensação: a verdadeira tensão era entre o Reno e o Danúbio. Prevaleceram os conselhos de prudência e os remanescentes dos combatentes da Britânia foram deixados mofando nos nevoeiros do Norte.

Dio Cassius, escrevendo um século mais tarde, descreve como eles foram uma fonte perpétua de despesas e preocupações para as regiões estabilizadas do Sul.

"Existem duas tribos muito grandes na Grã-Bretanha: os caledonianos e os meatas. Os meatas vivem perto da muralha que corta a Ilha em duas, de um extremo a outro, e os caledonianos além deles. Ambos vivem em montes selvagens e sem água ou em planícies desoladas e pantanosas, sem muralhas, cidades ou culturas, sustentando-se com produtos pastoris e nozes que colhem. Dispõem de peixe em abundância, mas não o comem. Vivem em cabanas, andam nus e descalços, não fazem casamentos separados e criam toda a sua prole. Em sua maioria, têm um governo democrático e são muito dados ao roubo... Podem suportar a fome, o frio e toda espécie de provações; retiram-se para seus pântanos e resistem durante dias, só com a cabeça acima da superfície da água: e na floresta sustentam-se com cascas e raízes."

No selvagem Norte e Oeste, a liberdade encontrou refúgio entre as montanhas, mas nas outras partes a conquista e a pacificação foram finalmente completadas e a Britânia tornou-se uma das quarenta e cinco províncias do Império Romano. O grande Augusto proclamara como ideal imperial a criação de uma comunidade de cantões autogovernados. Cada província era organizada como uma unidade separada e dentro dela as municipalidades recebiam suas franquias e direitos. As províncias eram divididas entre as que estavam expostas à invasão ou levante bárbaro, às quais devia ser fornecida uma guarnição imperial, e aquelas que não exigiam tal proteção. As províncias militares ficavam sob a supervisão direta do imperador. As mais abrigadas eram controladas, pelo menos na forma, por intermédio do Senado, mas em todas as províncias era seguido o princípio de adaptar a forma de governo às condições locais. Nenhum preconceito de raça, língua ou religião obstruía o caráter universal do sistema romano. As únicas divisões eram as de classe e estas se estendiam sem disputa por todo o mundo ordenado. Havia cidadãos romanos, havia uma enorme massa de cidadãos não romanos e havia escravos, mas o movimento em direção à plena cidadania era possível aos membros mais afortunados da classe servil. Nessa base, portanto, desenvolvia-se agora a vida da Grã-Bretanha.

A PROVÍNCIA ROMANA

Durante quase trezentos anos a Grã-Bretanha, reconciliada com o sistema romano, gozou em muitos sentidos dos mais felizes, mais confortáveis e mais esclarecidos tempos que seus habitantes tiveram. Considerando-se os perigos das fronteiras, a força militar era modesta. A Muralha era guarnecida por tropas auxiliares, com uma legião de apoio em York. Gales era guardada por uma legião em Chester e outra em Caerleon-on-Usk. Ao todo, o exército de ocupação tinha menos de quarenta mil homens e, depois de algumas gerações, passou a ser recrutado no local e era quase puramente inglês de nascimento. Nesse período, quase igual àquele que nos separa do reinado da rainha Isabel I, as pessoas abastadas da Grã-Bretanha viviam melhor do que em todos os tempos até o fim da época vitoriana. Do ano 400 até o ano 1900, ninguém tinha aquecimento central e raros dispunham de banheiros com água quente. Um cidadão britânico-romano rico, ao construir uma casa de campo, considerava o hipocausto que a aquecia como indispensável. Durante mil e quinhentos anos seus descendentes viveram no frio de moradias sem aquecimento, mitigado apenas por ocasionais assaduras em fogueiras gigantescas e desperdiçadoras. Mesmo hoje, a proporção de toda a população que mora em casa com aquecimento central é menor do que naqueles dias. Quanto a banhos, foram completamente abandonados até meados do século XIX. Em todos esse longo e desolado período intermediário, o frio e a sujeira acompanharam os mais afortunados e os maiores da terra.

Em cultura e ensino, a Grã-Bretanha era um pálido reflexo do cenário romano, não tão animado quanto a Gália. Mas havia lei, havia ordem, paz, havia calor, havia alimento e havia um costume de vida estabelecido desde muito antes. A população era livre de barbarismo sem estar afundada na indolência e na luxúria. Alguma cultura estendia-se até mesmo às aldeias. Os hábitos romanos infiltravam-se; o uso de utensílios romanos e até mesmo da língua romana desenvolveu-se rapidamente. Os britânicos consideravam-se tão bons romanos quanto os melhores. Com efeito, pode-se dizer que de todas as províncias poucas assimilaram o sistema romano com maior aptidão do que os ilhéus. Os legionários e os auxiliares britânicos eram considerados iguais ou apenas inferiores aos ilirianos, como as melhores tropas do Império. Havia um sentimento de orgulho em participar de tão nobre e vasto sistema. Ser cidadão de Roma era ser cidadão do mundo, erguido sobre um pedestal de indiscutível superioridade sobre bárbaros e escravos. O movimento através do grande Império era tão rápido como quando a rainha Vitória subiu ao trono e nenhum obstáculo de fronteiras, leis, moeda ou nacionalismo o prejudicava. Existe em Norwich um monumento construído em homenagem à sua esposa por um sírio residente na Grã-Bretanha. Constantius Chlorus morreu em York. Sentinelas britânicas montavam guarda ao longo do Reno, do Danúbio e do Eufrates. Tropas da Ásia Menor, procurando distinguir incursores escoceses através do nevoeiro, preservavam a adoração de Mithras ao longo da Muralha Romana. O culto deste Deus-Sol persa difundiu-se amplamente por todo o mundo romano, atraindo especialmente soldados, comerciantes e administradores. Durante o século III, o Mithraismo era um poderoso rival do Cristianismo e, como foi revelado pelo impressionante templo descoberto em Walbrook em 1954, podia contar com muitos crentes na Londres romana

As violentas modificações ocorridas no centro do Império não afetavam tanto quanto se poderia supor a vida comum de sua população. Aqui e acolá, havia guerras e levantes. Imperadores rivais suprimiam um ao outro. Legiões amotinavam-se. Usurpadores instalavam-se nas províncias afetadas nessas ocasiões. Os britânicos sentiam vivo interesse pela política do mundo romano e sustentavam vigorosas opiniões sobre as modificações no poder imperial ou sobre a moral da capital. Muitos espíritos impulsivos destacavam-se na Grã-Bretanha para desempenhar um papel no jogo mortal da política imperial, com seus prêmios sem paralelo e seus castigos fatais. Todos, porém, estavam inteiramente reconciliados com a idéia romana. Tinham sua lei; tinham sua vida, que fluía largamente e, ainda que momentaneamente perturbada, no geral inalterada. Um inquérito de opinião pública feito no século IV daria resultado favorável à continuação do regime romano por tempo ilimitado.

Em nossa época febril, mutável e precária, onde tudo é fluxo e nada é estabilizado, devemos encarar com respeito um período no qual, com apenas trezentos mil soldados, a paz geral em todo o mundo conhecido era mantida de geração a geração, e no qual o primeiro impulso prístino do Cristianismo ergueu as almas dos homens para a contemplação de novas e maiores harmonias além do mundo ordeiro que o cercava.

O benefício que a civilização romana tinha a distribuir era cívico e político. As cidades eram planejadas em quadrados de xadrez para serem habitadas por comunidades vivendo sob um governo ordenado. Os edifícios erguiam-se de acordo com o plano padronizado em todo o mundo romano. Cada cidade era completa, com seu fórum, seus templos, suas cortes de justiça, suas prisões, seus banhos, seus mercados e seu sistema de esgoto. Durante o primeiro século, os construtores evidentemente tinham uma opinião otimista sobre os recursos e o futuro da Britânia, e todas as suas cidades foram projetadas de modo a atender a uma população em crescimento. Foi um período de esperança.

Os especialistas discordam quanto à população da Grã-Bretanha romana e as estimativas rivais variam entre meio milhão e um milhão e meio. Parece certo que o exército, os serviços civis, a população urbana a gente abastada e seus dependentes se elevavam a trezentas ou quatrocentas mil pessoas. A fim de produzir alimentos para essa gente, pelos métodos agrícolas da época, seria necessário talvez que o dobro de seu número trabalhasse na terra. Podemos, portanto, admitir uma população de pelo menos um milhão na área romanizada. É bem possível que houvesse mais. Todavia, não há indícios de que qualquer grande aumento de população tenha acompanhado o sistema romano. Em mais de dois séculos de paz e ordem, o número de habitantes permaneceu mais ou menos o mesmo que nos tempos de Cassivellaunus. Essa incapacidade de criar e sustentar vida mais numerosa causava desapontamento e humilhação em toda a Grã-Bretanha romana. Os conquistadores, que com tanta facilidade haviam subjugado e atraído os bretões para seu método de vida social, não trouxeram consigo meios, além da cessação da guerra tribal, de aumentar a renda anual derivada da produtividade do solo. A nova sociedade, com toda a sua graça de estrutura, seu sabor de elegância e luxo – banhos, banquetes, togas, escolas, literatura e oratória –, assentava-se sobre alicerce não mais suntuoso do que a agricultura de tempos pré-históricos. A rústica abundância em que viviam os antigos bretões só era capaz de sustentar em moderada escala a imponente fachada da vida romana. O solo cultivado estava ainda em sua maior parte limitado às terras altas, porosas e fáceis de cultivar, que durante milhares de anos haviam sido trabalhadas de maneira primitiva. O poderoso arado gaulês sobre rodas era conhecido na Grã-Bretanha, mas não suplantara o instrumento nativo, que só podia penetrar através de rasos sulcos. Com raras exceções, não houve tentativa em grande escala de derrubar as florestas, drenar os pântanos e cultivar o duro solo argiloso dos vales, no qual tanta fertilidade se depositara. A mineração de chumbo e estanho, bem como sua fundição, que existiam desde tempos imemoriais, talvez tenham ganhado algo com a administração ordenada; contudo, não houve nova ciência, nem novo avanço de poder e conhecimento na esfera material. Assim, a base econômica permaneceu constante e a Grã-Bretanha tornou-se mais elegante ao invés de mais rica. A vida da Grã-Bretanha continuou em pequena escala e, no geral, ficou estacionária. O novo edifício, tão imponente e admirável, era leve e frágil.

Essas condições logo lançaram suas sombras sobre as cidades ousadamente planejadas. A prosperidade agrícola circundante não era suficiente para sustentar as esperanças de seus planejadores. Há várias escavações que mostram que os limites originais nunca foram ocupados ou que, tendo sido inicialmente ocupados, partes da cidade entraram gradualmente em decadência. Não havia bem-estar material suficiente para fazer as coisas andar. Apesar disso, os homens viviam em segurança e a propriedade que existia era garantida por leis de ferro. A vida urbana na Britânia era um malogro, não de existência, mas de expansão. Corria como a vida de uma cidade-catedral, de uma desvanescente cidade provinciana, serena, restrita e mesmo decrescente, mas não sem graça e dignidade.

Devemos Londres a Roma. Os engenheiros militares de Cláudio, a burocracia que dirigia o suprimento dos exércitos, os comerciantes que seguiam em suas pegadas levaram-lhe uma vida que até hoje não se acalmou. O comércio acompanhou o desenvolvimento do sistema rodoviário. Uma cidade ampla e bem planejada, com muralhas poderosas, substituiu a povoação comercial de madeira do ano 61 depois de Cristo e logo conquistou um lugar de relevo na vida da província romana da Grã-Bretanha, substituindo a antiga capital belga, Colchester, como centro comercial. No fim do século III, o dinheiro era cunhado em Londres e a cidade era a sede da administração financeira. Nos últimos tempos da província, Londres parece ter sido o centro do governo civil, como York o foi do governo militar, embora nunca tenha conseguido a posição de "municipium".

A eflorescência de Roma na Grã-Bretanha era encontrada em suas vilas que se espalhavam por toda a área colonizada. As vilas dos "country gentlemen" de posição modesta eram construídas nos locais mais deliciosos de uma área rural virgem, em meio a florestas primitivas e cursos d'água não domados. Um grande número de confortáveis residências, cada uma delas cercada por sua terras, ergueu-se e prosperou. Pelo menos quinhentas delas foram exploradas nos condados do Sul. Nenhuma é encontrada ao norte de Yorkshire ou a leste da planície marítima de Glamorgan. O relativo insucesso da vida urbana levou os bretões romanos de melhor classe a fixarem-se no campo e, assim, o sistema de vila foi o aspecto dominante da Grã-Bretanha romana em seu apogeu. As vilas conservaram sua prosperidade depois que a cidades já haviam decaído. As cidades decresceram depois do século III. As vilas ainda floresciam no século IV e em alguns casos sobreviveram até os dias sombrios do século V.

A necessidade de fortes defesas na época em que a expansão do Império praticamente já atingira seus limites foi atendida pela política de fronteira dos imperadores flavianos. Domiciano foi o primeiro a construir uma linha contínua de fortificação. Mais ou menos no ano 89 depois de Cristo, a grande fortificação da terra foi construída às margens do mar Negro, assim como outra ligando o Reno ao Danúbio. No fim do primeiro século, havia sido desenvolvido um tipo padronizado de barreira de fronteira. O trabalho de

Agrícola no Norte da Grã-Bretanha ficara inacabado quando ele fora chamado de volta às pressas. Nenhuma linha de defesa satisfatória fora construída e a posição que Agrícola conquistara na Escócia precisou ser gradualmente abandonada. As legiões recuaram para a linha do Stanegate, uma estrada que corria de Carlisle para Leste. Os anos que se seguiram revelaram a fraqueza da fronteira britânica. A ascensão de Adriano foi marcada por um sério desastre. A Nona Legião desapareceu da história ao combater um obscuro levante das tribos do Norte da Grã-Bretanha. As defesas estavam desorganizadas e a província em perigo. Adriano veio pessoalmente à Grã-Bretanha em 122, e a reorganização da fronteira começou.

Durante os cinco anos seguintes, uma barreira militar foi construída entre o Tyne e o Solway, numa extensão de setenta e três milhas. Consistia numa fortificação de pedra de oito a dez pés de espessura, sustentada por dezessete fortes, cada um deles guarnecido por uma coorte auxiliar, cerca de oitenta castelos e torres de sinalização no dobro desse número. Em frente da muralha havia um fosso de trinta pés e por trás dela outro fosso, que parece ter sido planejado como barreira alfandegária e era provavelmente controlado e lotado pela administração financeira. As obras exigiam uma guarnição de apoio de cerca de catorze mil homens, sem incluir cerca de cinco mil que, independentemente das unidades combatentes sediadas nos fortes, empenhavam-se em operações de patrulha ao longo da muralha. As tropas eram abastecidas pela população local, cujos impostos eram pagos em trigo, e cada forte continha celeiros capazes de armazenar alimentos para um ano.

Vinte anos mais tarde, no reinado do imperador Antonino Pio, as tropas romanas avançaram de novo para o Norte sobre o terreno das conquistas de Agrícola e uma nova muralha foi construída através do istmo de Forth-Clyde, numa extensão de trinta e sete milhas. O objetivo era controlar as tribos das Lowlands orientais e centrais; todavia, as forças romanas na Grã-Bretanha não eram capazes de guarnecer as novas defesas sem enfraquecer sua posição na Muralha de Adriano e no Oeste. Em meados do século II foram perturbados na área militar. Lá pelo ano 186, a Muralha de Antonino foi abandonada e as tropas concentraram-se na linha de defesa original. Revoltas tribais e incursões de escoceses fustigavam continuamente o sistema de fronteira do Norte e em certos lugares a Muralha e seus campos de apoio foram completamente destruídos.

A estabilidade só foi conseguida quando o imperador Severo veio à Grã-Bretanha em 208 e empenhou suas energias na tarefa de reorganização. Tão grande fora a destruição e tão maciças foram as reparações que em épocas posteriores se pensou que Severo tivesse construído a Muralha, quando de fato ele apenas a reconstruiu. Severo morreu em York em 211; mas durante cem anos houve paz ao longo da Muralha Romana.

Podemos avaliar a atividade romana na construção de estradas pelos marcos que são descobertos de tempos, registrando o nome do imperador sob cujo governo o trabalho foi executado. Essas rodovias compridas e retas estendiam-se em linhas ousadas através da Ilha. Comumente a estrada era feita como uma base de grandes pedras, muitas vezes enterradas na areia, coberta por uma superfície de cascalho socado, tudo com uma espessura média de dezoito polegadas. Em casos especiais ou depois de muito conserto, a formação chegava a ter uma espessura de três pés. Em Blackstone Edge, onde a estrada foi construída sobre turfa, um leito de 16 pés de largura foi feito de blocos quadrados de granulação de pedra de moinho, com meio-fio de cada lado e uma linha de grande pedras quadradas no meio. Sobre estas, as rodas de antigos carros descendo o íngreme monte, seguras pelos freios, fizeram suas trilhas.

O primeiro meio século depois da invasão de Cláudio foi muito ativo na construção de estradas. No segundo século, encontramos a maioria do trabalho concentrada nas fronteiras dos distritos militares. No terceiro século, o sistema rodoviário estava completado e exigia apenas conservação. É verdade que do período de Constantino, o Grande, foram desenterrados nada menos de quatro marcos, o que indica alguma nova extensão, mas no ano 340 todo trabalho novo estava terminado e, embora os consertos fossem realizados até o mais longe possível, nenhum marco posterior proclama um movimento para a frente. Os mesmos sintomas reproduzem-se na Gália depois do ano 350. Esses fatos rodoviários são uma medida da ascensão e do declínio do poderio romano.

Se um nativo de Chester, na Grã Bretanha romana, pudesse despertar hoje[1], encontraria leis que foram a concretização direta de muitas daquelas

---

[1] Escrito em 1939.

que conheceu. Encontraria em toda aldeia templos e sacerdotes da nova crença que em sua época estava conquistando vitórias por toda parte. Com efeito, as facilidades para o culto cristão parecer-lhe-iam exceder em muito o número dos fiéis. Não sem orgulho, notaria que seus filhos seriam obrigados a aprender latim se quisessem entrar nas mais famosas universidades. Talvez encontrasse algumas sérias dificuldades na pronúncia. Descobriria nas bibliotecas públicas muitas das obras-primas da literatura antiga, impressas em papel extraordinariamente barato e em grande número. Encontraria um governo estável e uma sensação de pertencer a um império mundial. Poderia beber a água de Bath e banhar-se nela, ou se isso lhe parecesse muito distante encontraria banhos de vapor e conveniências para a "toilette" em qualquer cidade. Encontraria todos os seus próprios problemas de moeda, posse da terra, moral pública e decoro apresentados com aspecto um tanto diferente, mas ainda como objeto de animada disputa. Teria a mesma sensação de pertencer a uma sociedade que estava ameaçada e a um domínio imperial que havia passado o seu apogeu. Experimentaria os mesmos temores de algum ataque repentino por parte de forças bárbaras armadas com armas iguais às das legiões e auxiliares locais. Temeria ainda o povo do outro lado do mar do Norte e seria ensinado que suas fronteiras ficavam sobre o Reno. As modificações mais acentuadas com que se defrontaria seriam a rapidez das comunicações e o volume de matéria impressa e irradiada. Acharia ambos contristadores. Mas contra isso poderia apresentar o clorofórnio, os antissépticos e um conhecimento mais científico da higiene. Teria para ler livros de história mais compridos, contendo narrativas piores do que aquelas de Tácito e Dio. Ser-lhe-iam concedidas facilidades para ver "regiões que César nunca conheceu", das quais provavelmente voltaria penalizado e maravilhado. Defrontar-se-ia com obstáculos em todos os aspectos de viagem ao estrangeiro, exceto no da rapidez. Se desejasse viajar para Roma, Constantinopla ou Jerusalém, por outro meio que não por mar, em uma dúzia de fronteiras sua passagem seria inspecionada. Seria concitado a adquirir grande número de inimizades tribais e raciais que outrora lhe eram estranhas. Entretanto, quanto mais estudasse os relatos do que acontecera desde o século terceiro, mais satisfeito ficaria por não ter despertado em época anterior.

Cuidadosamente conservados, os recursos do Império em homens e materiais seriam provavelmente para manter intactas as fronteiras. No entanto, eram muitas vezes desperdiçados em guerras entre imperadores rivais e, em meados do século terceiro, o Império estava politicamente em estado de caos e financeiramente arruinado. Contudo, havia ainda muita vitalidade e dos exércitos da Ilíria saiu uma sucessão de grandes soldados e administradores para restabelecer a unidade do Império e consolidar suas defesas. Em fins do . século, Roma parecia tão poderosa e estável como sempre. Entretanto, abaixo da superfície, os alicerces estavam rachando e, através das fendas, novas idéias e novas instituições apareciam. Em toda parte as cidades estavam em declínio; o comércio, a indústria e a agricultura curvavam-se ao peso dos impostos. As comunicações eram menos seguras e algumas províncias estavam infestadas de ladrões, camponeses que não podiam mais ganhar a vida na terra. O Império estava gradualmente se dividindo em unidades de uma espécie desconhecida da antigüidade clássica, e que algum dia seriam reunidas num novo padrão, feudal e cristão. Antes, porém, que isso possa acontecer, deverão passar gerações, enquanto o novo absolutismo luta pela simples força para conservar as estradas abertas, os campos em cultivo e os bárbaros acuados.

Não obstante, o Império era um velho sistema. Seus nervos e suas artérias haviam sofrido a pressão de tudo quanto o mundo antigo suportara. O mundo romano, como um homem idoso, desejava viver em paz e tranqüilidade, e gozar com filosófica indiferença dos bons presentes que a vida tinha para oferecer às classes mais afortunadas. Entretanto, novas idéias perturbavam o conservantismo interno, e fora das fronteiras cuidadosamente guardadas enormes massas de homens famintos e selvagens surgiam e planejavam. A essência da paz de Roma era a tolerância com todas as religiões e a aceitação de um sistema universal de governo. Cada geração, depois de meados do século segundo, viu um crescente enfraquecimento do sistema e um movimento de concentração em prol de uma religião uniforme. O Cristianismo formulava de novo todas as questões que o mundo romano julgava ter respondido para sempre, e algumas que ele nunca pensara. Embora a variedade de posição, com todas as suas penosas conseqüências, fosse aceita durante esses séculos como parte da lei da natureza, mesmo por aqueles que com ela mais sofriam, a instituição da escravidão, a que estava preso um terço da sociedade romana, não podia resistir indefinidamente aos novos e dinâmicos pensamentos que o Cristianismo trouxera consigo. As alternativas entre a fanática devassidão e o vingativo puritanismo que caracterizaram a sucessão de imperadores, o contraste entre a moral no centro do poder e aquela praticada por vastas comunidades em muitas terras subjugadas, apresentavam problemas de inquietação sempre crescente. No momento em que a humanidade parecia ter resolvido grande proporção de suas seculares dificuldades e em que um governo supremo oferecia liberdade ilimitada à experiência espiritual, forças inexoráveis, tanto dentro como fora, impunham a marcha para a frente. Nada de sossego; nada de permanência. "Pois aqui não temos nenhuma cidade continuada, mas procuramos uma para chegar." Desenvolviam-se estranhos padrões de destino, destruidores da paz e da ordem, mas emocionantes para o coração dos homens. Diante do sistema romano erguiam-se perturbações incomensuráveis – miséria, assassínio, o próprio caos e a longa noite que iria cair sobre o mundo.

Do exterior, os rudes bárbaros investiam contra as barreiras. Ali, no Continente, havia animais selvagens e combativos, reunidos numa camaradagem de armas, tendo como chefes os melhores combatentes e sua progênie. No tumulto dessas comunidades, com todos os seus crimes e bestialidades, havia um princípio de vida mais ativo do que nas majestosas realizações do Império Romano. Vemos essas forças engrossando-se como uma torrente contra todos os diques ameaçados do mundo romano, não apenas se erguendo até a orla da represa, mas se infiltrando insidiosamente, ora por uma brecha, ora por uma simples rachadura, enquanto durante todo o tempo homens se tornavam conscientes da fragilidade da própria estrutura. Torrentes de vida nova indomada irrompiam incessantemente da Ásia, investindo para Oeste numa sucessão de vagas. Contra ela não havia fácil superioridade de armamentos. O aço frio, a disciplina e o ligeiro excedente de capital necessário para movimentar e organizar exércitos constituíam as únicas defesas. Se a superior virtude da legião falhasse, tudo cairia. Certamente, desde meados do segundo século todas essas forças demolidoras eram claramente manifestas. Entretanto, na Grã-Bretanha romana os homens pensaram durante muitas gerações que haviam respondido ao enigma da Esfinge. Eles interpretaram mal o sentido de seu sorriso.

CAPÍTULO

4

ILHA PERDIDA

Ninguém pode compreender a história sem estabelecer continuamente uma relação entre os longos períodos que são constantemente mencionados e as experiências de nossas próprias e curtas vidas. Cinco anos é muito tempo. Vinte anos é o horizonte para a maioria das pessoas. Cinqüenta anos é antigüidade. Para compreender como o impacto do destino atinge qualquer geração de homens é preciso primeiro imaginar a posição deles e depois aplicar-lhes a escala de tempo de nossas próprias vidas. Assim quase todas as mudanças foram muito menos perceptíveis para aqueles que as viveram dia a dia do que aparentam quando os aspectos salientes de uma época são extraídos pelo cronista. Perscrutamos essas cenas por embaçados telescópios de pesquisa através de um abismo de quase dois mil anos. Não pode haver dúvida de que o segundo e até certo ponto o terceiro séculos da era Cristã, em contraste com tudo quanto já passara e a maior parte do que ia seguir-se, foram uma Idade de Ouro para a Grã-Bretanha. Entretanto, na parte inicial do quarto século, caíram as sombras sobre essa sociedade imperfeita, mas nem por isso menos tolerável. Com passos firmes e persistentes, a sensação de segurança afastou-se da Grã-Bretanha romana. Seus cidadãos tinham pela experiência diária uma sensação de que o sistema mundial no qual formavam uma província associada estava em declínio. Entraram num período de alarma.

A pá do arqueólogo, corrigindo e ampliando a estudo dos historiadores, a descoberta e o exame de escavações, ruínas, pedras, inscrições, moedas e esqueletos, os novos resultados da fotografia aérea estão contando uma história de que ninguém pode duvidar. Embora as principais impressões do século XIX não tenham sido destruídas, o conhecimento moderno tornou-se mais verdadeiro, mais exato e mais profundo. A importância atribuída pelos escritores vitorianos à causas e aos acontecimentos, e sua cronologia, foram alteradas, especialmente depois da Primeira Guerra Mundial. Seus dramas foram modificados ou invertidos. Uma legião de sólidas gradações e precisos polimentos está sendo colocada em ordem inflexível. Caminhamos com passos mais curtos, mas com pisadas mais firmes. Livros famosos que os autores depois do trabalho de uma vida inteira acreditavam serem finais já são hoje reconhecidos como obsoletos. E novas conclusões são tiradas, não tanto de novos pontos de vista, mas de novas descobertas. Apesar disso, a história essencial se mantém, pois é alicerçada numa simplicidade dominante.

A partir do fim do século terceiro, quando a civilização romana na Grã-Bretanha e o desafio à estrutura suprema estavam igualmente em seu auge, começaram as incursões de povos bárbaros, tanto da Europa como da desolada Ilha para oeste. Os escoceses, que hoje chamaríamos de irlandeses, e os "picts" da Escócia começaram a fazer pressão sobre a Muralha de Adriano, e a contornar ambos os flancos dela por meio de incursões marítimas em crescente escala. Ao mesmo tempo, os saxões remavam em compridos botes através do mar do Norte e faziam pressão ao longo de toda a costa oriental, desde Newcastle até Dover. A partir dessa época, os campos britânicos viveram sob a mesma espécie de ameaça de cruéis, sangrentos e inesperados ataques pelo mar que as nações modernas experimentam no ar. Numerosas provas foram extraídas do solo nos últimos anos. Todas apontam para a mesma conclusão. A vida de vila da Grã-Bretanha, sobre a qual se erguia agora o edifício da ocupação romana, estava ameaçada. Vemos os sinais do medo espalhando-se por todo o país. Além dos fortes ao longo das costas orientais e meridionais, e dos sistemas de galeras com base neles, torna-se evidente uma multidão de novas precauções. As muralhas de Londres foram dotadas de torres com bastiões, construídas com pedras tiradas de residências, não mais necessárias a uma população urbana em decréscimo. Aqui e acolá, as largar portas romanas das cidades foram reduzidas com alvenaria à metade do seu tamanho, o que é uma prova duradoura da crescente insegurança da época. Em todo o país têm sido encontrados montes de moedas entesouradas, das quais raras são posteriores ao ano 400 depois de Cristo. Sobre esse mundo fértil, pacífico e ordeiro paira a apreensão de constante perigo.

Como outros sistemas em decadência, o Império Romano continuou a funcionar durante várias gerações depois de sua vitalidade estar esgotada. Durante quase cem anos, nossa Ilha foi um dos cenários de conflito entre uma civilização agonizante e um barbarismo exuberante e faminto. Até o ano 300, a Muralha de Adriano, com suas guarnições, deteve os selvagens do Norte, mas depois disso foi preciso construir uma nova frente. Ao lado do "Duque das Fronteiras do Norte" foi necessário criar o "Conde do Litoral Saxônico". Ao longo de todas as costas orientais e meridionais, desde Wash até Southampton Water, uma fileira de longas fortalezas foi laboriosamente construída. Oito delas foram examinadas. Dessas, a principal era Richborough, que a geração da Primeira Guerra Mundial conheceu como um valioso porto para o abastecimento dos exércitos na França.

Existe certa discordância sobre as concepções estratégicas em que se baseou a construção dessas fortalezas. Muitas opiniões depreciativas foram emitidas sobre uma política que é acusada de ter procurado defender desses oito pontos quatrocentas milhas de litoral. Evidentemente essas críticas são injustas. A nova linha de fortalezas costeiras só podia ter tido qualquer valor ou razão como bases para uma frota romano-britânica.

Essa frota, a "Classis Britannica", foi mantida a partir do primeiro século. Ladrilhos com a marca do Almirantado mostram que ela tinha bases permanentes em Dover e Lympne. Entretanto, toda a costa estava organizada para a defesa e durante longos períodos essas medidas demostraram-se eficazes. Vegetius, escrevendo no século IV sobre a arte da guerra, menciona uma categoria especial de galera ligeira anexada à frota britânica. Esses barcos, seus cascos, suas velas, as roupas e mesmo os rostos de seus homens, eram pintados de verde-mar, para que se tornassem invisíveis, e Vegetius conta-nos que em linguagem naval eles eram conhecidos como "os Pintados". À medida que o poderio marítimo imperial e britânico gradualmente se tornou insuficiente para enfrentar os incursores, os reparos das fortalezas ficaram mais altos e suas utilidades diminuiu. A defesa de flotilha com galeras a remo operando de bases distantes umas das outras cinqüenta ou cem milhas não podia opor-se indefinidamente às investidas dos incursores. Mesmo uma Frota de Alto Mar, capaz de permanecer ao largo durante meses sucessivos diante do que hoje chamamos de Holanda, Alemanha e Dinamarca, embora fosse um poderoso obstáculo, teria sido muito lenta para enfrentar botes a remo em tempo calmo. Os bretões romanos eram membros animados e audaciosos do Império assumiam um ponto de vista particularístico, mas desejavam participar pessoalmente do jogo. Com o passar do tempo, a guarnição romana na Grã-Bretanha tornou-se cada vez mais britânica e, em fins do terceiro século, adquiriu um forte caráter nacional. Embora se orgulhando dos nomes de cidadão e romano, e não tendo desejo algum de independência, tanto a província como o exército adotaram uma atitude altamente crítica com relação ao Governo Imperial. Os imperadores que desprezavam a opinião britânica ou sacrificavam os interesses britânicos e principalmente aqueles que podiam ser acusados de descuidar as defesas da província eram objeto de ativo ressentimento. Uma série de motins e revoltas agravou os crescentes perigos da época. Ninguém pode supor que os centros militares romanos em Chester, York ou Caerleon-on-Usk apresentassem pretendentes ao diadema imperial sem contar com forte apoio da opinião local. Esses não eram simples motins de soldados descontentes. Eram ousadas tentativas de entregar o controle do Império Romano a legiões com apenas alguns milhares de homens, mas expressando o temperamento, os sentimentos e as ambições da sociedade em que viviam. Saíram do palco local para o teatro supremo, como atores que desejam ir das províncias para a capital. Infelizmente levavam consigo em cada fase importantes elementos das escassas forças militares necessárias para guarnecer as barreiras.

O imperador Diocleciano entrou na história principalmente como o perseguidor dos primeiros cristãos e o enorme trabalho que ele realizou na restauração das fronteiras do mundo antigo permaneceu nas sombras. Sua política era criar um cesarismo composto. Haveria dois imperadores e dois césares, ficando ele próprio como o superior dos quatro. Na devida oportunidade, os imperadores abdicariam em favor dos césares, outros dois césares seriam nomeados e assim a sucessão seria preservada. O co-imperador Maximiano, enviado para a Gália em 285, e responsável pela Britânia, preocupou-se muito com as incursões dos piratas saxônicos. Reforçou a frota do Canal e pôs à sua frente um oficial naval da Bélgica chamado Carausius. Esse homem era forte, decidido, ambicioso e sem escrúpulos. De sua base em Boulogne, encorajava os incursores a virem fazer pilhagens e quando eles estavam carregados com o produto do saque caía sobre eles com flotilhas britânico-romanas, capturava-os às dezenas e destruía-os sem piedade. Seu sucesso não contentou a comunidade britânica; esta o acusava de estar em combinação com aqueles aos quais destruía. Carausius explicou que isso tudo era parte de sua emboscada; todavia, o fato de conservar em seu poder todos os despojos falava alto contra ele. Maximiano procurou levá-lo à execução, mas Carausius, desembarcando na Grã-Bretanha, proclamou-se imperador, conquistou para sua causa a guarnição da Ilha e derrotou Maximiano numa batalha naval. Em face disso, julgou-se conveniente entrar em acordo com o obstinado rebelde e, no ano 287, Carausius foi tacitamente reconhecido como um dos Augustos no comando da Grã-Bretanha e da Gália do Norte.

Durante seis anos, esse aventureiro, possuindo poderio marítimo, reinou em nossa Ilha. Parece ter atendido toleravelmente aos interesses da Grã-Bretanha. Contudo, o imperador Diocleciano a seus colegas estavam apenas ganhando tempo e, no ano de 293, puseram de parte toda a aparência de amizade. Um dos novos césares, Constantius Chlorus, sitiou e tomou Boulogne, a principal base continental de Carausius, que foi assassinado por um de seus oficiais. O novo competidor procurou tornar-se imperador em seu lugar. Não conseguiu o apoio da nação britânica e todo o país mergulhou na confusão. Os "picts" não demoraram em aproveitar-se de sua vantagem. A Muralha foi perfurada, e o fogo e a espada devastaram os distritos do Norte. Chlorus atravessou o Canal como um libertador. Seu colega, com parte da força, desembarcou perto de Portsmouth. O próprio Chlorus subiu o Tâmisa e foi recebido em Londres com gratidão e submissão. Restabeleceu a ordem. Um medalhão de ouro descoberto em Arras em 1922 mostra-o à frente da frota que subiu o Tâmisa. Forçou à retirada os invasores do Norte e pôs-se a trabalhar na restauração e melhoria de todo o sistema de defesa.

Contínuos esforços foram feitos pela comunidade britânico-romana para repelir as incursões e durante duas ou três gerações houve contra-ataques de flotilhas de galeras e apressadas marchas de coortes e de forças auxiliares britânicas para os vários locais de incursão ou invasão. Todavia, embora o processo de desgaste se tenha estendido por muitos anos e a miséria se aprofundasse por polegadas, devemos reconhecer no ano de 367 circunstâncias de supremo e mortífero horror. Naquele ano fatal, os "picts", . os escoceses e os saxões pareciam agir em combinação. Todos caíram juntos sobre a Britânia. As tropas imperiais resistiram corajosamente. O "Duque das Fronteiras do Norte" e o "Conde do Litoral Saxônico" foram mortos em combate. Uma ampla brecha foi aberta nas defesas e hordas sangüinárias derramaram-se pelo belo mundo das casas de campo e das "homesteads". Em toda parte elas foram arrastadas. As ruínas contam a história. O esplêndido serviço de jantar de prata de Mildenhall, atualmente no Museu Britânico, foi, segundo se acredita, enterrado nessa época por seus proprietários, quando sua vila foi surpreendida pelos incursores. Evidentemente, eles não viveram para desenterrá-lo. A vida de vila da Grã-Bretanha recuperou-se apenas debilmente do desastre. As cidades já estavam decaindo. Agora as pessoas nelas procuravam refúgio. Pelo menos tinham muralhas.

As páginas da história revelam os repetidos esforços feitos pelo Governo Imperial para proteger a Britânia. Vezes e vezes, apesar das revoltas e da ingratidão, oficiais e tropas foram mandados para restabelecer a ordem e expulsar os bárbaros. Depois do desastre de 367, o imperador Valentiniano enviou um general, Teodósio, com uma força considerável para proteger a província. Teodósio executou sua tarefa e mais uma vez encontramos nas fortificações costeiras os traços de nova e vigorosa reconstrução. Inconscientes porém do contínuo perigo, a guarnição e os habitantes da Grã-Bretanha, em 383, entregaram-se voluntariamente a um espanhol, Magnus Maximus, que ocupava o comando na Grã-Bretanha e que se proclamou então imperador. Reunindo todas as tropas que pôde encontrar e despojando a Muralha e as fortalezas de seus já escassos defensores, Maximus dirigiu-se às pressas para a Gália e derrotou o imperador Graciano perto de Paris. Graciano foi assassinado em Lyons por suas tropas e Maximus tornou-se senhor da Gália e da Espanha, assim como da Grã-Bretanha. Durante cinco anos lutou para sustentar suas pretensões sobre esses grandes domínios mas Teodósio, que substituíra Graciano, finalmente o derrotou e o matou.

Entrementes, a Muralha fora perfurada de novo e a Grã-Bretanha permanecia aberta aos incursores tanto pelo Norte como pelo mar. Sete anos transcorreriam ainda antes que Teodósio pudesse enviar para a Ilha seu general, Stilicho, que era um bárbaro romanizado. Esse grande soldado expulsou os invasores e reparou as defesas. Os escritos de Claudiano, o poeta da corte, descrevem em termos triunfantes a libertação da Grã-Bretanha de seus atacantes saxões, "picts" e escoceses, no ano 400. Celebrando o primeiro consulado de Stilicho, o poeta conta como a Grã-Bretanha expressou sua gratidão por ter sido libertada do temor desses inimigos. Tal sentimento logo desapareceu.

Stilicho voltou a Roma e era comandante-chefe quando, no mesmo ano, Alarico e os visigodos invadiram a Itália. Foi obrigado a retirar mais uma parte da guarnição britânica para defender o coração do Império. Em 402 derrotou Alarico na grande batalha de Pollentia e expulsou-o da Itália. Mal havia realizado isso quando uma nova invasão bárbara se verificou sob Radagaisus. Em 405, Stilicho havia destruído completamente essa segunda e enorme horda. A Itália mal se encontrava livre quando uma confederação de suevos, vândalos, avares e borgonheses irrompeu através das fronteiras do Reno e invadiu a Gália do Norte. O inquebrantável Stilicho estava-se preparando para enfrentar esse golpe quando o exército britânico, queixando-se de que a província estava sendo abandonada, se amotinou. O exército instaurou um imperador rival, chamado Marcus, e após seu pronto assassínio elegeu um bretão, Graciano, em seu lugar. Depois do assassínio de Graciano quatro meses mais tarde, os soldados escolheram outro bretão, que usou o nome famoso de Constantino. Este, ao invés do proteger a Ilha, se viu forçado a defender no Continente os títulos que usurpara. Retirou tropas da Grã-Bretanha e, como fizera Magnus Maximus, dirigiu-se para Boulogne a fim de tentar sua sorte. No supremo teatro, durante três anos, com êxito variável, enfrentou Stilicho e finalmente foi capturado e executado, como acontecera com Maximus antes dele. Nenhuma das tropas que o acompanharam voltou à Grã-Bretanha. Assim, nesses anos fatais, as partes civilizadas da Ilha foram despojadas de seus defensores, tanto para auxiliar o Império como para atacá-lo.

No início do século V, todas as legiões haviam partido para uma missão ou outra e em resposta aos frenéticos pedidos de auxílio o indefeso imperador Honório apenas pôde enviar suas mensagens de despedida em 410, dizendo que "os cantões deviam tomar medidas para defender-se".

A primeira visão que temos dos britânicos depois que o governo romano retirou sua proteção é proporcionada pela visita de São Germano em 429. O bispo veio de Auxerre a fim de extirpar a heresia pelagiana que, apesar de outras preocupações, nossa Ilha Cristã conseguira desenvolver. Essa doutrina consistia em atribuir importância indevida ao livre arbítrio e lançar conseqüente descrédito sobre a doutrina do pecado original. Ameaçava assim privar a humanidade, no seu próprio nascimento, de uma parte essencial de nossa herança. O bispo de Auxerre e outro colega episcopal chegaram a St. Albans e receberam garantias de que logo convenceriam os duvidosos e extirpariam as opiniões malignas a que estes haviam incautamente prestado ouvidos. Que espécie de Grã-Bretanha encontraram? O bispo fala numa terra de riqueza. Havia tesouro; havia rebanhos; o alimento era abundante; as instituições, civis e religiosas, funcionavam; o país estava próspero, mas em guerra. Um exército invasor vindo do Norte ou do Leste estava aproximando-se. Era um exército que se dizia ser formado de saxões, "picts" e escoceses numa aliança malagrupada e ímpia.

O bispo fora um distinto general em sua mocidade. Organizou as forças locais. Fez o reconhecimento dos distritos circundantes. Notou na linha de avanço do inimigo um vale cercado por altos montes. Assumiu o comando e armou uma emboscada para as ferozes hordas pagãs. Quando o inimigo estava emaranhado no desfiladeiro, repentinamente "os padres gritaram uma tríplice Aleluia para seus inimigos... O grito foi seguido por um poderoso brado e ecoou de lado do vale fechado; os inimigos foram dominados pelo terror, pensando que os rochedos e o próprio céu estava caindo sobre eles; tal foi o seu temor que mal puderam correr com rapidez suficiente. Lançaram as armas fora na sua fuga desordenada, satisfeitos por escapar nus; um rio devorou muitos em seu precipitado temor, embora em seu avanço o tivessem atravessado em boa ordem. O exército inocente viu-se vingado, como espectador de uma vitória conquistada sem esforço. Os despojos abandonados foram recolhidos... e os bretões triunfaram sobre um inimigo derrotado sem perda de sangue; a vitória foi conquistada pela fé e não pelo poder... "Assim, o bispo regressou a Auxerre, tendo resolvido os negócios daquela riquíssima Ilha e vencido os seus inimigos, tanto espirituais como carnais, isto é, tanto os pelagianos como os saxões."[1]

Passaram-se outros dozes anos e um cronista gaulês registra esta sombria nota no ano 441 ou 442 depois de Cristo: "Os bretões nestes dias estão, por toda espécie de calamidades e desastres, caindo em poder dos saxões". Que acontecera? Algo mais que as pilhagens do século IV: a migração em massa da Alemanha do Norte havia começado. Daí por diante as trevas se impõem.

Sobre essas trevas, dispomos de quatro janelas, cada uma delas obstruída por vidro embaçado ou colorido. Temos primeiro o tratado de Gildas, a quem a gratidão da Idade Média conferiu o título de "o Sábio". O tratado foi escrito aproximadamente no ano 545 depois de Cristo, cem anos portanto depois que a cortina se fechou entre a Britânia e o Continente. Quase duzentos anos depois, o Venerável Beda, cujo tema principal foi a história da Igreja Inglesa, deixa cair, fora de seu assunto, alguns preciosos fragmentos de informação sobre a situação geral do país. Uma compilação conhecida como *História Britonum* comtém alguns documentos anteriores a Beda. Finalmente, no século IX, e muito provavelmente sob a direção do rei Alfredo, vários anais preservados em diferentes mosteiros foram reunidos como a "*Anglo-Saxon Chronicle*". Conferindo uns com os outros esses documentos e aproveitando-se das certezas que a arqueologia nos permite ter, dispomos do seguinte quadro:

Imitando uma prática romana comum, o chefe britânico dominante, lá pelo ano 450 depois de Cristo, procurou fortalecer-se trazendo um bando de mercenários de ultramar. Na realidade, os mercenários representaram uma armadilha. Aberta a estrada, novas frotas carregadas de homens fizeram a travessia e subiram os rios, desde o Humber talvez até Portsmouth. Contudo, a resistência britânica enrijeu-se à medida que os invasores se afastavam do

---

[1] Constantino de Lyons, biógrafo quase contemporâneo de São Germano.

litoral e o avanço foi contido durante quase cinqüenta anos por uma grande batalha vencida em Mount Badon.

Até agora esse relato está confirmado, histórica e geograficamente. Gildas poderia ter ouvido a história dos mercenários da boca de velhos que conheceu em sua mocidade e não há razão real para duvidar-se das declarações de Nennius, um compilador provavelmente do século IX, e de Beda, o qual concorda em que o nome do chefe iludido que convidou esses inimigos mortais · era Vortigern. Hengist, nome freqüentemente mencionado na história do Norte como mercenário medieval, estava sempre pronto a vender sua espada e seus navios a quem quer que lhe desse terras com que sustentar seus homens; e o que tomou foi o futuro reino de Kent.

Gildas tem uma história a contar sobre essa tragédia.

"Tão logo haviam ele (os bretões) voltado para sua terra, as desleais hostes dos 'picts' e escoceses desembarcaram prontamente de seus 'coracles'... Essas duas raças diferem em suas maneiras, mas combinam em sua sede de sangue e em seu hábito de cobrir com cabelo suas fisionomias abjetas, ao invés de cobrir com roupa aquelas partes de seus corpos que o exigem. Elas dominam toda a parte Norte e fronteiriça do país, até a Muralha. Sobre essa Muralha existe uma guarnição timorata e pouco belicosa. Os infelizes cidadãos são derrubados da Muralha e jogados ao chão pelas armas com gancho de seus inimigos nus. Que devo acrescentar? Os cidadãos abandonam a alta Muralha e suas cidades, e entregam-se a uma luta mais desesperada do que nunca antes. Novamente o inimigo os persegue e há massacres mais cruéis do que nunca. Como cordeiros no matadouro, assim nossos piedosos cidadãos são dizimados pelos seus inimigos, até o ponto de seu modo de vida poder ser comparado ao de animais selvagens, pois eles se sustentam pelo roubo para obter um pouco de comida. Assim, as calamidades do exterior são aumentadas por lutas nativas; tão freqüentes foram esses desastres que o país está desprovido de alimentos, salvo daquele que pode ser obtido pela caça.

"Por isso, novamente, os infelizes remanescentes enviaram uma carta e Aetius, um poderoso romano – 'A Aetius, três vezes Consul, os gemidos dos bretões': 'Os bárbaros empurram-nos para o mar, o mar empurra-nos para os bárbaros: entre esses dois métodos de morte, somos ou massacrados ou afogados'. Mas não receberam auxílio. Enquanto isso, horrível fome obrigava muitos deles a renderem-se a seus espoliadores... Outros, porém, de modo algum se rendiam, mas continuavam investindo de montanhas, cavernas, passos e bosques espessos. E então, pela primeira vez, confiando não no homem mas em Deus, massacraram inimigos que durante tantos anos haviam saqueado seu país... Por algum tempo, a ousadia de nossos inimigos foi contida, mas não a perversidade de nossos próprios compatriotas: o inimigo deixou nossos cidadãos, mas nossos cidadãos não deixaram seus pecados."

Nennius conta-nos, o que Gildas omite, o nome do soldado britânico que conquistou e vitória em Mount Badon e esse nome leva-nos dos nevoeiros da história obscuramente lembrada para a claridade do romance. Ergue-se ali, grande, incerta, obscura, mas resplandescente, a lenda do rei Artur e dos Cavaleiros de Távola Redonda. Em um ponto qualquer da Ilha, um grande capitão reuniu as forças da Grã-Bretanha romana e lutou contra os invasores bárbaros até matá-los. Ao seu redor, ao redor do seu nome e dos seus feitos, brilha tudo quanto o romance e a poesia podem criar. Doze batalhas, todas localizadas em cenários inidentificáveis, contra inimigos desconhecidos, salvo quanto ao fato de que eram pagãos, são meticulosamente mencionadas no latim de Nennius. Outras autoridades dizem: "Nada de Artur; pelo menos, não há prova de Artur algum". Somente quando Geoffrey de Monmouth, seiscentos anos mais tarde, louva os esplendores do feudalismo e da aristocracia marcial é que o cavalheirismo, a honra, a fé cristã, cavaleiros com armaduras de aço e damas fascinantes foram encerrados num glorioso círculo iluminado pela vitória. Mais tarde, essas narrativas seriam contadas de novo e enriquecidas pelo gênio de Mallory, Spencer e Tennyson. Verdadeiras ou falsas, conquistaram um domínio imortal sobre a imaginação dos homens. É difícil acreditar que tudo tenha sido invenção de um escritor galense. Se o foi, ele deveria ter sido um inventor maravilhoso.

A pesquisa moderna não aceitou a destruição de Artur. Tímidos, mas resolutamente, os mais recentes e mais bem informados escritores unem-se para proclamar sua realidade. Não podem dizer em que época desse obscuro período ele viveu ou onde manteve domínio e travou suas batalhas. Estão, porém, dispostos a acreditar que houve um grande guerreiro britânico, que manteve a luz da civilização ardendo contra todas as tempestades que caíram, e que por trás de sua espada se abrigava um fiel séquito cuja lembrança não se desvaneceu. Todos os quatro grupos das tribos célticas que habitavam os inclinados planaltos da Grã-Bretanha orgulham-se da lenda de Artur e cada um deles reivindica para sua própria região a honra de ter sido o cenário de suas proezas. De Cornwall a Cumberland, tem sido procurada a cena ou esfera das atividades de Artur.

A reserva das modernas afirmações é às vezes levada ao extremo, no qual o temor de ser contraditado faz com que o escritor se prive de quase todo sentido e significação. Um exemplo desse método é suficiente.

"É razoavelmente certo que um pequeno chefe chamado Artur existiu, provavelmente na Gales do Sul. É possível que ele tenha exercido algum comando militar unindo as forças tribais na zona céltica ou montanhosa, ou parte delas, contra incursores e invasores (nem todos eles necessariamente teutônicos). É também possível que ele se tenha empenhado em todas ou em algumas das batalhas que lhe são atribuídas; por outro lado, essa alegação pode pertencer a uma data posterior."

Isto não é muita coisa para apresentar depois de tanto trabalho e estudo. Mesmo assim, ter estabelecido uma base de fatos para a história de Artur é um serviço que deve ser respeitado. Nesse sentido, preferimos acreditar que a história com que Geoffrey deleitou a Europa amante de ficção, ao século XII, não é toda fantasia.[2] Se pudéssemos ver exatamente o que aconteceu, encontrar-nos-íamos na presença de um tema tão bem fundado, tão inspirado e tão inalienável da herança da humanidade quanto a *"Odisséia"* ou o Velho Testamento. É tudo verdade, ou deveria ter sido; e ainda mais e melhor. E sempre que homens estão lutando contra o barbarismo, a tirania e o massacre, em favor da liberdade, da lei e da honra, lembremo-nos de que a fama de seus feitos, ainda que eles sejam exterminados, será talvez celebrada enquanto o mundo girar. Declaremos portanto que o rei Artur e seus nobres cavaleiros, guardando a Chama Sagrada do Cristianismo e o tema de uma ordem mundial, sustentados pelo valor, pela força física e por bons cavalos e armaduras, mataram inúmeras hostes de bárbaros desleais e deram à gente decente um exemplo para sempre.

---

[2] Veja-se *"Anglo-Saxon England"*, de Sir Frank M. Stenton: "O silêncio de Gildas talvez sugira que o Artur da história era uma figura menos imponente do que o Artur da lenda. Não se deve, porém, permitir que ele seja afastado da esfera da história, pois Gildas era curiosamente relutante em introduzir nomes pessoais em seus escritos".

Dizem-nos que ele era Dux Bellorm. Que poderia ser mais natural ou mais necessário do que a aceitação de um comandante-chefe – um novo conde da Grã-Bretanha, com aqueles que os bretões haviam pedido a Aetius que lhes desse cinqüenta anos antes? Uma vez reconhecido Artur como o comandante de um exército móvel de campo, movimentando-se de uma parte do país para outra e unindo-se às forças locais em cada distrito, as discussões sobre as cenas de suas ações explicam-se por si sós. Além disso, o século IV . assistiu à elevação da cavalaria a uma posição dominante no campo de batalha. Os dias da infantaria haviam passado por algum tempo e os dias da legião haviam passado para sempre. Os invasores saxônicos eram infantaria, lutando com espada e lança, tendo pouca armadura. Contra tal inimigo, uma pequena força de cavalaria ordinária romana poderia ter-se mostrado invencível. Se um chefe como Artur reunisse um bando de cavalaria protegida por malhas de ferro, poderia ter-se movimentado livremente pela Grã-Bretanha, liderando por toda parte a resistência local ao invasor e conquistando repetidas vitórias. A lembrança de Artur levava consigo a esperança de que um libertador voltasse algum dia. A lenda viveu das crescentes atribulações da época. Artur foi descrito como o último dos romanos. Compreendia as idéias romanas e utilizava-as para benefício do povo britânico. "A herança de Roma", diz o professor Collingwood, "vive sob muitas formas, mas dos homens que criaram essa herança Artur foi o último, e a história da Grã-Bretanha romana termina com ele."

"A décima segunda batalha de Artur", diz Nennius, "foi sobre o Mount Badon, na qual em um dia novecentos e sessenta homens tombaram só sob os golpes de Artur, e ninguém os abateu a não ser ele sozinho. E em todas as suas batalhas ele foi vencedor. Mas eles, quando em todas essas batalhas foram derrotados, procuraram auxílio da Alemanha e cresceram sem interrupção."

Todos os esforços para fixar o campo de batalha de Mount Badon resultavam infrutíferos. Cem eruditas investigações foram realizadas sem resultados, mas, se ela foi, como parece mais provável, travada na Terra Contestada para conter os avanços de Leste, quem tem mais direito ao título é Liddington Camp, que domina Badbury, perto de Swindon. Por outro lado, podemos fixar a data com extraordinária precisão. Gildas refere-se a ela como tendo ocorrido quarenta e três anos e um mês antes da data em que estava escrevendo e diz que se lembra da data porque era a do seu próprio nascimento. Ora, sabemos por seu livro que o rei da Gales do Norte, Maelgwyn, ainda estava vivo quando ele escreveu, e os anais de Cambria contam-nos que o rei morreu na peste de 547. Assim, Gildas escreveu durante esse ano, no máximo, e a Batalha de Mount Badon, quarenta e três anos antes, teria sido travada em 503. Podemos fazer ainda outra verificação nos anais irlandeses, os quais declaram que Gildas morreu em 569 ou 570. É improvável, portanto, que seu nascimento tenha sido antes de 490 e, assim, a data da batalha parece fixar-se entre 490 e 503.

Um questão mais ampla é animadamente discutida. Os invasores exterminaram a população nativa ou sobrepuseram-se a ela e até certo ponto misturaram-se a ela? Aqui é necessário distinguir entre a época das ferozes incursões em busca de pilhagem e a época de colonização. Gildas fala da primeira e as cenas que descreve repetiram-se nas invasões dinamarqueses três séculos mais tarde. Contudo, para o colonizador tais incursões são apenas incidentes ocasionais numa vida dedicada a cultivar o solo e nessa tarefa absorvente o trabalho é tão importante quanto a terra. A evidência dos nomes de lugares sugere que no Sussex o extermínio foi a regra. Mais a oeste há motivos para pensar que substancial população britânica sobreviveu e o mais antigo código saxônico ocidental de 694 depois de Cristo prevê cuidadosamente os direitos dos "galenses" de várias categorias – os proprietários de terras consideráveis e os "galenses do rei que levam suas mensagens", na verdade seus cavaleiros nativos, que conheciam as antigas trilhas. Mesmo onde o auto-interesse não preservou os aldeães nativos como trabalhadores em fazendas saxônicas, podemos acalentar a esperança de que em alguns lugares o pedido de piedade de uma donzela, o apelo da beleza em desgraça, as necessidades lúbricas de uma força invasora criariam algum laço entre vencedor e vencido. Assim o sangue teria sido preservado, assim os rigores da subjugação desapareceriam com o passar das gerações. O completo extermínio de uma raça inteira em grandes áreas é repugnantes ao espírito humano. Deveria ter havido pelo menos, à falta de piedade, uma atenção pelas vantagens práticas ou pelas tentações naturais do sexo. Por isso, escritores sérios sustentam que a conquista anglo-saxônica, para o grosso da comunidade britânica, foi principalmente uma mudança de senhores. Os ricos foram massacrados; os bravos e orgulhosos caíram em grande número nas montanhas do Oeste. Outros grupos numerosos escaparam em tempo para a Bretanha, de onde sua remota posteridade um dia voltaria.

O saxão era, além disso, um colonizador de vales. Sua noção de propriedade econômica era uma campina perto do curso d'água, com as encostas inferiores sob cultivo e as encostas superiores conservadas como pasto. Todavia, em numerosos lugares muito tempo deve ter transcorrido antes que esses terrenos mais baixos pudessem ter sido limpos e drenados; enquanto esse trabalho estava em progresso, de que vivia o saxão, senão do produto das fazendas britânicas nas terras altas? É mais natural supor que ele tenha conservado os nativos trabalhando como servos na terra com que estavam familiarizados até que o vale estivesse pronto para a semeadura. Então, as antigas fazendas britânicas seriam transformadas em pastagens e toda a população se aglomeraria na aldeia ao lado do rio ou da fonte. No entanto, a linguagem dos colonizadores de vales, vivendo em grupos compactos, seria dominante sobre a dos cultivadores de montes, espalhados por pequenas propriedades isoladas. O estudo dos modernos nomes de lugares ingleses mostrou que as denominações de montes, matas e cursos d'água são muitas vezes de origem céltica, mesmo em regiões onde os nomes das aldeias são anglo-saxônicos. Dessa maneira, sem admitir qualquer extermínio em massa, o desaparecimento da língua britânica pode ser explicado mesmo em áreas onde sabemos que sobreviveu uma população britânica. Os britânicos precisavam aprender a língua de seus senhores: não havia necessidade de seus senhores aprenderem a deles. Assim sucedeu que tanto o latim como o britânico cederam lugar tão completamente ao idioma dos recém-chegados que raramente se encontra um traço de qualquer deles em nossos mais antigos registros.

Nenhuma uniformidade de prática prevaleceu na Ilha. Há boas razões para acreditar-se que, em Kent, os recém-chegados se instalaram ao lado dos antigos habitantes, cujo nome, Cantiaci, adotaram. Na Northumbria existem fortes traços de legislação céltica. Em Hants e Wilts, um largo cinturão de nomes britânicos, desde Liss até Deverill, parece mostrar que os nativos ainda estavam cultivando seus velhos campos nos planaltos, enquanto o saxão limpava os vales. Não havia barreira de cor. Quanto ao tipo físico, as duas raças assemelhavam-se; e a probabilidade é de que em muitos distritos um elemento britânico substancial se tenha incorporado à raça saxônica.

Os próprios invasores não deixavam de ansiar por uma segurança estabilizada. Suas leis severas, os rigores a que se submetiam, não eram senão os resultados das imensas pressões por trás deles, à medida que as hordas de ávida humanidade se espalhavam da Ásia Central para o oeste. Os guerreiros ao voltarem de uma incursão de seis meses gostavam de abandonar-se a um ocioso repouso. Evidentemente não eram insensíveis aos estímulos progressistas; mas onde, perguntavam os chefes e os anciões, poderia ser encontrada a segurança? No século V, à medida que a pressão do Leste se tornava mais forte e que os grupos incursores anuais regressavam da Grã-Bretanha, com despojos e histórias sobre riquezas, criou-se nas mentalidades dominantes a noção da dificuldade de chegar à Ilha e, conseqüentemente, da segurança que proporcionaria sua ocupação por uma raça ousada e valente. Ali, talvez, nessa ilha batida pelas ondas, os homens poderiam estabelecer-se e gozar das boas coisas da vida, sem o obcecante temor de subjugação por uma mão mais forte e sem os imensos sacrifícios cotidianos inseparáveis da disciplina militar e tribal no continente. Para essas espadas selvagens a Grã-Bretanha parecia um refúgio. Na esteira dos incursores, formaram-se firmemente o plano e o sistema de colonização. Assim, com o desespero atrás e a esperança à frente, a migração para a Grã-Bretanha e a sua ocupação se intensificou de ano para ano.

De todas as tribos da raça germânica nenhuma era mais cruel do que os saxões. Seu próprio nome, que se estendeu a toda a confederação das tribos do Norte, derivou-se, segundo se supõe, do emprego de uma arma, o "seax", uma espada curta com um cabo. Embora a tradição e o Venerável Bede atribuam a conquista da Grã-Bretanha aos anglos, jutas e saxões em conjunto, e, embora as várias colonizações tenham peculiaridades tribais, é provável que antes de seu êxodo geral de Schleswig-Holtein os saxões tenham virtualmente incorporado as outras duas tribos.

Os livros de história de nossa infância tentavam corajosamente fixar datas exatas para todos os acontecimentos principais. Em 449, Hengist e Horsa, convidados por Vortigern, fundaram o reino Juta de Kent sobre os cadáveres de seus habitantes anteriores. Em 447, Ella e seus três filhos chegaram para continuar a invasão. Em 495, Cerdic e Cynric apareceram. Em 501, Port, o pirata, fundou Portsmouth. Em 514, os saxões ocidentais Stuf e Wihtgar desembarcaram por sua vez e puseram em fuga os bretões. Em 544, Wihtgar foi morto. Em 547, chegou Ida, fundador do reino de Northumberland. Tudo quanto se pode dizer dessas datas é que correspondem de maneira geral aos fatos e que essas sucessivas vagas de invasores, trazendo colonizadores atrás deles, desembarcaram em nossas infelizes praias.

Outras autoridades traçam um quadro alternativo. "O grosso das 'homesteads' dentro da aldeia", conta-nos J.R. Green, "era de seus 'freemen' ou 'ceorls'; entre essas, porém, havia as casas maiores dos "eorls", ou homens que se distinguiam entre seus semelhantes pelo sangue nobre, os quais gozavam de uma reverência hereditária e entre os quais eram escolhidos os líderes da aldeia em tempo de guerra ou os governantes em tempo de paz. Contudo, a escolha era puramente voluntária e o homem de sangue nobre não gozava de privilégio legal entre seus semelhantes."[3]

Se assim era, então teríamos talvez compreendido em época tão remota o ideal democrático da "associação de todos nós através da liderança dos melhores". Nas concepções tribais da nação germânica encontram-se, sem dúvida, muitos dos princípios que são agora admirados e que foram uma parte reconhecível da mensagem que os povos de língua inglesa transmitiram ao mundo. Todavia, os conquistadores da Grã-Bretanha romana, longe de praticar esses ideais, introduziram todo um plano de sociedade que era fundamentalmente sórdido e vicioso. Os invasores trouxeram para a Grã-Bretanha um princípio comum a todas as tribos germânicas, ou seja, o uso do poder do dinheiro para regular todas as relações legais entre os homens. Se havia alguma igualdade, era igualmente dentro de cada escala social. Se havia liberdade, era principalmente liberdade para os ricos. Se havia direitos, era principalmente os direitos de propriedade. Não havia crime cometido que não pudesse ser resolvido por um pagamento em dinheiro. Exceto a falta de

---

[3] *"Short History of the English People".*

resposta a um chamado para participar de uma expedição, não havia crime mais hediondo que o de roubo.

Uma complicada tarifa estabelecia em xelins o "wergild", ou valor exato de cada homem. Um "atheling", ou príncipe, valia 1.500 xelins, sendo um xelim o valor de uma vaca em Kent ou de um carneiro em outras partes; um "eorl", ou nobre, 300 xelins. Um "ceorl", agora reduzido à palavra "plebeu", que era um pequeno fazendeiro, valia 100 xelins, um "laet" ou servo agrícola, · de 40 a 80 xelins, e um escravo nada valia. Todas essas leis eram lógica e matematicamente levadas aos seus extremos. Se um "ceorl" matasse um "eorl", teria de pagar como indenização três vezes mais do que pagaria um "eorl" se fosse o assassino. E essas leis eram aplicadas às famílias de todos. A vida de um bom assassinado podia ser compensada em dinheiro. Com dinheiro tudo era possível; sem ele, somente a retribuição ou a perda da liberdade. Entretanto, o "atheling", avaliado em 1.500 xelins, sofria em certos aspectos. A pena para difamação era o arrancamento da língua. Se um "atheling" fosse culpado desse crime, sua língua valeria cinco vezes mais que a de um "eorl" e quinze vezes mais que a de um "laet" comum; e somente nessas bases ele poderia resgatá-la. Assim as difamações de uma língua humilde eram baratas. O "wergild" pelo menos, como disse Alfredo muito mais tarde, era melhor do que a luta de sangue.

O fundamento do sistema germânico era o sangue e o parentesco. A família era a unidade, a tribo o todo. A grande transição que observamos entre os emigrantes é o abandono do sangue e do parentesco como tema de sua sociedade e sua substituição pelas sociedades locais e pela "lordship" baseadas na propriedade da terra. Essa modificação resultou, como tantas das lições aprendidas pelo homens, das sombrias necessidades da guerra. Lutando pela vida e pela posição contra homens tão premidos pela necessidade quanto ele próprio, cada bando pioneiro caía inevitavelmente nas mãos do dirigente de guerra mais bravo, mais dominador e mais afortunado. Não se tratava mais de um incursão de poucos meses ou, quando no exterior, de um ano. Ali havia colônia para serem fundadas, novas terras para serem aproveitadas e cultivadas, terras que também ofereciam ao arado profundo uma fertilidade virgem. Essas terras precisavam ser guardadas e quem as poderia guardar a não ser os ousados chefes que as haviam conquistado sobre os cadáveres de seus proprietários anteriores?

Assim a fixação na Inglaterra deveria modificar a estrutura importada da vida germânica. Os colonos-fazendeiros armados viram-se obrigados a aceitar uma autoridade estatal mais forte devido às pressões de continuada ação militar. Na Alemanha, não tinham reis. Criaram-nos na Grã-Bretanha com líderes que afirmavam descender dos deuses antigos. A posição do rei aumentou continuamente de importância e seus adeptos ou companheiros formaram gradualmente uma nova classe na sociedade, que continha o germe do feudalismo e que iria por fim dominar todas as outras convenções. Entretanto, o "lord" era senhor; devia ser também protetor. Devia ficar ao lado de sua gente, apoiá-la nos tribunais, alimentá-la nos períodos de fome, e ela em troca devia lavrar suas terras e segui-lo na guerra.

O rei era a princípio apenas o dirigente de guerra tornado permanente; contudo, uma vez instalado, tinha seus próprios interesses, suas próprias necessidades e seus próprios e mortais perigos. Adquirir segurança tornou-se o seu desejo supremo. "Ser isto é nada, mas ser isto com segurança..." Mas como seria possível consegui-lo? O único meio era reunir ao redor do rei um grupo dos mais bem-sucedidos guerreiros e interessá-los diretamente na conquista e na colonização. Ele nada tinha para dar-lhes além de terra. Devia haver uma hierarquia. O rei devia estar cercado por aqueles que haviam partilhado de seus feitos e de sua liberalidade. Os despojos de guerra eram logo consumidos, mas a terra permanecia para sempre. Terra havia em abundância, de qualidade e condições variadas, mas dar a guerreiros individuais um título de propriedade sobre qualquer gleba determinada era contrário a toda a tradição das tribos germânicas. Agora, sob a fortes pressões da guerra e do pioneirismo, a terra tornava-se cada vez mais propriedade particular. Insensivelmente, a princípio, mas com crescente rapidez a partir do século VII, foi criada uma aristocracia territorial, que devia ao rei tudo quanto possuía. Enquanto a resistência dos bretões era vigorosamente mantida e as fortunas da luta pendiam para este e para aquele lado durante quase duzentos anos, essa nova instituição de liderança pessoal estabelecida no dirigente de guerra de descendência divina firmou-se profundamente na fibra dos invasores anglo-saxônicos.

No entanto, com esse movimento em direção a uma política ou estrutura de sociedade mais coerente surgiu também uma confusão de poderes menores e colidentes. As distâncias eram em geral proibitivas e a escrita virtualmente desconhecida. Os distritos eram separados entre si como ilha num mar agitado e assim uma legião de reis e reizetes surgiu por trás da fronteira combatente das tribos invasoras. Ao citar as numerosas falhas e vícios básicos que possuíam, lugar de destaque deve ser dado à sua incapacidade de unir-se. Durante longo tempo, a Ilha ofereceu apenas o espetáculo de um caos resultante da luta entre pequenas e ferozmente organizadas entidades. Embora desde o tempo da imigração, a gente do sul do Humber estivesse geralmente sujeita a um soberano comum, nunca foi ela capaz de levar a evolução do reino até um trono nacional. Continuaram sendo saqueadores; mas passaram a fazer maiores esforços para garantir seu botim.

Muita coisa foi escrita sobre o desvigorante caráter do domínio romano na Grã-Bretanha, e sobre como a população se tornou frouxa e ineficiente devido aos modestos confortos que ele proporcionou. Não há dúvida de que Gildas, em seus escritos, dá uma impressão, neste caso talvez bem fundada, de grande incompetência e fatuidade na sociedade e na administração que se seguiram à decadência do poderio romano. Todavia, a justiça para com essa época desaparecida exige o reconhecimento do fato de que os bretões lutaram contra aqueles que são hoje chamados de ingleses durante quase duzentos e cinqüenta anos. Durante cem anos, combateram-nos sob a égide de Roma, com sua organização mundial; mas durante cento e cinqüenta anos combateram-nos sozinhos. O conflito fluiu e refluiu. Os britânicos obtiveram vitórias, que uma vez detiveram a conquista durante toda uma geração; e no final as montanhas que os próprios romanos haviam sido incapazes de dominar se tornaram uma cidadela invencível da raça britânica.

CAPÍTULO 5

Inglaterra

Um ocaso vermelho; uma longa noite; uma pálida e nevoenta alvorada! Contudo, à medida que a luz aumenta, torna-se evidente para a posteridade remota que tudo mudou. A noite caíra sobre a Britânia. A madrugada nasceu sobre a Inglaterra, humilde, pobre, bárbara, degradada e dividida, mas viva. A Britânia tomara parte ativa num estado mundial; a Inglaterra era uma vez mais uma ilha bárbara. Fora cristã, agora era pagã. Seus habitantes haviam-se deleitado em cidades bem planejadas, com templos, mercados, academias. Haviam alimentado artesãos e mercadores, professores de literatura e de retórica. Durante quatrocentos anos houvera ordem e lei, respeito pela propriedade e crescente cultura. Tudo desaparecera. Os edifícios, os que existiam, eram de madeira, não de pedra. O povo perdera inteiramente a arte de escrever. Algumas miseráveis garatujas rúnicas eram o único meio de que dispunham para transmitir seus pensamentos ou desejos a distância. O barbarismo reinava em seus andrajos, sem ter sequer os severos princípios militares que animaram e preservaram as tribos germânicas. A confusão e o conflito entre mesquinhos bandidos às vezes chamados reis exauriam a terra. Não havia nada digno do nome de nacionalidade ou mesmo tribalismo; não obstante, esta é uma transição que os homens eruditos do século XIX se coligaram para proclamar como um passo à frente na marcha da humanidade. Despertamos de um pesadelo horrível e, como bem poderia parecer, interminável, para entrar numa cena de completa prostração. Nem as sementes da recuperação saíam das hordas selvagens que haviam destruído a cultura romana. Estas teriam sem dúvida continuado a chafurdar-se indefinidamente na imundícia, não fosse o fato de uma nova força estar-se agitando além dos mares, a qual, movimentando-se lenta, instável e penosamente entre as ruínas da civilização, alcançou por fim através de vários caminhos a Ilha infeliz, para onde, segundo Procopius, as almas dos mortos no continente eram transportadas por algum esquisito Caronte.

O Cristianismo não se estabelecera como a religião do Império durante os dois primeiros séculos da ocupação da Grã-Bretanha pelos romanos. Desenvolvera-se como muitos outros cultos na grande e fácil tolerância do sistema imperial. Surgira, porém, uma Igreja Cristã Britânica que enviara seus bispos aos primeiros concílios e tivera, como vimos, suficiente vitalidade para desenvolver a heresia pelagiana por suas próprias indagações interiores, sem auxílio de fora. Quando os dias funestos dominaram a terra e a prolongada luta contra os saxões foi travada, a Igreja Britânica recuou com outros sobreviventes para as partes ocidentais da Ilha. O abismo entre as raças guerreiras era tão grande que nenhuma tentativa foi feita, em época alguma, pelos bispos britânicos, para cristianizar os invasores. Talvez estes não lhes tivessem oferecido oportunidade alguma de convertê-los. Depois de um intervalo, um de seus maiores luminares, posteriormente conhecido como São Davi, realizou a conversão geral do que é hoje a Gales. Afora isso, o Cristianismo britânico definhou em seus refúgios e bem poderia ter-se tornado moribundo não fosse o aparecimento de uma notável e encantadora personalidade.

São Patrício era um bretão romano de boa família, que vivia provavelmente no vale do Severn. Seu pai era um diácono cristão, cidadão romano e membro do conselho municipal. Certo dia, no começo do século V, caiu sobre o distrito um bando de incursores irlandeses, incendiando e matando. O jovem Patrício foi levado e vendido como escravo na Irlanda. Discute-se se viveu em Cunnayght ou no Ulster, e as provas são contraditórias. É possível que ambas as versões sejam verdadeiras e que ambas as províncias possam reivindicar essa honra. Durante seis anos, onde quer que tenha sido, o jovem cuidou de porcos, e a solidão levou-o a procurar conforto na religião. Foi levado a tentar a fuga por inspiração milagrosa. Embora muitas milhas o separassem do mar, conseguiu chegar a um porto, encontrou um navio e convenceu o capitão a recebê-lo a bordo. Depois de muito viajar, chegou a uma das pequenas ilhas ao largo de Marselha, então centro do novo movimento monástico que se difundia do Mediterrâneo Oriental para oeste. Mais tarde, ligou-se ao bispo Germanus de Auxerre. Concebeu o intenso desejo de pagar o mal com o bem e de difundir entre seus captores na Irlanda as mensagens que recebera. Depois de catorze anos de cuidadoso ensino pelo bispo e de autopreparação para o que devia parecer uma aventura sem esperanças, Patrício partiu em 432 de volta para as regiões selvagens que havia deixado. Seu êxito foi rápido e imorredouro. Organizou o Cristianismo já existente, converteu reinos que ainda eram pagãos e colocou a Irlanda em contato com a Igreja da Europa Ocidental, tornando-a parte indissolúvel do Cristianismo universal. Em plano um pouco mais baixo, embora também guardado para perpétua memória, ficou o extermínio das serpentes e répteis de toda espécie do solo irlandês, pelo qual sua fama foi celebrada de geração a geração.

Era, portanto, na Irlanda, e não na Gales ou na Inglaterra, que a luz do Cristianismo agora ardia e brilhava em meio às trevas. E da Irlanda é que o Evangelho foi levado para o Norte da Grã-Bretanha e pela primeira vez lançou sua atração redentora sobre os invasores "picts". Columba, nascido meio século depois da morte de São Patrício, mas um produto de sua Igreja e imbuído com sua graça e seu fervor, demonstrou-se um novo campeão da fé. Do mosteiro que ele fundou na ilha de Iona, seus discípulos partiram para o reino britânico de Strathclyde, para as tribos "picts" do Norte e para o reino ânglio de Northumbria. É ele o fundador da Igreja Cristã Escocesa. Assim, a mensagem que São Patrício levara à Irlanda voltou através de águas tempestuosas e difundiu-se por amplas regiões. Havia, porém, uma distinção entre a forma de Cristianismo que chegou à Inglaterra através da missão de São Columba e aquela que era mais geralmente aceita em todos os países cristianizados da Europa. A primeira era monástica em sua forma e viajara do Leste, através da Irlanda do Norte, até seu novo lar, sem ter em momento algum tocado o centro romano. As igrejas célticas receberam assim uma forma de governo eclesiástico sustentado pelas mal-unidas comunidades de monjes e pregadores, e não estavam, naqueles períodos iniciais e decisivos, associadas à organização universal do Papado.

Apesar dos vagarosos meios de viagem e da escassez de notícias, o Papado acompanhou desde a fase inicial, com profunda atenção, os resultados dos trabalhos de São Columba. Seu interesse era agora incentivado, não apenas pela difusão do Evangelho, mas também por qualquer desvio do verdadeiro caminho a que pudessem ser levados os novos cristãos. Via com gratidão um ardoroso movimento cristão em ação naquelas remotas ilhas do norte e preocupava-se pelo fato de ele ter sido desde o início independente do trono papal. Esses eram os tempos em que o primeiro cuidado do bispo de Roma consistia em fazer com que todos os cordeiros de Cristo se reunissem num único rebanho. Ali no Norte, onde se evidenciavam tanto zelo e fervor, a fé parecia ter sido plantada desajeitadamente e, acima de tudo, separadamente.

Por vários motivos, inclusive para a disseminação do Evangelho, decidiu-se na década final do século VI que um guia e professor fosse enviado à Inglaterra para difundir e estimular a fé, para converter os pagãos e também para promover uma união efetiva e funcional entre os cristãos britânicos e o corpo principal da Igreja. Para essa importante tarefa, o papa Gregório, mais tarde chamado "o Grande", e os estadistas eclesiásticos reunidos em Roma escolheram um monge de confiança e culto chamado Agostinho. Santo Agostinho, como é hoje conhecido na história, iniciou sua missão em 596 sob promissores auspícios. Kent sempre fora a parte da Ilha Britânica mais intimamente em contato com a Europa e, em todas as suas várias fases, a mais adiantada em cultura. O rei de Kent casara-se com Berta, filha do rei franco, descendente de Clovis, então ocupando o trono em Paris. Embora seu marido ainda adorasse Thor e Woden, a rainha Berta já começara a difundir a verdade nos círculos da corte. Seu capelão, um zeloso e enérgico franco, recebera plena liberdade e, assim, foi dado um poderoso impulso ao povo de Kent, que já estava com disposição receptiva para com a crença dominante na Europa Ocidental. Santo Agostinho, ao desembarcar em Kent, sabia portanto que muita coisa fora previamente preparada. Sua chegada infundiu uma disposição para a ação. Com o auxílio da princesa franca, converteu o rei Ethelbert, que por motivos de política meditava há muito tempo nesse passo. Sobre as ruínas da antiga igreja britânica de São Martinho, ele refundiu a vida Cristã de Canterbury, que estava destinada a tornar-se o centro e o ápice da Inglaterra religiosa.

Ethelbert, como soberano da Inglaterra, exercia efetiva autoridade sobre os reinos do Sul e do Oeste. Sua política era ao mesmo tempo hábil e ambiciosa; sua conversão ao Cristianismo, embora sincera, estava também em consonância com seus objetivos seculares. Como único governante cristão inglês, colocava-se numa posição em que podia estender a mão aos príncipes britânicos e, utilizando-se da fé cristã como laço de união, estabelecer sua supremacia sobre todo o país. Isso, sem dúvida alguma, estava também de acordo com as idéias que Agostinho trouxera de Roma. Assim, no início do século VII, Ethelbert e Agostinho convocaram uma conferência dos bispos cristãos britânicos. O local escolhido no vale do Severn foi na fronteira entre os domínios inglês e britânico, e bem afastado dos limites do reino de Kent. Ali, portanto, haveria uma oportunidade de paz geral e duradoura para ambas as raças, reconciliadas em nome de Cristo; e desse acordo Ethelbert e seus descendentes podiam com segurança esperar ser os herdeiros. Devemos lamentar que essa esperança, mantida por políticos sagazes e benevolentes, não se tenha concretizado. Falhou por duas razões diferentes; em primeiro lugar, o temperamento intratável e ciumento dos bispos britânicos e, em segundo lugar, a imprudente arrogância de Santo Agostinho.

Houve duas conferências, com um intervalo. As discussões ostensivamente se limitaram a questões interessantes, mas não controvertidas. Havia a data da Páscoa, que ainda é objeto de discussões, e também a forma de tonsura. Agostinho insistia em favor do costume romano de raspar apenas o alto da cabeça. Os bispos britânicos tinham talvez imitado o método druídico de raspar desde o centro da cabeça até as orelhas, deixando uma franja sobre a testa. Era uma escolha do grotesco. Essas eram questões bem suscetíveis de ajustamento, mas ofereciam convenientemente amplo campo para as conferências se desenvolverem em público, enquanto as questões vitais estavam sendo resolvidas numa atmosfera de boa vontade ou compostas definitivamente por trás dos bastidores.

Todavia, os bispos britânicos não se encontravam com disposição de entregar-se aos fortes abraços de Roma. Por que haveriam eles, que durante tanto tempo tinham defendido a fé contra horríveis crueldades e opressão, de receber agora sua orientação de um rei saxão de Kent, cuja conversão era bem recente e cujos objetivos políticos, por mais inspiradores que fossem, não deixavam de ser evidentes? A segunda conferência terminou com um rompimento completo. Quando Agostinho se viu na presença do que considerava preconceito insensato e hostilidade arraigada, quando viu os raros bispos que haviam sido conquistados serem reprovados por seus irmãos como apóstatas e traidores, ele se voltou rapidamente para as ameaças. Se o Cristianismo britânico não aceitasse as leais ofertas que agora lhe eram feitas, toda a influência e o prestígio de Roma seriam lançados contra eles do lado inglês. Os exércitos saxões seriam abençoados e apoiados por Roma e pelas ininterruptas tradições da principal Igreja Cristã, sem que se sentisse simpatia alguma por esses antigos cristãos britânicos, quando tivessem suas gargantas cortadas pelos recém-convertidos Estados ingleses. "Se", exclamou o Santo, "não tiverdes paz de vossos amigos, tereis guerra de vosso inimigos." Isso porém não era mais do que os britânicos estavam enfrentando há duzentos anos. Era uma linguagem que eles compreendiam. A conferência dissolveu-se em inimizade; o rompimento era irreparável. Todos os outros esforços de Roma através de Ethelbert e do reino de Kent, para estabelecer mesmo o mais ligeiro contacto com a Grã-Bretanha cristã, foram inexoravelmente repelidos.

A missão de Agostinho chegou assim a um fim digno, mas truncado. A não ser pela consagração de Mellitus como bispo dos saxões orientais numa igreja situada no local de St. Paul's, poucas tentativas de proselitismo foram por ele feitas fora de Kent. Devido ao título de "apóstolo dos Ingleses", que lhe foi descuidadamente conferido, Agostinho gozou durante muitos séculos do crédito de haver reconvertido à fé cristã a outrora famosa província romana da Britânia; e essa auréola brilhou sobre ele até época relativamente recente.

Passou-se quase uma geração antes que enviados de Roma chegassem a penetrar na Inglaterra do Norte e chamar seus povos ao Cristianismo. Quando isso aconteceu, foi em resultado de desenvolvimentos políticos e dinásticos.

Por uma série de vitórias, Redwald, Rei dos Anglos Orientais, estabeleceu um amplo domínio sobre as terras da Inglaterra Central, desde o Dee até o Humber. Com o auxílio de Redwald, Edwin foi reconhecido como soberano de todos os reinos ingleses, exceto o de Kent; e as ilhas de Anglesey a Man foram também dominadas por seus navios. Não só Edwin firmou a sua primazia pessoal, mas a confederação por ele fundada prenunciou o reino de toda a Inglaterra que mais tarde tomou forma sob os reis de Mercia e Wessex. .Edwin casou-se com uma princesa cristã de Kent, cuja religião prometeu respeitar. Conseqüentemente, em seu séquito de Canterbury até York, capital de Edwin, viajou no ano 625 o primeiro missionário romano na Inglaterra do Norte, Paulinus, um enviado que estivera pela primeira vez na Grã-Bretanha no tempo de Santo Agostinho, vinte e quatro anos antes.

Temos um retrato agradável e instrutivo de Edwin: "Havia então uma paz perfeita na Grã-Bretanha onde quer que se estendesse o domínio do rei Edwin e, como ainda proverbialmente se diz, uma mulher com seu filho recém-nascido podia caminhar através de toda a Ilha, de mar a mar, sem receber qualquer mal. O rei cuidava tanto do bem de sua nação que em vários lugares onde vira fontes límpidas perto das rodovias fez colocar estacas das quais pendiam vasos próprios para beber, para refrigério dos viajantes, e nenhum homem ousava tocá-los para qualquer outra finalidade senão aquela à qual eram destinados, seja pelo grande temor que tinham do rei ou pela afeição que lhe dedicavam". Edwin reviveu o estilo romano: "Seus estandartes eram levados à sua frente não apenas na batalha, mas mesmo na paz quando percorria suas cidades, distritos ou províncias com seus guerreiros. Um porta-estandarte ia sempre à sua frente quando ele caminhava em qualquer parte pelas ruas à moda romana".

Assim era em seu apogeu o príncipe a quem Paulinius recorreu. Paulinius converteu Edwin e o vasto reino da Northumbria, modelado como a própria Inglaterra em miniatura, tornou-se cristão. No entanto, esse abençoado acontecimento trouxe consigo rápidas e funestas conseqüências. A soberania da Northumbria era fundamente ressentida pelo rei Penda da Mercia, ou, como diríamos hoje, dos Midlands. O drama desenvolveu-se com desconcertantes variações de fortuna. Em 633, Penda, o pagão, fez uma aliança antinatural com Cadwallon, do reino britânico cristão da Gales do Norte, com o objetivo de derrubar a suserania de Edwin e destruir o poderio da Nortumbria. Ali, pela primeira vez na história, britânicos e ingleses lutaram lado a lado. A política, dessa vez, mostrou-se mais forte do que a religião ou a raça. Numa selvagem batalha perto de Doncaster, Edwin foi derrotado e morto; sua cabeça – que não foi a última – foi exibida nas fortificações da capturada York. É possível que York, durante muito tempo sede de uma legião romana, ainda preservasse as tradições britânico-romanas que a levaram a receber com aplausos os britânicos vitoriosos. Essa repentina destruição do maior rei que até então governara na Ilha causou em troca uma viagem igualmente rápida. O britânico Cadwallon triunfara sobre a Northumbria. Ali estava finalmente a oportunidade há muito esperada para a vingança britânica sobre seus inimigos saxões. Ali estava o consciencioso pagamento de dívidas muito velhas mas muito grandes. Quase poderíamos estar vendo de novo o espírito de Boadicea.

Contudo, o poder inerente da Northumbria era grande. O nome e a fama do assassinado Edwin ecoaram através da terra. Seu sucessor, Oswald, da casa de Bernícia, que era uma das duas províncias do reino, não precisou senão aparecer para encontrar-se à frente dos guerreiros saxões recém-cristianizados e também enfurecidos. Um ano depois da morte de Edwin, Oswald destruiu Cadwallon e suas forças britânicas numa renhida batalha travada ao longo da linha da Muralha Romana. Foi essa a última batalha campal entre os bretões e os saxões; e é preciso admitir que os bretões foram mal tanto em conduta como na sorte. Haviam-se unido aos Midlands Saxônicos pagãos para vingar seus agravos e tinham explorado um movimento inglês em favor da desunião da terra. Haviam destruído essa brilhante esperança do Cristianismo que professavam e agora viam-se vencidos e postos de lado. A longa história de sua luta contra os invasores terminou assim de maneira nada brilhante; contudo, o importante para nossa história é que terminou finalmente.

A destruição de Cadwallon e a limpeza da Northumbria dos selvagens bretões ocidentais, cujas atrocidades haviam unido todas as forças saxônicas do Norte, foi o prelúdio da luta com o rei Penda. Este era considerado pelas tribos saxônicas como alguém que lhes causara infinitos sofrimentos e massacres através de um vergonhoso pacto com o inimigo hereditário. Apesar disso, ele prosperou durante algum tempo. Apoiou as exigências de Thor e Woden com toda a força de Mercia durante sete anos. Derrotou, decapitou e esquartejou o rei Oswald, como havia destruído antes dele o seu predecessor. Todavia, um irmão mais novo de Oswald chamado Oswy, depois de alguns anos, ajustou as contas da família e Penda tombou sob os golpes da espada que com tanta freqüência desembainhara. Assim o poder da Northumbria ergueu-se mais forte das provações e do eclipse por que passara seu povo.

O malogro da tentativa e Ethelbert, no sentido de promover uma reunião cristã da Inglaterra e Grã-Bretanha, deixou a direção do futuro imediato a cargo de Corte Northumbriana. Era para York e não para Canterbury que Roma olhava e era nos exércitos ingleses e não nos britânicos que estavam depositadas as esperanças do Cristianismo organizado. Quando os desastres assolaram a Northumbria, Paulinus apresentou-se em voltar por mar para Canterbury. Nem ele nem Agostinho eram da espécie de homem capaz de enfrentar a guerra brutal daqueles tempos. Cuidadosamente treinados como eram nas doutrinas, nos interesses e na política do Papado, não eram constituídos do material de que são feitos os mártires e evangelistas. Essa incursão britânica era muito violenta. Entretanto, o assistente de Paulinus, um certo James, o Diácono, permaneceu em seu posto durante toda a luta, pregando e batizando continuamente no meio da pilhagem e da carnificina. Ainda mais importante que seu trabalho foi o da missão céltica enviada à Northumbria sob a direção de Santo Aidan. Grande parte da Mercia e da Ânglia Oriental, assim como a Northumbria, foi recuperada para o Cristianismo pelos missionários celtas. Assim duas correntes de fé cristã mais uma vez se encontraram na Inglaterra e o futuro imediato deveria testemunhar uma luta pela supremacia entre elas.

Com a derrota e a morte de Penda e sobre a vaga de todas as paixões que haviam sido desenfreadas, a Inglaterra anglo-saxônica foi definitivamente arregimentada para a fé cristã. Não havia agora reino algum no qual prevalecessem práticas pagãs. Com efeito, afora indivíduos, cuja lealdade privada a Woden era tolerada, toda a Ilha tornou-se cristã. Contudo, esse maravilhoso acontecimento, que poderia ter produzido tantos benefícios, foi prejudicado pelas novas causas de dissensão que agora surgiam entre os povos inglês e britânico. À feroz luta racial britânico-inglesa juntava-se uma opinião diferente a respeito do governo da Igreja, e que separou as raças quase tanto quanto a divergência entre o Cristianismo e o paganismo. Daí por diante, a questão não era mais saber se a Ilha seria cristã ou pagã, mas se prevaleceria a opinião romana ou a céltica sobre o Cristianismo. Essas divergências penduraram através dos séculos, sempre muito debatidas por todas as partes interessadas.

A célebre e em grande parte bem-sucedida tentativa de resolvê-las verificou-se no Sínodo de Whitby em 663. Lá a questão central foi se o Cristianismo britânico se conformaria com o plano de vida geral da Cristandade ou se expressaria pelas ordens monásticas que haviam fundado a Igreja Céltica do Norte. As questões penderam da balança, mas no final, depois de muitas piedosas dissertações, tomou-se a decisão de que a igreja da Northumbria devia ser parte definitiva da Igreja de Roma e do sistema católico. Mercia conformou-se pouco depois. Embora o líder celta e seus adeptos se retirassem desgostosos para Iona e o clero irlandês recusasse submeter-se, a importância desse acontecimento nunca será exagerada. Ao invés de uma religião controlada pelas estreitas opiniões de abades que seguiam sua estrita regra de vida em suas várias cidades ou remotas estâncias, abria-se a cada membro da Igreja Inglesa a larga visão de uma comunhão mundial e universal. Esse acontecimentos levaram a Northumbria ao seu zênite. Na Grã-Bretanha, pela primeira vez fora conseguida uma unidade de fé, de moral e de governo eclesiástico cobrindo cinco sextos da Ilha. O passo decisivo fora dado na esfera espiritual. A ilha era agora inteiramente cristã e, por grande diferença, a parte maior e mais poderosa ficaria diretamente associada ao Papado.

Roma poucos motivos tivera para ficar satisfeita com a missão de Agostinho ou de Paulinus. O Papado percebeu que seus esforços para orientar e governar o Cristianismo britânico através do reino de Kent haviam sido mal dirigidos. Elaborou então um novo plano que ilustra o caráter universal da Igreja Católica. Em 668 foram escolhidos dois novos emissários para levar a luz aos nevoeiros do Norte, o primeiro deles um nativo da Ásia Menor, Teodoro de Tarso, e o segundo um africano chamado Adriano, de Cartago. Esses missionários eram de um tipo mais forte que os seus predecessores, e seu caráter e sua integridade brilhavam acima de tudo. Quando chegaram a Canterbury, havia apenas três bispos de toda a Inglaterra para saudá-los. Quando seu trabalho foi terminado, a Igreja Anglicana erguia sua fronte mitrada com uma majestade que até hoje não foi empanada. Antes de morrer, em

690 Teodoro aumentou o número de bispados, de sete para catorze, e por sua capacidade administrativa deu à Igreja uma nova coesão. A Igreja não o canonizou como santo. Este notável asiático foi o primeiro dos estadistas da Inglaterra, cujo passos guiou com fecunda sabedoria.

Seguiu-se uma longa e complicada rivalidade pela liderança entre os vários reis anglo-saxônicos, que ocupou os séculos VII e VIII. Foi muito importante para aqueles cujo período de vida transcorreu nessa época, mas deixou marcas pequenas no curso subseqüente da história.

Bastam-lhe algumas palavras. A primazia da Northumbria foi ameaçada e terminou finalmente pela inerente fraqueza geográfica e física de sua posição. Estava sujeita a ser atacada por todos os lados, ao norte pelos "picts", a oeste pelo reino britânico de Strathclyde, ao sul por Mercia, aqueles ciumentos Midlands que ainda sentiam a dor da eliminação de Penda e dos castigos infligidos a seus adeptos. Esses antagonismos eram demais para serem suportados pela Northumbria e, embora se fizessem grandes esforços e entre as extenuantes disputas de reis rivais predominassem ocasionalmente alguns sábios chefes, seu colapso como principal comunidade da Ilha era inevitável.

Northumbria teve porém a felicidade de, nessa cena crepuscular, contar com um cronista, a quem já nos referimos, cujas palavras desceram até nós desde o longo silêncio do passado. Bede, um monge de grande capacidade, trabalhando anonimamente nos recessos da Igreja, surge agora como a voz mais efetiva e quase a única audível das ilhas britânicas naqueles tempos sombrios. Ao contrário de Gildas, Bede escreveu história, e o nome do "Venerável Bede" ainda ostenta uma orgulhosa reputação. Só ele tentou pintar para nós e, até onde pôde, explicar o espetáculo da Inglaterra anglo-saxônica em sua primeira fase: uma Inglaterra cristã, dividida por lutas tribais, territoriais, dinásticas e pessoais, de maneira a ser o que um antiquário elisabetiano chamou de Heptarquia, sete reinos de poderio variável, todos professando o Evangelho de Cristo e lutando entre si para conquistar a supremacia pela força e pela fraude. Durante quase cem anos exatamente, de 731 a 829, houve um período de guerra incessante, conduzida com crueldade e rapinagem sob uma única crença.

A liderança da Inglaterra saxônica passou para Mercia. Durante quase oitenta anos, dois reis de Mercia conquistaram ou mantiveram sua ascendência sobre toda a Inglaterra ao sul do Humber. Ethelbald e Offa reinaram quarenta anos cada um. Ethelbald estivera no exílio antes de tornar-se autocrata. Como fugitivo, aliara-se a monges, ermitões e homens santos. Depois de atingir o poder, não abandonou sua piedade cristã, mas se viu muito oprimido pelas tentações da carne. São Guthlac confortou-o no infortúnio e na pobreza, mas São Bonifácio viu-se constrangido a repreendê-lo por sua imoralidade.

O senso moral tornara-se tão forte em questões de sexo que os clérigos não podiam agora qualificar um rei como licencioso. Bonifácio, da Alemanha, censurou Ethelbald pelo "pecado duplo" que cometia em conventos de freiras aproveitando-se das vantagens de sua posição real para conquistar favores que de outro modo estariam fora de seu alcance. As crônicas sobre este soberano são escassas. Ele demonstrou caridade para com os pobres; preservou a lei e a ordem; no Sul, em 733, invadiu Wessex; e em 740 devastou partes da Northumbria enquanto o atormentado chefe deste reino estava lutando contra os "picts". Depois desta última vitória passou a chamar-se "Rei dos Ingleses do Sul" e "Rei da Grã-Bretanha". Ao sul do Humber essas afirmações foram sustentadas.

Ethelbald, tendo sido por fim assassinado pelos seus guardas, foi sucedido por um homem maior. Pouco se sabe a respeito de Offa, que reinou nos quarenta anos seguintes, porém a marca de seu poder é visível não apenas em toda a Inglaterra, mas também no Continente. Offa foi contemporâneo de Carlos Magno. Sua política entrelaçou-se com a da Europa; foi considerado como o primeiro "Rei dos Ingleses" e teve com o Continente a primeira disputa desde os tempos romanos.

Carlos Magno queria que um de seus filhos desposasse uma das filhas de Offa. Temos aí uma importante prova de estima em que era tido o inglês. Offa estipulou que seu filho devia casar-se simultaneamente com uma filha de Carlos Magno. O fundador do Santo Império Romano pareceu a princípio ter ficado exasperado com essa presunção de igualdade, mas depois de algum tempo achou conveniente restabelecer a amizade com Offa. Parece que "o

Rei dos Ingleses" impusera um embargo às mercadorias do Continente e a inconveniência dessa represália superou rapidamente todas as questões de orgulho e sentimento. Pouco depois, Offa era novamente o "caríssimo irmão" do Imperador e Carlos Magno concordava em que houvesse reciprocidade de proteção real aos comerciantes em ambos os países, "de acordo com o antigo costume do comércio". Aparentemente, os produtos em questão eram "pedras pretas", presumivelmente carvão, da França, em troca de mantos ingleses. Havia também questões de refugiados e extradição. Carlos Magno estava interessado na repatriação de um escocês que comera carne da Quaresma. Enviou como presentes uma espada antiga e mantos de seda. Vemos assim Offa admitido em posição igual à da maior figura da Europa. É evidente que a Potência Insular devia representar muita coisa nesses tempos. Monarcas de impérios poderosos não fazem contratos de casamento para seus filhos e não discutem pormenores de tratados comerciais com pessoas sem importância.

A vantagem proporcionada por esses dois longos reinados, quando tudo estava em fluxo, restabeleceu a Ilha como um fator reconhecível no mundo. Sabemos que Offa atribuía a si próprio não só o título de "rex Anglorum", mas também o de "Rei de toda a terra dos Ingleses" (rex totius Anglorum patriae). Esta expressão "rex Anglorum" é com razão acentuada pelos historiadores como um marco em nossa história. Ali estava um rei inglês que governava a maior parte da Ilha, cujo comércio era importante e cujas filhas eram consortes dignas para os filhos de Carlos, o Grande. Conhecemos Offa quase exclusivamente através de sua influência sobre seus vizinhos. Através dos registros destes últimos, é claro que ele suprimiu os sub-reis do vale do Severn, que derrotou os saxões ocidentais em Oxfordshire e subjugou Berkshire, que decapitou o rei da Ânglia Oriental, que foi senhor de Londres, que extirpou a monarquia fundada por Hengist em Kent e abafou com extrema severidade um levante em Kent. Daí por diante, ele impôs suas ordens em Kent. Capturou sua casa da moeda e inscreveu seu nome nas moedas emitidas pelo arcebispo de Canterbury. Uma dessas moedas conta sua própria e curiosa história. É um dinar de ouro, caprichosamente copiado de uma matriz árabe, e nele está estampada a superinscrição "Rex Offa". A casa da moeda de Canterbury evidentemente considerava os caracteres árabes como simples ornamentação e todos os homens teriam ficado escandalizados se soubessem que eles declaravam: "Não existe senão um Deus e Maomé é o seu Profeta". Offa estabeleceu um bom entendimento com o Papa. O Supremo Pontífice dirigia-se a ele como "rex Anglorum". Os enviados papalinos foram em 787 jubilosamente recebidos na sala de audiência de Offa e confortados por suas garantias de reverência a São Pedro. Essas declarações foram complementadas com um pequeno tributo anual ao Papado, parte do qual pago sem querer com aquelas mesmas moedas infiéis que proclamavam uma crença oposta.

Ao estudar Offa, ficamos como geólogos que, ao invés de encontrar um fóssil, encontrassem a forma oca em que uma criatura de força e tamanho extraordinário sem dúvida habitara. Alcuin, um dos raros cronistas desse período na Corte de Carlos Magno, dirige-se a Offa nestes termos: "Sois uma glória para a Grã-Bretanha e uma espada contra seus inimigos". Temos um monumento tangível de Offa na imensa barragem que ele fez construir entre a Inglaterra saxônica convertida e os britânicos ainda não conquistados. As posições estavam agora invertidas e aqueles que nunca haviam faltado com a velha fé e sempre mantiveram sua independência decaíram na estima dos homens pelo simples fato de viverem em terras montanhosas e áridas, enquanto seus fustigadores bem-sucedidos caminhavam com pompa e mesmo com dignidade. Esta barragem, que corre sobre os montes e vales, deixando brechas para as florestas impenetráveis, desde a embocadura do Severn até as vizinhaças do Mersey, atesta até nossos dias a imensa autoridade do Estado a que Offa presidia. Quando refletimos como era feroz a luta pela vida e como a obtenção de alimento suficiente para conservar o corpo e a alma juntos era a preocupação primordial não apenas de famílias mas de povos inteiros, torna-se espantoso o fato de essa extensa fortificação ter sido em sua maior parte o trabalho da vida e da vontade de um único homem. Dá-nos a idéia da magnitude e da força do reinado de Offa. Trabalhos como esse não são construídos senão sobre um alicerce de efetivo poder político. Entretanto, a "Barragem de Offa" demonstra política, assim como potencial humano. Em muitos trechos seguem linhas favoráveis aos britânicos e os historiadores concluíram, por isso, que era mais uma fronteira do que uma fortificação e resultara de um acordo feito para vantagem comum. Não era uma muralha romana, como aquelas de Antonino e Adriano, entre a selvajaria e a civilização, mas antes a expressão de um solene tratado que durante longo tempo afastou dos problemas de Offa a ameaça de uma incursão britânica e, assim, o deixou livre e com a costas seguras para negociar e disputar com a Europa.

A arte e a cultura desenvolveram-se na esteira da ordem. Os ingleses haviam trazido consigo de seu lar continental uma vigorosa arte bárbara e uma poesia primitiva. Uma vez estabelecidos na Ilha, esta arte foi profundamente afetada pelo gênio céltico para a curva e a cor, gênio esse suprimido pelo provincianismo romano, mas que irrompeu de novo logo que a mão romana foi afastada. O Cristianismo deu-lhe uma nova série de temas para adornar. Os resultados são vistos em obras-primas como os Evangelhos de Lindisfarne e as cruzes esculpidas da Inglaterra do Norte. Nasceu todo um mundo de refinamento e civilização, cujo centro eram os mosteiros e do qual apenas fragmentos chegaram até nós. Bede era universalmente aclamado como o maior intelectual de sua época. É à sua influência que o mundo deve a prática, adotada mais tarde, de contar os anos a partir do nascimento de Cristo. Aldhelm de Malmesbury foi o mais popular escritor da Europa; de nenhum autor foram feitos mais exemplares nos mosteiros do Continente. A poesia vernacular florescia; no Wessex foram dados os primeiros passos na arte de escrever em prosa. Outro saxão ocidental, Bonifácio, de Crediton, perto de Exeter, foi o Apóstolo da Alemanha. No século VIII, a Inglaterra tinha com efeito o direito de reivindicar a vanguarda da cultura ocidental.

Depois da informe confusão dos séculos mais sombrios, obscuros para a história e sem sentido para quase todos quantos neles viveram, vemos agora um propósito firmemente se formando. A Inglaterra, com um caráter e uma personalidade independentes, mal podia ainda ser parte de uma civilização mundial como nos tempos romanos, mas havia uma nova Inglaterra, mais próxima da unidade nacional do que nunca antes e com um gênio nativo próprio. Daí por diante um espírito imortal se ergueria para ser visto por todos.

CAPÍTULO 6

Os Vikings

Depois da queda da Roma Imperial, os bárbaros vitoriosos foram por sua vez conquistados e dominados pelo Evangelho de Cristo. Embora não conseguissem abandonar os seus impulsos pecaminosos com maior êxito do que os homens e as mulheres religiosos de hoje, tinham eles um tema e uma inspiração comuns. Havia um laço que unia todas as raças da Europa. Havia uma organização internacional que, erguendo-se ereta em todo país, era por grande margem de diferença a estrutura sobrevivente mais poderosa e, de fato, a única coerente. À testa dela, o Bispo de Roma revivia numa forma espiritual, ou pelo menos eclesiástica, a desaparecida autoridade dos Césares. A Igreja Cristã tornou-se o único santuário do ensino e do conhecimento. Abrigou em suas igrejas e conventos tudo quanto fora salvo dos tempos antigos. Oferecia aos homens em suas lutas e erros "o último consolo para o infortúnio humano, a última restrição ao poder terreno". Assim, embora a luz da civilização pagã não estivesse de maneira alguma completamente extinta, um novo resplendor atraía, deslumbrava e dominava as hordas bárbaras, não apenas em nossa Ilha, mas em toda a Europa. Elas foram domadas e elevadas pela revelação cristã. Por toda parte, desde o Eufrates até o Boyne, velhos deuses eram repudiados e um padre de Cristo podia viajar longas distâncias, encontrando em toda cidade uma fraternidade compreensiva e uma hospitalidade universal, ainda que às vezes austera.

Em meio ao tumulto e à ignorância da época da decadência de Roma, todos os elementos intelectuais encontraram a princípio refúgio na Igreja e depois exerceram com ela a supremacia. Ali era a escola de políticos. O virtual monopólio do ensino e da arte de escrever tornou os homens da Igreja indispensáveis aos orgulhosos e violentos chefes da época. Os clérigos tornaram-se os funcionários civis e muitas vezes os estadistas de todas as Cortes. Substituíram natural e inevitavelmente os magistrados romanos, cujos trajes usaram e ainda hoje usam. O barbarismo triunfante entregou-se insensivelmente a uma estrutura, na qual a confiança depositada provara em inúmeras ocasiões dar resultados na incessante luta pelo poder. Depois das convulsões e desordens da Idade das Trevas, quando finalmente a luz do dia caiu de novo sobre a Ilha Britânica, esta despertou diante de um mundo profundamente mudado, mas não privado de forma ou majestade. Havia até mesmo uma suave brisa no ar.

O fervor do pagão convertido trouxe consigo, porém, males que deram causa a novas calamidades. A Igreja estava obrigada por seu espírito a incutir brandura e piedade. Foi levada pelo zelo e por seus interesses a fortalecer por todos os meios a estrutura do seu próprio poder. A humildade e a fé dos descendentes dos invasores expuseram-nos logo, em sua fraqueza humana, a uma exploração organizada que durante os séculos VI e VII motivou em muitos países um açambarcamento pela Igreja de tesouros e terras absolutamente desproporcional à sua capacidade de controle dos acontecimentos. Vemos diante de nós um Cristianismo piedoso, mas obstinado; espiritualmente unido, mas presa de conflitos terrenos; em estado de graça, mas de modo algum livre de ambição.

Sobre a sociedade revivida, convalescente e mal-unida, caíram então dois destruidores assaltos externos. O primeiro veio do Oriente. Na Arábia, Maomé desfraldara os estandartes marciais e sagrados do Islã. Sua célebre fuga de Meca para Medina, chamada Hégira ou emigração, da qual data a era muçulmana, ocorreu em 622. No decorrer das décadas que se seguiram, Maomé e seus sucessores, os Califas, tornaram-se senhores de toda a Arábia, da Pérsia, de grande parte do Império Bizantino e de todo o litoral norteafricano. No início do século seguinte, o Islã atravessou o estreito de Gilbraltar e predominou na Espanha, de onde não seria finalmente desalojado senão quase oitocentos anos depois. Em certo momento, a França parecia a ponto de sucumbir, mas os árabes foram repelidos por Charles Martel, avô de Carlos Magno, em Poitiers, no ano 732. Assim, caminhando desde Meca, o poderio do Islã chegou quase a uma distância ameaçadora para estas ilhas.

Para a Grã-Bretanha, porém, estava reservada a segunda vaga invasora. Veio do Norte. Na Escandinávia, os vikings preparavam seus barcos para viagens por mar. Esse duplo assalto por parte de infiéis árabes e piratas nórdicos perturbou a enfraquecida vida da Europa durante dez gerações. Não foi senão no século XI que o feudalismo vestido de aço do Cristianismo medieval, formado ele próprio em grande parte de descendentes convertidos dos vikings, impôs limites às conquistas árabes e estabeleceu ao lado da Igreja Cristã amplo e efetivo poderio militar.

Em proporções iguais, o que os piratas saxônicos haviam dado aos bretões os ingleses receberam depois de um período de quatrocentos anos. No século VIII, uma veemente manifestação de energia conquistadora surgiu na Escandinávia. A Noruega, a Suécia e a Dinamarca criaram bandos de formidáveis combatentes que, além de todas as suas outras qualidades marciais, eram os temerários remadores do mar. As causas que motivaram essa ebulição racial foram o espontâneo crescimento de sua força e sua população, a sede de aventura e as complicações de conflitos dinásticos. Não ocorreu aqui o fato de os dinamarqueses e escandinavos serem empurrados para oeste por novas pressões vindas das estepes da Ásia. Eles se movimentaram por sua própria vontade. Sua bravura era espantosa. Uma corrente de vigor devastador investiu da Suécia para o sul e não só alcançou Constantinopla como deixou atrás de si germes poderosos que imporiam através dos séculos a sua marca sobre a Rússia Européia. Outro contingente embarcou em seus barcos e navegou da Noruega até o Mediterrâneo, assolou todos os litorais do mar interior e foi com dificuldade repelido pelos reinos árabes da Espanha e da costa norte da África. O terceiro impulso de longo alcance levou os piratas escandinavos até as Ilhas Britânicas, a Noruega, a Islândia e pouco depois, através do Oceano Atlântico, até o continente americano.

As relações entre os dinamarqueses e os noruegueses eram complicadas e variáveis. Às vezes, atacavam em conjunto; outras vezes travavam entre si desesperadas batalhas; para a Inglaterra saxônica apresentavam-se porém sob a forma comum de uma impiedosa praga. Eram incrivelmente cruéis. Embora não fossem canibais, estavam acostumados, em seus festins de vitória, a cozinhar em caldeirões ou espetos os corpos de seus inimigos vencidos. Quando, depois de uma batalha na Irlanda entre escandinavos e dinarmarqueses, os habitantes irlandeses locais – eles próprios nada escrupulosos – manifestaram horror por esses hábitos repugnantes e, sendo neutros, perguntaram por que o faziam, receberam esta resposta: "Por que não? Eles fariam isso conosco se tivessem vencido". Dizia-se desses caçadores escandinavos que eles nunca choravam por seus pecados ou pela morte de seus amigos. É certo, porém, que, em muitos lugares onde os bandos guerreiros incursores se estabeleceram, logo adquiriram hábitos de luxo. Tomavam banhos. Vestiam roupas de seda. Seus navios transportavam tendas e camas para serem usadas em terra. Seus chefes de guerra, em toda terra onde penetravam, praticavam a poligamia e, no Oriente, adotaram prontamente o sistema de harém. A um chefe conquistador atribuía-se a posse de nada menos de oitocentas concubinas; mas isso provavelmente era uma ilustração bíblica. Quando Limerick foi capturada de suas mãos, em 936, os irlandeses ficaram espantados diante da beleza das mulheres que já estavam em poder dos saqueadores e da massa de sedas e bordados com que estavam vestidas. Não há dúvidas de que recuperaram seu equilíbrio em pouco tempo.

A alma dos vikings estava em seu barco. Haviam desenvolvido e, agora, nos séculos VIII e IX levado à perfeição um navio que, por seu pequeno calado, podia navegar por longa distância rio acima ou ancorar em inúmeras enseadas e baías, e que pelas suas belas linhas e flexibilidade de construção podia vencer as mais ferozes tempestades do Oceano Atlântico.

Estamos singularmente bem informados sobre esses navios. Meia dúzia deles foram desenterrados quase intactos. O mais famoso foi desenterrado de um túmulo em Gokstad, na Noruega, em 1880. Estava quase completo, tendo até mesmo os caldeirões da cozinha e os tabuleiros de jogo de damas dos marinheiros. Foi medido com precisão em 1944, apesar das confusões da época. O navio era de tamanho médio, com 76 pés e 6 polegadas da proa à popa, 17 pés e 6 polegadas de boca e apenas 2 pés e 9 polegadas a meia-nau. Esta de costado trincado com dezesseis fiadas de cada lado de sólidas pranchas de carvalho: presas por cavilhas de madeira e ferrolhos de ferro, e calafetadas com corda de cabelos trançados de animais. Suas pranchas presas ao cavername com cordas de fibra davam à estrutura grande elasticidade. Sua coberta era de tábuas soltas e não pregadas, mas sem dúvida suas provisões eram guardadas em compartimentos fechados que desapareceram. Seu mastro era assentado num enorme e sólido bloco que, diz o professor Collingwood (cuja descrição eu atualizei), era tão habilmente sustentado que, "embora o mastro se erguesse sólido e firme, não havia tensão alguma na ligeira e elástica estrutura do navio". O barco tinha dezesseis remos de cada lado, cujo comprimento variava de 17 a 19 pés; os remos mais compridos eram usados na proa e na popa, onde a amurada era mais alta acima da linha d'água; todos os remos eram belamente modelados e passavam através de orifícios abertos na fiada principal, os quais eram cuidadosamente providos de tampas que se fechavam quando os remos eram recolhidos. Seu leme, posto de estibordo, era uma grande curta peça de carvalho em forma de taco de "cricket", dotado de uma cana móvel e preso ao navio por um engenhoso dispositivo que dava ampla liberdade à cana. O mastro, de 40 pés de altura, tinha uma verga comprida e pesada com uma vela quadrada. O navio podia levar a bordo um barco menor ou escaler, três dos quais foram encontrados juntos com ele. O navio de Gokstad levava uma tripulação de cinqüenta homens e, se necessário, outros trinta guerreiros ou prisioneiros, com qualquer tempo, durante um mês.

Assim era o barco que, em muitos tamanhos diferentes, levou os vikings à pilhagem do mundo civilizado – ao assalto de Constantinopla, ao sítio de Paris, à fundação de Dublin e à descoberta da América. Sua imagem ergue-se diante de nossos olhos, vívida e brilhante: a proa belamente esculpida em forma de dragão; a popa alta e curva; a longa fileira de escudos, pretos e amarelos alternadamente, estendida ao longo dos lados; o brilho do aço; o cheiro do massacre. Os navios em que foram feitas as grandes viagens oceânicas eram de construção um tanto mais sólida, com um bordo livre mais alto. No entanto, o modelo de Gokstad foi reproduzido em 1892 e levado por uma tripulação norueguesa através do Atlântico em quatro semanas.

Todavia, esse soberbo instrumento de poderio marítimo teria sido inútil sem os homens que o tripulavam. Todos eram voluntários. Grupos eram formados sob as ordens de chefes de acentuada aptidão. Nas sagas lemos histórias de tripulações de "campeões ou homens alegres": uma companhia de navio escolhida sem dúvida entre muitos candidatos, "tão bons no leme ou no remo quanto na espada". Havia regulamentos severos, ou primitivos "Artigos de Guerra", a que se submetiam essas tripulações depois de incorporadas. Eram escolhidos homens entre dezesseis e sessenta anos de idade, mas nenhum deles sem uma prova de sua força e atividade. Nenhuma disputa ou querela antiga devia ser levantada quando a bordo ou em serviço. Não se permitia a presença de mulheres a bordo. As notícias deviam ser comunicadas exclusivamente ao capitão. Tudo quanto era capturado em guerra devia ser levado ao monte, de onde era vendido e dividido de acordo com as regras. Esse botim de guerra era pessoal, isto é, não fazia parte da propriedade que, de acordo com a lei escandinava, se transmitia aos parentes do homem. Este tinha, porém, o direito de ser enterrado com ele.

"Com algo que se aproximasse da igualdade numérica", diz Oman, "os vikings eram sempre capazes de levar vantagem, mas quando todo o campo se levantou e os homens de muitos "shires" investiram em grande número contra os incursores, estes precisaram tomar cuidado para não serem esmagados pelo número." Somente quando uma frota de força muito excepcional se reuniu é que os nórdicos puderam atrever-se a oferecer aos seus adversários batalha em campo aberto. O combate, afinal de contas, não era tanto seu objetivo quanto a pilhagem e quando a terra reunia força esmagadora os invasores tomavam novamente seus navios e partiam para reiniciar suas desvastações em alguma província ainda intacta. Logo aprenderam também a assegurar-se meios de locomoção rápida em terra. Quando desciam em terra, arrebanhavam todos os cavalos das vizinhanças e movimentavam-se com o produto das pilhagens a cavalo através da terra. Não era com a intenção de combater como cavalaria que reuniam os cavalos, mas apenas para marchar com rapidez. A primeira menção a essa prática na Inglaterra verifica-se no ano de 866, quando "um grande exército pagão chegou à terra dos anglos orientais, e lá estava o exército a cavalo".[1]

---

[1] "Anglo-Saxon Chronicle".

Num dia de verão, provavelmente em 789, enquanto "o inocente povo inglês, espalhado por suas planícies, estava-se divertindo com tranqüilidade e jungindo seus bois ao arado", foi levada ao funcionário do rei, o Alcaide de Dorchester, a notícia de que três navios haviam chegado à costa. O Alcaide "saltou sobre seu cavalo e correu com alguns homens para o porto (provavelmente Portland), pensando que eram mercantes e não inimigos. Dando suas ordens com quem tinha autoridade, determinou que eles fossem enviados para a cidade do rei; mas eles o mataram no local, assim como a todos os que estavam com ele". Esse foi um prenúncio da sanguinária luta que, com muitas variações de fortuna, assolaria e devastaria a Inglaterra durante duzentos e cinqüenta anos. Foi o início da Idade Viking.

Em 793, numa manhã de janeiro, a rica povoação monástica de Lindisfarne (ou Ilha Sagrada), ao largo da costa da Northumbria, foi inesperadamente atacada por uma poderosa frota vinda da Dinamarca. Os incursores saquearam o lugar, devoraram o gado, mataram muitos monges e embarcaram de novo com uma rica presa em ouro, pedras preciosas e emblemas sagrados, e todos os monges que tinham probabilidade de obter bom preço no mercado de escravos da Europa. Essa incursão fora planejada com cuidado e conhecimento. Foi executada completamente de surpresa no auge do inverno antes que qualquer socorro de terra pudesse chegar à ilha. A notícia da atrocidade difundiu-se até muito longe, não somente na Inglaterra, mas em toda Europa, e o alto clamor da Igreja provocou um alarme geral. Alcuin, o northumbriano, escreveu da Corte de Carlos Magno para sua terra, a fim de manifestar seu pesar aos seus compatriotas:

"Vede, há quase trezentos e cinqüenta anos que nós e nossos antepassados vivemos nessa bela terra e nunca antes apareceu na Grã-Bretanha horror como o que acabamos de sofrer dos pagãos. Não se julgava possível que eles fossem capazes de ter feito tal viagem. Olhai a igreja de São Cuthbert salpicada com o sangue dos padres de Cristo, roubada de todos os seus ornamentos... Naquele lugar onde, depois da partida de Paulinus de York, a fé cristã teve seu começo entre nós, há o início de desgraça e calamidade... Prenúncios dessa desgraça surgiram antes dela... Que significava aquela chuva de sangue durante a Quaresma na cidade de York?"

Quando, no ano seguinte, os incursores voltaram e desembarcaram perto de Jarrow, foram vigorosamente atacados enquanto eram fustigados pelo mau tempo. Muitos deles foram mortos. Seu "rei" foi capturado e submetido a morte cruel. Os fugitivos levaram para a Dinamarca um relato tão sombrio que durante quarenta anos as costas inglesas não foram assoladas. Nesse período, os vikings era pouco inclinados à invasão em massa ou conquista, mas, utilizando-se de seu poderio marítimo, fizeram pequenos desembarques na costa oriental da Escócia e nas ilhas escocesas. As colônias monásticas, que então encontravam um refúgio seguro nessas ilhas, tornaram-se uma presa particularmente vulnerável. Sua riqueza e seu isolamento tornavam-nas uma presa muito atraente para os bandidos do mar. Iona foi saqueada e destruída em 802. Os estabelecimentos religiosos irlandeses também ofereciam atraentes presas para a cobiça dos saqueadores e a partir de então seus sofrimentos foram incessantes. A vitalidade da Igreja reparava as ruínas com dedicado zelo. Os vikings, dispondo de ampla oportunidade de escolha, concediam um intervalo para recuperação antes de fazer outra visita. Iona foi saqueada três vezes e o mosteiro de Kildare nada menos de catorze vezes.

A pirataria tornou-se uma profissão regular e a Igreja era sua casa do tesouro perpetuamente reabastecida. O historiador de Carlos Magno, Eginhard, registra que as devastações eram contínuas, e uma nova sombra de medo estendeu-se sobre a Cristandade. Entretanto, nenhuma medida eficiente foi tomada e a atividade incursora era tão lucrativa que o gosto por ela se estendeu a toda a Escandinávia. "Esses alegres, de membros bem torneados, intrépidos cavaleiros das Terras do Norte", como os descreve um de seus panegiristas escoceses, embarcavam anualmente em número cada vez maior para suas incursões e voltavam triunfantes e enriquecidos. Seu exemplo inspirava todos os espíritos audaciosos e filhos mais jovens. Outras frotas estenderam-se até mais longe. Surgiram no Mediterrâneo. Carlos Magno, observando através de uma janela numa cidade perto de Narbonne, viu esses sinistros navios rondando as costas e proferiu uma impressionante advertência sobre o castigo que sobreviria.

Não foi senão em 855 que a tempestade desabou com fúria, e frotas, às vezes com trezentos ou quatrocentos navios, subiram remando os rios da Inglaterra, da França e da Rússia, em empreendimentos predatórios da maior escala. Durante trinta anos, a Inglaterra do Sul foi constantemente atacada.

Paris foi mais de uma vez sitiada. Constantinopla foi assaltada. As cidades portuárias da Irlanda foram capturadas e ocupadas. Dublin foi fundada pelos vikings sob o governo de Olaf. Em muitos casos, agora, os incursores instalavam-se no território conquistado. O elemento sueco penetrou no coração da Rússia, dominando as cidades fluviais e exigindo resgate sobre o comércio. Os vikings noruegueses, procedentes de um clima ainda mais severo, consideraram as ilhas escocesas boas para sua instalação. Colonizaram as Shetlands, as Faroes e a Irlanda. Atingiram a Groenlândia e Stoneland (Labrador). Subiram o St. Lawrence. Descobriram a América; mas pouco ganharam com a realização.

Durante muito tempo, nenhuma posição permanente foi conquistada na Grã-Bretanha ou na França. Não foi senão em 865, quando a resistência no Continente se intensificou temporariamente, que teve início a grande invasão dinamarquesa da Northumbria e da Inglaterra Oriental.

A Inglaterra saxônica estava nesse tempo madura para a colheita. Os invasores surgiram em toda a costa oriental, outrora guardada pelo "Conde do Litoral Saxônico", com suas fortalezas imperiais em ruínas e já enterradas sob o solo de séculos. Nenhuma galera romana agitava seus remos nas rondas de patrulha. Não havia governo imperial para mandar em socorro um grande comandante ou uma legião. Por todos os lados porém havia abadias e mosteiros, igrejas e mesmo catedrais, que possuíam, naquela época de fome, tesouros de ouro e prata, de pedrarias, e também grandes estoques de alimentos, vinhos e todos os artigos de luxo conhecidos. O piedoso inglês aceitara muito literalmente a idéia da absolvição dos pecados como conseqüência de pagamento monetário à Igreja. Seus pecados eram muitos, seu arrependimento freqüente, e a Igreja prosperou. Ali estavam presas fáceis de serem conquistadas por espadas afiadas.

A uma exagerada subserviência à Igreja, o inglês juntava nessa época o desgoverno militar. Seu sistema de defesa era adequado para manter os sobreviventes dos antigos bretões em suas terras montanhosas e áridas ou proteger a fronteira contra incursões de um vizinho saxônico. O nobre local, atendendo aos pedidos de seu chefe ou rei, convocava os cultivadores da terra fisicamente aptos para servirem em seu próprio distrito durante cerca de quarenta dias. Esse serviço, no "fyrd", era prestado de má vontade e, quando terminava, o exército dispersava-se sem dar atenção aos inimigos que poderiam estar em marcha ou às finalidades da campanha que fora empreendida. Agora os ingleses defrontavam-se com um tipo diferente de inimigo. Os dinamarqueses e escandinavos não apenas dispunham da vantagem da surpresa que o poderio marítimo há muito lhes conferia, mas também demonstravam mobilidade e aptidão em terra. Adotaram o hábito de fortificar seus acampamentos com precisão quase romana. Seus estratagemas também foram muito elogiados. Entre eles o mais destacado era o de "fingir fuga". Numerosas vezes, lemos que os ingleses puseram o exército pagão em fuga, mas no fim do dia os dinamarqueses dominavam o terreno. Certa ocasião, seu chefe, que estava sitiando uma cidade, declarou-se agonizante e implorou ao bispo do lugar que lhe desse sepultamento cristão. O digno prelado rejubilou-se com a conversão e atendeu ao pedido, mas quando o corpo do viking falecido foi levado à cidade para o sepultamento cristão verificou-se repentinamente que os acompanhantes eram guerreiros de qualidades comprovadas, disfarçados em cortejo fúnebre, os quais sem mais demora se puseram a saquear e massacrar. Existem muitas esclarecedoras informações ocasionais dessa espécie sobre as maneiras e os costumes dos vikings. Eles foram, com efeito, o mais audacioso e traiçoeiro tipo de pirata e trapaceiro que já apareceu e, devido à organização muito deficiente dos saxões e às condições da época, conseguiram a concretização de seus desejos de maneira muito mais completa do que todos quantos imitaram sua proficiência – e que foram bem numerosos.

Na lenda viking relativa a este período, ninguém foi mais famoso do que Ragnar Lodbrok ou "Coxas Peludas". Nascera na Noruega, mas estava ligado à família governante da Dinamarca. Foi um incursor desde sua mocidade. "Para oeste sobre os mares" era o seu lema. A proa de seu barco navegara desde Orknes até o mar Branco. Em 845, comandou uma frota viking que subiu o Sena e atacou Paris. Esse ataque foi repelido e a peste impôs uma vingança imprevisível aos piratas. Voltou-se ele então com suas armas móveis contra a Northumbria. Ali também o destino lhe foi adverso. De acordo com a história escandinava, ele foi capturado pelo rei Ella, da Northumbria, e lançado num poço cheio de serpentes para que lá morresse. Em meio à massa coleante de repugnantes víboras, cantou até o fim sua canção da morte. Ragnar tinha quatro filhos e, enquanto se encontrava entre os venenosos répteis, proferiu uma poderosa ameaça: "Os porquinhos grunhiriam agora se soubessem como está passando o velho cachaço". Os bardos escandinavos contam-nos como seus filhos receberam a notícia. Bjorn "Valente" agarrou na haste de sua lança com tanta força que a marca de seus dedos nela ficou estampada. Hvitserk estava jogando xadrez, mas apertou com tanta força seus dedos sobre um peão que o sangue começou a correr por baixo de suas unhas. Sigurd "Olho de Serpente" estava cortando as unhas com uma faca e continuou a cortar até atingir o osso. Entretanto, seu quarto filho era o que importava. Ivar, o "Sem Ossos", pediu que lhe contassem os pormenores exatos da execução de seu pai e seu rosto "ficou vermelho, azul e pálido sucessivamente, e sua pele inchou-se de raiva".[2]

Era prescrita uma forma de vingança pela qual os filhos deviam castigar o matador de seus pais. Denominava-se "Águia Vermelha como Sangue". A carne e as costelas do matador deveriam ser cortadas e serradas em um padrão aquilino; em seguida, o filho zeloso arrancaria com suas próprias mãos os pulmões palpitantes. Esse foi o destino que a lenda reservou ao rei Ella. Todavia, as conseqüências reais para a Inglaterra foram sérias. Ivar, "o Sem Ossos", era um guerreiro dotado de capacidade de comando e astúcia. Foi o cérebro por trás da invasão da Inglaterra pelos escandinavos no último quarto do século IX. Foi quem planejou as grandes campanhas com que os escandinavos conquistaram a Ânglia Oriental, Deira, na Northumbria, e Mercia. Até então tinha lutado na Irlanda, mas agora, em 865, aparecia na Ânglia Oriental. Na primavera de 866, seu poderoso exército, organizado com bases nas companhias de navios, mas agora com todos os seus homens montados, não para a luta, mas para locomoção, investiu para o norte ao longo da velha estrada romana e atravessou o Humber.

Ivar sitiou York. Então – muito tarde – os northumbrianos, que estavam divididos em suas lealdades entre dois reis rivais, esqueceram suas disputas e uniram-se num esforço final. Atacaram o exército dinamarquês diante de York. A princípio, obtiveram êxito; os pagãos foram repelidos nas muralhas da cidade. Os defensores fizeram uma surtida e, na confusão, os vikings

---

[2] De *The Vikings and their Voyages*, por A. MacCallum Scott.

derrotaram-nos com cruel massacre, matando seus dois reis e destruindo completamente sua capacidade de resistência. Esse foi o fim da Northumbria. O Norte da Inglaterra nunca mais recuperou sua ascendência.

Como diz Hodgkin:

"As escolas e mosteiros caíram na obscuridade ou no nada; e o reino que produzia Bede e Alcuin, que deixara as grandes cruzes de pedra como obras-primas da arte angla e, como provas da poesia angla, os poemas de Caedmon e a Visão da Cruz, na geração seguinte à derrota do ano de 867, afundou-se na antiga vida de obscuro barbarismo... Uma dinastia foi destruída, uma religião foi meio sufocada e uma cultura foi barbarizada."[3]

Simeon de Durhan, escrevendo cento e cinqüenta anos depois dessa desastrosa batalha em York, acentua estas lamentações:

"O exército investiu aqui e acolá, e encheu todos os lugares de sangue derramado e desgraças. Numa ampla extensão, destruiu as igrejas e mosteiros com fogo e espada. Quando se afastou do local, nada deixou em pé, a não ser paredes sem tetos. Tão grande foi a destruição que nos dias atuais mal se pode ver algo restante daqueles lugares ou qualquer sinal de sua antiga grandeza".

Entretanto, o objetivo de Ivar era nada menos que a conquista de Mercia, que, como todos os homens sabiam, representara durante quase cem anos o poderio da Inglaterra. Ivar postou-se diante de Notthingham. O rei de Mercia pediu auxílio a Wessex. O velho rei de Wessex estava morto, mas seus dois filhos, Ethelred e Alfredo, atenderam ao apelo. Marcharam em socorro do rei de Mercia e ofereceram-se para unir-se a ele em seu ataque contra as linhas dos sitiantes. Os mercianos, porém, vacilaram e preferiram negociar. Ivar guerreava com política tão bem quanto com as armas. Não havia destruído igrejas em York e Ripon. Contentou-se em instalar um rei vassalo, um Egbert, na Northumbria, e, depois de encerrar a campanha de 868 por um tratado que o deixou senhor de Nottingham, passou o resto do inverso fortificando-se em York.

---

[3] R. H. Hodgkin, *History of the Anglo-Saxons*, vol. II, pág. 525.

Enquanto os dinamarqueses, em sua formidável tentativa de conquista, se espalhavam pela Ânglia Oriental, subjugavam Mercia e devastavam a Northumbria, o rei de Wessex e seu irmão Alfredo aumentavam silenciosamente sua força. Suas fortunas mantinham-se em equilíbrio tão delicado e precário que mesmo o menor acrescimento a seu peso teria sido fatal. Foi portanto um alívio quando Ivar, depois de romper o Tratado de Nottingham e submeter o rei Edmundo da Ânglia Oriental ao martírio, abandonou repentinamente e para sempre a Inglaterra. Os anais do Ulster explicam que Olaf e Ivar, os dois reis dos nórdicos, chegaram novamente a Dublin em 870, procedentes da Escócia, e que "uma presa muito grande de cativos ingleses, britânicos e "picts" foi levada para a Irlanda". Contudo, há em seguida esta anotação final: "Ivar, rei dos nórdicos de toda a Irlanda e Grã-Bretanha, terminou sua vida". Ele havia conquistado Mercia e a Ânglia Oriental. Capturara Dumbarton, a principal fortaleza do reino de Strathclyde. Carregado de despojos e aparentemente invencível, instalou-se em Dublin e lá morreu pacificamente dois anos mais tarde. Os cronistas piedosos relatam que ele "dormiu em Cristo". Assim, é possível que ele tenha tido o melhor de dois mundos.

Os incursores dinamarqueses agora cada ano permaneciam mais tempo, No verão, as frotas chegavam para saquear e destruir, mas a cada ano a tendência era demorar numa terra mais amena e viçosa. Por fim, a ausência do guerreiro nas incursões tornou-se suficientemente longa e as condições de sua conquista suficiente seguras para que ele trouxesse sua mulher e sua família. Assim, novamente, por trás da pirataria e da rapina, desenvolvia-se processo de colonização. Entretanto, as colônias dos dinamarqueses diferiam daquelas dos saxões; eram acampamentos de exércitos e seus limites eram as frentes de batalha mantidas por uma série de cidades fortificadas. Stamford, Notthingham, Lincoln, Derby, Leicester eram as bases da nova força invasora. Por trás de suas linhas de fronteira, os soldados de uma década tornar-se-iam os colonos e proprietários de terras da década seguinte. A colonização dinamarquesa na Inglaterra foi essencialmente militar. Os invasores abriram caminho com a espada e, em seguida, plantaram-se fundamente no solo. O tipo de fazendeiro guerreiro firmou desde o início uma posição diferente daquela do agricultor comum. Sem qualquer organização nacional coerente para repelir da terra onde se haviam instalado os sempre imprevisíveis descendentes dos mares, os saxões, agora com quatro séculos para garantir-lhes o direito de considerarem-se os donos do solo, quase sucumbiram completamente diante das incursões dinamarquesas. O fato de não terem sucumbido foi devido – como foram devidas todas as mudanças críticas na fortuna histórica – ao inesperado aparecimento, numa era de confusão e decadência, de uma das grandes figuras da História.

CAPÍTULO

7

ALFREDO, O GRANDE

A história de Alfredo é transmitida e nós com certos pormenores nas páginas de Asser, um monge de St. David's que se tornou bispo de Sherbone. O bispo demora-se naturalmente nas qualidades religiosas e morais de seu herói; entretanto, devemos também nos lembrar de que, apesar de sua má saúde, ele foi famoso como caçador e, quando menino, foi levado a Roma por seu pai, de modo que tinha uma viva compreensão do grande mundo. Alfredo começou como subcomandante de seu irmão mais velho, o rei. Não havia ciúmes entre os dois mas acentuada diferença de temperamento. Ethelred inclinava-se para a opinião religiosa de que a fé e a oração eram os principais instrumentos para vencer os pagãos. Alfredo, embora também devoto, atribuía importância à política e às armas.

Nos primeiros anos, a soberania de Mercia nunca fora popular e seus reis cometeram o grave erro de disputar com a Sé de Canterbury. Quando, em 825, o exército merciano, invadindo Wessex, foi derrotado pelo avô de Alfredo, o rei Egbert, em Ellandun, perto de Swindon, todo o Sul e o Leste apressaram-se em entrar em acordo com o vencedor; e a união de Kent, sede Primaz, com Wessex, então o principal reino inglês, criou um sólido "bloco" sulino. Isso, que fora durante muitas gerações o objetivo da política dos saxões ocidentais, foi conseguido exatamente em tempo para se enfrentar a invasão vinda do Norte. Wessex era estrategicamente forte, com íngremes cordilheiras voltadas para o norte e seu nenhum daqueles rios compridos e preguiçosos que os dinamarqueses usaram para levar seus barcos até o coração de Mercia. Wessex desenvolveu, além disso, uma organização local que lhe dava excepcional flexibilidade quando atacado: o "alderman" à testa do "shire" podia agir por sua própria conta. As vantagens desse sistema foram mais tarde comprovadas. Distritos definidos, cada um deles sob um comandante reconhecido ou governador, para finalidades civis e militares, ofereciam grande vantagem sobre os antigos reinos tribais ou uniões meramente pessoais de tribos sob um único rei. Quando as dinastias de Kent, Northumbria e Mercia desapareceram, todos os olhos voltaram-se para Wessex, onde havia uma casa real em existência sem interrupção desde os primeiros anos da colonização saxônica.

Os dinamarqueses haviam ocupado Londres, que não era então capital inglesa, mas uma cidade do reino de Mercia, e seu exército fortificara-se em Reading. Movimentando-se para frente, enfrentaram as forças dos saxões ocidentais nos planaltos de Berkshire e ali, em janeiro de 871, foi travada a Batalha de Ashdown. Ambos os lados dividiram as suas forças em dois comandos. Ethelred demorou-se em suas orações. Os vikings, com seus escudos e estandartes brilhantemente pintados, seus adereços e pulseiras de ouro, faziam os saxões ocidentais parecerem modestos pelo contraste. Quando se aproximaram lentamente, bateram seus escudos e armas, e ergueram longos, repetidos e desafiadores gritos de guerra. Embora os arqueiros não fossem então muito usados, projéteis começaram a voar. O rei estava ainda entregue a suas orações. Deus socorria primeiro, declarava ele, aqueles que o advertiam de que a batalha logo seria iniciada. "Entretanto, Alfredo", segundo o bispo Asser, que ouviu o relato de "testemunhas visuais verazes", "vendo que os pagãos haviam chegado rapidamente ao campo e estavam prontos para a batalha... não podia mais suportar os ataques do inimigo e tinha de escolher entre retirar-se completamente e iniciar a batalha sem esperar por seu irmão. Finalmente, como um javali, conduziu as forças cristãs ousadamente contra o exército do inimigo... embora o rei ainda não tivesse chegado. Confiando no juízo de Deus e fiando-se em Seu auxílio, ele fechou a parede de escudos na devida ordem e, em seguida, movimentou seus estandartes contra o inimigo."[1]

A luta foi longa e árdua. O rei Ethelred, cumprido seu dever espiritual, juntou-se logo ao seu irmão. "Os pagãos", diz o bispo, "haviam tomado o terreno mais alto e os cristãos precisavam avançar monte acima. Havia naquele lugar um espinheiro enfezado, que vimos com nossos próprios olhos. Ao redor desta árvore, as fileiras adversárias entraram então em luta, com grandes gritos de todos os homens – um lado inclinado para o mal, o outro lado lutando pela vida, pelos seus entes queridos e por sua terra natal." Finalmente, os dinamarqueses cederam e, encarniçadamente perseguidos, fugiram para Reading. Fugiram até o cair da noite; fugiram durante toda a noite e o dia seguinte, e toda a extensão de Ashdwon – significando isso os montes de Berkshire – ficou coberta por seus cadáveres, entre os quais foram encontrados os corpos de um dos reis vikings e cinco de seus condes.

O resultado desta vitória não abateu o poderio do exército dinamarquês; uma quinzena depois, ele estava novamente em campo. Contudo, a Batalha de Ashdown ocupa seu lugar entre os encontros históricos devido à grandeza da questão envolvida. Se os saxões ocidentais tivessem sido derrotados, toda a Inglaterra teria mergulhado na anarquia pagã. Como foram vencedores, continuou a haver esperança de uma existência cristã e civilizada na Ilha. Foi essa a primeira vez que os invasores foram derrotados no campo de batalha. O último dos reinos saxônicos resistiu ao ataque. Alfredo fez com que os saxões voltassem a sentir confiança em si próprios. Podiam agora levar vantagem em campo aberto. A história deste conflito de Ashdown foi durante gerações numa recordação guardada com um tesouro pelos escritores saxônicos. Foi essa a primeira batalha de Alfredo.

Durante todo o ano de 871, os dois exércitos empenharam-se em guerra mortal. O rei Ethelred logo caiu doente e morreu. Embora tivesse filhos moços, não havia dúvida sobre quem seria seu sucessor. Aos vinte e quatro anos, Alfredo tornou-se rei e entrou na posse de uma desesperada herança. A luta oscilou de um lado para outro, com sortes variáveis. Os dinamarqueses receberam poderosos reforços de ultramar: "O exército do verão", como

---

[1] *Hodgkin*, vol. II, págs. 544-545.

era chamado, "inumerável", "ansioso por lutar contra o exército dos saxões ocidentais", chegou para unir-se a eles. Sete ou oito batalhas foram travadas e, segundo nos contam, os dinamarqueses geralmente saíram vitoriosos. Em Wilton, no verão, cerca de um mês após ter assumido a coroa, Alfredo sofreu uma derrota definitiva no coração de seu próprio país. Seus efetivos haviam sido desfalcados pela morte e pela deserção, e mais uma vez o estratagema viking de retirada fingida deu resultados.

No dia seguinte a esse infortúnio, Alfredo achou melhor chegar a acordo enquanto ainda dispunha de um exército. Não sabemos quais foram as condições, mas não há dúvida de que entre eles houve um pesado pagamento. "Os saxões fizeram a paz com os pagãos sob a condição de que eles partissem, e isso eles fizeram", declara laconicamente a *Chronicle*. Todavia, como demoraram três ou quatro meses antes de se retirar para Londres, parece que esperaram que fosse pago o "Danegeld". Apesar de tudo, Alfredo e seus saxões haviam com todas essas lutas convencido os vikings de sua temível força. Por esse inglório tratado e essa obstinada campanha, Alfredo garantiu cinco anos durante os quais consolidaria seu poder.

As razões pelas quais os dinamarqueses fizeram uma trégua com Alfredo são difíceis de analisar a esta altura. Certamente, eles estavam convencidos de que somente por meio de luta prolongada e sangrenta poderiam dominar os saxões ocidentais. Ambos os lados apreciavam a guerra e esta fora travada com vontade: de ambos os lados havia pouca coisa a mostrar além de cicatrizes e cadáveres. Entretanto, Alfredo sempre contara com a divisão entre os invasores e as tensões existentes no exército pagão justificavam sua política.

Mantendo ainda seu domínio sobre Londres, os dinamarqueses voltaram aos Midlands, que estavam agora em completa submissão. "Os mercianos fizeram a paz com o exército." Seu rei, Burgred, em 874, foi expulso para o estrangeiro e morreu piedosamente sob a compaixão papal em Roma. "Depois de sua expulsão", diz Asser, "os pagãos submeteram todo o reino dos mercianos à sua soberania." Estabeleceram um fantoche local de uma maneira que foi com freqüência imitada desde então, após ter ele dado garantias e prestado juramento de "que não se oporia a seus desejos e seria obediente em tudo".

Agora, porém, no último quarto do século, uma modificação sutil e profunda verificou-se no "Grande Exército Pagão". Alfredo e os homens de Wessex haviam-se demonstrado inimigos muito obstinados para ser facilmente subjugados. Alguns do dinarmarqueses desejavam instalar-se nas terras que já detinham; o restante era pela continuação da guerra num momento conveniente até que todo o país estivesse conquistado. É possível que esses dois grupos tenham agido de acordo, o primeiro oferecendo uma base segura e sólida, o segundo atuando como uma força expedicionária. Assim, depois de arrasar o rei de Strathclyde e apossar-se do gado e dos implementos de agricultura, quase metade dos piratas do mar instalou-se na Northumbria e na Ânglia Oriental. Daí por diante, começaram a lavrar o solo para dele tirar o seu sustento. Essa foi uma grande modificação. Devemos lembrar-nos de sua disciplina e organização. As companhias de navios, atuando em conjunto, haviam até então lutado em terra como soldados. Toda a organização de sua colônias era militar. Os marinheiros transformaram-se em soldados e os soldados transformaram-se em lavradores. Mantiveram aquele espírito de independência, regulado apenas pela camaradagem e disciplina para finalidades vitais, que era a vida do barco viking.

Todo o Leste da Inglaterra recebeu assim uma classe de lavrador que, exceto para finalidades de defesa comum, não devia lealdade a ninguém; que havia conquistado sua terra com a espada e era leal apenas à organização de exército que lhe permitira conservá-la. De Yorkshire a Norfolk, essa raça robusta e altiva firmou raízes. Com o passar do tempo, os vikings esqueceram-se do mar; esqueceram-se do exército; passaram a pensar apenas na terra – na sua própria terra. Gostaram da vida. Embora fossem agricultores suficientemente aptos, nada havia que pudessem ensinar aos habitantes mais antigos; não trouxeram implementos ou métodos novos, mas estavam decididos a aprender.

Não dependiam inteiramente do seu próprio trabalho. Devem ter explorado os antigos proprietários e seus servos. A distribuição da terra era feita ao redor de uma unidade que podia sustentar uma família. Aquilo que oito bois podiam arar em certo tempo e sob determinadas condições, muito discutidas por estudantes, tornou-se a medida da propriedade. Trabalharam duro também, mas evidentemente empregavam a gente local.

Assim, os dinamarqueses diferem em muitos sentidos dos invasores saxônicos de quatrocentos anos antes. Não havia a idéia de exterminar a população mais antiga. As duas línguas não eram muito diferentes; o modo de vida e os métodos de cultivo assemelhavam-se muito. Os colonos – pois nisso se haviam agora transformado – trouxeram suas famílias da Escandinávia, mas é certo também que estabeleceram relações humanas e naturais com os ingleses expropriados. O sangue desses vigorosos indivíduos, homens da espada orgulhosos e bem-sucedidos, misturou-se daí por diante com o da raça da Ilha. Uma qualidade revigorante, potente, duradoura e ressurgente foi adicionada à raça. Assim como o aço moderno é endurecido pela liga de metais especiais em quantidades relativamente pequenas, esse forte traço de individualismo, baseado na propriedade da terra, teria mais tarde parte persistente, não só no sangue, mas também na política da Inglaterra. Quando, no reinado de Henrique II, depois de muita desordem, foram elaboradas grandes leis e abertas as reais cortes de justiça, os descendentes desses robustos fazendeiros – não apenas "sokemen" ou camponeses independentes, mas também gente de menores posses – encontravam-se em estado de grande firmeza. As atribulações de outros trezentos anos não destruíram sua firmeza original de caráter nem seu profundo apego ao solo conquistado. Em toda a história da Inglaterra esse traço continua a desempenhar brilhante papel.

Os piratas-marinheiros reformados e abrandados trouxeram consigo muitos costumes dinamarqueses. Tinham uma numeração diferente, que ficariam alarmados se ouvissem ser descrita com "sistema duodecimal". Pensavam em dúzias ao invés de dezenas, e em nossos próprios tempos em certas partes da Ânglia Oriental a expressão "long hundred" (isto é, 120) é ainda ouvida nos dias de mercado.

Tinham sobre a justiça social uma opinião diferente da mantida pelos saxões feudalizados. Suas leis consuetudinárias, à medida que tomaram forma, representavam uma indiscutível melhoria sobre o tema saxônico.

"Na Ânglia Oriental, entramos na região em que influência dinamarquesa perdurou. Muito antes da conquista normanda, ela desenvolveu uma forma distinta de sociedade rural, que preservou muitos aspectos escandinavos e na qual o homem livre de condição camponesa resistia com êxito à tendência contemporânea para a feudalização."[2]

---

[2] Sir Frank M. Stentou, *"The Danes in England"*.

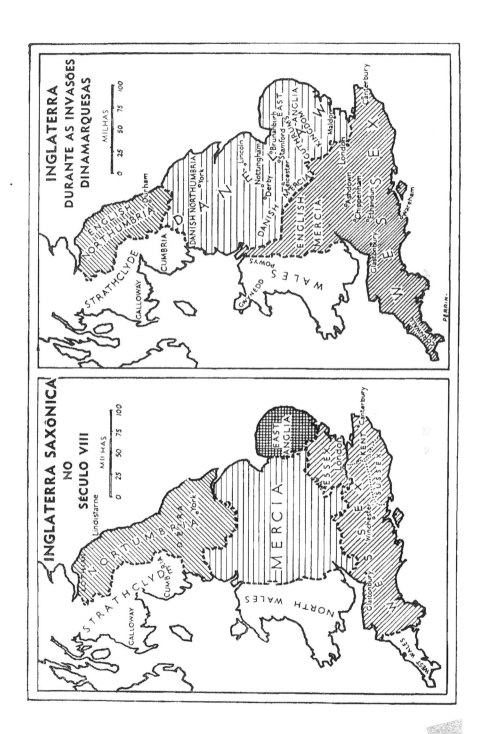

A Inglaterra escandinava criou uma população camponesa livre, que o peso do imposto e da defesa tornou difícil no Wessex e na Mercia. E essa população ligou-se tão intimamente aos invasores originais que estudantes procuram no "*Domesday Book*" do século XI meios de calcular o tamanho dos exércitos vikings no século IX. Veremos agora os termos justos e deferentes que, mesmo depois de sua vitória final, os monarcas anglo-saxônicos concederam aos distritos colonizados pelos dinamarqueses, conhecidos como a "Danelaw". Faltava apenas a conversão ao Cristianismo para misturar inseparavelmente essas raças, tornando-as a alma e o corpo de uma nação. Essas considerações podem aplicar-se corretamente aos cinco anos de trégua que Alfredo obteve em resultado de luta corajosa e "Danegeld" política. Neste intervalo, Halfdene, o chefe viking, afastou-se da cena como Ivar. A torturada e saqueada Igreja castigou suas atrocidades declarando que Deus o punira a longo prazo dando-lhe loucura e odor que tornavam sua presença insuportável para seus semelhantes.

Em Lindisfarne, na Northumbria devastada pelos dinamarqueses, conta-se uma história patética. Os monges arruinados abandonaram seu santuário devastado e profanado, e levaram nos ombros o corpo de São Cuthbert e os ossos de Santo Aidan. Depois de sete anos de peregrinação por terra e por mar, estabeleceram-se num novo patrimônio de São Cuthbert, em Chester-le-Street. A veneração sentida em todo o Norte por São Cuthbert proporcionou tal riqueza a esta sé que em 995 seus bispos começaram a construir uma nova catedral sobre os rochedos em Durham. Para lá foram levados os ossos de São Cuthbert e tão grande era o seu prestígio que até o século XIX os bispos de Durham eram bispos-príncipes, exercendo imenso poder no Nordeste da Inglaterra.

A trégua que Alfredo comprara tão caro estava acabada. Gunthrum, o novo chefe de guerra da parte móvel e marcial do exército pagão, fizera um grande plano para a subjugação de Wessex. Operava por mar e por terra. O exército terrestre marchou para Wareham, perto de Portland Bill, onde o exército marítimo juntou-se a ele no porto de Poole. Nessa região, fortificaram-se a passaram a atacar o reino de Alfredo por meio de incursões e assaltos de todos os lados. O prudente rei procurou paz e ofereceu uma indenização. Ao mesmo tempo, parece provável que ele tenha ameaçado o exército terrestre em má posição em Wareham. Os dinamarqueses receberam o ouro e "juraram sobre o Santo Anel" que se retirariam e manteriam uma paz leal. Com uma deslealdade que nenhum adjetivo pode qualificar, investiram repentinamente e conquistaram Exeter. Alfredo, comandando sua infantaria, seguiu-os, mas chegou muito tarde. "Eles estavam na fortaleza, onde não podiam ser atacados." Mas que todos os pagãos cuidem de não quebrar juramentos! Uma terrível tempestade castigou o exército marítimo. Este procurou juntar-se a seus camaradas por mar, mas foi destruído nas proximidades de Swanage pelos elementos, que naqueles tempos se acreditava serem pessoalmente dirigidos pelo Todo-Poderoso. Cento e vinte navios foram afundados e mais de cinco mil daqueles bandidos perjuros pereceram como mereciam. Assim, todo o cuidadoso plano caiu em pedaços e Alfredo, vigiando e sitiando Exeter, encontrou seus inimigos, no verão de 877, com disposição para uma nova paz. Assumiram o compromisso com juramentos de solenidade ainda mais submissa e cumpriram-no durante cerca de cinco meses.

Em janeiro de 878 verificou-se a mais surpreendente mudança nas fortunas de Alfredo. Seu quartel-general e sua Corte ficavam em Chippenham, no Wiltshire. Era véspera de Reis e os saxões, que nesses tempos de tormento se revigoravam e se fortificavam celebrando as festas da Igreja, estavam desprevenidos, dedicados a piedosos ofícios ou talvez mesmo embriagados. Sobre eles caiu o inimigo devastador. Todo o exército de Wessex, única garantia da Inglaterra ao sul do Tâmisa, foi lançado na confusão. Muitos foram mortos. A maioria fugiu para suas casas. Um forte contingente escapou para o estrangeiro. Refugiados chegaram com fúteis apelos à Corte de França. Somente um punhado de oficiais e auxiliares pessoais se ocultou com Alfredo nos pântanos e florestas da Somerset e da ilha de Athelney, que se ergue nos charcos. Foi a hora mais sombria das fortunas de Alfredo. Transcorreriam alguns meses antes que ele pudesse sequer iniciar uma guerrilha. Ele levava "com guerreiros e vassalos uma vida inquieta em meio a grandes atribulações... Pois nada tinha com que atender às suas necessidades, exceto aquilo que em suas freqüentes surtidas podia capturar, furtiva ou abertamente, tanto dos pagãos como dos cristãos que se haviam submetido ao seu domínio". Vivia como Robin Hood viveria muito mais tarde na Floresta de Sherwood.

Este é o momento em que aqueles cintilantes brinquedos da história foram idealizados para crianças de todas as idades. Vemos o rei-guerreiro disfarçado de trovador tocando harpa nos acampamentos dinamarqueses. Vemo-lo servindo como menino de cozinha a uma dona de casa saxônica. A célebre história de Alfredo e os bolos aparece pela primeira vez numa edição tardia da vida do bispo Asser. Conta ela: "Aconteceu um dia que a mulher do campo que era esposa do vaqueiro com quem o rei Alfredo estava morando ia cozer o pão e o rei estava sentado ao lado do fogo preparando seu arco e flechas e outras armas. Chegou um momento em que a mulher viu que seu pão estava queimando; correu e retirou-o do fogo, repreendendo o intrépido rei com estas palavras (estranhamente registradas em hexâmetros no original em Latim): 'Ai de mim, homem, porque não virou o pão quando viu que estava queimando, especialmente quando gosta de comê-lo quente?' A iludida mulher mal sabia que estava falando com o rei Alfredo, que lutara tão vigorosamente contra os pagãos e sobre eles conquistara tantas vitórias". Bem por baixo estava a fortuna dos outrora inflexíveis ingleses. Encurralados em suas montanhas, os descendentes diretos dos antigos bretões, desleixados e desanimados, mas ainda inconquistados, talvez tenham sorrido.

Os chefes do exército dinamarquês estavam, nesta época, certos de que a supremacia se encontrava em sua mãos. Para a gente de Wessex, parecia que tudo estava acabado. Suas forças estavam dispersas e o país ocupado; seu rei, se vivo, era um fugitivo que vivia escondido. É uma suprema prova da qualidade de Alfredo o fato de ter conseguido, em tal situação, exercer sua plena autoridade e conservar-se em contato com seus súditos.

Lá pelo fim da Quaresma, os dinamarqueses sofreram um infortúnio inesperado. As tripulações de vinte e três navios, depois de praticar muitas atrocidades na Gales, partiram para Devon e marcharam com o propósito de atacar uma das fortalezas de Alfredo em Exmoor. O lugar era difícil de atacar, mas "sitiando-o eles pensavam que os guerreiros do rei logo cederiam à fome e à sede... pois a fortaleza não tinha suprimento de água. Os cristão, antes de sofrerem tal angústia, julgaram, por inspiração do céu, que seria melhor sofrer a morte ou conquistar a vitória. Conseqüentemente, ao romper do dia, investiram de repente contra os pagãos e, em seu primeiro ataque, abateram a maior parte do inimigo, inclusive o seu rei. Somente alguns em fuga escaparam para seus navios".[3]

Oitocentos dinamarqueses foram mortos e entre os despojos da vitória incluía-se um pavilhão encantado chamado o Corvo, do qual se dizia que fora tecido em um único dia pelas três filhas de Ragnar Lodbrok e que "em toda batalha na qual o pavilhão fosse à frente deles o corvo no meio do desenho parecia bater as asas como se estivesse vivo se eles fossem obter a vitória". Nesta ocasião, não bateu as asas, mas permaneceu indiferente em suas dobras de seda. O acontecimento provou que era impossível para os dinamarqueses vencer naquelas condições.

Alfredo, animado por estas notícias e esforçando-se por reiniciar a campanha, continuou uma guerra de depredação contra o inimigo, enquanto mandava mensageiros convocar o "fyrd", ou milícia local, para fins de maio. A reação foi geral; o rei era amado e admirado. A notícia de que estava vivo e em atividade causou geral satisfação. Todos os combatentes voltaram. Afinal de contas, o país estava em perigo de subjugação, o rei era um herói e eles sempre poderiam ir de novo para casa. As tropas de Somerset, Wiltshire e Hampshire concentraram-se perto de Selwood. Foi escolhido um ponto próximo do local onde se encontravam os três "shires", por onde podemos ver as dificuldades com que Alfredo lutava em sua tática. Apesar disso, ali estava de novo um exército; "e, quando eles viram o rei, receberam-no como alguém ressuscitado dos mortos, depois de grandes atribulações, e se encheram de grande alegria".

Era preciso procurar a batalha antes que perdessem o interesse. Os dinamarqueses ainda repousavam sobre suas pilhagens em Chippenham. O rei avançou até Ethandun – hoje Edington – e nos planaltos nus foi travada a batalha maior e culminate das guerras de Alfredo. Tudo estava em jogo. Tudo pendia da balança do destino. De ambos os lados, os guerreiros desmontaram e os cavalos foram enviados para a retaguarda. Formaram-se as paredes de escudos, as massas chocaram-se umas contra as outras e durante horas lutaram com espada e machado. Entretanto, os pagãos haviam perdido os favores de Deus por seu juramento violado e, oportunamente,

---

[3] Citado em Hodgkin, vol. II, págs. 565-566.

por essa ou por outras causas, fugiram do cruel e ruidoso campo de batalha. Desta vez a perseguição de Alfredo foi proveitosa. Guthrum, rei do exército viking, até tão pouco tempo antes senhor do único reino inglês inconquistado, viu-se cercado em seu acampamento. O bispo Asser diz que "os pagãos, aterrorizados pela fome, frio e medo, e finalmente cheios de desespero, imploraram a paz". Ofereceram-se para dar, sem nada em troca, tantos reféns quantos Alfredo quisesse escolher e em seguida retirar-se.

Entretanto, Alfredo tinha em vista objetivos de maior alcance. É estranho que tenha desejado converter esses inimigos selvagens. O batismo, como castigo de derrota, talvez perdesse sua qualidade espiritual. As atividades do espírito são misteriosas, mas ainda assim seria de duvidar que o coração desses endurecidos espadachins e piratas pudesse mudar de um dia para outro. Com efeito, essas conversões em massa haviam-se tornado quase uma questão de forma para os exércitos vikings derrotados. Conta-se que um velho veterano declarou que passara por essa ablução vinte vezes e se queixou de que a alva que lhe forneceram não correspondia de maneira alguma ao padrão médio. Alfredo, porém, pretendia fazer uma paz duradoura com Guthrum. Tinha-o, assim como seus exército, em seu poder. Podia tê-los deixado render-se pela fome e matá-los até o último homem. Preferiu, porém, dividir a terra com eles e fazer com que as duas raças, apesar dos terríveis danos causados e sofridos, vivessem juntas em amizade. Recebeu Guthrum com trinta destacados piratas em seu acampamento. Serviu-lhe de padrinho: levantou-o da pia batismal; hospedou-o durante doze dias; ofereceu a ele e a seus guerreiros caros presentes; chamou-o de filho.

Essa sublime capacidade de erguer-se acima de toda a força das circunstâncias, de permanecer imparcial nos extremos da vitória ou da derrota, de perseverar no momento do desastre, de receber a volta da fortuna com calma, de ter fé nos homens depois de repetidas traições, ergue Alfredo muito acima do tumulto das guerras bárbaras até seu pináculo de glória imortal.

Transcorreram catorze anos entre a vitória de Ethandun e qualquer ataque dinamarquês sério. Apesar de muita inquietação e perturbação, pelos padrões daquele tempo houve paz. Alfredo trabalhava incessantemente para fortalecer seu reino. Permitiu que os dinamarqueses se instalassem na Ânglia

Oriental, mas cultivou as melhores relações com o atormentado reino de Mercia, que se tornara tributário dos dinamarqueses, embora ainda em grande parte não ocupado por eles. Em 886, casou sua filha mais velha com o regente, Ethelred, que se esforçava por desincumbir-se das responsabilidades que sobre ele havia abandonado o rei fugitivo, Burgred. Já houvera diversos casamentos entre as famílias reais de Mercia e do Wessex, e isso apôs o selo final na cooperação entre o Sul e os Midlands.

O primeiro resultado dessa nova união foi a reconquista de Londres em 886. Londres fora durante muito tempo o empório da Inglaterra cristã. A Roma Antiga vira nesta cabeça de ponte do Tâmisa, na convergência de todas as rodovias e rotas marítimas, o maior centro comercial e militar da Ilha. Agora a cidade estava o caminho de tornar-se a capital nacional. Lemos na *Chronicle*: "O rei Alfredo restaurou Londres, e todos os ingleses – aqueles deles que estavam livres da servidão dinamarquesa – voltaram-se para ele, que então confiou o 'borough' aos cuidados do 'ealdorman' Ethelred". Parece que muita luta e muito massacre precedeu a reconquista de Londres, mas nada disso está registrado. Sabemos pouco mais do que o simples fato e que Alfredo, depois da vitória, fez os cidadãos organizarem uma força eficiente de defesa e pôs suas muralhas na melhor ordem.

O principal esforço do rei Alfredo foi no sentido de restaurar as defesas e aumentar a eficiência da força saxônica ocidental. Reorganizou o "fyrd", dividindo-o em duas classes que faziam um rodízio no serviço. Embora seus exércitos pudessem ser menores, os soldados camponeses de Alfredo eram encorajados a não desertar numa campanha prolongada porque sabiam que sua terra estava sendo cuidada pela metade da milícia que permanecera em casa. A modéstia de suas reformas mostra-nos as enormes dificuldades que tinha de vencer e prova que mesmo naquela época de perigo mortal era quase impossível manter os ingleses em armas. O rei fortificou todo o país por "boroughs", descendo o Canal, em seguida atravessando para o estuário do Severn e depois voltando pelo vale do Tâmisa, atribuindo a cada distrito contribuinte a obrigação de guarnecer as muralhas e cuidar da conservação das fortificações. Ele teve também a visão do poderio marítimo inglês. Para estar seguro numa ilha era necessário dominar o mar. Fez grandes inovações no desenho naval e esperava derrotar a numerosa frota viking com menor número de navios de tamanho maior. Essas conclusões só recentemente se tornaram antiquadas.

"Então o rei Alfredo mandou construir contra os navios de guerra dinamarqueses barcos que tinham quase o dobro do comprimento dos outros. Alguns tinham sessenta remos, outros mais. Eram ao mesmo tempo mais velozes e mais resistentes, assim como mais altos do que os outros. Não eram modelados como frisianos nem como dinamarqueses, mas parecia a ele que poderiam ser mais úteis."[4]

Contudo, estava além da aptidão de seus inexperientes marinheiros manobrar os grandes navios. Em uma ação, quando nove deles enfrentaram seis barcos de piratas, vários encalharam "muito desastradamente", diz a *Chronicle*, e somente dois dos inimigos caíram nas mãos de Alfredo, para oferecer-lhe a limitada satisfação de enforcar seus tripulantes em Winchester. Ainda assim, o início da Marinha Inglesa deve ser sempre ligado ao rei Alfredo.

Apesar das desordens, um tratado definitivo foi firmado depois da reconquista de Londres em 886. Atribui-se significação aos termos em que são descritas as partes contratantes. Do lado de Alfredo, são "os conselheiros da nação inglesa", do lado de Guthrum, "o povo que vive na Ânglia Oriental". A organização da Danelaw, baseada inteiramente no exército e nos habitantes subjugados, não assumira ainda a forma de um Estado. Os ingleses, por outro lado, já haviam atingido a posição de "Rei e Conselho"; e ninguém fez mais para impor essa idéia do que o próprio Alfredo. O tratado definia uma fronteira política, subindo o Tâmisa até o Lea, correndo ao longo do Lea até sua nascente, avançando em linha reta até Bedford e depois, passada por Ouse, até Watling Street, ponto além do qual não se chegou a um acordo. Essa linha não seguia fronteiras naturais. Reconhecia uma frente de guerra. Foi traçada na Terra de Ninguém.

A segunda parte do tratado é curiosa e instrutiva. Ambas as partes estavam familiarizadas com a idéia de "wergild". A fim de lidar com os incessantes assassínios e ferimentos físicos que as condições anárquicas produziam, era preciso a todo custo chegar a acordo quanto a uma escala de compensação ou vingança. Nada podia impedir os dinamarqueses de matarem e roubarem os ingleses, e vice-versa; mas para que houvesse cessação da guerra era preciso combinar uma tarifa. Os camponeses rendeiros dinamarqueses e

---

[4] Citado em Hodgkin, vol. II, pág. 584.

ingleses foram igualmente avaliados em 200 xelins de prata cada um e aos homens de categoria mais alta foi atribuído um "wergild" de 8 1/2 marcos de ouro puro. Aceitando essa cláusula do tratado, Guthrum estava de fato concordando em não fazer discriminação em "wergilds" entre seus súditos ingleses e dinamarqueses. Alfredo ganhara um ponto importante, o que é uma prova da realidade de seu poder.

O Livro de Leis do rei Alfredo, ou "Dooms", tal como se formou com as leis existentes em Kent, Wessex e Mercia, tentava misturar o código mosaico com os princípios cristãos e os velhos costumes alemães. Nele se invertia a Regra de Ouro. Ao invés de "Fazei aos outros o que quereis que vos seja feito", adotou o princípio menos ambicioso de "o que não quereis que outros homens vos façam, não fazei a outros homens", com este comentário: "Tendo este preceito em mente, um juiz pode fazer justiça a todos os homens; não precisa de outros livros de leis. Que ele pense em si como queixoso e considere qual o julgamento que o satisfaria". O rei, em seu preâmbulo, explica modestamente: "Eu não ousei pretender estabelecer por escrito muitas leis de minha própria autoria, pois não posso saber quais as que receberão a aprovação de nossos sucessores". As Leis de Alfredo, continuamente ampliadas por seus sucessores, transformaram-se naquele corpo de legislação consuetudinária administrado pelas cortes do "shire" e do "hundred", que, sob o nome de Leis de Santo Eduardo (o Confessor), os reis normandos se comprometeram a respeitar e com o qual, depois de muita manipulação pelos advogados feudais, foi fundado o Direito Comum.

O rei encorajava por todos os meios da religião e o ensino. Acima de tudo procurava difundir a educação. Seu rescrito ao Bispo de Worcester foi conservado.

"Gostaria de informar-lhe que tem freqüentemente ocorrido à minha lembrança como havia antigamente homens sábios entre a raça inglesa, tanto das ordens sagradas como seculares; e como eram felizes aqueles tempos para toda a raça inglesa e como os reis que tinham o governo da gente naqueles dias obedeciam a Deus e aos Seus ministros; e eles, por outros lados, mantinham sua paz e moralidade, e sua autoridade dentro de suas fronteiras, ao mesmo tempo que ampliavam seu território no exterior; e como prosperavam tanto na guerra como na sabedoria... e como estrangeiros vinham a esta terra à procura de saber e instrução... Tanto decaiu isso na raça inglesa que havia muito poucos deste lado do Humber que pudessem compreender seus livros de missa em inglês ou traduzir uma carta do latim para o inglês; e suponho que não houvesse muito além do Humber."[5]

Ele procurou reformar a vida monástica, que na confusão geral havia degenerado muito.

"Se alguém tirar uma freira de um convento, sem licença do rei ou do bispo, pagará 120 xelins, metade para o rei e metade para o bispo... Se ela viver mais tempo do que quem a raptou, não herdará nada de sua propriedade. Se tiver um filho, este não herdará da propriedade mais do que sua mãe."[6]

No final desta análise vem o estudo da história por parte de Alfredo. Foi ele quem deu início à compilação da *Saxon Chronicle*. O fato de as primeiras anotações serem fragmentárias faz com que se tenha confiança em que os compiladores não se deixaram arrastar por sua imaginação. A partir da época do rei Alfredo, elas são exatas, muitas vezes abundantes e às vezes escritas com compreensão histórica e eloqüência.

Distinguimos através dos séculos uma inteligência dominadora e versátil, empunhando com igual força a espada da guerra e a da justiça; utilizando-se, na defesa, das armas e da política; incentivando a religião, o ensino e a arte em meio à adversidade e ao perigo; fundindo uma nação e procurando sempre através das lutas e ódios da época uma paz que sorrisse sobre a terra.

Este rei, já se disse, foi um motivo de admiração para os homens sábios. "Desde o berço, ele foi cheio de amor à sabedoria acima de todas as coisas", escreveu Asser. A cultura cristã de sua corte contrastava flagrantemente com o inútil barbarismo da vida viking. A raça mais antiga devia domar os guerreiros, ensinar-lhes as artes da paz e mostrar-lhes o valor de uma existência comum estabilizada. Estamos observando o nascimento de uma nação. O resultado do trabalho de Alfredo foi a futura mistura de saxões e dinamarqueses numa Inglaterra cristã comum.

---

[5] Citado em Hodgkin.

[6] Idem, pág. 612.

Na época sombria da soberania normanda, a figura do grande Alfredo foi um farol, um símbolo brilhante da realização saxônica, o herói da raça. O governante que ensinou aos saxões a coragem e a autoconfiança nas eternas guerras dinamarquesas, que os sustentou com sua fé nacional e religiosa, que lhes deu leis e bom governo, que registrou em crônica os seus feitos heróicos foi celebrado na lenda e na canção como Alfredo, o Grande.

Uma guerra final aguardava Alfredo. Foi uma crise na história viking. Em 885, os vikings subiram o Sena com centenas de navios e um exército de quarenta mil homens. Com todos os engenhos de guerra conhecidos, sitiaram Paris e durante mais de um ano martelaram suas muralhas. Foram detidos por uma ponte fortificada que os francos haviam lançado através do rio. Arrastaram seus barcos por terra até o curso mais alto e devastaram o território; mas não puderam tomar Paris. O conde Odo, um príncipe guerreiro, defendeu-a contra esses desavergonhados piratas e numa ampla extensão se fez ouvir a exigência de que o rei dos francos fosse em socorro de sua capital. Carlos, o Grande, não transmitira suas qualidades a seus filhos. Os apelidos que estes receberam como seus monumentos atestam suficientemente sua degeneração. Carlos, o Calvo, estava morto e Carlos, o Gordo, reinava em seu lugar. Este miserável inválido foi obrigado finalmente a reunir um considerável exército e marchar com ele em socorro de Paris. Suas operações foram ineficientes, mas a cidade resistiu firmemente sob as ordens de seu decidido governador. O ataque viking esmoreceu e finalmente desmoronou-se. Todos os registros sobre esses fatos são confusos. Ouvimos falar sobre outras batalhas que nessa época foram travadas com exércitos germânicos, em uma das quais a barragem se encheu com os cadáveres dos vikings. Evidentemente, sua investida em todas as direções na Europa Ocidental encontrou resistência que, embora ineficiente, era superior à que poderiam vencer. Durante seis anos, devastaram o interior do Norte da França. A fome seguia em suas pegadas. As regiões mais viçosas haviam sido devoradas; para onde poderiam voltar-se? Assim, começaram de novo a olhar para a Inglaterra: algo talvez tivesse tido tempo de lá crescer no intervalo. No Continente, seus estandartes estavam em declínio, mas a Ilha talvez pudesse ser novamente a sua presa. "Foi", diz Hodgkin em seu admirável relato, "um monstro faminto que se voltou para a Inglaterra à procura de alimento, assim como de pilhagens." Um grupo de bandoleiros e piratas pagãos apossara-se de uma eficiente máquina militar e naval, mas se defrontava com uma massa de formidáveis veteranos aos quais precisava alimentar e controlar, e para os quais devia proporcionar lucros. Esses homens faziam plano e, sem dúvida, seu desembarque na Inglaterra foi uma das vilanias mais cuidadosamente estudadas e caprichosamente preparadas daqueles tempos sombrios.

· Guthrum morreu em 891 e o pacto que ele firmara com Alfredo, e cumprira relaxadamente, deixou de existir. Repentinamente, no outono de 892, uma armada hostil de duzentos e cinqüenta navios apareceu ao largo de Lympne, transportando para a invasão da Inglaterra "o Grande Exército Pagão" que havia devastado a França. Os vikings desembarcaram e fortificaram-se em Appledore, na orla da floresta. Foram seguidos por oitenta navios transportando uma segunda força de frustados invasores do Continente, que subiram o Tâmisa e estabeleceram-se em sua margem sul, em Milton, perto de Sittingbourne. Assim, Kent seria atacada de ambos os lados. Esse imenso ataque combinado colocou Alfredo diante da sua terceira luta pela vida. Os ingleses, como podemos chamá-los – pois os mercianos e saxões ocidentais permaneciam juntos –, haviam tido catorze anos de paz inquieta para desenvolver suas defesas. Muitas das cidades do Sul estavam fortificadas; eram "burhs". O "fyrd" tinha tido sua organização melhorada, embora sua fraqueza essencial não tivesse sido eliminada. Houvera uma reconcentração de riqueza e alimentos; havia uma administração estabelecida e o rei Alfredo contava com a lealdade de todos. Ao contrário de Carlos Magno, ele tinha um filho valoroso. Aos vinte e dois anos Eduardo podia comandar os exércitos de seu pai no campo de batalha. Os mercianos também haviam produzido um Ethelred, que era um digno companheiro para o príncipe saxão ocidental. O rei, doente, não é nesta fase visto com freqüência à testa dos exércitos; temos algumas visões rápidas dele, mas os grandes episódios da guerra centralizaram-se, como deveria acontecer, em torno dos chefes mais jovens.

Os ingleses derrotaram os vikings nesta terceira guerra. Possuindo o domínio do mar, os invasores atacaram a península de Kent pelo norte e pelo sul. Alfredo tentou comprá-los para que se retirassem e sem dúvida retardou seu pleno ataque. Convenceu Haesten, o chefe viking, pelos menos a batizar seus dois filhos. Deu a Haesten muito dinheiro. Juramentos de paz foram trocados, apenas para serem rompidos. Entrementes, os dinamarqueses realizavam incursões impiedosas e Alfredo tentou despertar a Inglaterra para a ação. Em 893, uma terceira expedição formada de veteranos dinamarqueses que se haviam estabelecido na Northumbria e na Ânglia Oriental navegou ao redor da costa meridional e, desembarcando, estabeleceu o sítio do Exeter. No entanto, agora, os dois jovens chefes atacaram rijamente. Aparentemente, dispunham de uma poderosa força montada, não realmente o que chamaríamos de cavalaria, mas dotada de rapidez de movimento. Caíram sobre uma coluna dos incursores perto da moderna Aldershor, derrotaram-na e perseguiram-na por vinte milhas, até o inimigo se sentir feliz em poder atravessar o Tâmisa a nado e refugiar-se por trás de Colne. Infelizmente, o exército dos jovens príncipes não era suficiente forte para reiniciar o ataque e além disso havia esgotado suas provisões. A perseguição precisou, por isso, ser abandonada e o inimigo escapou.

Os dinamarqueses fortificaram-se em Benfleet, na margem do Tâmisa, abaixo de Londres, e dizem que suas fortificações podem ser encontradas até hoje. Dali, depois de recuperarem-se da derrota, fizeram uma surtida para saquear, deixando uma modesta guarnição em sua fortaleza. Esta foi então atacada pelos príncipes. Naquelas guerras, muito raramente era possível tomar de assalto um lugar bem fortificado; todavia, o filho e o genro de Alfredo, com um poderoso exército levado de Londres, caíram sobre Benfleet e "puseram o exército em fuga, tomaram de assalto o forte e capturaram tudo quanto lá havia, mercadorias assim como mulheres e crianças, e levaram tudo para Londres. E todos os navios foram reduzidos a pedaços, queimados ou levados para Londres ou Rochester". Tais são as palavras da *Saxon Chronicle*. Quando, no século XIX, uma ferrovia estava sendo construída através desse terreno os fragmentos carbonizados dos navios e numerosos esqueletos foram desenterrados do local onde se erguia Benfleet. Na fortaleza capturada, os vencedores encontraram a mulher de Haesten e seus dois filhos. Estes eram reféns preciosos e o rei Alfredo foi muito criticado na época, e também posteriormente, por tê-los devolvido a Haesten. Devolveu a mulher por motivos de humanidade. Quanto aos dois filhos eles haviam sido batizados; Alfredo era padrinho de um deles e Ethelred, de Mercia, do outro. Eram portanto irmãos cristãos e o rei os protegeu contra as conseqüências da guerra iníqua de seu pai. O século IX achava muito difícil compreender esse procedimento quando o reino estava lutando desesperadamente contra bandidos brutais, mas essa é uma das razões pelas quais na posteridade o rei foi chamado "Alfredo, o Grande". A guerra prosseguiu, mas, até onde mostram os registros, Haesten nunca mais lutou. É possível que a piedade e o cavalheirismo não tenham sido em vão.

Nessa guerra cruel, os vikings usaram seus três exércitos: o grande exército que Haesten trouxera do Continente, o exército que desembarcara perto de Lympne e o terceiro vindo da Danelaw. Contudo, no final foram completamente derrotados em árdua e longa luta pelos cristãos de Mercia, Wessex e Gales.

Um outro incidente merece ser anotado. A *Saxon Chronicle* diz:

"Antes do inverno (o inverno de 894-5 depois de Cristo) os dinamarqueses... rebocaram seus navios Tâmisa acima e depois até o Lea... e fizeram um forte vinte milhas acima do 'burh' de Lunden... No outono (895) o rei acampou perto do 'burh' enquanto eles colhiam o seu trigo a fim de que os dinamarqueses não pudessem privá-los da colheita. Então, um dia, o rei cavalgou pela margem do rio acima e olhou um lugar onde ele pudesse ser obstruído, a fim de que eles não pudessem sair com seus navios... Fez dois fortes nas duas margens do rio; ... então, o exército percebeu que não poderia sair com seus navios. Por isso, deixou-os e partiu através do campo ... e os homens do 'burh' de Lunden foram buscar os navios, e tudo quanto não puderam carregar destruíram e tudo quanto tinha valor levaram para o 'burh' de Lunden".

Em 896, a guerra decaía e os vikings, cujo poderio parecia estar nessa época em declínio, dispersavam-se, alguns se instalando na Danelaw e outros voltando para a França. "Por mercê de Deus", exclama a *Chronicle*, fazendo um resumo da guerra, "o exército (dinamarquês) não afligiu demais o povo inglês." Alfredo defendera bem a pátria insular. Pela política e pelas armas, preservara a civilização cristã na Inglaterra. Criara a força daquele poderoso Sul que desde então sustentou grande parte do peso da Grã-Bretanha e posteriormente do seu Império, libertara Londres e felizmente deixara descendentes que, por várias gerações, como veremos, prosseguiram seu trabalho com valor e êxito.

Alfredo morreu em 899, mas a luta contra os vikings teria ainda de passar por fases estranhamente contrastantes. O sangue de Alfredo deu aos ingleses uma série de grandes governantes e, enquanto sua inspiração perdurou, a vitória não abandonou as fileiras cristãs. Em seu filho Eduardo, que imediatamente foi aclamado rei, os exércitos já haviam encontrado um chefe temível. Surgiu uma disputa entre Eduardo o seu primo, Ethelwald, que fugiu para a Danelaw e levantou os vikings da Northumbria e da Ânglia Oriental para uma nova incursão à sua terra natal. Em 902, Ethelwald e o rei dinamarquês cruzaram o curso superior do Tâmisa em Clicklade e devastaram parte do Wiltshire. Eduardo, como represália, ordenou a invasão da Ânglia Oriental, com um exército formado de homens de Kent e Londres. Devastaram a Ânglia Central; mas o contingente de Kent, demorando para retirar-se, foi alcançado e forçado à batalha pelos dinamarqueses enfurecidos. Os dinamarqueses foram vencedores, e praticaram um grande massacre; mas, como quis o destino, tanto Eric, o rei dinamarquês, como o renegado Ethelwald, pereceram no campo de batalha, e o novo rei, Guthrum II, fez a paz com Eduardo, com base no tratado de Alfredo de 886, mas com acréscimos que mostram que a situação mudara. Considerava-se agora que os dinamarqueses eram cristãos e pagariam seus dízimos, enquanto o padre da paróquia seria multado se orientasse mal seu rebanho quanto à data de um dia de festa ou um festival.

Em 910, este tratado foi rompido pelos dinamarqueses e a guerra reiniciou-se em Mercia. As principais forças de Wessex e Kent já haviam sido enviadas por Eduardo, que estava com a frota, em socorro dos mercianos, e em violenta luta em Tettenhal, em Staffordshire, os dinamarqueses foram decisivamente derrotados. Essa vitória inglesa foi um marco no longo conflito. Os exércitos dinamarqueses da Northumbria nunca se recuperaram da batalha e os Midlands e a Ânglia Oriental dinamarqueses ficaram assim abertos à conquista inglesa. Até este ponto Mercia e Wessex haviam sido os defensores, muitas vezes reduzidos às mais angustiosas dificuldades. Agora, porém, a maré se invertera. O medo campeava entre os dinamarqueses.

A irmã de Eduardo casara-se, como vimos, com o conde Ethelred, de Mercia. Ethelred morreu em 911 e sua viúva, Ethelfleda, sucedeu-o e superou-o. Naqueles tempos selvagens, o aparecimento de uma mulher governante era suficiente para demonstrar que ela possuía qualidades extraordinárias.

Eduardo, o Velho, como foi posteriormente chamado, e sua irmã, "a Senhora dos Mercianos", conduziram a guerra nacional em comum e levaram seus sucessos a um apogeu que Alfredo jamais conhecera. A política dos dois reinos, assim unidos pelo sangue e pela necessidade, desenvolvia-se em perfeita harmonia e o golpe seguinte dos dinamarqueses foi enfrentado com confiante entusiasmo e logo derrotado. Os vencedores entregaram-se então deliberadamente à completa conquista da Danelaw e seus Cinco Boroughs. Essa tarefa ocupou os dez anos seguintes, com o irmão e a irmã avançando de acordo em suas respectivas linhas e fortificando as cidades que tomavam em cada fase. Em 917, quando o rei Eduardo tomou de assalto Tempsford, perto de Bedford, e o rei Guthrum foi morto, toda a resistência da Ânglia Oriental ruiu e todos os líderes dinamarqueses se submeteram a Eduardo como seu protetor e senhor. Foram-lhes concedidos em troca suas propriedades e o direito de viver de acordo com os costumes dinamarqueses. Ao mesmo tempo, "a Senhora dos Mercianos" conquistou Leicester e recebeu até mesmo de York ofertas de submissão. Nessa hora de triunfo, Ethelfleda morreu e Eduardo, acorrendo a Tamworth, foi convidado pelos nobres de Mercia para ocupar o trono vago.

O filho de Alfredo era agora o rei incontestável de toda a Inglaterra ao sul do Humber, e os príncipes britânicos da Gales do Norte e do Sul apressaram-se em oferecer-lhe sua perpétua lealdade. Avançando para o norte nos dois anos seguintes, Eduardo construiu fortes em Manchester; em Thelwall, no Cheshire; e em Bakewell, no Peak Country. Os dinamarqueses da Northumbria viram seu fim aproximar-se. Parecia que uma ampla e duradoura união estava para ser conseguida. Eduardo, o Velho, reinou por mais cinco anos em paz triunfante e quando morreu, em 924, sua autoridade e seus dotes passaram para um terceiro e notável soberano, capaz em todos os sentidos de continuar o trabalho de seu pai e seu avô.

O CREPÚSCULO SAXÔNICO

Athelstan, o terceiro dos grandes reis saxônicos ocidentais, procurou a princípio, de acordo com as tradições de sua casa, manter relações pacíficas com as partes não conquistadas da Danelaw. Todavia, diante das disputas que surgiram, marchou sobre Yorkshire em 926 e lá se instalou. A Northumbria submeteu-se; os reis dos escoceses e de Strathclyde reconheceram-no como seu "pai e senhor" e os príncipes galenses concordaram em pagar tributo. Houve um intervalo cheio de apreensões. Depois, em 933, verificou-se uma campanha contra os escoceses e, em 937, uma rebelião geral e o reinício da guerra, organizado por todos os personagens do drama até então derrotados. Toda a Grã-Bretanha do norte – celtas, dinamarqueses e noruegueses, pagãos e cristãos – uniu-se numa frente hostil sob as ordens de Constantino, rei dos escoceses, e Olaf, de Dublin, com reforços vikings vindos da Noruega. Nessa ocasião, não se desperdiçaram vidas nem tempo em manobras. A luta que se seguiu é registrada para nós numa saga islandesa e num poema inglês. Segundo o autor da saga, Athelstan desafiou seus inimigos para enfrentá-los numa batalha campal, com o que eles concordaram alegremente. O rei inglês sugeriu até mesmo o local onde deveria realizar-se a prova. Os exércitos, muito grande para aqueles tempos empobrecidos, tomaram sua posição, como se fosse para os Jogos Olímpicos, e o processo foi acompanhado de muitas negociações. Os ânimos exaltaram-se enquanto essas massas de homens exibiam seus escudos e suas armas uns aos outros e se lançavam expressões sarcásticas através de um estreito espaço. Finalmente, houve um choque feroz entre os northumbrianos e os vikings islandeses, de um lado, e parte do exército inglês, de outro lado. Nesse choque, embora o comandante northumbriano tenha fugido, os ingleses levaram a pior. Contudo, no dia seguinte teve lugar a verdadeira prova de força. As hostes rivais desfilaram com toda a pompa de guerra e, em seguida, com calorosa boa vontade lançaram-se uma contra a outra com lanças, machados e espadas. Durante o dia inteiro prolongou-se a batalha.

A original canção da vitória de Brunanburh dá-nos uma visão da mentalidade anglo-saxônica, com suas primitivas fantasias e seu gosto pela guerra. "Ali, o rei Athelstan, senhor dos condes, doador dos braceletes dos nobres, e seu irmão também, Edmundo, o Atheling, conquistaram uma glória imemorial pelo morticínio em batalha, com os fios das espadas, em Brunanburh. A muralha de escudos eles romperam, abriram as colunas de batalha com armas forjadas, o inimigo recuou... a gente escocesa e a frota de navios... O campo estava colorido pelo sangue dos guerreiros! Depois disso, o sol no alto... a maior estrela deslizou sobre a terra a brilhante candeia de Deus! Até a nobre criatura correu para seu ocaso. Lá jaziam soldados, muitos com dardos enterrados no corpo, homens do norte tombados sobre seus escudos. Assim estavam os escoceses; cansados da batalha, haviam tido o que lhes bastava! Deixaram atrás de si, para deleitar-se com a carniça, o corvo empoeirado de bico cornudo, a águia preta de rabo branco, o voraz gavião de batalha e a fera cinzenta, o lobo na mata."

A vitória dos ingleses foi esmagadora. Constantino, "o perjuro", como era chamado pelos vencedores, fugiu de volta para o Norte e Olaf retirou-se com seus remanescentes para Dublin. Assim, o neto de Alfredo, o valente Athelstan, tornou-se um dos primeiros soberanos da Europa Ocidental. Em moedas e em documentos, ele se atribuía o título de "Rex totius Britanniae". Essas afirmações foram aceitas no Continente. Suas três irmãs casaram-se, respectivamente, com o rei carolíngio, Carlos, o Simples, com o capeto Hugo, o Grande, e com Otto, o Saxão, um futuro chefe do Santo Império Romano. Athelstan criou mesmo um príncipe norueguês, que jurou lealdade e foi batizado como seu vassalo em York. Podia-se de novo pensar que fora conseguida uma decisão na prolongada disputa; contudo, ela persistiu; e quando Athelstan morreu dois anos depois de Brunanburch, e foi sucedido por seu meio-irmão, um jovem de dezoito anos, as forças derrotadas reuniram-se mais uma vez contra ele. Edmundo, demostrando o espírito de sua raça, manteve o terreno. Reinou apenas seis anos, mas quando morreu, em 946, não havia cedido uma polegada. Edmundo foi sucedido por seu irmão Edred, filho mais novo de Eduardo, o Velho, filho de Alfredo. Ele também defendeu o reino contra todos os incursores e, derrotando-os pela força das armas, parecia ter abafado para sempre as chamas rebeldes da Northumbria.

Os historiadores escolhem o ano 954 como fim do primeiro grande episódio da história viking na Inglaterra. Cento e vinte anos haviam transcorrido desde quando o impacto dos vikings atingira a Ilha. Durante quarenta anos, a sociedade cristã inglesa lutara pela vida. Durante oitenta anos, cinco reis guerreiros – Alfredo, Eduardo, Athelstan, Edmundo e Edred – derrotaram os invasores. Embora numa forma modificada pela passagem do tempo, o domínio inglês estava agora restabelecido sobre todo os países. Todavia, por baixo dele se desenvolvera, profundamente arraigada no solo, uma colonização dinamarquesa estendendo-se pela grande planície oriental, na qual o sangue dinamarquês e os costumes dinamarqueses sobreviviam sob a autoridade do rei inglês.

No brilhante e pacífico reinado de Edgar toda essa longa construção atingira sua culminância. A reconquista da Inglaterra foi acompanhada passo a passo por uma conscienciosa reconstrução administrativa que orientou o desenvolvimento das instituições inglesas desde aquele tempo até hoje. Os "shires" foram reorganizados, cada um deles com seu xerife ou "reeve", funcionário real diretamente responsável perante a Coroa. Os "hundreds", subdivisões do "shire", foram criados e as cidades preparadas para a defesa. Um cuidadoso sistema de tribunais de "shire", "hundred" e "borough" mantinha a lei e a ordem, e perseguia os criminosos. A tributação foi reavaliada. Finalmente, junto com essa revivescência militar e política houve um grande renascimento da vida monástica e do ensino, bem como o início de nossa literatura inglesa nativa. O movimento foi lento e inglês em sua origem, mas avançou a grandes passos a partir de meados do século, quando entrou em contato com o renascimento religioso no Continente. O trabalho de Dunstan, arcebispo de Canterbury, e de seus contemporâneos mais jovens, Oswald, bispo de Worcester, e Ethelwold, bispo de Winchester, consistiu em restabelecer a estrita observância da religião dentro dos mosteiros e, assim, reformar indiretamente o Episcopado à medida que um número cada vez maior de monges era elevado ao bispado. Outro resultado feliz, embora ocasional, foi promover o ensino e a produção de esplêndidos manuscritos iluminados, de que havia então muita procura na Europa. Muitos deles, destinados à instrução religiosa dos leigos, eram escritos em inglês. As Homilias Católicas de Elfric, abade de Eynsham, assinalam, segundo nos dizem, a primeira realização do inglês como língua literária – o mais antigo vernáculo a atingir essa eminência em toda a Europa. Por qualquer ponto de vista em que seja encarado, o século X representou um decisivo passo à frente nos destinos da Inglaterra. Apesar do catastrófico declínio da monarquia que se seguiu à morte de Edgar, esta organização e a cultura inglesa estavam tão firmemente arraigadas que sobreviveriam a duas conquistas estrangeiras em menos de um século.

Aos contemporâneos deve ter parecido que com a magnífica coroação em Bath, em 973, na qual se basearam desde então todas as coroações, estava imposto o selo sobre a unidade do reino. Por toda parte, os tribunais estavam se reunindo regularmente, no "shire", no "borough" e no "hundred"; havia uma única moeda e um único sistema de pesos e medidas; as artes de construção e decoração estavam revivendo; o ensino começava a florescer de novo na Igreja; havia um idioma literário, um Inglês do Rei, que era escrito por todos os homens educados. A civilização fora restabelecida na Ilha. Agora, porém, a teia política que a alimentara estava a ponto de desmanchar-se. Até então, homens fortes e armados haviam conservado a casa. Agora uma criança, uma criatura fraca, vacilante, incerta e sem energia, sucedia ao trono dos guerreiros. Vinte e cinco anos de paz haviam protegido a terra, e os ingleses, tão magníficos na tensão e no perigo, tão invencíveis sob uma liderança corajosa, relaxaram sob sua influência enfraquecedora. Chegamos aos dias de Ethelred, o Irresoluto. Essa expressão, que representa uma verdade, significa, porém literalmente, Ethelred, o Mal-Aconselhado, ou Ethelred, o Desaconselhado.

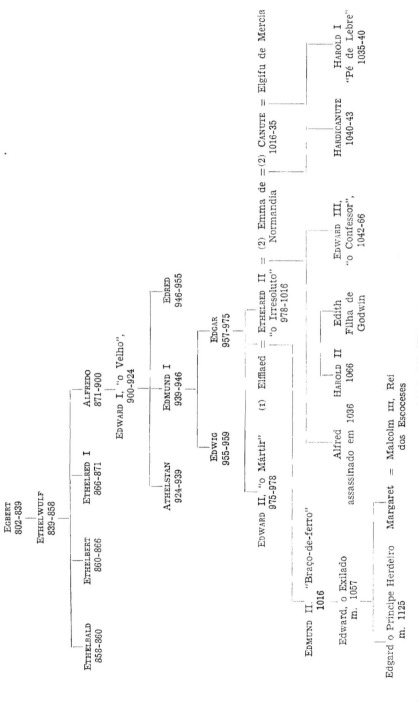

CASA DE WESSEX

Em 980, começaram de novo sérias incursões. Chester foi devastada pela Irlanda. A população de Southampton foi massacrada por invasores da Escandinávia ou da Dinamarca. Thanet, Cornwall e Devon, todas elas sofreram massacres e pilhagens. Temos um poema épico sobre "A Batalha de Maldon", travada em 991. Os dinamarqueses concentraram-se na ilha Northey, a leste de Maldon, com os ingleses defrontando-os na margem sul do estuário de Blackwater. A batalha voltou-se para a estrada que ligava Northey à terra, a qual ficava inundada na maré enchente. Os vikings negociaram de sua maneira característica: "Enviem rapidamente dinheiro para vossa segurança; é melhor para vós comprar com tributo esta tempestade de lanças do que permitir que nos empenhemos em renhida guerra... Com ouro firmaremos uma trégua... Iremos para o exterior com o tributo, partiremos para o mar e ficaremos em paz convosco".

Entretanto, Byrhtnoth, "alderman" de Essex, respondeu. "Ouvis, piratas, o que este povo diz? Ele vos dará em tributo lanças, dardos mortais e velhas espadas... Aqui está um conde que não é vil com a sua companhia, que defenderá esta terra, lar de Ethelred, gente e campo do meu príncipe. Os pagãos tombarão na guerra. Muito vergonhoso me pareceria se fôsseis para o exterior com nosso tributo, sem luta, agora que penetrastes tão fundo em nossa terra. Não chegareis tão levianamente ao tesouro: ponta e gume darão primeiro compensação, cruel guerra, antes de pagarmos tributo."[1]

Estas altivas palavras não foram confirmadas pelos acontecimentos. Como a maré estava em vazante enquanto se verificava essa troca de insultos, a estrada encontrava-se agora exposta e os ingleses concordaram ingenuamente em deixar os vikings atravessar para a margem sul a fim de que a batalha fosse lealmente travada. Nem bem ela começou, os ingleses levaram a pior. Muitos dos homens de Byrhtnoth puseram-se em fuga, mas um grupo de seus guerreiros, sabendo que tudo estava perdido, lutou até a morte. Seguiu-se então o mais vergonhoso período de Danegeld.

Vimos que, em sua época, Alfredo jamais hesitaria em empregar o dinheiro, tanto quanto as armas. Ethelred empregava o dinheiro ao invés das armas. Empregava-o em quantidades cada vez maiores, com resultados cada vez

---

[1] *"History of the Vikings"*, de Kendrick.

menores. Pagou como suborno em 991 vinte e duas mil libras de outro e prata, com rações para os invasores. Em 994, com dezesseis mil libras, obteve não apenas uma breve trégua, mas também, oferecido como cumprimento, o batismo do invasor, Olaf. Em 1002, comprou outra trégua por vinte e quatro mil libras de prata, mas desta vez foi ele próprio quem a rompeu. Em sua ruína e decadência, os ingleses haviam tomado a seu serviço grande número de mercenários dinamarqueses. Ethelred suspeitou que esses perigosos auxiliares estavam envolvidos numa conspiração contra sua vida. Dominado pelo pânico, planejou o massacre de todos os dinamarqueses do sul da Inglaterra, quer estivesse a seu soldo, quer vivessem pacificamente dos frutos da terra. Esse atroz desígnio foi executado em 1002 no dia de São Brice. Entre as vítimas estava Gunnhild, esposa de um dos principais vikings e irmã de Sweyn, rei da Dinamarca. Sweyn jurou implacável vingança e durante dois anos cumpriu seu juramento sobre os infelizes ilhéus. Exeter, Wilton, Norwich e Thetford, todas registram massacres, que mostram como foi aplicada amplamente a retaliação. A fúria do vingador não foi saciada pelo sangue. Foi acalmada, mas apenas durante certo período, pela fome. O exército dinamarquês não podia mais subsistir na terra arruinada e partiu para a Dinamarca em 1005. Todavia, os anais de 1006 mostram que Sweyn voltou, devastando Kent, saqueando Reading e Wallingford. Finalmente Ethelred, por trinta e seis mil libras de prata, o equivalente à renda nacional de três ou quatro anos, comprou outra trégua de curta duração.

Foi feito então desesperado esforço para construir uma frota. Na energia do desespero, que outrora inflamara os cartagineses em seu último esforço, um número imenso de navios foi construído pelo pobre e abatido povo, faminto e saqueado até os ossos. A nova frota foi concentrada em Sandwich, em 1009. "Contudo", diz a *"Chronicle"*, "nós não tivemos nem a boa sorte nem o mérito de fazer com que a força naval fosse de qualquer utilidade para esta terra." Seus chefes brigaram. Alguns navios foram afundados na luta; outros foram perdidos numa tempestade e o restante foi vergonhosamente abandonado pelos comandantes navais. "E depois a gente que estava nos navios levou-os para Londres e deixou que o trabalho de toda a nação fosse assim levianamente perdido." Existe o registro de um pagamento final aos vikings em 1012. Desta vez foram extorquidas quarenta e oito mil libras-peso em prata e os opressores impuseram o pagamento pelo saque de

Canterbury, retendo o arcebispo Alphege como refém e matando-o finalmente em Greenwich por ter ele recusado a coagir seu rebanho a levantar o dinheiro. A "*Chronicle*" declara: "Todas essas calamidades caíram sobre nós por mau conselho, pois o tributo não lhes era oferecido no momento oportuno, nem lhes era oposta resistência: mas, quando eles já haviam feito o maior mal, então era feita a paz com eles. E, apesar de toda essa paz e tributo, eles iam por toda parte em companhia, saqueavam nosso miserável povo e o massacravam".

É inútil continuar relatando o catálogo de misérias. Nos primeiros tempos, tais horrores permanecem desconhecidos porque não são registrados. Sobre essa cena infernal brilha vacilante luz suficiente apenas para dar-nos uma noção da completa desolação e desespero, miséria e crueldade. Basta notar que em 1013 Sweyn, acompanhado por seu filho mais novo, Canuto, chegou de novo à Inglaterra, submeteu os dinamarqueses de Yorkshire e os Cinco Boroughs da Danelaw, foi aceito como soberano da Northumbria e de Mercia Dinamarquesa, saqueou Oxford e Winchester numa expedição punitiva e, embora repelido em Londres, foi proclamado rei da Inglaterra, enquanto Ethelred procurava refúgio com o duque da Normandia, com cuja irmã se casara. Depois desses triunfos, Sweyn morreu no começo de 1014. Houve outra trégua. Os ingleses voltaram-se de novo para Ethelred, "declarando que nenhum senhor era mais caro a eles do que o seu senhor natural, bastando apenas que os governasse melhor do que fizera antes".

Logo, porém, o jovem príncipe dinamarquês Canuto pôs-se a reivindicar a coroa inglesa. Nesse momento, a chama de estirpe de Alfredo acendeu-se de novo no filho de Ethelred, Edmundo – Edmundo, o Bravo, como logo seria chamado. Aos vinte anos, ele era famoso. Embora declarado rebelde por seu pai e agindo em completa desobediência a ele, reuniu forças e numa brilhante campanha desfechou uma sucessão de violentos golpes. Venceu batalhas, libertou Londres, enfrentou toda forma de traição; o entusiasmo de todos os homens voltava-se para ele. Novas forças surgiram da terra arruinada. Ethelred morreu e Edmundo, a última esperança dos ingleses, foi proclamado rei. Apesar de todas as dificuldades e de uma pesada derrota, teve forças suficientes para fazer uma partição do reino e em seguida se pôs a reunir suas forças para o reinício da luta. Todavia, em 1016, com vinte e dois anos de idade, Edmundo, o Bravo, morreu e todo o reino entregou-se ao desespero.

A aristocracia eclesiástica que desempenhava tão importante papel na política abandonava-se às profecias de próximas calamidades atribuídas a São Dunstan. Em Southampton, mesmo quando Edmundo ainda vivia, os chefes leigos e espirituais da Inglaterra concordaram em abandonar para sempre os descendentes de Ethelred e reconhecer Canuto como rei. Toda resistência, moral e militar, ruiu diante dos dinamarqueses. A família de Ethelred foi eliminada da linhagem real e os últimos filhos da casa de Wessex fugiram para o exílio. O jovem príncipe dinamarquês recebeu essa submissão geral e abjeta com boa disposição, embora diversos atos sangrentos tivessem sido necessários para atingir e assegurar sua posição. Concretizou sua promessa de cumprir os deveres de um rei, nos negócios tanto espirituais como temporais de todo o país. Os magnatas ingleses concordaram em comprar o exército dinamarquês com uma grande indenização e o novo rei, em "um juramento de sua alma", confirmado por seus chefes, comprometeu-se a governar para todos. Esse foi o pacto solenemente assinado pelos líderes ingleses e dinamarqueses. "A casa real", como diz Ranke, "cujo direito e preeminência estavam ligados às mais antigas colônias, que completara a união do reino e livrara-o da pior desgraça, foi num momento de deterioração moral e desastre excluída pelos chefes espirituais e temporais, de origem anglo-saxônica e dinamarquesa."[2]

Havia três princípios sobre os quais podia ser construída a soberania: a conquista, que ninguém podia discutir; o direito hereditário, que era muito respeitado; e a eleição, que era uma espécie de conciliação entre os outros dois. Foi nesta última base que Canuto iniciou seu reinado. É possível que o primitivo ideal inglês de reinado e governo justo com Alfredo e Canuto tenha sido influenciado pelo exemplo de Trajano. Esse imperador era um favorito do papa Gregório, que havia enviado os primeiros missionários. Há na história evidências de que relatos sobre a virtude de Trajano eram lidos em voz alta nos ofícios da Igreja inglesa. Canuto talvez também tenha estudado, e certamente reproduziu, a pose do imperador Augusto. Todos conhecem a

---
[2] *"History of England"*.

lição que administrou a seus bajuladores quando se sentou na praia e proibiu que as ondas se aproximassem. Fazia questão de submeter-se às leis pelas quais governava. Mesmo em sua condição militar, sujeitava-se aos regulamentos das tropas de sua própria guarda. Na primeira oportunidade, dissolveu seu grande exército dinamarquês e confiou-se de maneira geral à lealdade dos humilhados ingleses. Casou-se com Ema da Normandia, a viúva de Ethelred, e assim preveniu qualquer ação da parte do duque da Normandia em favor dos descendentes dela com Ethelred.

Canuto tornou-se o soberano governante do Norte e calcula-se que teve cinco os seis reinos subordinados a ele. Já era rei da Dinamarca quando conquistou a Inglaterra e fez valer sua pretensão a rei da Noruega. A Escócia ofereceu-lhe vassalagem. O poderio viking, embora já minado, ainda se estendia através do mundo, indo da Noruega à América do Norte e do Báltico para Leste. Entretanto, entre todos os seus reinos Canuto escolheu a Inglaterra para residência e capital. Apreciava, dizem, o modo de vida anglo-saxônico. Queria ser considerado o "sucessor de Edgar", cujos dezessete anos de paz ainda brilhavam em contraste com os tempos que se seguiram. Governava de acordo com as leis e fazia saber que estas deviam ser administradas com austera separação de sua autoridade executiva.

Construiu igrejas, demostrou alta devoção pela fé cristã e pelo diadema papal. Prestou homenagens à memória de Santo Edmundo e Santo Alphege, que seus compatriotas haviam assassinado, e levou suas relíquias com piedosa pompa para Canterbury. De Roma, como peregrino, em 1027, escreveu a seus súditos uma carta vazada em termos elevados e generosos, prometendo administrar a justiça com eqüidade e dando particular importância ao pagamento dos dízimos da Igreja. Sua filha casou-se com o filho mais velho do imperador Conrado, que posteriormente levou seu império através do Schleswig até as margens do Eider. Essas notáveis realizações, sob a bênção de Deus e os sorrisos da fortuna, foram em grande parte devidas a suas próprias qualidades pessoais. Aqui vemos novamente o poder de um grande homem estabelecendo ordem entre incessantes distúrbios e impondo harmonia e unidade a seus servidores; e vemos como a falta de homens assim tem de ser paga pelo inestimável sofrimento de muitos.

Alguns registros primitivos sobre Canuto lançam intensa luz sobre seu caráter e seu temperamento. "Quando ele entrava em mosteiros e era recebido com grande honras, prosseguia humildemente; conservando, com maravilhosa reverência, os seus olhos fixos no chão e derramando lágrimas copiosamente – não, eu poderia dizer, em rios – ele procurava devotamente a intervenção dos Santos. Mas quando se tratava de fazer suas oblações reais, ó, quantas vezes fixava ele seis olhos em pranto sobre a terra! Quantas vezes batia naquele nobre peito!

Que suspiros dava! Quantas vezes orava dizendo que talvez não fosse indigno da clemência do alto!"[3]

Contudo, este trecho de uma saga de dois séculos depois é num estilo diferente:

"Depois de o rei Canuto e o conde Ulf terem jogado durante algum tempo, o rei fez um lance errado, ao que o conde tomou um cavalo do rei; mas o rei colocou de novo a peça sobre o tabuleiro e disse ao conde para fazer outro lance; mas o conde ficou zangado, virou o tabuleiro de xadrez, levantou-se e foi-se embora. O rei disse: "Correi embora, Ulf, o Medroso". O conde voltou-se na porta e disse: "... vós não me chamastes de Ulf, o Medroso, no rio Helge, quando corri em vosso auxílio enquanto os suecos estavam batendo em vós como em um cão." Então o conde saiu e foi para a cama... Na manhã seguinte quando o rei estava vestindo suas roupas, ele disse a seu pajem:

"– Ide ao conde Ulf e matai-o".

O jovem saiu, ficou algum tempo fora e depois voltou.

O rei disse:

– Matastes o conde?

– Não o matei, porque ele fora para a Igreja de São Lúcio.

Havia um homem chamado Ivar White, norueguês de nascimento, que era o cortesão e camareiro do rei. O rei disse a ele:

– Ide e matai o conde.

---

[3] Do *Encomium Emmae Reginae*, em Langebek, "Scriptores Rerum Danicarum (1773).

Ivar foi à igreja, entrou no coro e atravessou sua espada no conde, que morreu no lugar. Em seguida, Ivar foi ao rei, com a espada ensangüentada na mão.

O rei disse:

– Matastes o conde?

– Eu o matei, disse ele.

– Fizestes bem.

Depois de o conde ter sido morto, os monges fecharam a igreja e trancaram as portas. Quando contaram isso ao rei, ele mandou uma mensagem aos monges, ordenando-lhes que abrissem a igreja e cantassem Missa Solene. Eles fizeram como o rei ordenara; e, quando o rei foi à igreja, ele lhe doou grandes propriedades, de modo que ela teve um grande domínio, pelo qual aquele lugar foi elevado muito alto; e aquelas terras desde então sempre pertenceram a ela."[4]

Enquanto isso, do outro lado das águas do Canal Inglês, uma nova potência militar estava se desenvolvendo. A colônia viking fundada na Normandia nos primeiros anos do século X tornara-se o mais vigoroso Estado militar na França. Em menos de cem anos os piratas do mar transformaram-se numa sociedade feudal. Os registros que existem estão obscurecidos pela lenda. Não sabemos nem mesmo se Rollo, o tradicional fundador do Estado normando, era um norueguês, um dinamarquês ou um sueco. A história normanda inicia-se com o Tratado de Saint-Clair-sur-Epte, firmado por Rollo com Carlos, o Simples, rei dos Francos Ocidentais, o qual afirmava a suserania do rei da França e definia as fronteiras do Ducado da Normandia.

Na Normandia, surgiu uma classe de cavaleiros e nobres que conservava suas terras em troca de serviço militar e as sublocava a rendeiros inferiores nas mesmas bases. Os normandos, com seu gosto pela legalidade e pela lógica, elaboraram um plano geral de sociedade, do qual logo surgiu um

---

[4] De "Heimskringla Saga", de Snorri Sturloson.

excelente exército. A ordem era rigidamente mantida. Ninguém senão o duque podia construir castelos ou fortificar-se. A Corte ou "Cúria" do duque consistia dos oficiais de sua casa, dos dignitários da Igreja e dos arrendatários mais importantes, que lhe deviam não só serviços militar mas também comparecimento pessoal à Corte. Ali se centralizava a administração. O respeito às decisões e aos interesses do duque era mantido em toda a Normandia pelos viscondes, que eram não apenas coletores de impostos das propriedades ducais, mas também, na realidade, prefeitos, em íntimo contato com a Cúria, superintendendo distritos como os condados ingleses. Os duques da Normandia criaram com a Igreja relações que se tornaram um modelo para a Europa Medieval. Eram os protetores e patronos dos mosteiros em seus domínios. Aplaudiram o renascimento religioso do século X e conquistaram os favores e o apoio de seus líderes. Mas faziam questão de que os bispos e abades fossem de nomeação ducal.

Dessa terra viril e bem organizada é que sairiam os futuros governantes da Inglaterra. Entre os anos 1028 e 1035, os instintos vikings do duque Roberto da Normandia encaminharam-no seriamente para planos de invasão. Sua morte e a falta de um herdeiro legítimo suspenderam o projeto, mas apenas por algum tempo.

A figura de Ema, irmã de Roberto de Normandia, torna-se grande na história inglesa nessa época. Ethelred casara-se originariamente com ela por um razoável desejo de suplementar seus falhos armamentos por meio de um laço de sangue com o mais vigoroso Estado da Europa. Canuto casou-se com ela para obter uma Inglaterra unida. Sobre suas qualidades e sua conduta pouca coisa se sabe. Apesar disso, raras mulheres já estiveram no centro de forças convergentes tão notáveis. Com efeito, Ema teve dois maridos e dois filhos que foram reis da Inglaterra

Em 1035, Canuto morreu e, com ele, seu império. Deixou três filhos, dois de uma antiga esposa e um, Hardicanute, de Ema. Esses filhos eram vikings ignorantes e grosseiros, e muitos pensamentos voltaram-se para os representantes da velha linhagem saxônica ocidental, Alfredo e Eduardo, filhos de Ethelred e Ema, que então viviam exilados na Normandia. O mais idoso, Alfredo, "o príncipe inocente", como é chamado pelo cronista, apressou-se em ir à Inglaterra em 1036, ostensivamente para visitar sua mãe novamente viúva, a ex-rainha Ema. Um conde de Wessex, Godwin, era o líder do partido dinamarquês na Inglaterra. Possuía grande habilidade e exercia a mais alta influência política. O temerário Alfredo foi preso e seus auxiliares pessoais assassinados. O infeliz príncipe foi cegado e, nesse estado, logo terminou seus dias no mosteiro de Ely. A culpa desse crime foi geralmente atribuída a Godwin. Simplificada assim a sucessão, os filhos de Canuto dividiram a herança paterna. Sweyn reinou na Noruega durante certo período, mas seus dois irmãos que governavam a Inglaterra tiveram vida curta e, sete anos depois, o trono inglês estava novamente vago.

Godwin continuava a ser a figura dominante na terra e era agora o senhor de seus negócios. Vivia ainda exilado na Normandia, Eduardo, o filho restante de Ethelred e Ema, irmão mais novo do infortunado Alfredo. Nesses dias de renascente anarquia, a mente de todos os homens voltava-se para a procura de alguma instituição estável. Esta só poderia ser encontrada na monarquia, e a ilustre linhagem de Alfredo, o Grande, possuía direitos e títulos inigualáveis. Era a monarquia saxônica que durante cinco ou seis gerações formava a ponta de lança da resistência aos dinamarqueses. A linhagem saxônica ocidental era a mias antiga da Europa. Duas gerações antes, a casa de Capeto era senhora de pouco mais que Paris e a Ile de France, e os duques normandos eram piratas vikings. Um sentimento de santidade e respeito ainda se ligava a quem quer que pudesse sustentar sua descendência do Grande Rei e, antes dele, de Egberto e da antigüidade imemorial. Godwin viu que poderia consolidar seu poder e conquistar o apoio tanto de ingleses como de dinamarqueses tornando Eduardo rei. Negociou com o exilado, ameaçando colocar um sobrinho de Canuto no trono a menos que suas condições fossem aceitas. Destas, a primeira era a restrição à influência normanda da Inglaterra. Eduardo não opôs dificuldades; foi bem recebido na pátria e coroado; e durante os vinte e quatro anos seguintes, com um único e breve intervalo, a Inglaterra foi governada principalmente por Godwin e seus filhos. "Ele foi elevado a tal ponto", diz a *"Chronicle"* de Florence de Worcester, "como se tivesse governado o rei a toda a Inglaterra."

Eduardo era uma pessoa quieta e piedosa, sem muito gosto pela guerra nem muita aptidão para a administração. Sua criação normanda fazia dele o agente complacente, embora delicado, da influência normanda, até onde permitia o conde Godwin. Prelados normandos apareciam na Igreja inglesa, funcionários normandos na casa real e proprietários de terras normandos nos "shires" ingleses. Para que tudo ficasse fácil, Eduardo foi obrigado a casar-se com a jovem e bonita filha de Godwin, mas escritores contemporâneos nos asseguram que essa união não foi senão formal. De acordo com a tradição, o rei era um albino bondoso, fraco e gorducho. Alguns escritores de épocas posteriores pretendem distinguir uma energia latente em alguns de seus negócios com o formidável grupo de guerreiros anglo-dinamarqueses que o cercava. Apesar disso, seu principal interesse na vida era religioso e, à medida que se tornou mais velho, suas concepções foram cada vez mais as de um monge. Nesses tempos rudes, ele desempenhou me grande parte mais ou menos o mesmo papel que Henrique VI, cuja natureza era semelhante, durante a Guerra das Rosas. Sua santidade proporcionou-lhe, com o passar dos anos, uma recompensa na veneração do seu povo, que perdoou suas fraquezas tendo em vista suas virtudes.

Enquanto isso, a família Godwin mantinha sua ditadura sobre a Coroa. O nepotismo naquele tempo não era mercante o favorecimento da própria família de um homem; era quase o único meio pelo qual um governante podia obter auxiliares de confiança. A ligação familiar, embora freqüentemente falha, oferecia pelo menos a garantia de uma certa identidade de interesse. Não foram organizadas estatísticas, mas havia, naqueles tempos primitivos, uma impressão geral de que um homem podia confiar mais em seu irmão, no irmão de sua esposa ou em seu filho de que num estranho. Não nos devemos portanto apressar em condenar o conde Godwin por ter dividido o reino inglês entre os seus parentes; nem nos deve causar admiração o fato de outros magnatas ambiciosos terem encontrado profunda causa de queixas nessa distribuição de poder e favores. Durante alguns anos, desenvolveu-se uma feroz intriga entre as influências normandas e anglo-dinamarquesas na Corte da Inglaterra.

Ocorreu uma crise no ano de 1051, quando o partido normando na Corte conseguiu mandar Godwin para o exílio. Durante a ausência de Godwin, Guilherme da Normandia, segundo se conta, fez uma visita oficial ao Confessor, na Inglaterra, para pleitear a sucessão da Coroa. É muito provável que o rei Eduardo tenha prometido que Guilherme seria o seu herdeiro. Todavia, no ano seguinte, Godwin regressou, apoiado por uma força reunida na Flandres e com o auxílio de seu filho Haroldo. Juntos, pai e filho, obrigaram o rei

Eduardo a levá-los de volta ao poder. Muitos dos principais agentes normandos no país foram expulsos e a autoridade da família Godwin voltou a ser sentida em toda a terra. Os territórios por eles diretamente controlados estendiam-se ao sul de uma linha entre o Wash e o canal de Bristol.

Sete meses depois de sua restauração, Godwin morreu, em 1053. Tivera trinta e cinco anos de vida pública desde quando Canuto o elevara pela primeira vez à eminência. Haroldo, seu filho sobrevivente mais velho, herdou as grandes propriedades do pai. Desempenhava agora plenamente o seu papel e nos treze aventurosos anos seguintes foi o virtual governante da Inglaterra. Apesar do antagonismo entre os condes anglo-dinamarqueses, rivais e da oposição dos elementos normandos ainda ligados à Corte do Confessor, os Godwins, pai e filho, mantiveram seu domínio sobre o que hoje poderíamos chamar de uma monarquia constitucional. Um irmão de Haroldo tornou-se conde da Ânglia Oriental e um terceiro filho de Godwin, Tostig, que cortejava os normandos e era muito considerado pelo rei Eduardo, recebeu o Condado da Northumbria, despojando os condes aquelas regiões. Todavia, não existia então unidade dentro da casa de Godwin. Haroldo e Tostig logo se tornariam inimigos figadais. Foram necessários toda a competência, o vigor e a astúcia de Haroldo para preservar a unidade do reino. Ainda assim, como veremos, a divergência entre os irmãos deixou a terra aberta às ambições estrangeiras.

A situação política da Inglaterra no fim do reinado de Eduardo, o Confessor, era de ampla fraqueza. Ainda se produziam manuscritos iluminados, esculturas, trabalhos de metal e obras de arquitetura, a vida religiosa florescia e mantinha-se uma base de lei e administração sólidas, mas as virtudes e o vigor da posteridade de Alfredo estavam esgotados e a própria monarquia saxônia encontrava-se em declínio. Uma série de príncipes fracos, que em sua maioria tiveram vida curta, morreu sem deixar filhos. Mesmo os descendentes do prolífico Ethelred, o Irresoluto, morreram com estranhas rapidez. Naquele momento, apenas um menino doentio e sua irmã, além do idoso soberano, representavam a dinastia guerreira que derrotara os vikings e reconquistara a Danelaw. Os grandes condes estavam se tornando independentes nas províncias.

Embora a Inglaterra ainda fosse o único Estado da Europa em que havia um tesouro real ao qual os xerifes de todo o país tinham de prestar contas, o controle real sobre os xerifes relaxara-se. O rei vivia em grande parte de suas propriedades privadas e governava da melhor forma que podia através de sua casa real. Os poderes restantes da monarquia estavam, na prática, drasticamente limitados por um pequeno grupo de eminentes anglo-dinamarqueses. A base principal de apoio para os reis ingleses sempre fora esse seleto Conselho, nunca formado de mais de sessenta pessoas, que de maneira vaga se consideravam como representantes de todo o país. Era na realidade uma comissão de cortesãos, dos maiores guerreiros e de prelados. Entretanto, nessa época, tal assembléia de "homens sábios" de maneira alguma encarnava a vida da nação. Enfraquecia o executivo real, sem contribuir com qualquer força própria. Seu caráter e sua qualidade sofriam na decadência geral. Tendia a cair nas mãos das grandes famílias. À medida que o poder central declinava, uma legião de chefes locais disputava e intrigava em todos os condados, colimando objetivos pessoais e familiares, sem conhecer outro interesse senão o seu próprio. Os conflitos e distúrbios eram abundantes. O povo também era embaraçado não apenas pelas numerosas pequenas autoridades em conflito, mas ainda pela profunda divergência de costumes entre os distritos saxônicos e dinamarqueses. Anomalias e contradições absurdas obstruíam a administração da justiça. O sistema de posse da terra variava entre as condições completamente senhoriais no Wessex e as comunidades livres da Danelaw no Norte e no Leste. Não havia relação definida entre a senhoria e a terra. Um guerreiro devia serviço ao rei como obrigação pessoal, não em relação às terras que possuía. A Ilha passara a valer pouco no Continente e perdera o fio de seu próprio progresso. As defesas, tanto das costas como das cidades, eram negligenciadas. Para os conquistadores que chegavam, todo o sistema, social, moral, político e militar, parecia gasto.

A figura de Eduardo, o Confessor, chega até nós vaga, nebulosa e frágil. A lenda medieval, cuidadosamente incentivada pela Igreja, de quem ele era dedicado servo, transcendeu do homem. As luzes da Inglaterra saxônica estavam se apagando e nas trevas que se formavam um delicado profeta de barbas grisalhas previu o fim. Quando, em seu leito de morte, Eduardo falou sobre um tempo do mal que se estava aproximando da terra, seus inspirados murmúrios encheram de terror os ouvintes. Somente o arcebispo Stigand, que fora o esteio de Godwin, permaneceu impassível e segredou no ouvido de Haroldo que a idade e a doença haviam roubado o juízo do monarca. Assim, em 5 de janeiro de 1066, terminou a linhagem dos reis saxônicos. O sentimento nacional dos ingleses, que logo seriam conquistados, combinou-se, no amargo período que tinham à sua frente, com a gratidão da Igreja para envolver em um halo a memória real. Com o transcorrer dos anos, seu espírito .tornou-se objeto de adoração popular. Seu santuário em Westminster foi um centro de peregrinação. Canonizado em 1161, viveu durante séculos nas recordações da gente saxônica. Os normandos também tinham interesse em sua fama. Para os normandos, Eduardo era o rei devido a cuja sabedoria a coroa fora legada, segundo eles afirmavam, ao seu duque. Em conseqüência, ambos os lados abençoavam sua memória e até quando a Inglaterra adotou São Jorge durante a Guerra dos Cem Anos, Santo Eduardo, o Confessor, foi o padroeiro do reino. São Jorge mostrou-se indubitavelmente mais adequado às necessidades, ao temperamento e ao caráter dos habitantes da Ilha.

Livro II

A Formação da Nação

CAPÍTULO I

A Invasão Normanda

A Inglaterra, perturbada por dissensões e rivalidades internas, permanecera durante muito tempo sob os olhares gananciosos do estrangeiro. Os escandinavos procuravam reviver o império de Canuto. Os normandos afirmavam que seu duque recebera de seu primo Eduardo a promessa do trono. Guilherme da Normandia tivera uma origem viril e uma carreira árdua. O prêmio era suficientemente grande para as ambições separadas de ambas as esfomeadas potências. Sua ação simultânea nas fases iniciais foi uma vantagem partilhada em conjunto.

Certa manhã, o duque Roberto da Normandia, quarto descendente de Rollo, voltara a cavalo para sua capital, Falaise, quando viu Arlette, filha de um curtidor de couros, lavando roupa num riacho. Seu amor despertou instantaneamente. Levou-a para seu castelo e, embora já fosse casado com uma dama de qualidade, viveu com ela pelo resto de sua vida. Dessa união romântica, mas irregular, nasceu em 1027 um filho, Guilherme, que se tornou depois famoso.

O duque Roberto morreu quando Guilherme tinha apenas sete anos. Naqueles tempos agitados, a posse de um menor sobre sua herança era precária. Os grandes nobres, que eram seus guardiães, tiveram um a um mortes violentas e ambições rivais acenderam-se em toda a Normandia. Iriam eles ser governados por um bastardo? O neto de um curtidor iria ser o senhor feudal de tantas famílias de guerreiros? A mancha da bastardia apegou-se e aprofundou-se na natureza de Guilherme. Amargurou-o e enrijeceu-o. Quando, muitos anos depois, sitiou a cidade de Alençon, os cidadãos imprudentemente penduraram couros nas muralhas, gritando: "Couros para o curtidor!" Guilherme pagou este insulto devastando a cidade e mutilando ou esfolando vivos os seus principais habitantes.

Era política declarada do rei Henrique da França reconhecer o menor e conservá-lo sobre o trono ducal. Ele se tornou o seu guardião feudal e seu soberano. Não fosse por isso, o menino dificilmente teria sobrevivido. Em 1407, quando tinha vinte anos, organizou-se contra ele uma conspiração e no início da revolta ele escapou por pouco à destruição. Os conspiradores planejaram dividir o ducado entre si, conferindo a um dos seus, a quem prestaram juramento, o título nominal de duque. Guilherme estava caçando no coração da região rebelde. Sua captura foi planejada, mas o seu bobo acorreu a ele com um oportuno aviso para que fugisse a fim de salvar a vida. Ao amanhecer, Guilherme havia cavalgado quarenta milhas e estava, momentaneamente, a salvo em sua leal Falaise. Sabendo que sua força não era suficiente, cavalgou incansavelmente para pedir o auxílio de seu soberano, o rei da França. O auxílio não lhe foi negado. O rei Henrique pôs-se em campo. Guilherme reuniu seus leais barões e vassalos. Na Batalha de Valês-Dunes, travada de ambos os lados inteiramente por cavalaria, os rebeldes foram derrotados e, daí por diante, pela primeira vez, a posição de Guilherme como duque da Normandia ficou assegurada.

Havia dentro do sistema social existente espaço bastante para contendas, e em alguns feudos até para guerras particulares, mas quando o Estado caía nas mãos de soberanos fortes tais conflitos eram mantidos dentro de limites, o que não impedia o rápido desenvolvimento de uma sociedade marcial, internacional sem seus princípios tanto seculares como militares. O sentimento de afinidade com o senhor feudal em todos os planos da hierarquia, a associação da terra com o poder combatente, a aceitação da autoridade papal em assuntos espirituais uniam os cavaleiros e nobres vestidos de aço numa área cada vez mais ampla da Europa. À plena aceitação da Igreja Cristã universal juntava-se a concepção de uma aristocracia guerreira, animada por idéias de cavalheirismo e unida num sistema de serviço militar baseado na posse da terra. Esta instituição foi acompanhada pela elevação da cavalaria vestida de malha a uma posição dominante na guerra e criaram-se novas forças que podiam não apenas conquistar, mas também governar.

Em nenhuma parte do mundo feudal a qualidade combatente da nova organização era levada a ponto mais alto do que entre os normandos. Guilherme era um senhor de guerra e, conseqüentemente, deu ao seu pequeno ducado algo do prestígio de que a Inglaterra gozara trinta anos antes sob o firme e esclarecido governo de Canuto. Ele e seus cavaleiros lançavam agora sobre o mundo olhos impávidos e aventurosos. Boas razões para lançar a vista através do Canal juntavam-se às ambições naturais dos homens guerreiros. Guilherme, como seu pai, mantinha estreito contato com Corte Saxônica e observara todo os movimentos dos adeptos do partido anglo-dinamarquês, chefiado por Godwin e seu filho Haroldo.

O destino agiu impressionantemente a favor do duque normando. Em uma visita de inspeção, provavelmente em 1064, Haroldo foi arrastado pelos ventos para a costa francesa. O conde de Ponthieu, que dominava a região, considerou todos os marinheiros naufragados e seus pertences como um tesouro achado. Deteve Haroldo para obter o resgate que ele valesse, que era muito. Os contatos entre as cortes normanda a inglesa eram nessa época muito íntimos e amistosos. O duque Guilherme solicitou a libertação dos guerreiros do rei Eduardo, atuando a princípio por pedido civil e, depois, por ordens armadas. O conde de Ponthieu relutantemente abriu mão do tesouro que por acaso caíra em suas mãos e conduziu Haroldo à corte normanda. Uma amizade nasceu entre Guilherme e Haroldo. Pondo de parte a política, estimavam-se bastante. Vemos ambos, de falcão no punho, dedicando-se ao esporte; Haroldo pondo-se em campo com Guilherme contra os bretões ou prestando hábeis serviços em perigosas contendas. Recebeu de Guilherme honrarias e o título de cavaleiro. O duque, porém, preparava-se para sua futura sucessão ao trono inglês. Esse era, na realidade, o prêmio a ser conquistado. Haroldo tinha um pouco de sangue real por parte de sua mãe; mas Guilherme, através de seu pai, tinha uma reivindicação mais direta, ou pelo menos não tão nebulosa, ao trono da Ilha. Essa reivindicação ele estava disposto a tornar válida. Via o poder que Haroldo exercia sob Eduardo, o Confessor, e como lhe poderia ser fácil transformá-lo em soberania se estivesse no local quando o Confessor morresse. Convidou Haroldo para fazer um pacto, pelo qual ele próprio se tornaria rei da Inglaterra e Haroldo conde de toda a esplêndida província de Wessex, recebendo disso garantias e ficando ligado ao rei pelo casamento com a filha de Guilherme.

Toda essa história é contada com irresistível encanto na crônica do reino em tapeçaria, geralmente atribuída à esposa de Guilherme, rainha Matilda, mas na verdade planejada por artistas ingleses sob a orientação do meio-irmão do rei, Odo, bispo de Bayexux. Trata-se naturalmente da versão normanda, que durante gerações foi proclamada por seus historiadores como plena justificação – já naqueles tempos os agressores precisavam de justificações – da invasão da Inglaterra por Guilherme. Os saxões sustentavam que isso era mera propaganda normanda e existe o habitual conflito de provas. É provável, porém, que Haroldo tenha prometido a Guilherme, por solene juramento, renunciar a todos os direitos os desígnios sobre a Coroa inglesa e é provável também que, se não o tivesse feito, jamais teria voltado a ver Coroa ou a Inglaterra.

A significação feudal desse juramento que tornava Haroldo um homem de Guilherme foi aumentada por um estratagema novo naqueles tempos, mas adequado à sua mentalidade. Sob o altar ou mesa diante do qual Haroldo prestou o juramento estava escondida uma relíquia sagrada, que alguns historiadores posteriores dizem ter sido alguns dos ossos de Santo Edmundo. Um juramento assim reforçado tinha uma tríplice santidade, bastante reconhecida em toda a Cristandade. Era um superjuramento; e o compromisso, embora assumido por Haroldo sem o seu conhecimento, não o obrigava menos por isso. Contudo, não se pode dizer que a barganha entre os dois homens fosse despropositada e, na ocasião, Haroldo provavelmente vira nela algumas boas perspectivas para si próprio.

A essa altura, Guilherme já consolidara sua posição no país, Destruíra os exércitos rebeldes de seus rivais e de seus ambiciosos parentes, estabilizara sua fronteira ocidental contra a Bretanha e, no sudoeste, conquistara Maine a mais poderosa casa reinante do Norte da França, os angevinos. Forçara os poderes de Paris, que o haviam protegido na mocidade, a respeitá-lo na idade adulta; e por seu casamento com Matilda, filha do conde de Flandres, adquirira um útil aliado em seu flanco oriental. Entrementes, Haroldo, libertado, estava dirigindo o governo da Inglaterra com genuína aceitação e crescente sucesso.

Finalmente, em janeiro de 1066, Eduardo, o Confessor, morreu, absolvido, confiamos, dos pecados mundanos que houvesse sido tentado a cometer. Em seu último alento, apesar de sua alegada promessa a Guilherme, supõe-se que ele tenha recomendado Haroldo, seu jovem e valente conselheiro e guia, como a melhor escolha que o Witan ou Conselho poderia fazer para a Coroa. Seja como for, no início do fatídico ano de 1066, Haroldo foi alegremente aceito por Londres, pelo Midlands e pelo Sul, e coroado rei com toda a solenidade na Abadia de Westminster.

Esse acontecimento abriu novamente os portões da guerra. Havia na França o precedente de uma personalidade não-real, Hugo Capeto, ter-se tornando rei; mas isso causara fundo ressentimento na nobreza, cujo orgulho, cujas idéias comuns e cujos sentimentos estavam cada vez mais ditando a lei na Europa Ocidental. Todo guerreiro com aspirações, ao ouvir a notícia da coroação de Haroldo, teve consciência de uma afronta e também das amplas possibilidades abertas à habilidade e à espada. Além disso, toda a estrutura do mundo feudal assentava-se sobre a santidade dos juramentos. Contra os violadores de juramentos as censuras tanto da cavalaria como da Igreja combinavam-se com uma força devastadora. Outro infortúnio de Haroldo foi o fato de Stigand, o arcebispo de Canterbury, ter ele próprio recebido o pálio de um papa cismático. Roma não podia, portanto, reconhecer Haroldo como rei.

Exatamente nesse momento, o Todo-Poderoso, descendo de sua celestial esfera, fez um gesto ambíguo. O cometa caudato ou "estrela cabeluda" que apareceu na época da coroação de Haroldo é hoje identificado pelos astrônomos como o cometa de Halley, que anteriormente saudara a Natividade de Nosso Senhor. É evidente que esse exemplo de divina economia nos movimentos dos corpos celestes para finalidades mundanas poderia, por meio de hábil interpretação, ter sido aproveitado para vantagem de Haroldo.

Todavia, foram os conquistadores que contaram a história e a seus olhos esse portento anunciava aos homens a próxima queda de um sacrílego usurpador.

Dois projetos rivais de invasão foram apressadamente preparados. O primeiro era da Escandinávia. Os sucessores de Canuto na Noruega decidiram reviver suas tradições de soberania inglesa. Uma expedição já estava sendo organizada quando Tostig, meio-irmão de Haroldo, exilado e vingativo, expulso de seu condado da Northumbria, chegou com informações completas sobre a crise na Ilha e o estado de fraqueza das suas defesas. O rei Haroldo Hardrada decidiu conquistar a coroa inglesa. Navegou primeiro para as Orkneys, reunindo recrutas das linhas escocesas e da ilha de Man. Acompanhado por Tostig, dirigiu-se para a costa nordeste da Inglaterra com uma grande frota e um grande exército em fins do outono de 1066.

Haroldo da Inglaterra defrontou-se assim como uma dupla invasão pelo nordeste e pelo sul. Em setembro de 1066, recebeu a notícia de que uma frota norueguesa, tendo a bordo Hardrada e Tostig, havia subido o Humber, derrotado os recrutas locais sob o comando dos condes Edwin e Morcar, e acampado perto de York em Stamford Bridge. Haroldo demonstrou então as qualidades combatentes que possuía. A notícia foi por ele recebida em Londres, onde aguardava para ver qual a invasão que o atingiria primeiro e em que ponto atingiria. À frente das tropas dinamarquesas de sua guarda avançou às pressas para o norte, subindo a estrada romana que levava a York e convocando os recrutas locais à medida que progredia. A rapidez de seus movimentos apanhou os invasores nórdicos completamente de surpresa. Cinco dias depois da derrota de Edwin e Morcar, Haroldo chegou a York e no mesmo dia marchou para enfrentar o exército norueguês, a dez milhas da cidade.

A batalha começou. Os ingleses carregaram, mas a princípio os noruegueses, embora sem suas couraças, conservaram sua formação de batalha. Depois de algum tempo, iludidos pelo que verificaram depois ter sido uma simulação, ardil comum naqueles tempos, os dinamarqueses abriram sua muralha de escudos e avançaram por todos os lados. Esse era o momento que Haroldo estava esperando. Sobreveio o maior choque das armas. Hardrada foi atingido por uma flecha na garganta e Tostig, assumindo o comando, ocupou sua posição ao lado do estandarte do "Devastador da

Terra". Nessa pausa, Haroldo ofereceu paz a seu irmão e também quartel a todos os nórdicos que ainda estivessem vivos. No entanto, "os nórdicos concentraram-se todos, dispostos a tombar, um sobre o outro, antes que aceitar quartel dos ingleses.[1] Os valentes guardas de Haroldo, eles próprios de sangue viking, lançaram-se à carga e, com um grito de guerra, a batalha recomeçou. Nesse momento, uma força deixada a bordo dos navios chegou para socorrer os invasores. Os integrantes dessa força, ao contrário de seus camaradas, estavam vestidos com suas couraças, mas, sem fôlego e exaustos por sua apressada marcha, lançaram fora suas armaduras, juntaram-se a seus acossados companheiros e foram quase todos mortos. O vitorioso Haroldo enterrou Hardrada sob os sete pés de terra inglesa que lhe havia desdenhosamente prometido, mas poupou seu filho Olaf e mandou-o embora em paz com seus adeptos sobreviventes. Tostig pagou com a vida sua incessante malícia. Embora a Batalha de Stamford Bridge tenha sido obscurecida por Hastings, tem o direito de ser considerada como um dos encontros decisivos na história inglesa. Nunca mais um exército escandinavo foi capaz de ameaçar seriamente o poder de um rei inglês ou a unidade do reino.

No momento da vitória, o rei recebeu do sul a notícia de que Guilherme, o Bastardo desembarcara em Pevensey.

A invasão da Inglaterra por Guilherme, o Conquistador, foi planejada como um empreendimento comercial. Os recursos da Normandia eram evidentemente insuficientes para a tarefa; mas o nome do duque era famoso em todo o mundo feudal e a idéia de conquistar e dividir a Inglaterra recomendava-se por si própria à nobreza marcial de muitas terras. Os barões da Normandia, no Conselho de Lillebonne, recusaram apoiar oficialmente o empreendimento. Era uma aventura do duque, e não da Normandia. Todavia, a maioria deles se apressou em contribuir com sua cota de cavaleiros e navios. A Bretanha enviou um grande contingente. Deve-se lembrar que algumas das melhores famílias da Grã-Bretanha romana lá haviam encontrado refúgio,

---

[1] Da *"Heimskringla Saga"*, de Snorri Sturluson.

estabelecendo uma forte linhagem de sangue que preservava uma continuidade com a Idade Clássica e a raça britânica. Contudo, toda a França estava profundamente interessada. Mercenários vieram da Flandres e mesmo de além dos Alpes; normandos do sul da Itália e da Espanha, nobres e cavaleiros, atenderam à convocação. As cotas nesse empreendimento eram representadas por cavaleiros ou navios, e ficou claramente acertado que as terras dos ingleses massacrados seriam divididas em proporção às contribuições, sujeitas naturalmente a um abono por boa atuação no campo de batalha. Durante o verão de 1066, essa grande concentração de audazes aventureiros, sedentos de terra e sedentos de guerra, reuniu-se numa alegre companhia ao redor de St. Valery, na embocadura do Somme. Navios vinham sendo construídos em todos os portos franceses desde a primavera e, no início de agosto, uma frota considerável, transportando cerca de sete mil combatentes, em sua maioria pessoas de categoria e qualidade, estava pronta para seguir o famoso duque e partilhar as terras e a riqueza da Inglaterra.

Entretanto, os ventos foram contrários. Durante seis semanas inteiras não houve dia em que soprasse o vento sul. O exército heterogêneo, sem estar ligado por qualquer laço de lealdade feudal, patriotismo ou tema moral, começou a murmurar e resmungar. Somente a reputação de Guilherme como diretor-gerente e a rica pilhagem esperada podiam convervá-lo unido. Finalmente, medidas extremas precisavam ser tomadas com relação ao tempo. Os ossos de Santo Edmundo foram retirados da igreja de St. Valery e levados ao longo do litoral com pompa religiosa e militar. Isso deu resultados, pois logo no dia seguinte o vento mudou, não precisamente para o sul, mas para sudoeste. Guilherme julgou isso suficiente e deu o sinal. A frota inteira pôs-se ao mar, com todos os seus suprimentos, armas, cotas de malha e grande número de cavalos. Arranjos especiais foram feitos para conservar a frota unida, tendo sido marcado para ponto de encontro a embocadura do Somme. Durante a noite, o duque mantinha uma luz de brilho especial na ponta do seu mastro principal. Na manhã seguinte, todos navegavam em direção ao litoral da Inglaterra. O duque, que tinha um barco mais veloz, logo se encontrou sozinho no meio do Canal. Pôs o navio à capa e tomou o pequeno almoço com seus oficiais superiores "como se estivesse em seu próprio salão". Vinho não faltava e, depois da refeição, ele falou em termos entusiásticos sobre seu grande empreendimento e os prêmios e os lucros que haveria para todos quantos dele participavam.

Em 28 de setembro, a frota foi avistada e todos os barcos chegaram em segurança para ancorar na baía de Pevensey. Não houve oposição ao desembarque. O "fyrd" local já fora convocado nesse ano quatro vezes para vigiar a costa e tendo, em verdadeiro estilo inglês, chegado à conclusão de que o perigo passara porque ainda não havia chegado, voltara para suas casas. Guilherme desembarcou, segundo conta a história, e caiu de bruços quando descia do barco. "Vejam", disse ele dirigindo o augúrio para um canal favorável "eu tomei a Inglaterra com ambas as mãos." Ocupou-se em organizar seu exército, fazendo incursões em Sussex para obter suprimentos e construindo algumas obras defensivas para a proteção de sua frota e de sua base. Assim transcorreu uma semana.

Entrementes, Haroldo e seus guardas, lamentavelmente desfalcados pela carnificina de Stamford Bridge, desciam barulhentamente a Ermine Street em seus "ponies", marchando dia e noite em direção a Londres. Cobriram as duzentas milhas em sete dias. Em Londres, o rei reuniu todas as forças que pôde. A maioria das principais pessoas de Wessex e Kent apressou-se em colocar-se sob seu estandarte, levando junto seus vassalos e as milícias locais. Depois de permanecer em Londres apenas cinco dias, Haroldo marchou para Pevensey e, na noite de 13 de outubro, ocupou sua posição sobre a encosta de um monte que barrava o caminho direto para a capital.

A opinião militar daqueles tempos como dos nossos criticou sua decisão de arriscar tudo numa batalha imediata. A lealdade dos condes do norte, Edwin e Morcar, era duvidosa. Eles estavam avançando às pressas para o sul com substanciais reforços, mas Haroldo não podia saber com certeza a qual dos lados eles se juntariam. Na ocasião, eles "se afastaram do conflito". Alguns sugeriram que Haroldo deveria ter empregado as táticas usadas mil e cem anos antes por Cassivellaunus contra César. Esquecem-se, porém, esses críticos, de que, enquanto o exército romano consistia apenas em infantaria e os britânicos apenas de combatentes com carros e cavaleiros, o duque Guilherme dispunha de uma força essecialmente de cavalaria auxiliada por arqueiros, enquanto Haroldo nada tinha além de soldados a pé, que apenas usavam cavalos como meio de transporte. Uma coisa é forças montadas manterem-se em movimento e fustigarem um exército de infantaria, e coisa diferente é bandos de soldados a pé empregarem essas mesmas táticas contra cavalaria. O rei Haroldo tinha grande confiança em seus temíveis combatentes armados com achas e foi com boa disposição que formou sua muralha de escudos na manhã de 14 de outubro. Há grande controvérsia sobre o número de homens que se empenharam na luta. Algumas autoridades modernas supõem que a batalha foi travada por cinco ou seis mil cavaleiros e guerreiros normandos, com alguns milhares de arqueiros, contra oito ou dez mil homens armados de achas e lanças. O efetivo de ambos os lados talvez tenha sido menor. Seja como for, ao primeiro clarão da alvorada, Guilherme saiu de seu acampamento em Pevensey disposto a por tudo à prova; e Haroldo, a oito milhas de distância, aguardava-o em decidida concentração.

Quando começou a batalha, Ivo Taillefer, o cavaleiro menestrel que reivindicara o direito de desfechar o primeiro ataque, avançou monte acima a cavalo, lançado sua lança e sua espada para o ar e apanhando-as diante do exército inglês. Em seguida, investiu fundo nas fileiras inglesas e foi morto. As cargas de cavalaria dos cavaleiros vestidos de malha de Guilherme, desajeitados na manobra, martelaram em vão sobre as densas e ordeiras massas dos ingleses. Nem a chuva de flechas nem os assaltos dos cavaleiros puderam prevalecer contra eles. A ala esquerda da cavalaria de Guilherme foi dominada pela desordem e retirou-se rapidamente monte abaixo. À vista disso, as tropas da direita de Haroldo, que eram formadas principalmente pelo "fyrd" local, romperam suas fileiras em ansiosa perseguição. Guilherme, no centro, lançou sobre elas seus disciplinados esquadrões e reduziu-as a pedaços. Os normandos restabeleceram então suas fileiras e iniciaram uma segunda série de cargas contra as massas inglesas, sujeitando-as nos intervalos a severos ataques dos arqueiros. Tem sido observado com freqüência que esta parte da ação se assemelha à tarde de Waterloo, quando a cavalaria de Ney se esgotou contra os quadrados britânicos, martelados pela artilharia nos intervalos. Em ambos os casos, a torturada infantaria permaneceu inabalável. Nunca, falou-se, os cavaleiros normandos haviam encontrado soldados a pé tão obstinados. Foram absolutamente incapazes de irromper através das muralhas de escudos e sofrerem severas perdas com os ágeis golpes dos combatentes armados de achas ou com os dardos e massas arremessados das fileiras de trás. Todavia, as chuvas de flechas causaram cruel devastação. Os ingleses, conta-se, estavam tão aglomerados que os feridos não podiam ser removidos e os mortos mal encontravam lugar em que afundar no chão.

A tarde outonal chegou ao fim antes que tivesse havido qualquer resultado. Foi então que Guilherme empregou o consagrado ardil de uma retirada simulada. Havia observado com que rapidez a direita de Haroldo abandonara suas posições para a perseguição depois do primeiro recuo dos normandos. Organizou então uma retirada falsa em aparente desordem, enquanto conservava uma força poderosa em suas próprias mãos. Os guardas ao redor de Haroldo mantiveram sua disciplina e conservaram suas fileiras em ordem, mas a sensação de alívio experimentada, depois daquelas horas de combate, pelas tropas menos treinadas foi tanta que a vista do inimigo em fuga se mostrou irresistível. Investiram para a frente no impulso da vitória e, quando estavam a meio caminho na descida do monte, foram selvagemente massacradas pelo cavaleiros de Guilherme. Restaram, quando aumentava a penumbra, apenas os valentes guardas que lutavam ao redor do rei e de seu estandarte. Seus irmãos, Gyrth e Leofwine, já haviam sido mortos. Guilherme ordenou então a seus arqueiros que disparassem para o alto, a fim de que as flechas caíssem por trás da muralha de escudos. Uma dessas flechas atingiu Haroldo no olho direito, causado-lhe um ferimento mortal. Haroldo tombou aos pés do estandarte real, vencido apenas pela morte, o que não conta como desonra. A renhida batalha estava agora decidida. O último corpo formado de tropas foi derrotado, embora de maneira alguma esmagado. Retirou-se para as matas existentes por trás, e Guilherme, que lutara nas fileiras da frente e vira morrer embaixo dele três cavalos, pôde então proclamar a vitória. Ainda assim, a perseguição foi arduamente enfrentada. Existe na vertente oposta do monte de Hastings um fosso inesperado e profundo, no qual numerosos cavaleiros normandos caíram e foram massacrados pelos enfurecidos ingleses que se emboscavam na mata.

O corpo nu do rei morto, envolto apenas num manto de púrpura, foi oculto entre os rochedos da baía. Sua mãe em vão ofereceu o peso do corpo em ouro pela permissão de enterrá-lo em terreno sagrado. A resposta do duque normando foi no sentido de que Haroldo estaria melhor sepultado na praia saxônica em cuja defesa dera sua vida. O corpo foi posteriormente transladado para a Abadia de Waltham, que fora por ele fundada. Embora os ingleses tenham aqui mais uma vez aceito a conquista e se curvado diante de um novo destino, o nome de Haroldo deverá ser honrado para sempre na Ilha pela qual ele e seus famosos guardas lutaram inabalavelmente até o fim.

CAPÍTULO 2

GUILHERME, O CONQUISTADOR

O exército invasor acampara no próprio local da batalha. O duque Guilherme sabia que seu trabalho mal tinha começado. Durante mais de um ano, estivera planejando diretamente invadir a Inglaterra e reivindicar o trono inglês. Agora, um mês depois do desembarque, já havia aniquilado o único exército saxônico organizado e matado seu rival. Entretanto, as dissensões internas que haviam dividido a Ilha nos últimos anos ajuntavam novos perigos à tarefa de conquista. A própria desunião que tornara bem-sucedido o assalto fazia com que fosse lenta a subjugação. Os lordes saxônicos no Norte e no Oeste poderiam continuar intermináveis lutas locais e cortar as comunicações com o Continente. Cautelosamente, o avanço começou em direção a Londres.

Guilherme era um grande expoente da doutrina – tão conhecida nesta era civilizada como "aterrorização"[1] – do terrorismo em massa através do espetáculo de exemplos sangrentos e impiedosos. Agora, com uma compacta força de normandos, franceses e bretões, avançou sobre a capital, através

---

[1] Escrito em princípios de 1939.

de Kent, e a princípio nenhum nativo apareceu em seu acampamento para prestar-lhe homenagens. A gente de Romney havia matado um grupo de cavaleiros normandos. A vingança caiu sobre ela. A notícia espalhou-se por todo o país e a população ocorreu "como moscas assentando-se sobre uma ferida" para oferecer sua submissão e evitar destino semelhante. A história desses acontecimentos cala fundo no coração do povo.

Quando Guilherme chegou perto de Londres, marchou ao redor da cidade .por uma rota circular, isolando-a com um cinturão de cruel devastação. De Southwark, movimentou-se para Wallingford e dali, através dos Chilterns, para Berkhmsted, onde os principais nobres e clérigos saxônicos foram humildemente à sua tenda oferecer-lhe a coroa. No dia de Natal, Aldred, arcebispo de York, coroou-o rei da Inglaterra em Westminster. Guilherme firmou rapidamente seu poder sobre toda a Inglaterra ao sul do Humber. Dois anos depois da conquista a duquesa Matilda, que governava a Normandia na ausência de Guilherme, atravessou o mar para ser coroada em Westminster no domingo de Pentecostes de 1068. Mais tarde, nesse mesmo ano, um seu filho, Henrique, símbolo e augúrio de estabilidade dinástica, nasceu em solo inglês.

O Norte ainda permanecia subordinado a seus lordes saxônicos, Edwin e Morcar, insubmissos desafiadores. O rei reuniu um exército e marchou contra eles. A marcha de Guilherme no Norte ficou marcada para gerações nos campos e nas recordações dos sobreviventes e de seus descendentes. De costa a costa, toda a região foi devastada e homens caçados refugiavam-se nos vales florestados de Yorkshire, para morrer de fome ou de exposição, ou se vendiam como escravos em troca de comida. Durante muitos anos depois disso, contavam-se histórias da "devastação" e de cadáveres dos mortos pela fome apodrecendo à beira das estradas. No Natal de 1069, Guilherme passou o inverno em York e, terminando os festejos, continuou a caçada humana. Uma única cidade na Inglaterra ainda não se submetera à vontade do Conquistador: Chester. No auge do inverno de 1070, ele fez seu exército marchar através da Inglaterra. A cidade rendeu-se à intimação e submeteu-se à construção de um castelo.

A Inglaterra ao norte do Humber estava agora sob controle normando. O grande condado de Richmond foi então criado, com a posse de grandes propriedades em Yorkshire e também nos condados adjacentes. O bispado de Durham foi reorganizado, com amplos poderes de governo local. Era evidente agora que a Normandia tinha força e espírito suficiente para absorver toda a Inglaterra saxônica; entretanto, se Guilherme conservaria todas as suas conquistas sem ser desafiado do exterior foi coisa que não ficou resolvida até seus últimos anos. O período da subjugação inglesa foi perigoso. Durante pelo menos vinte anos após a invasão, os normandos foram um exército acampado num país hostil, dominando a população por meio dos castelos situados em pontos-chaves. A resistência saxônicas custou para morrer. Lendas e cronistas retratam-nos a última resistência de Hereward, o Vigilante, nas desoladas vastidões dos pântanos ao redor de Ely. Somente cinco anos depois de Hastings, em 1071, é que Hereward foi derrotado. Em defesa de sua causa tombaram muitos guerreiros saxônicos, que formavam a única classe de cujas fileiras poderiam sair novos líderes. A construção do castelo de Ely simbolizou o fim de sua ordem.

Surgiram outras oposições internas. Em 1075, uma séria revolta de cavaleiros normandos descontentes irrompeu nos Midlands, na Ânglia Oriental e na fronteira galense. A eles se uniu o único chefe saxônico sobrevivente, Waltheof, que havia feito a paz com Guilherme. O rei, que se encontrava na Normandia, apressou-se em voltar para esmagar os rebeldes. A população saxônica apoiou o Conquistador contra o caos. O "fyrd" pôs-se em campo. A vingança foi reservada apenas para Waltheof e sua execução em um monte perto de Winchester é contada em cenas comovedoras pelos monges cronistas da época, de tendência saxônica. A lenda medieval atribui o destino de Guilherme em seus últimos anos à sua culpa por essa execução. Ela assinalou a submissão final da Inglaterra. Castelos normandos guardavam as cidades, senhores normandos mantinham a posse das terras e igrejas normandas protegiam as almas dos homens. Toda a Inglaterra tinha um senhor, a conquista estava completada e o trabalho de reconstrução começou.

Desgraçados dos conquistados! Ali estavam os normandos entrincheirados no solo inglês, senhores da terra e da plenitude do que nela havia. Uma guerreiro armado de Anjou, do Maine, da Bretanha ou mesmo de além dos Alpes e dos Pirineus, apossava-se de herdade senhorial e de condado, de acordo com sua categoria e sua bravura, e punha-se a trabalhar para tornar-se seguro. Por toda parte erguiam-se castelos. A princípio, não eram as maciças estruturas de pedra de um século mais tarde; eram simplesmente postos militares fortificados, consistindo num baluarte de terra e uma estacada, com uma fortaleza central feita de troncos de árvores. Desses pontos fortes cavaleiros faziam surtidas para dominar e explorar as vizinhanças; acima deles todos, no cume, sentava-se Guilherme, ativo e implacável, satisfeito com seu trabalho, exigindo meticuloso serviço de seus adeptos e pagando com bons favores todos quantos cumpriam seu dever.

No seus primeiros tempos, os normandos não adotaram as maneiras mas apenas poucos costumes dos ilhéus. A única cultura era francesa. Os nobres saxônicos sobreviventes mandavam seus filhos aos mosteiros da França para adquirir educação. Os ingleses repetiam a experiência dos antigos bretões; todos quantos podiam aprendiam francês, como outrora os contemporâneos de Boadicea haviam aprendido latim. A princípio, os conquistadores, que desprezavam os incultos ingleses como rústicos e grosseiros, governaram pela força do aço afiado. Logo porém, à verdadeira maneira normanda, casaram-se com pessoas da população livre e identificaram-se com seu passado inglês.

O trabalho de Guilherme na Inglaterra foi ainda mais notável pelo fato de estar o duque da Normandia empenhado todo o tempo em intermináveis intrigas e conflitos com o rei da França. Embora a Inglaterra fosse uma possessão mais valiosa do que a Normandia, Guilherme e seus filhos sempre estiveram mais intimamente interessados por suas terras continentais. Os reis franceses, por seu lado, colocavam em primeiro plano na sua política o enfraquecimento desses duques da Normandia, que se haviam tornado tão poderosos e cujas fronteiras estavam a pouco mais de vinte milhas de Paris. Resultou daí uma luta que só foi resolvida quando o rei João perdeu a Normandia em 1203. Entrementes, passavam-se os anos. A rainha Matilda era uma competente regente em Rouen, mas afligida pelas turbulências de seus filhos. O mais velhos, Roberto, um cavaleiro de Cruzada, temerário e perdulário, dotado do mesmo amor que seu pai pela luta e pela aventura, mas sem seu gênio implacável e seus sólidos objetivos práticos, ressentia-se do persistente apego de Guilherme à vida e reclamava com impaciência sua herança normanda. Muitas vezes o pai precisou atravessar o Canal para castigar cidades rebeldes e prevenir as conspirações de seu filho com a Corte Francesa. Roberto, expulso das terras de seu pai, encontrou refúgio no castelo do rei Filipe, em Gerberoi. Guilherme marchou implacavelmente contra ele. Ao pé das muralhas, dois homens, com as viseiras baixadas, enfrentaram-se em combate singular: pai e filho. Roberto feriu seu pai na mão e desmontou-o; te-lo-ia realmente matado não fosse a oportuna intervenção de um inglês, um certo Tokig de Wallingford, que ajudou o Conquistador derrubado a montar novamente em seu cavalo. Ambos se acalmaram depois desse encontro fortuito e durante algum tempo houve reconciliação.

Matilda morreu e, com o aumentar da idade, o temperamento de Guilherme tornou-se mais feroz. Enfurecido pelas incursões dos franceses, atravessou a fronteira, espalhando fogo e ruínas, até atingir as portas de Mantes. Seus normandos surpreenderam a cidade e, entre os horrores da pilhagem, irrompeu o incêndio. Quando Guilherme avançava pelas ruas, seu cavalo tropeçou entre as cinzas fumegantes e ele foi lançado contra o arção da sela. Foi conduzido em agonia até o priorado de St. Gervase em Rouen. Lá, muito acima da cidade, ficou durante todo o calor do verão de 1087, lutando contra seu doloroso ferimento. Quando a morte se aproximou, seus filhos Guilherme e Henrique foram para seu lado. Guilherme, cuja única virtude era sua fidelidade filial, foi nomeado sucessor do Conquistador na Inglaterra. O deselegante Roberto governaria, finalmente, a Normandia. Para o mais jovem, Henrique, nada ficou, senão cinco mil libras de prata e a profecia de que um dia governaria uma nação anglo-normanda unida. E essa não foi uma promessa vazia.

O medo caiu sobre os súditos do Conquistador quando se soube que ele estava agonizante. Que perturbações se seguiriam à morte de um governante forte? Na quinta-feira, 9 de setembro de 1087, quando os sinos matinais da catedral de Rouen ecoaram sobre os montes, Guilherme e sua autoridade morreram. Os miseráveis criados despiram o corpo e saquearam o quarto onde ele jazia. O clero de Rouen transportou-o para a igreja de St. Stephen, em Caen, que fora por ele fundada. Mesmo sua última viagem foi perturbada. No cemitério, um ascelino gritou que seu pai fora despojado de seu pedaço de chão pelo duque morto e diante de toda a multidão exigiu justiça dos padres espantados. Pelo preço de sessenta xelins o Conquistador chegou assim ao seu humilde túmulo. Seu trabalho, porém, sobreviveu. Diz o cronista:

"Ele era um homem muito severo e violento, por isso ninguém ousava fazer qualquer coisa contrária à sua vontade. Fez agrilhoar condes que agiram contra sua vontade. Expulsou bispos de suas sés e abades de suas abadias, pôs guerreiros na prisão e finalmente não poupou seu próprio irmão, que era chamado Odo; ele era um bispo muito poderoso na Normandia e era o maior homem depois do rei e tinha um condado na Inglaterra. Ele (o rei) o lançou à prisão. Entre outras coisas, a boa segurança que ele deu a este país não pode ser esquecida, de modo que qualquer homem honesto podia viajar pelo seu reino sem danos com seu peito cheio de ouro; e ninguém ousava atacar outro, por maior que fosse o mal que lhe .houvesse feito. E, se algum homem tinha relações com uma mulher contra a vontade dela, ele era imediatamente castrado.

"Ele governou sobre a Inglaterra e com sua astúcia a investigava tanto que não havia uma jeira de terra na Inglaterra que ele não soubesse a quem pertencia e quanto valia, e que então não anotasse em seu registro. Gales estava em seu poder e ele lá construiu castelos e controlou inteiramente aquela raça. Da mesma maneira submeteu também a si a Escócia, devido a sua grande força. A terra da Normandia era sua por herança natural e ele governou sobre o condado chamado Maine. E, se tivesse podido viver mais dois anos, teria conquistado a Irlanda por sua prudência e sem quaisquer armas. Certamente em seu tempo o povo teve muita opressão e muitíssimos agravos".

Neste ponto, o cronista passa para o verso:

> "He had castles built
> And poor men hard oppressed;
> The King was so very stark,
> And deprived his underlings of many a mark
> Of gold and more hundreds of pounds of silver,
> That he took by weight and with great injustice
> From his people with little need for such a deed.
> Into avarice did he fall,
> And loved greediness above all.
> He made great protection for the game,
> And imposed laws for the same,
> That who so slew hart or hind
> Should be made blind.

He preserved the harts and boars,
And loved the stags as much
As if he weve their father."[2]

"Ele fez construir castelos
E oprimiu duramente homens pobres.
O Rei era tão severo,
E privava seus subordinados de muitos marcos
De ouro e muitas centenas de libras de prata,
Que ele tomava pelo peso e com grande injustiça
De seu povo com pouca necessidade de tal ato.
Caiu na avareza.
E amava a cobiça acima de tudo.
Deu grande proteção à caça,
E impôs leis para a mesma,
Que quem matasse veado ou corsa
Devia ser cegado.
Preservou os veados e javalis
E amava tanto os cervos
Como se fosse pai deles."

Os normandos introduziram na Inglaterra seu sistema de propriedade da terra baseado no serviço militar. Uma casta militar era imposta do alto. Verificou-se uma revolução não apenas nos métodos de guerra, mas também nas altas camadas da sociedade. Guilherme visava em primeiro lugar formar uma exército eficiente e compacto, e os termos do serviço de cavaleiro e a cota de homens devida por cada um de seus súditos maiores interessavam-no mais do que as relações sociais prevalecentes nas terras que dominava. Os normandos, uma pequena minoria, destruíram a classe governante saxônica e impuseram um domínio estrangeiro à Inglaterra. Todavia, a massa dos habitantes era apenas indiretamente afetada pela mudança e a superestrutura

---

[1] *"Anglo-Saxon Chronicle"* em *"English Historical Documents"*, vol. II, 1953.

feudal foi durante muitos anos tão insegura quanto impressionante. Havia entre os novos senhores do país controvérsias intermináveis sobre os títulos de suas terras e a maneira como estes se adaptavam aos costumes e leis da Inglaterra anglo-saxônica. Os bispados e abadias eram especialmente veementes em suas queixas e legadas reais convocavam repetidamente grandes assembléias das cortes de "shires" para solucionar essas disputas. Finalmente, em 1086, um vasto inquérito sob juramento foi feito em torno de toda a riqueza dos vassalos feudais do rei, dos quais ele extraía grande parte de sua própria renda. O inquérito ou descrição, como era chamado, foi realizado com uma minuciosidade e regularidade únicas naquelas época e não igualadas durante séculos depois. A história de muitas das aldeias inglesas inicia-se com seu registro no Domesday Book. O resultado desse famoso inquérito mostrou que a estrutura subjacente da Inglaterra e de sua vida camponesa havia sido pouco alterada pelo choque da invasão.

Entretanto, a realização do grande inquérito do Domesday assinala uma crise. A guarnição normanda na Inglaterra estava sendo ameaçada do estrangeiro por outros pretendentes. Os governantes da Escandinávia ainda ansiavam pela Ilha que fora outrora o oeste de seu império. Haviam apoiado o levante no Norte em 1069 e, novamente em 1085, ameaçavam intervir com maior vigor. Uma frota foi preparada e, embora ela jamais chegasse a navegar, por ter sido assassinado o seu chefe, Guilherme tomou precauções. Tornou-se necessário que todas as controvérsias feudais resultantes da Conquista fossem rapidamente resolvidas e foi à sombra dessa ameaça que se compilou o Domesday Book. Em 1086, Guilherme convocou para se reunirem em Salisbury "todos os homens possuidores de terra de qualquer valor em toda a Inglaterra, sejam quem forem os homens". O rei tinha necessidade de uma garantia de lealdade de todos os seus vassalos feudais de importância e esse corpo substancial uniu-se por juramento e vassalagem à sua pessoa.

A realização normanda na Inglaterra não teve caráter meramente militar. Embora o serviço de cavaleiro governasse a posse da propriedade e criasse uma nova aristocracia, muita coisa foi preservada da Inglaterra saxônica. Os normandos eram administradores e juristas, mais do que legisladores. Seu centro de governo era a Curia real, a corte final de apelação e o instrumento de supervisão; ali eram preservados e desenvolvidos os métodos financeiros e secretariais do reino anglo-saxônico. Todo o sistema de governo local saxônico, também de imensa utilidade para o futuro – os condados, os xerifes e os tribunais – sobreviveu, e através dele o rei mantinha seus amplos contatos com o país. Com efeito, o próprio Conquistador coligiu por esses meios as informações para o Domesday. Não apenas os tribunais, mas também os direitos e impostos, como o Danegeld, foram preservados para benefício das rendas normandas. A milícia local formada pelos condados sobreviveu à Conquista e mostrou-se útil a Guilherme e seus sucessores. Assim, no futuro governo da Inglaterra, as instituições normandas e saxônicas misturaram-se inconscientemente, mas profundamente.

Em alguns aspectos isso tudo foi uma repentina aceleração na marcha para o sistema senhorial feudal, processo que já avançara muito na Inglaterra anglo-saxônica e, sem dúvida, em Wessex. Contudo, mesmo em Wessex persistia ainda a idéia de que a ligação entre o lorde e o homem era primordialmente pessoal, de modo que um homem livre podia passar de um lorde para outro e transferir consigo sua terra. A essência do feudalismo normando, por outro lado, era de que a terra permanecia sob o lorde, fizesse o que fizesse o homem. Assim, a pirâmide territorial erguia-se de camada em camada até o rei, até que todo acre de terra no país pudesse ser registrado com posse de alguém por alguma forma de serviço. Entretanto, além dos serviços que o homem devia ao lorde em armas, havia o serviço de comparecer aos tribunais do "hundred" e do condado, que eram, afora várias exceções, tribunais do rei, administrando a velha lei consuetudinária. Essa sobrevivência do "hundred", do tribunal do condado e do xerife assinala a grande diferença entre o feudalismo inglês e o continental. Na Inglaterra, o rei está em toda parte – em Northumberland e em Middlesex; um crime cometido em qualquer lugar é uma violação de sua paz; se ele desejar saber alguma coisa, diz a seu funcionário, o xerife, que convoque um júri e descubra ou, em épocas posteriores, que envie algumas pessoas respeitáveis a Westminster para contar-lhe o que deseja saber. É possível, porém, que quando chegassem a Westminster elas lhe dissessem que ele estava sendo mal aconselhado e que não pagariam quaisquer impostos até que se corrigisse. Muito à frente vemos a questão constitucional do século XVII. Nos tempos normandos não havia grandes cidades mercantis na Inglaterra, com exceção de Londres. Se Guilherme não tivesse preservado os condados e "hundreds" como unidade vivas e ativas, não teria havido um único corpo de resistência ou contrapeso ao governo central, salvo nas grandes famílias baroniais.

Na colonização normanda estava o germe de uma oposição constitucional, com o efeito, se não o desígnio, de controlar o governo não de destruí-lo. A sede dessa poderosa oposição era encontrada nos condados, entre a nobreza menor e seus descendentes sem títulos, juízes de paz e cavaleiros do "shire". Eram naturalmente a favor da Coroa e de uma vida sossegada. ·Conseqüentemente, depois de séculos, eles se reuniram em favor dos soberanos Tudor; e, em outra época, em favor do Parlamento contra a própria Coroa. Tudo o mais podia mudar, mas eles estavam sempre lá. E a razão pela qual estavam lá encontrava-se no fato de Guilherme ter achado excessivamente conveniente a velha organização saxônica ocidental, que só por eles podia ser administrada. Guilherme não pretendia ser tratado com ele tratara o rei da França. Vira, e dessa vista tirara proveitos, o mal de um país dividido em grandes províncias. As pequenas províncias da Inglaterra, com o funcionário do rei à testa de cada uma delas, davam-lhe exatamente o equilíbrio de poder de que precisava para todas as finalidades da lei e das finanças, mas eram ao mesmo tempo incapazes de rebelar-se como unidades. A antiga nobreza inglesa desaparecera depois da Batalha de Hastings. Entretanto, em todo o Domesday Book, a opinião daquilo que mais tarde chamaríamos de alta sociedade do "shire" é mencionada como decisiva. Essas são as pessoas de classe gozando de certa consideração nas vizinhanças e dispondo de folga para ir até o tribunal do xerife e em seguida até Westminster. Desse processo surgiram, com o tempo, os Pyms e Hampdens.

A Conquista foi a suprema realização da razão normanda. Ela ligou novamente a história da Inglaterra à Europa e impediu para sempre um desvio em direção à órbita mais estreita do império escandinavo. Daí por diante a história inglesa avança com a das raças e terras situadas ao sul do Canal.

O efeito da Conquista sobre a Igreja não foi menos amplo e revigorante. Os bispados e abadias, assim como outros altos postos, eram agora, como coisa normal, dados a normandos e os costumes insulares foram suplantados pelas modas mais novas vindas do estrangeiro. A época da Conquista coincidiu com as múltiplas reformas da Igreja e os progressos do poderio papal iniciados por Hildebrando, que se tornou papa com o nome do Gregório

VII em 1073. Sob seus novos líderes, a Inglaterra foi colocada na vanguarda desse movimento. Em todo o país surgiram novas abadias que atestavam a piedade dos conquistadores, embora dos novos edifícios raros atingissem a riqueza ou o prestígio das construções mais antigas. Esses mosteiros e bispados eram os principais centros de religião e ensino, até quando, depois de um século, foram gradualmente eclipsados pela ascensão das universidades. Todavia, os novos clérigos mostravam-se ainda menos dispostos do que os nobres a traçar através da história uma linha profunda marcando a Conquista Normanda. Lenta, mas seguramente, os franceses passaram a venerar os velhos santos e santuários ingleses, e a continuidade da vida religiosa com a época de Dunstan foi mantida. Sob Lanfranc e Anselmo, sucessivamente arcebispos de Canterbury, a Igreja foi governada por dois dos maiores homens de sua época e através deles recebeu benefícios incalculáveis.

Em sua expedição de 1066, Guilherme recebera pleno apoio do papa e seus estandartes eram abençoados pela ortodoxia. Ele era conhecido como zeloso reformador eclesiástico e a Igreja Saxônica era considerada insular e obstinada. Os pences de Pedro não eram pagos regularmente desde as invasões dinamarquesas. Stigand, abençoado apenas pelo cismático Benedito IX, mantinha-se ao mesmo tempo em Winchester e Canterbury. Diante de tais abusos, Guilherme ergue-se como o fiel filho da Igreja. Uma vez assegurada a conquista secular, voltou-se para a esfera religiosa. O posto-chave era o de arcebispo de Canterbury. Em 1070, o saxão Stigand foi deposto e substituído por Lanfranc. Lombardo de grande capacidade administrativa, Lanfranc fora treinado nas famosas escolas do Norte da Itália e na abadia normanda de Bec, da qual se tornara abade. Infundiu rapidamente nova vida na Igreja inglesa. Numa série de concílios, como não se realizavam na Inglaterra desde os tempos de Teodoro, a organização e a disciplina foram reformadas. As sés mais antigas foram transferidas de aldeias para cidade – de Crediton para Exeter e Selsey para Chichester. Novas sés episcopais foram estabelecidas e, em 1087, havia pedreiros trabalhando em sete novas catedrais. Ao mesmo tempo, o movimento monástico, que nascera na abadia de Cluny, começou a difundir-se pela Inglaterra. A Igreja inglesa foi salva pela Conquista do marasmo em que caíra. Sob Lanfranc e seu sucessor, Anselmo, entrou novamente em contato com a mais ampla vida européia da Igreja Cristã e sua herança de erudição.

O espírito do Império Romano, há tanto tempo desaparecido, revigorado pela Igreja Católica, voltou mais uma vez à nossa Ilha, trazendo consigo três idéias dominantes. Em primeiro lugar, uma Europa na qual o nacionalismo ou mesmo a concepção da nacionalidade não tinham lugar, mas onde um tema geral de conduta e de lei unia as classes marciais triunfantes em um plano muito acima da raça. Em segundo lugar, a idéia de monarquia, no sentido de que os reis eram a expressão da hierarquia de classe sobre a qual presidiam e os árbitros de seus interesses freqüentemente colidentes. Em terceiro lugar, erguia-se triunfante a Igreja Católica, combinando de maneira estranha o imperialismo romano e a ética cristã, influenciada pelo sistema social e militar da época, ciosa de seus próprios interesses e de sua própria autoridade, mas apesar disso preservando tudo quanto restava de erudição e de arte.

CAPÍTULO

3

CRESCIMENTO ENTRE TUMULTOS

A primeira geração depois da Conquista Normanda ocupou um período em que o exército e a casta vitoriosos estavam-se estabelecendo sobre as terras que haviam obtido e forçando a Inglaterra saxônica, onde o laço entre o homem e seu lorde era principalmente pessoal, a enquadrar-se num padrão feudal, no qual ele se baseava primordialmente sobre a posse da terra. Sob Guilherme, o Conquistador, esse processo fora rigoroso e completo. Sob seu filho Guilherme, alcunhado de Rufus, o Vermelho, não foi menos rigoroso, mas foi também caprichoso. Além disso, a ascensão do segundo filho sobrevivente do Conquistador ao trono da Inglaterra não se processou sem disputas. A decisão de Guilherme I de dividir suas terras inglesas das normandas causou perturbações. Os maiores barões possuíam propriedade de ambos os lados do Canal. Deviam agora, portanto, lealdade feudal a dois senhores soberanos e não deixava de ser natural que procurassem jogar um contra o outro. Tanto o duque Roberto como Guilherme II estavam descontentes com a divisão e seus laços fraternais não abrandavam seus cobiçosos desejos. Durante os treze anos do reinado de Guilherme Rufus, os reinos anglo-normandos foram afligidos por luta fratricida e sucessivas revoltas baroniais. Os habitantes saxônicos da Inglaterra, temerosos de uma recaída no caos dos dias anteriores à Conquista, apoiaram o rei contra todos os rebeldes. O "fyrd" obedecia a todas as convocações e sustentava-o no campo de batalha, como sustentara seu pai em 1075. Assim, o rei pôde finalmente incluir Cumberland e Westmorland no reino. O inútil Roberto, que atormentara o Conquistador durante tanto tempo, oportunamente partiu, num acesso de bravura, com a Primeira Cruzada, deixando a Normandia empenhada a Rufus em troca do empréstimo de dez mil marcos.

O espírito de Cruzada inflamou durante algum tempo a mente dos homens em toda a Europa Ocidental. Os reinos cristãos da Espanha haviam aberto o caminho com suas guerras santas contra os árabes. Agora, lá pelos fins do século X, um novo inimigo da Cristandade aparecia mil e quinhentas milhas a leste. Os turcos seljuk estavam fazendo forte pressão contra o Império Bizantino, na Ásia Menor, e hostilizavam os devotos peregrinos que iam da Europa para a Terra Santa, através da Síria. O imperador bizantino pediu auxílio ao Ocidente e, em 1095 o papa Urbano II, que desde há muito tempo sonhava em recuperar Jerusalém para a Cristandade, convocou a Cavalaria da Europa para carregar a Cruz. A resposta foi imediata, impressionante e, a princípio, desastrosa. Um monge itinerante, chamado Pedro, o Ermitão, incumbiu-se do chamado às armas. Tão poderosa foi a sua pregação que, em 1096, uma entusiástica mas indisciplinada tropa de vinte mil homens, em sua maioria camponeses sem aptidão para a guerra, partiu de Colônia para o Oriente sob sua liderança. Poucos deles chegaram à Terra Santa. Depois de marchar através da Hungria e dos Bálcãs, a maioria pereceu sob as flechas turcas entre as montanhas da Ásia Menor.

Assim falhou a chamada "Cruzada do Povo". Agora, porém, os magnatas da Europa aderiam à Causa. Quatro exércitos, cada um deles contando talvez dez mil homens e dirigidos por alguns dos maiores nobres da época, entre os quais Godfrey de Bouillon, convergiram sobre Constantinopla, precedentes da França, Alemanha, Itália e Países Baixos. O imperador bizantino ficou embaraçado. Esperava, como reforços do Ocidente, mercenários tratáveis. Ao invés disso, viu acampados ao redor de sua capital quatro hostes poderosas e ambiciosas.

A marcha dos cruzados através de seus domínios até a terras ocupadas pelos turcos foi prejudicada por intrigas e por violentas disputas. Entretanto, houve também luta renhida. Abriu-se um caminho através da Ásia Menor, e Antioquia, outrora um grande bastião da fé cristã, que os turcos haviam capturado, foi sitiada a recapturada em 1098. Os cruzados foram animados e auxiliados pela chegada ao largo da costa síria de uma frota tripulada por ingleses, sob o comando de um príncipe inglês, Edgar, o Atheling, sobrinho-neto de Eduardo, o Confessor. Assim, por uma estranha volta da fortuna o herdeiro deslocado da linhagem real saxônica dava as mãos a Roberto da Normandia, deslocado herdeiro de Guilherme, o Conquistador.

Auxiliados pelas dissensões entre os príncipes turcos e pelos ciúmes entre os turcos e os sultões do Egito, os cruzados avançaram. Em 7 de junho de 1099, atingiram o objetivo há tanto tempo colimado e acamparam ao redor de Jerusalém, então em poder dos egípcios. Em 14 de julho, a cidade caiu diante de seu ataque. Godfrey de Bouillon, recusando usar uma coroa na Cidade Santa de Cristo, foi aclamado governante, com o título de "Defensor do Santo Sepulcro". A vitória foi assegurada na Batalha de Ascalon, em que saiu derrotado um exército de socorro procedente do Egito. Muitos dos principais cruzados voltaram então para casa, mas durante quase um século um corpo internacional misto de cavaleiros, todos comumente chamados de francos, governou sobre uma fileira de principados cristãos na Palestina e ao longo da costa da Síria. A Cristandade Ocidental, durante tanto tempo vítima de invasores, devolvera finalmente os golpes e conquistara sua primeira grande posição no mundo oriental.

Na Inglaterra, as extorsões e os métodos violentos de Rufus haviam exasperado os barões em todo o seu reino. Em agosto de 1100, Rufus foi misteriosamente atingido na cabeça por uma flecha quando caçava na New Forest, deixando uma recordação de extorsões vergonhosas e moral infame, mas também um reino submisso para seu sucessor. O principal progresso em seu reinado foi financeiro; entretanto, a nova monarquia feudal também se estabeleceu mais firmemente e, quanto a território, seu domínio era mais amplo do que na ocasião da ascensão de Rufus. Os lordes normandos que o Conquistador instalara nas fronteiras galenses haviam estabelecido duradouro domínio sobre a Gales do Sul. Os condados do Norte tinham sido finalmente colocados sob controle normando e uma fronteira militar foi estendida contra os escoceses. Embora irritassem e ferissem as relações feudais, os métodos violentos de Rufus impuseram também os direitos de um rei feudal.

O príncipe Henrique, o mais jovem dos irmãos reais, havia participado da fatal caçada em New Forest. Não há prova de que tenha estado implicado na morte de seu irmão, mas certamente não perdeu tempo em chorá-lo. Encaminhou-se diretamente para o tesouro real em Winchester e dele se apossou depois de violenta discussão com seus guardas. Evidentemente, ele representava um forte movimento de opinião entre as classes dominantes e tinha uma política própria. Para um leigo, sua erudição justificava o título de Beauclerc que o costume da época lhe atribuiu. Estabeleceu o precedente, seguido por seu sucessor, de proclamar uma carta ao subir ao trono. Nela procurava conciliar aquelas poderosas forças da Igreja e do Estado que haviam sido afastadas pela rapacidade e falta de tato de seu predecessor. Assegurou que os direitos dos barões e da Igreja seriam respeitados. Ao mesmo tempo, tendo visto o valor da lealdade saxônica nos reinados de seu pai e seu irmão, prometeu à raça conquistada boa justiça e as leis de Eduardo, o Confessor. Sabia que o atrito causado pela separação entre a Normandia e a Inglaterra não estava de maneira alguma acalmado. O duque Roberto já estava voltando de sua Cruzada para resgatar o reino hipotecado. Os barões de ambos os lados do Canal aproveitar-se-iam da luta fraternal para impor pesadas barganhas em seu próprio interesse. O desejo de Henrique de basear-se pelo menos em parte na população saxônica da Inglaterra levou-o, com grandes suspeitas dos barões normandos, a casar-se com Matilda, sobrinha do último pretendente saxônico ao trono inglês e descendente da velha linhagem inglesa de reis. Os barões, abrandados pela carta, aceitaram esse passo decisivo. O incessante e gigantesco processo de entrelaçamento pelo matrimônio recebia a mais alta sanção.

Henrique estava agora pronto para enfrentar Roberto a qualquer momento que ele chegasse. Em setembro de 1100 ocorreu esses acontecimento. Imediatamente, os conhecidos incidentes de rebelião feudal reiniciaram-se na Inglaterra e, durante os seis anos seguintes, o rei teve de lutar para fazer valer o título que recebera por herança de seu pai. A grande casa de Montgomery formava a cabeça da oposição na Inglaterra. Por uma série de perseverantes sítios, as fortalezas da família caíram uma a uma. Finalmente, Henrique destruiu seu poder e anexou suas propriedades à Coroa. Todavia, a raiz do mal estava na Normandia e, em 1105, tendo consolidado sua posição na Inglaterra, Henrique atravessou o Canal. Em setembro de 1106, foi travada em Tinchebrai a mais importante batalha depois de Hastings. A vitória do rei Henrique foi completa. O duque Roberto foi levado para sua prisão perpétua na Inglaterra. A Normandia reconheceu a autoridade de Henrique e o controle da política anglo-normanda passou de Rouen para Londres. Os saxões, que haviam lutado ardorosamente por Henrique, consideraram essa batalha como sua vingança militar de Hastings. Por sua nova camaradagem com a Coroa, assim como pelo casamento real com Matilda, os saxões sentiram-se aliviados pelo menos de algumas das dores de terem sido conquistados. A vergonha desaparecia; as penalidades podiam ser suportadas. Através desses dois fatores de longo alcance, certa escala ampla de unidade foi restabelecida na Ilha.

Não havia agora sucessão disputada. A autoridade do rei da Inglaterra estava firmada de ambos os lados do Canal. O povo saxônico provara sua lealdade e os mais poderosos barões haviam-se curvado. Os perigos estrangeiros também haviam sido repelidos e Henrique estava, momentaneamente, livre para dedicar-se ao governo interno e ao fortalecimento do poder da Coroa em toda a terra. Procurou revestir a realeza anglo-normanda de novos e poderosos atributos. Na Europa medieval sobrevivia uma tradição de realeza mais elevada do que a da soberania feudal. O rei não era meramente o ápice da pirâmide feudal, mas o ungido vice-governante de Deus sobre a terra. O colapso do Império Romano não destruíra inteiramente essa concepção romana de soberania e Henrique dispôs-se agora a introduzir essa idéia de realeza no Estado anglo-normando. Ao fazê-lo, não podia deixar de reviver, conscientemente ou não, a concepção inglesa do rei como mantenedor da paz e guardião do povo.

O centro do governo, a Cúria Regis, era um organismo mal definido, formando por aqueles rendeiros-chefes cujo dever feudal era comparecer quando chamados e por aqueles servidores pessoais de monarca que podiam ser aproveitados no serviço governamental, assim como em suas funções domésticos. Henrique percebeu que os servidores reais, que eram membros do baronato menor, se formados num núcleo permanente, atuariam como um freio sobre a turbulência dos feudatários maiores. Ali estavam os primeiros passos, experimentais e modestos, mas insinuantes, de um mecanismo administrativo civil, que dentro de seus limites era mais eficiente e persistente do que tudo quanto se conhecera antes. Esses funcionários logo adquiriram um interesse sólido e próprio. Famílias como os Clintons e os Bassetts, que o rei, como diz o cronista, "erguera da poeira para prestar-lhe serviços", entrincheiraram-se nos cargos da casa real e criaram o que era de fato uma classe oficial.

O poder de qualquer governo depende em última análise de suas finanças. Foi portanto na atividade de coleta e administração da receita que esse novo aspecto se tornou pela primeira vez aparente. Não havia na sociedade feudal distinção entre os recursos privados e públicos da Coroa. Na teoria feudal, o rei era apenas o maior dos proprietários de terras do Estado. Os xerifes dos condados recolhiam não apenas os impostos e multas devidos à Coroa, mas também a renda das propriedades reais e, quando compareciam anualmente ao tesouro real, eram responsáveis pelo exato pagamento do que era devido de cada um de seus condados. Os funcionários de Henrique criaram um órgão especial para tratar com os xerifes e cuidar dos negócios por eles realizados. Esse órgão era o Exchequer, ainda considerado simplesmente como a reunião da Cúria para finalidades financeiras, mas que foi gradualmente adquirindo vida própria. Seu nome derivou das tábuas quadriculadas usadas para maior facilidade de cálculos com algarismo romanos e seus métodos incluíam a manutenção de registros escritos, entre os quais os importantes documentos chamados Pipe Rolls, porque eram guardados em rolos (rolls) com a forma de um cano (pipe). Assim o rei obteve domínio mais seguro sobre as finanças do reino e nasceu o primeiro departamento especializado de administração real. Suas conseqüências ainda sobrevivem.

Henrique cuidou de fazer com que os xerifes dos condados fossem submetidos a controle cada vez mais severo e, durante seu reinado, várias comissões foram nomeadas para revisar seu pessoal. Nos períodos de agitação, o cargo de xerife tendia a cair nas mãos de poderosos barões e tornar-se hereditário. O rei fez com que, sempre que possível, seus próprios homens ocupassem essas posições-chave. Uma das mais férteis fontes de renda resultava das multas impostas pelos tribunais a delinqüentes. Os barões perceberam isso tão depressa quanto o rei e seus tribunais senhoriais proporcionavam-lhe importantes rendas, que podiam instantaneamente ser transformadas em servidores armados. Dentro de seus domínios, os barões gozavam de jurisdição sobre quase todos os leigos. Entretanto, nos tribunais de condado e de "hundred", a Coroa tinha à sua disposição o antigo sistema de justiça saxônico. Essas consagradas instituições podiam muito bem ser usadas para fazer concorrência aos tribunais feudais dos barões. Por isso, Henrique revisou e regularizou o funcionamento dos tribunais de condado e fez com que todos os homens vissem que na terra inteira havia um sistema de justiça real. Funcionários do rei – juízes, como se tornaram – em suas rondas ocasionais administravam essa justiça e a própria natureza de sua função colocava-os muitas vezes em choque não apenas com humildes litigantes e malfeitores, mas também com orgulhosos magnatas militares.

O rei entrou numa concorrência nacional com os barões, para ver quem mais merecia os ricos despojos da lei. Através dos controle dos xerifes, uniu a monarquia e o velho sistema saxônico de justiça local. O Conquistador dera o exemplo quando, no inquérito de Domesday, combinara o sistema continental de obter informações por meio de corpos de homens que juravam dizer a verdade com a organização inglesa de "shire" e "hundred". Seu filho, para outras finalidades, continuou e intensificou o processo, mandando constantemente funcionários de sua casa real a todo o reino e convocando os tribunais de condado para fazer inquéritos sobre as reivindicações da receita real e julgar os casos em que a Coroa estivesse interessada. Desses inquéritos locais feitos por funcionários reais resultariam conseqüências de longo alcance no reinado de Henrique II. Os cronistas falam bem de Henrique I. "Bom homem ele era", declaram, "e havia grande respeito por ele. Em seu tempo, nenhum homem ousava prejudicar outro." Conferiram-lhe o título de "Leão da Justiça", que ninguém procurou roubar-lhe.

Devemos considerar seu reinado com um período em que o governo central, por meio de hábil e arguta contabilidade e escrituração, estabeleceu de forma mais precisa a estrutura e os recursos do Estado. O processo irritou os chefes feudatários dos quais dependia o governo local da terra. Assim, à medida que passavam os anos, aumentava a tensão entre a autoridade real e os chefes feudais. A mão do rei, embora caísse pesada sobre todos, tornou-se cada vez mais uma proteção para o povo contra a injustiça e o capricho dos governantes locais. Houve exemplos de admirável administração baronial, pois havia nos olhos normandos uma luz que brilhava acima da sórdida pilhagem e dos apetites dos primeiros tempos. Um país dominado e explorado por nobres feudais nem por isso era menos vítima constante de opressão local. Vemos, portanto, o princípio de um apego ao rei ou governo central por parte do povo, o que proporcionava à Coroa uma nova fonte de força, às vezes se aproximando e às vezes se afastando, mas sempre pronta para ser aproveitada, especialmente depois de períodos de fraqueza e desordem por um governante forte e justo.

O Estado anglo-normando era agora poderoso. Henrique era o senhor da Inglaterra, Normandia e Maine. Em 1109, sua única filha legítima, Matilda, casou-se com Henrique V, imperador do Santo Império Romano e rei da Alemanha. Por outro lado, a reunião da Inglaterra e Normandia depois de Tinchebrai provocara a hostilidade da França. O começo do século XII assistiu ao renascimento de uma autoridade real em Paris. Com a ascensão de Luís VI, inicia-se o poderio real da monarquia francesa. Era essencial para a segurança da França que a unidade do Estado anglo-normando fosse finalmente rompida. O duque da Normandia era tecnicamente súdito feudal do rei da França e a existência do filho do aprisionado duque Roberto oferecia ao rei francês inúmeros pretextos para interferência e criava perenes oportunidades para os descontentes barões normandos. Esses compromissos normandos obrigaram Henrique, nos últimos anos de seu reinado, a interferir na política do norte da França. Sua posição na Normandia era continuamente ameaçada pelas reivindicações do filho de Roberto, Guilherme, o Clito, que até sua morte, em 1128, foi apoiado por Luís, e também pelo vizinho Estado de Anjou, que disputava com o rei Henrique os direitos sobre Maine. Uma guerra exaustiva obscureceu os últimos anos do reinado. Do ponto de vista militar, Henrique podia facilmente manter o terreno contra qualquer exército que os franceses fossem capazes de pôr em campo.

Interveio então o que pode ser considerado como uma fortuna maldosa. O rei tinha um filho, seu herdeiro aparente e sucessor indisputado. Sobre esse jovem de dezessete anos repousavam muitas esperanças e garantias. No inverno de 1120, ele voltava de uma visita à França no iate real chamado

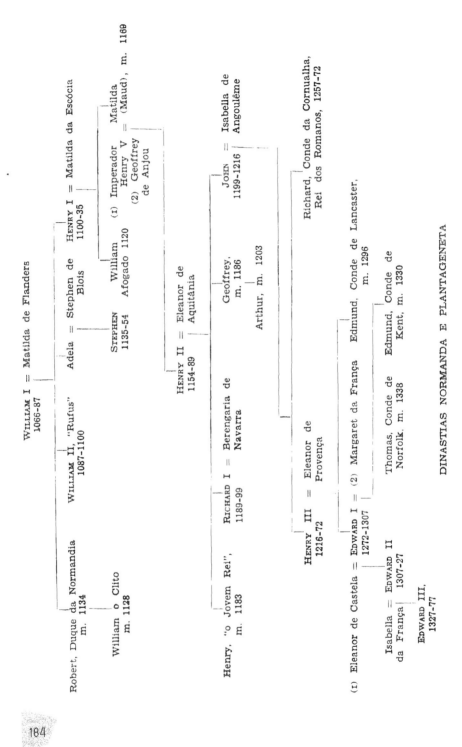

DINASTIAS NORMANDA E PLANTAGENETA

"White Ship". Ao largo da costa da Normandia, o barco chocou com um rochedo e todos morreram afogados, menos um homem. O príncipe chegara realmente a ser embarcado num bote. Voltara, porém, para socorrer sua irmã. Nessa crise, o princípio de igualdade afirmou-se com tal violência que, ao lado do navio, tanto saltaram para o bote que este afundou. Dois homens ficaram boiando, o carniceiro do navio e um cavaleiro. "Onde está o príncipe?", perguntou o cavaleiro, falando sobre as ondas. "Todos se afogaram", respondeu o carniceiro. "Então", disse o cavaleiro, "tudo está perdido para a Inglaterra" e levou suas mãos para o alto. O carniceiro chegou a salvo à praia para contar a história. Ninguém ousou contá-la ao rei. Quando finalmente ele recebeu a notícia, "nunca mais sorriu". Era mais do que agonia da dor paterna pela perda de um filho único. O fato prenunciava o colapso de um sistema e uma perspectiva em cuja consolidação estava empenhado todo o trabalho da vida de Henrique. O espectro de uma sucessão disputada pairou novamente sobre a Inglaterra. As forças da anarquia cresceram e cada nobre em seu castelo equilibrava suas probabilidades sobre quem sucederia à Coroa.

Havia dois pretendentes, cada um dos quais tinha boa parte de direito. O rei tinha uma filha, Matilda, ou Maud, como a chamavam os ingleses, mas embora não houvesse Lei Sálica no código normando, essa ruidosa e briguenta aristocracia, de cota de malha e espora, não via com bons olhos a idéia de um governo de mulher. Contra ele, erguia-se a reivindicação de Stephen, filho de Adela, filha do Conquistador. Stephen, conde de Blois, era líder dos barões normandos e possuía grandes propriedades na Inglaterra; depois que seu irmão mais velho abriu mão de suas reivindicações, ele se tornou o herdeiro masculino legítimo. O sistema feudal vivia inteiramente dentro do espírito do compromisso jurado. Em toda a Cristandade, a acusação de violação de juramento era quase mortal. Somente grandes vitórias podiam reparar e absorver tal crime. Mas ali estava um dilema que todo homem podia propor a si mesmo, de acordo com seus interesses e ambições. Divisão – completa, honesta, total!

O rei Henrique na triste fase final de sua vida pôs-se a preencher o vácuo com sua filha Maud como rainha. Passou seus anos restantes tentando estabelecer uma espécie de "sanção pragmática" para uma sucessão familiar que poupasse à guerra civil seus vastos domínios. Aos treze anos de idade, Maud casara-se com o imperador do Santo Império Romano. Em 1125, cinco anos depois do naufrágio do *"White Ship"*, o imperador morreu. Aos vinte e dois anos, ela se tornou viúva e imperatriz. Há muitas coisas registradas sobre essa notável princesa, de quem se dizia que "tinha a natureza de um homem na estrutura de uma mulher". Impetuosa, orgulhosa, dura, cínica, vivendo para a política acima de todas as outras paixões, por mais turbulentas que fossem, ela estava em condições de desempenhar seu papel em qualquer guerra e de ser a mãe de um dos maiores reis ingleses.

. Em sua filha, depois de madura consideração, Henrique depositou todas as suas esperanças. Em duas ocasiões diferentes, reuniu seus resmungões barões e fê-los jurar solenemente que ficariam ao lado de Maud. Posteriormente, a fim de aumentar a autoridade unificadora de Maud e proteger a Normandia contra as reivindicações de Anjou depois de sua morte, casou-a com o conde de Anjou, ligando assim os interesses do mais poderoso Estado do norte da França à família e à sucessão natural na Inglaterra. Em épocas posteriores, o temperamento inglês nunca se opôs à rainha e talvez as rainhas tenham servido melhor aos ingleses. Nesse tempo, porém, havia profunda divergência e uma disputa na qual todas as partes e todos os interesses podiam tomar posição. Os agrupamentos políticos reunidos esperavam pela morte do rei. Todo o interesse dos barões, apoiado nessa conjuntura pelo peso equilibrador da Igreja, estava em limitar o poder da Coroa e reconquistar o controle sobre seus próprios distritos. Agora, numa divisão da autoridade real, viam a sua oportunidade.

Depois de ter dado à Ilha trinta anos de paz e ordem, e de ter reconciliado em grande parte a população saxônica com o domínio normando, Henrique I expirou em 1º de dezembro de 1135, na confiante esperança de que sua filha Maud continuaria o seu trabalho. Todavia ela estava com seu marido em Anjou e Stephen foi o primeiro a chegar. Regressando rapidamente de Blois, seguiu para Londres e reclamou a coroa. As forças seculares estavam divididas e o julgamento da Igreja seria decisivo. Ali Stephen tinha a vantagem de seu irmão Henrique ser bispo de Winchester, com grande influência no conselho. Com o auxílio de Henrique, Stephen entrou em acordo com a Igreja e, assim sustentando, foi coroado e ungido rei. Era parte, porém, do tácito pacto que relaxaria o severo controle central que, nos dois reinados precedentes, tanto havia ofendido a nobreza.

Havia uma complicação adicional. Henrique I tinha um filho bastardo, Roberto de Gloucester, distinto soldado e poderoso magnata no West Country, geralmente considerado como um dos raros exemplos de barão desinteressado. Roberto não considerava suas probabilidades suficientemente grandes para competir com qualquer dos herdeiros legítimos. Quase desde o princípio, apoiou lentamente sua meia-irmã Maud e tornou-se um dos mais decididos adversários de Stephen.

Uma sucessão estabelecida sobre bases tão discutíveis só poderia ser mantida intacta por habilidosa soberania. Quanto mais refletimos sobre as deficiências do governo moderno mais dispostos nos sentimos a fazer concessões diante das dificuldades desses tempos. Stephen nos primeiros anos de seu reinado perdeu o apoio dos três elementos essenciais de seu poderio. Os barões, exceto aqueles favorecidos pela nova monarquia, estavam certos de que era esse o momento há tanto esperado para impor suas pretensões. O novo Serviço Civil, os grandes funcionários, todos unidos por laços familiares, começava agora a afastar-se também do novo rei. E muitos prelados sentiam-se ofendidos porque Stephen violara o privilégio clerical aprisionando a grande família administrativa de Roger, bispo de Salisbury, por suspeitar que ela estivesse mudando de lado. Assim, teve contra si grande parte da Igreja. Havia intenso descontentamento entre os altos, os médios e os baixos.

"Quando os traidores perceberam", nas palavras da *"Anglo-Saxon Chronicle"*, que o rei Stephen era "um homem brando, indulgente e bom, e que *não fazia justiça*, então eles cometeram toda espécie de horrores. Haviam prestado homenagem a ele e assumido compromissos jurados, mas não cumpriram sua palavra."

Convencido da decadência inglesa, o rei Davi, da Escócia, que era tio de Maud, atravessou a fronteira e reivindicou a Northumbria. O arcebispo de York avançou contra ele, com o apoio da massa dos condados do Norte. Desfraldou os estandartes dos santos de Yorkshire e, numa batalha sangrenta em Northallerton, que ficou desde então conhecida como a Batalha do Estandarte, repeliu e massacrou os invasores. Esses revés, longe de desencorajar os descontentes, foi o prelúdio da guerra civil. Em 1139, Maud, livre das complicações que a retinham na França, entrou no reino para reclamar seus direitos. Tal como acontecera com Stephen, ela encontrou seu maior apoio na Igreja. Os homens que haviam governado a Inglaterra sob Henrique I, contrariados pela fraqueza de Stephen em relação aos barões, juntaram-se aos seus inimigos. Em 1141, irrompeu uma revolta mais ou menos geral contra seu domínio e ele próprio foi feito prisioneiro na Batalha de Lincoln. O bispo de Winchester, irmão de Stephen e até então seu principal sustentáculo, passou-se então para o lado de Maud. Durante quase um ano, Maud, sem ser coroada, manteve o controle da Inglaterra. Depois de algumas provações, os londrinos passaram a gostar ainda menos dela do que de seu irmão Stephen. Levantando-se enfurecidos, expulsaram-na da capital. Maud lutou intrepidamente. Todavia, a pressão exercida sobre o sistema fora muito grande. A Ilha mergulhou em confusa guerra civil. Durante os seis anos que se seguiram, não houve lei nem paz em grandes partes do país.

A guerra civil transformou-se na primeira reação baronial bem-sucedida contra a política centralizadora dos reis. Stephen, enfrentado por poderosos rivais, não conseguira preservar os direitos da Coroa. As rendas reais diminuíram, o controle real da administração decaiu; grande parte do próprio mecanismo caiu durante algum tempo em desuso. A jurisdição baronial reafirmou seu controle; castelos baroniais intimidavam o povo. Parecia que uma sucessão dividida destruíra o trabalho dos reis normandos.

Os sofrimentos da Região dos Pântanos, onde houve uma orgia de destruição particularmente feroz durante a anarquia, são sombriamente descritos na *"Anglo-Saxon Chronicle"* por um monge de Peterborough.

"Todos os homens poderosos fizeram seus castelos e sustentaram-nos contra o rei... e, quando os castelos estavam feitos, ele os encheram de demônios e homens maus. Em seguida, capturaram aqueles homens que eles supunham ter posses, tanto de dia como de noite, homens e mulheres, e os lançaram à prisão para ficar com seu ouro e sua prata, e os torturaram com torturas indescritíveis... a muitos milhares eles mataram pela fome. Não devo nem posso contar todos os horrores e todas as torturas que impuseram aos infelizes homens desta terra. E isso durou os dezenove invernos em que

Stephen foi rei; e era cada vez pior. Impuseram "gelds" (impostos) sobre as aldeias de tempos a tempos e chamavam-nos de "Tenserie"; quando os infelizes homens não tinham mais para dar, eles roubavam e incendiavam todas as aldeias, de tal modo que se poderia viajar um dia inteiro sem nunca encontrar um homem numa aldeia ou terra sendo lavrada. Então o trigo era caro e bem assim a carne, o queijo e a manteiga, porque não havia ninguém na terra. Homens infelizes morriam de fome; alguns que em outros tempos haviam sido homens ricos pediam esmolas; outros fugiam da terra... Onde quer que homens cultivassem a terra, esta não produzia trigo, pois a terra estava toda arruinada por esses atos; e eles diziam que Cristo e seus santos estavam adormecidos."

Outro escritor, um monge de Winchester, escreve em termos muito semelhantes sobre os desastres que recaíram sobre essa parte da Inglaterra: "Em alguns homens, o amor pelo país transformou-se em aversão e amargura; e eles preferiram emigrar para regiões distantes. Outros na esperança de proteção, construíram cabanas baixas de varas ao redor das igrejas e assim passavam sua vida entre o medo e a angústia. Por falta de alimentos, alguns comiam carnes estranhas e proibidas – carne de cães e de cavalos; outros aliviavam sua fome devorando ervas e raízes sem as lavar e sem as cozer. Em todos os 'shires' uma parte dos habitantes definhou e morreu em grande número sob a pressão da fome, enquanto outros, com suas esposas e filhos, seguiam tristemente para um exílio voluntário. Podiam-se observar aldeias de nomes famosos permanecendo vazias, porque a gente do campo, homens e mulheres, jovens e velhos, as havia deixado; os campos branquejavam com a colheita quando o ano (1143) se aproximou do outono, mas os lavradores haviam perecido pela fome e pela peste que se seguiu"[1].

Esses horrores talvez não tenham sido característicos do país em geral. Em grandes partes da Inglaterra, a luta tinha caráter esporádico e local. Foram os condados sul-centrais que suportaram o peso maior da guerra civil. Contudo, essas comoções feriram fundo a consciência do povo. Percebia-se

---

[1] Traduzido de "Gesta Stephani", ed. Howlett.

como uma monarquia forte era uma instituição vital para a segurança da vida e da propriedade. Não se encontrariam melhores razões para a monarquia do que aquelas que foram impostas a todos os espíritos pelos acontecimentos do reinado de Stephen. Os homens voltaram os olhos com saudades para o eficiente governo de Henrique I. Todavia, alguém maior do que eles estava ao alcance da mão.

✄ ——————— ✄

Em 1147, Roberto de Gloucester morreu e a liderança do partido de Maud voltou ao filho desta. Henrique Plantagenet nascera para o império. Seu avô, Fulk, fizera das terras angevinas, Anjou, Touraine e Maine, um principado não superado na França e, pelos seus recursos, superior à Normandia. Fulk morreu em 1143, como rei de Jerusalém, deixando dois filhos para sucedê-lo naquele precário trono e um terceiro, Geoffrey, como herdeiro de seus domínios franceses. O casamento de Geoffrey com Maud uniu as terras normandas e angevinas, e o filho dessa união foi desde seu nascimento, em 1133, reconhecido como "senhor de muitos povos". Pelos contemporâneos ele era mais conhecido como Henrique Fitz-Empress; mas levou para a história inglesa o emblema de sua casa, a giesta, a *Planta Genesta*, que em gerações posteriores daria a essa grande dinastia o nome de Plantagenets. Ele encarnava toda a sua aptidão, toda a sua energia e não pouco daquela ferocidade apaixonada e implacável que, conforme se segredava, viera para a casa de Anjou não de uma fonte mortal, mas de uma união com o próprio Satã.

Quando ainda mal tinha dezessete anos, em 1147, Henrique já defendera ativamente sua pretensão ao trono da Inglaterra em solo inglês. Seu pequeno grupo de adeptos foi então derrotado pelas forças de Stephen e ele se refugiou na Normandia. A imperatriz Maud mais abandonou suas tênues esperanças de sucesso no ano seguinte e juntou-se a seu filho no ducado. Ainda teria dezenove anos de vida, mas nunca mais pôs os pés na Inglaterra. Obras de piedade, comuns na época, encheram muitos de seus dias. Entretanto, nos anos que se seguiram ao triunfo de Henrique, ela desempenhou um importante papel político como regente na Normandia e nos domínios angevinos hereditários de seu filho. Durante os anos de suas intervenções na Inglaterra à procura da coroa foram com freqüência erguidas contra ela acusações de arrogância; no entanto, em sua velhice, foi uma sagaz conselheira de seu filho.

Henrique envolveu-se em outra tentativa contra a Inglaterra em 1149, mas a campanha projetada em seu favor pelo rei dos escoceses e pelo conde de Chester deu em nada. Durante alguns anos de paz relativa, o rei Stephen ficou vacilantemente de posse do trono. Entrementes, Henrique foi empossado por seus pais em 1150 como duque da Normandia. No ano seguinte, com a morte de seu pai, tornou-se também conde de Anjou, Touraine e Maine. Em sua alta qualidade feudal, dirigiu-se a Paris a fim de prestar homenagem a seu senhor, o rei da França, de cujo país já possuía uma grande parte, pela lei aceita da época.

Luís VII era o Eduardo, o Confessor, da França. Praticava com fiel simplicidade a lei de Cristo. Todos os seus dias eram dedicados à devoção e as suas noites à vigília ou à penitência. Quando saía de sua própria capela, retardava toda a Corte esperando que a mais humilde pessoa presente o tivesse precedido. Esses hábitos piedosos e exemplares não lhe asseguravam a afeição da sua rainha. Eleanor da Aquitania era, por seu próprio direito, uma princesa reinante, com o calor do Sul nas veias. Já se queixava de que havia desposado "um monge e não um rei", quando aquele jovem robusto e corado, com seu "semblante de fogo", com sua conversa animada e sua energia transbordante, se apresentou repentinamente perante seu marido, como seu mais esplêndido vassalo. Eleanor não desperdiçou palavras para chegar a uma decisão. O Papado curvou-se à vontade forte dos altos chefes feudais e Eleanor obteve um divórcio de Luís VII, em 1152, sob a alegação nominal de consangüinidade. Todavia, o que espantou a Corte Francesa e abriu os olhos de seu piedoso rei foi o inesperado casamento de Eleanor com Henrique, dois meses mais tarde. Assim, metade da França passava do controle real para as mãos de Henrique. Raramente a paixão e a política se haviam unido tão convenientemente. O casamento foi um dos mais brilhantes golpes políticos da época. Henrique admitiu posteriormente seus desígnios e aceitou a admiração da Europa pela sua audácia. Tinha dezenove anos e ela, provavelmente, trinta. Unindo seus imensos domínios, faziam causa comum contra todos os pretendentes. Para Luís VII ficavam asseguradas as consolações do espírito; mas mesmo estas eram prejudicadas pelos problemas do governo.

Guerra por todos os lados era o que estava reservado ao par real. A união da Normandia com Anjou de Poitou, Saintonge, Périgord, Limousin, Angoumois e a Gasconha, com pretensões de suserania sobre Auverne e Toulouse, fascinava e convulsionava o mundo feudal cristão. Por toda parte homens sacudiam a cabeça diante dessa concentração de poder, desse espetáculo de tantas raças e Estados, separados uns dos outros por longos conflitos e interesses divergentes, mas agora repentinamente unidos pelo sangue quente de uma intriga amorosa. De todos os lados, os potentados defrontavam-se com o arrivista. O rei da França, que tinha certamente toda razão de queixa concebível; o rei Stephen, da Inglaterra, que disputava o título de Henrique sobre o ducado normando, embora sem força para intervir através do Canal; o conde de Champagne. O conde de Perche; e o próprio irmão de Henrique, Geoffrey – todos, espontaneamente e com boas razões, caíram sobre ele.

Um mês depois do casamento esses inimigos convergiram sobre a Normandia. Contudo, o jovem duque Henrique repeliu-os, desmantelados e derrotados. O exército normando provou mais uma vez sua qualidade combatente. Antes de completar vinte anos, Henrique limpara a Normandia de rebeldes e pacificara Anjou. Voltou-se então prontamente para a Inglaterra. Foi uma figura valorosa que desembarcou em janeiro de 1153, e de toda a Inglaterra, assolada por guerras civis, olhos e corações voltaram-se para ele. Merlin profetizara um libertador; não tinha ele em suas veias o sangue que correra em Guilherme, o Conquistador, e além dele, através de sua avó Matilda, mulher de Henrique I, em Cedric e na linhagem anglo-saxônica há tanto desaparecida? Os atormentados ilhéus receberam-no com uma selvagem onda de esperanças e quando ele se ajoelhou, depois de seu desembarque, na primeira igreja que encontrou "para rezar por um espaço, à maneira dos soldados", o padre proclamou o desejo de toda a nação com as palavras: "Olhai, lá vem o Senhor, o Governante, e o reino está em suas mãos".

Seguiram-se batalhas: Malmesbury, onde a neve, especialmente mandada por Deus Todo-Poderoso, caiu sobre o rosto de seus inimigos. Wallingford, onde o rei Stephen, por divina interferência, caiu três vezes de seu cavalo antes de entrar em ação. Fascinação, terror, sucesso, acompanhavam esse jovem e poderoso guerreiro, que tinha, não apenas sua espada, mas também seus títulos de propriedade. Os barões, por outro lado, viam seu interesse favorecido por um empate; não queriam nem um Stephen vitorioso, nem um Henrique triunfante. Quanto mais fraco o rei, mais fortes os nobres. Foi concluído em Winchester, em 1153, um tratado pelo qual Stephen fazia de Henrique seu filho adotivo e seu herdeiro nomeado. "Nos negócios do reino", prometeu Stephen, "eu trabalharei com os conselhos do duque; mas em todo o reino da Inglaterra, tanto na parte do duque como na minha própria, eu exercerei a justiça real". Nessas condições Henrique prestou vassalagem e ofereceu todas as submissões formais. Quando, um ano mais tarde, Stephen morreu, ele foi aclamado e coroado rei da Inglaterra, com maiores esperanças e alegrias gerais do que animara qualquer monarca na Inglaterra desde os tempos de Alfredo, o Grande.

Henrique Plantagenet

A ascensão de Henrique II deu início a um dos mais fecundos e decisivos reinados na história inglesa. O novo soberano governava um império e, como diziam com jactância seus súbitos, sua autoridade estendia-se "do Oceano Ártico aos Pirineus". Para ele, a Inglaterra não era senão uma – a mais sólida, embora talvez a menos atraente – de suas províncias. Entretanto, deu à Inglaterra aquele elemento efetivo de controle externo que, como nos tempos de Guilherme de Orange, era indispensável para o desenvolvimento da unidade nacional. Foi aceito por ingleses e normandos como o governante de ambas as raças e de todo o país. As recordações de Hastings confundiam-se em sua pessoa e depois da pavorosa anarquia da guerra civil entre barões salteadores toda a atenção devida foi prestada às suas ordens. Assim, embora francês, com idioma estrangeiro e maneiras estrangeiras, modelou nosso país de um modo cujos contornos permanecem até o presente.

Depois de ter sido durante uma centena de anos o acampamento de um exército invasor e o campo de batalha de seus briguentos oficiais e seus descendentes, a Inglaterra tornou-se finalmente e para sempre um reino coerente, baseado no Cristianismo e naquela civilização latina que recordava a mensagem da antiga Roma. Henrique Plantagenet colocou a Inglaterra, a Escócia e a Irlanda em certa relação comum. Restabeleceu o sistema de governo real que seu avô, Henrique I, construíra prematuramente. Assentou de novo os alicerces de um poder central baseado no Exchequer e no judiciário, que ao final substituiria o sistema feudal de Guilherme, o Conquistador. O rei acolheu e alimentou a tradição anglo-saxônica de autogoverno sob o domínio real no "shire" e no "borough"; desenvolveu e tornou permanentes os "assizes" tal como sobrevivem até hoje. É a ele que devemos o fato duradouro de a raça de língua inglesa em todo o mundo ser governada pelo Direito Comum Inglês e não pelo Direito Romano. Em sua Constituição de Clarendon, procurou fixar a relação entre a Igreja e o Estado, e forçar a Igreja, em seu caráter temporal, a submeter-se à vida e à lei da nação. Nesse esforço precisou, depois de uma luta mortal, recuar, e coube a Henrique VIII, embora séculos mais tarde, vingar seu predecessor, destruindo o santuário de St. Thomas, em Canterbury.

Pinta-se um quadro vívido deste homem bem dotado e, durante algum tempo, invejável: robusto, encorpado, com braços poderosos e mãos grossas e ásperas; pernas arqueadas devido à incessante cavalgada; uma cabeça grande e redonda, encimada por abundantes cabelos avermelhados; um rosto sardento; uma voz áspera e dissonante. Intenso amor pela caça; outros amores, que a Igreja lamentava e de que a rainha Eleanor se ressentia. Frugalidade na alimentação e nos trajes; dias inteiramente dedicados aos negócios públicos; viagens incessantes; temperamento variável. Dizem que era sempre delicado e calmo nas ocasiões de urgente perigo, mas se tornava mal-humorado e caprichoso quando a pressão diminuía. "Ele era mais terno para com os soldados mortos do que para com os vivos, e sentia muito mais pesar pela perda daqueles que eram mortos do que conforto no amor daqueles que sobreviviam." Viajava apressadamente através de seus numerosos domínios, chegando inesperadamente à Inglaterra quando se pensava que estivesse no Sul da França. Em suas excursões em cada província, levava consigo carros carregados de enormes rolos que representavam os arquivos oficiais do seu tempo. Sua Corte e seu séquito ofegavam e arquejavam atrás dele. Às vezes, quando havia marcado a partida para cedo, ficava dormindo até o meio-dia, com todos os carros e cavalos de carga esperando-o completamente carregados. Às vezes, partia horas antes do momento que havia fixado, deixando que todos os alcançassem como pudessem. Tudo era agitado e modelado por ele na Inglaterra, assim como em suas outras propriedades muito maiores, que patrulhava com incansável atenção.

Entretanto, esse monarca do século XII, com suas paixões e seus esportes, seus ódios e seus planos, não era um materialista; era o Ungido do Senhor, que gozava, com o arcebispo de Canterbury – "aqueles dois fortes bois que puxavam o arado da Inglaterra" – de toda a lealdade de seus súditos. Os ofícios religiosos, o temor da condenação eterna, a esperança de reinos ainda maiores além do túmulo, acompanhavam-no de hora em hora. Às vezes era dominado pelo remorso e mergulhava no arrependimento. Aproveitava todos os prazeres e satisfações deste mundo e do outro. É retratado para nós em convulsões tanto de exaltação como de humilhação espiritual. Não era um monarca solitário: os reis daqueles tempos eram tão acessíveis a todas as classes quanto um moderno presidente dos Estados Unidos. Pessoas procuravam-no a todas as horas com negócios, com notícias, com mexericos, com visões, com queixas. A conversa se animava na presença do rei e na frente de Sua Majestade, diante dos nobres e dos cortesãos, o bobo, valioso conselheiro, castigava a todos imparcialmente com ilimitada liberdade.

Poucos mortais tiveram uma vida tão cheia quanto Henrique II ou beberam tão profundamente nas taças do triunfo e da amargura. Em anos posteriores, desentendeu-se com Eleanor. Quando ela tinha mais de cinqüenta e ele apenas quarenta e dois anos, consta que se apaixonou pela "Loira Rosamond", uma donzela de alta classe e transcendente beleza. Gerações deleitaram-se com a romântica tragédia da rainha Eleanor, penetrando através do labirinto protetor de Woodstock, seguindo um fio de seda, para oferecer à sua infeliz substituta a atroz escolha entre o punhal e a taça de veneno. Investigadores enfadonhos minaram esse excelente conto, mas certamente ele encontraria seu lugar em qualquer história digna desse nome.

Tal era o homem que recebeu a confusa e dividida herança de Stephen. Antes de sua ascensão ao trono inglês, Henrique já travara a primeira de suas numerosas guerras para defender sua herança continental. Desde o aparecimento do forte poder normando no Noroeste da França, cem anos antes, a monarquia francesa lutara incessantemente contra a usurpação dos direitos do governo central pelos grandes ducados e condados. Os duques da Normandia, da Aquitania e da Bretanha, os condes de Anjou, Toulouse, Flandres e Boulogne, embora na forma e na lei vassalos da Coroa Francesa, juntamente com uma legião de outros rendeiros-chefes feudais, aspiravam à soberania independente e, no eclipse da monarquia, pareciam às vezes próximos da satisfação de sua ambição. A Batalha de Hastings fizera do maior súdito francês, o duque da Normandia, também rei da Inglaterra; contudo, a ascensão de Henrique II ao trono da Ilha em 1154 ameaçava a França de perigos muito mais graves. Até então houvera sempre um alívio político em jogar uns súditos muito poderosos contra outros. A luta entre Anjou e a Normandia, no século XI, enchera de alegria o rei francês, que via assim em briga dois de seus principais inimigos. Entretanto, quando numa hora Henrique II se tornava rei da Inglaterra, duque da Normandia, senhor da Aquitania, Bretanha, Poitou, Anjou, Maine e Guienne, governante de mais de metade da França, desde o Somme até os Pirineus, estava destruído todo o equilíbrio de poder entre os senhores feudais.

Luís VII encontrava, ao invés de uma dúzia de principados, divididos e invejosos, uma única potência imperial, cujos recursos superavam de muito os seus próprios. Certamente ele não era o homem para enfrentar tal combinação. Já sofrera o irreparável infortúnio de seu divórcio de Eleanor e de vê-la unir suas forças e seu sangue aos de seu rival. Deste, ele tivera filhos; de Luís, apenas filhas. Ainda assim, algumas vantagens ficavam com o rei francês. Luís conseguiu defender-se durante toda a sua vida contra os Plantagenets; e depois de quase quatro séculos de lutas e devastações, a vitória final na Europa ficou com a França. O império angevino era de fato mais impressionante no mapa do que na realidade. Era uma heterogênea e mal unida coleção de Estados, unidos pelo acaso de um único matrimônio e ressentindo-se de falta de objetivo e de força. O único laço entre a Inglaterra e seus império continental estava no fato de Henrique e alguns de seus magnatas possuírem terras de ambos os lados do Canal. Não havia pretensão de um governo central único; nem uniformidade de administração e alfândega; nem interesses comuns ou sentimentos de lealdade. Por mais fraco que Luís VII parecesse nessa sua luta contra o empreendedor e ativo Henrique, a maré dos acontecimentos fluiu a favor da compacta monarquia francesa e o próprio Luís deixou-a mais firmemente estabelecida do que a encontrara.

O método principal dos franceses era simples. Henrique herdara vastas propriedades; mas com elas recebera também todos os seus descontentamentos locais e feudais. Luís não podia mais lançar o conde de Anjou contra o duque da Normandia, mas podia ainda encorajar tanto em Anjou como na Normandia aqueles conflitos locais e pequenas guerras que minavam o poderio dos potentados feudais, em princípio seus vassalos. Não era também estratagema infrutífero a exploração das brigas de família. Nos últimos anos de seu reinado, os filhos de Henrique II, impacientes, turbulentos e orgulhosos, deixaram-se usar contra seu pai por Luís VII e seu sucessor, o astucioso e bem dotado Filipe Augusto.

Como, poderíamos perguntar, isso tudo afetava a vida cotidiana da Inglaterra e sua história? Uma série de lutas feudais pessoais travadas em terras distantes, as disputas de uma classe governante estrangeira, eram pouco compreendidas e ainda menos apreciadas pela gente comum. Todavia, essas coisas tornaram mais pesada durante muito tempo a sua peregrinação. Durante muitas gerações, os mais bravos e melhores dos seus homens iriam lutar e morrer nos pântanos do Loire ou diante dos montes castigados pelo sol no Sul da França, perseguindo o sonho do domínio inglês sobre solo francês. Por isso, dois séculos mais tarde, ingleses triunfaram em Crécy, Poitiers e Agincourt, ou morreram de fome da terrível marcha de Limoges do Príncipe Negro. Por isso, transformaram a fértil França num deserto, onde mesmo os mais necessários animais morriam de sede e fome. Durante toda a história medieval da Inglaterra, a guerra com a França é o tema interminável e muitas vezes dominante. Exercia influencia sobre todos os planos da vida inglesa, modelando e talhando a forma da sociedade e das instituições inglesas.

Nenhum episódio dá-nos uma visão mais ampla da política do século XII na Inglaterra do que a disputa entre Henrique II e seu grande súdito e examigo Thomas Becket, arcebispo de Canterbury. Precisamos compreender a gravidade desse conflito. Na Cristandade feudal, o Estado militar curvava-se diante da Igreja nas coisas espirituais; nunca aceitou porém a idéia de transferência do poder secular para a autoridade sacerdotal. Todavia a Igreja, enriquecida continuamente pelos legados de barões temerários, ansiosos na agonia da morte por sua vida além do túmulo, tornou-se o maior proprietário

de terras e capitalista da comunidade. Roma empregava suas artes espirituais sobre as superstições de quase todos os atores do drama. O poder do Estado era constantemente desafiado por esse poderoso interesse. As questões de doutrina podiam muito bem ser resolvidas, mas como seria exercido o governo do país sob duas potências colidentes, cada uma delas com imensas reivindicações sobre os limitados recursos nacionais? Esse conflito não se restringia à Inglaterra. Era a questão fundamental do mundo europeu, tal como então existia.

Sob Guilherme, o Conquistador, o cisma fora evitado na Inglaterra por meio de tato e transigência. Sob Lanfranc, a Igreja trabalhava com a Coroa, e cada uma delas reforçava a outra contra os turbulentos barões ou a população comum oprimida. Agora porém, uma grande personalidade erguia-se no topo da hierarquia religiosa, Thomas Becket, que fora amigo do rei. Fora o seu "Chacellor" ou, como observou Ranke pela primeira vez, "para empregar uma expressão mais ou menos equivalente, o seu ministro de Gabinete de maior confiança". Tanto nos negócios internos, como nos exteriores, havia servido lealmente ao seu senhor. Reorganizara a imposição da "scutage", um tributo que tornava possível substituir por dinheiro o serviço militar pessoal e que, assim, minava com o tempo o sistema feudal até o seu cerne. Desempenhara seu papel na aquisição da Bretanha. O rei estava certo de que em Becket tinha o seu homem – não um simples servidor, mas um fiel camarada e colega no esforço comum. Foi por influência direta e esforço pessoal do rei que Becket se elegeu arcebispo.

A partir desse momento, todos os seus dons e impulsos encaminharam-se para outro canal. Processou-se então em Becket algo semelhante à transformação que, da noite para o dia, fez de um príncipe folgazão como Henrique V, o augusto rei-herói. Em sua vida privada, Becket sempre fora piedoso e correto. Envolvera-se, naturalmente, em questões políticas e não era também uma figura vaga por trás do trono. Entretanto, até então, como cortesão e como príncipe se rivalizava com todos em magnificência e pompa, desempenhando seu papel no colorido espetáculo da época. Agora, porém, procurava por extrema austeridade conquistar a fama e a honra de um santo. Becket demonstrou na esfera eclesiástica os mesmos métodos e ambições que revelara anteriormente na esfera política; e em ambas se distinguiu. Era agora o campeão da Igreja contra a Coroa em todos os aspectos de suas inúmeras e entrelaçadas funções. Revestiu esse agressivo processo com aquelas idéias universais da Igreja Católica e da autoridade papal que transcendiam de muito os limites de nossa Ilha, cobrindo a Europa e estendendo-se para misterioso e o sublime. Depois de uma excursão ao Continente e de um conclave com dignatários religiosos da França e Itália, voltou à Inglaterra imbuído da resolução de estabelecer a independência da hierarquia da Igreja em relação ao Estado, representado pelo rei. Assim, iniciou o conflito que o prudente Lanfranc se esforçara por evitar durante toda a sua vida. Nessa época, o ambiente na Inglaterra estava maduro para a luta em torno dessa questão.

De maneira frouxa e indefinida, a Inglaterra saxônica prenunciava a teoria a que voltaram muito tempo depois os reformadores da época de Isabel. Aquela e este consideravam o monarca como nomeado por Deus, não apenas para governar o Estado, mas também para proteger e dirigir a Igreja. No século XI, porém, o papado fora revigorado sob o papa Gregório VII e seus sucessores. Roma começava então a fazer reivindicações que dificilmente seriam compatíveis com as tradicionais noções da soberania mista do rei em todas as questões temporais e espirituais. O movimento gregoriano sustentava que o governo da Igreja devia ficar nas mãos do clero, sob a supervisão do papa. De acordo com esse ponto de vista, o rei era um simples leigo, cuja única função religiosa estava na obediência à hierarquia. A Igreja era um corpo à parte, com sua própria lealdade e suas próprias leis. No reino de Henrique II, o bispo não era apenas um funcionário espiritual; era um grande proprietário de terras, par secular dos condes; podia colocar forças em campos; podia excomungar os seus inimigos, ainda que estes fossem amigos do rei. A quem competia, portanto, nomear o bispo? E, uma vez nomeado, se o papa ordenasse uma coisa e o rei outra, para quem voltaria ele seu dever? Se o rei e seus conselheiros concordassem como uma lei contrária à lei da Igreja, a que autoridade era devida obediência? Assim surgiu o grande conflito entre o Império e o Papado, simbolizado na questão da Investidura, e do qual a disputa entre Henrique II e Becket foi a contraparte insular.

A luta entre Henrique II e Becket torna-se confusa devido aos pormenores técnicos em torno dos quais foi travada. Havia, contudo, boas razões para que o conflito se desenvolvesse em torno de incidentes de administração, e não em torno dos princípios fundamentais que estavam em jogo. A Coroa ressentia-se da pretensão da Igreja de interferir no Estado. Entretanto, na Idade Média, nenhum rei ousava desafiar frontalmente a Igreja, nem pensava num rompimento decisivo, por mais que esperasse limitar a sua influência. Não foi senão no século XVI que um rei inglês, em conflito com o Papado, ousou repudiar a autoridade de Roma e declarar abertamente a supremacia do Estado, mesmo em questões espirituais. No século XII, o único caminho praticável era a conciliação. Todavia, nessa época, a Igreja não estava com disposição para fazer barganhas. Em todos os países, o poder secular aceitou o desafio; mas era difícil enfrentá-lo e, na Europa Central, pelo menos, a luta só terminou com o esgotamento tanto do Santo Império Romano como do Papado.

A Igreja da Inglaterra, tal como os barões, conquistara grande poder desde os tempos de Guilherme, o Conquistador, e de seu leal arcebispo Lanfranc. Stephen, em seus apuros, fizera vastas concessões à Igreja, cuja influência política atingira então o seu apogeu. Essas concessões, julgou Henrique, comprometiam os seus direitos reais. Planejou reconquistar o que fora perdido e, como primeiro passo, em 1162, nomeou seu leal servidor Becket para arcebispo de Canterbury, acreditando que assim asseguraria a aquiescência do Episcopado. Na realidade, ofereceu à Igreja um líder de incomparável valor e obstinação. Ignorou ou não percebeu os ominosos sinais da mudança na atitude de Becket e deu o seu segundo passo, com a publicação, em 1164, das Constituições de Clarendon. Nestas Henrique proclamava, não sem considerável verdade, estar reafirmando os costumes do reino, tais como eram antes da anarquia do reinado de Stephen. Becket, porém, resistiu. Considerava as concessões de Stephen como ganhos irrevogáveis da Igreja. Recusou permitir que elas fossem anuladas. Embora nominalmente aceitasse as Constituições de Clarendon, pouco depois estava em disputa com o rei quanto à sua aplicação em sua arquidiocese. Quando, em outubro de 1164, foi intimado a comparecer perante o Grande Conselho e explicar sua conduta, negou altivamente a autoridade do rei e colocou-se sob a proteção do papa e de Deus.

Rompeu assim aquela unidade que até então era considerada vital no reino inglês e de fato declarou guerra ao rei com armas espirituais. Ainda desafiando, Becket refugiou-se no Continente, onde o mesmo conflito já estava agitando tanto a Alemanha como a Itália. Todo o pensamento das classes governantes da Inglaterra foi abalado por essa grave disputa. Prolongou-se por seis anos, durante os quais o arcebispo de Canterbury permaneceu em seu exílio na França. Somente em 1170 houve entre ele e o rei uma aparente reconciliação, em Fréteval, na Touraine. Ambas as partes pareciam abrir mão de suas pretensões em princípio. O rei não mencionou seus direitos e costumes. O arcebispo não foi chamado a prestar juramento. Prometeram-lhe segurança em seu regresso e plena posse de sua sé. O rei e o primaz encontraram-se pela última vez no verão de 1170 em Chaumont. "Meu senhor", disse Thomas ao final, "meu coração me diz que eu me separo de vós como alguém a quem nunca mais vereis nesta vida." "Considerais-me um traidor?", perguntou o rei. "Isso está longe de vós, meu senhor", respondeu o arcebispo, mas voltou para Canterbury resolvido a procurar nos ilimitados poderes papais de excomunhão os meios para disciplinar suas forças eclesiásticas. "Quanto mais poderoso e violento é o príncipe", escreveu ele, "vara mais forte e corrente mais dura são necessárias para prendê-lo e mantê-lo em ordem." "Eu vou para a Inglaterra", disse ele, "não sei se para paz ou para destruição; mas Deus decretou o destino que me aguarda."

Entrementes, na ausência de Becket, Henrique resolvera assegurar a ascensão pacífica de seu filho, o jovem Henrique, fazendo-o coroar durante sua própria vida. A cerimônia foi oficiada pelo arcebispo de York, assistido por seis outros bispos. Esse ato foi amargamente ressentido por Becket, como violação de um caro direito de sua sé. Depois do acordo de Fréteval, Henrique supusera que o passado estivesse esquecido. Becket, porém, tinha outras opiniões.

A recepção que teve ao voltar depois dos anos de exílio foi espantosa. Em Canterbury, os monges receberam-no como um anjo de Deus. "Vim para morrer entre vós", disse ele em seu sermão. "nesta igreja houve mártires e Deus logo aumentará o seu número." Fez uma marcha triunfal através de Londres, distribuindo esmolas à população suplicante e exaltada. Em seguida apressou-se em renovar sua excomunhão contra o clero que participara da coroação do jovem Henrique. Esses infortunados padres e prelados viajaram em grupo até onde estava o rei, na Normandia. Contaram-lhe uma história, não só de desafio eclesiástico, mas de verdadeira revolta e usurpação. Disseram que o arcebispo estava disposto a "arrancar a coroa da cabeça do jovem rei."

Henrique Plantagenet, o primeiro de toda a sua linhagem, com todo o ardor de sua natureza, recebeu essas notícias quando estava cercado por seus cavaleiros e nobres. Foi dominado pela paixão. "Que corja de tolos e covardes", gritou, "alimentei em minha casa, que nenhum deles me vinga deste turbulento padre!" Outra versão faz referência a "este escriba adventício". Foi imediatamente convocado um conselho para adotar medidas tendentes a reafirmar a autoridade real. De maneira geral, o conselho partilhava a ira do rei. Pensamentos mais amadurecidos prevaleceram. Com todas as tensões que existiam naquela impetuosa e ardente sociedade, o reino não poderia suportar um terrível conflito entre os dois lados da vida representados pela Igreja e pelo Estado.

Entrementes, porém, outros acontecimentos estavam em progresso. Quatro cavaleiros haviam ouvido as amargas palavras do rei proferidas num círculo amplo. Viajaram rapidamente para a costa. Atravessaram o canal. Arranjaram cavalos e seguiram para Canterbury. Lá, em 29 de dezembro de 1170, encontraram o arcebispo na Catedral. A cena e a tragédia são famosas. O arcebispo enfrentou-os com a Cruz e a mitra, impávido e resoluto em ação guerreira, um mestre nas artes histriônicas. Depois de desvairada parlamentação, os cavaleiros caíram sobre ele, retalharam-no com suas espadas e deixaram-no sangrando como Júlio César, com uma vintena de ferimentos a clamar por vingança.

Esta tragédia foi fatal para o rei. O assassínio de um dos mais eminentes servos de Deus, tal como o rompimento de um juramento feudal, feria o próprio coração da época. Toda a Inglaterra encheu-se de terror. O arcebispo morto foi aclamado como mártir; e imediatamente pareceu que suas relíquias curavam moléstias incuráveis e as roupas que ele usara, pelo simples toque, aliviaram os males menores. Fora realmente um crime vasto e imperdoável. Quando Henrique recebeu a notícia aterradora, ficou prostrado pelo pesar e pelo medo. Todo o complicado processo de lei que havia procurado erguer contra o poder desse rival fora anulado por um ato brutal e sangrento. Embora ele jamais tivesse sonhado que tal ato pudesse ser praticado, ali estavam as suas próprias e acaloradas palavras, proferidas diante de tantas testemunhas, para lançar sobre ele, naquela época pelo menos, a culpa do crime e, ainda pior, sacrilégio.

Henrique passou os anos seguintes tentando recuperar o que perdera com um grande desfile de expiação por sua culpa. Fez peregrinações ao santuário do arcebispo assassinado. Sujeitou-se a penitências públicas. Em vários aniversários, despido até a cintura e humildemente ajoelhado, sujeitou-se a ser açoitado pelos monges triunfantes. Entretanto, podemos supor que o castigo corporal, aparentemente aplicado com varas de vidoeiro segundo as gravuras da época, era principalmente simbólico. Sob essa exibição de contrição e submissão, o rei trabalhava perseverantemente para reconquistar os direitos do Estado. Pelo Compromisso de Avranches, em 1172, fez a paz com o Papado em termos relativamente brandos. Para muitos historiadores aprofundados parece que, na realidade, embora não na forma, Henrique, no fim de sua vida, restabelecera os princípios fundamentais das Constituições de Clarendon, que estão afinal de contas em harmonia com o que a nação inglesa ou qualquer raça viril e racional pretende ter como lei. Certamente o Papado apoiou-o em suas dificuldades com seus filhos. Os cavaleiros, afirma-se, reconquistaram sua salvação nas guerras santas. Entretanto, o sombrio sacrifício de Becket não fora em vão. Até a Reforma, a Igreja conservou o sistema de tribunais eclesiásticos independentes da autoridade real e o direito de apelo a Roma, dois dos pontos principais pelos quais Becket desafiara o rei.

É uma prova da qualidade da época o fato de essas ferozes disputas, abalando as almas dos homens, terem sido travadas com tanto rigor e, apesar disso, com justiça. Nos conflitos e revolução modernos, em alguns grandes Estados, bispos e arcebispos foram mandados aos montes para campos de concentração ou atingidos por um tiro de pistola na nuca em um bem aquecido e brilhante iluminado corredor de prisão. Que direito temos de alardear uma civilização superior à dos tempos de Henrique II? Estamos mergulhados num barbarismo ainda mais profundo por ser tolerado pela letargia moral e coberto com um verniz de confortos científicos.[1]

Dezoito anos de vida ainda restavam ao rei depois da morte de Becket. Em certo sentido, foram anos de glória. Toda a Europa maravilhava-se diante

---

[1] Escrito em 1939.

da extensão dos domínios de Henrique, aos quais em 1171 se acrescentara a posse da Irlanda. Através dos casamentos de suas filhas, ele se ligara ao rei normando da Sicília, ao rei de Castela e a Henrique, o Leão da Saxônia, que era um dos mais poderosos príncipes da Alemanha. Agentes diplomáticos estendiam sua influência às cidades lombardas do Norte da Itália. Tanto o imperador como o papa convidavam-no, em nome de Cristo e de toda a Europa, a chefiar uma nova Cruzada e ser Rei de Jerusalém. Com efeito, depois do imperador do Santo Império Romano, Frederico Barbarossa, Henrique era a maior figura da Cristandade. Seus contemporâneos suspeitavam que seu objetivo era conquistar para si um reino na Itália e mesmo colocar sobre a cabeça a coroa imperial.

Todavia, Henrique sabia que seu esplendor tinha uma origem pessoal e uma qualidade tênue e transitória. Tinha também profundas tribulações familiares. Durante esses anos enfrentou nada menos que quatro rebeliões de seus filhos. Para os três mais velhos havia dado títulos brilhantes: Henrique detinha a Normandia, Maine e Anjou; Ricardo recebera a Aquitania; e Geoffrey ficara com a Bretanha. Esses rapazes eram típicos rebentos da linhagem angevina. Queriam poder assim como títulos, não tinham respeito algum por seu pai. Incitados por sua mãe, a rainha Eleanor, que agora vivia em Poitiers separada do seu marido, entre 1173 e 1186, promoveram revoltas em variadas combinações. Em toda ocasião, podiam contar com o ativo apoio do vigilante rei da França. Henrique tratava seus ingratos filhos com generosidade, mas não tinha ilusões. A câmara real em Westminster era nesse tempo adornada com pinturas feitas por ordem do rei. Uma delas representava quatro aguietas atormentando o pássaro paterno, com a quarta pousada sobre o pescoço do pai, pronta para bicá-lo nos olhos. "As quatro aguietas", teria dito o rei, "são meus quatro filhos, que não cessam de perseguir-me mesmo até a morte. A mais nova delas, que eu agora acaricio com tanta afeição, em algum tempo no fim insultar-me-á de maneira mais cruel e perigosa do que qualquer das outras."

E assim foi. João, a quem se esforçara por dar uma herança igual à de seus irmãos, aderiu à conspiração final contra ele. Em 1188, Ricardo, seu filho sobrevivente mais idoso, depois da morte do jovem Henrique estava empenhado em guerra contra ele em combinação com o rei Filipe da França. Já desesperadamente doente, Henrique foi derrotado em Les Mans e recuou para a Touraine. Quando viu na lista dos conspiradores contra ele o nome de seu filho João, a quem dedicara singular afeição, abandonou a luta pela vida. "Que as coisas corram como quiserem", disse arquejante. "Vergonha, vergonha sobre um rei vencido." Assim dizendo, esse homem firme, violento, brilhante e solidário expirou em Chinon, em 6 de julho de 1189. Os devotos foram ensinados a considerar esse melancólico fim como novo castigo de Deus ao assassino de Thomas Becket. Tal é o amargo sabor do poder mundano. Tais são os corretivos da glória.

O Direito Comum Inglês

Os Plantagenets foram senhores rudes e o temperamento da época era violento. Era, porém, a violência do vigor, não da decadência. A Inglaterra teve reis-soldados maiores e diplomatas mais sutis do que Henrique II, mas nenhum homem deixou marca mais profunda em nossas leis e instituições. Suas estranhas explosões de frenética energia não se esgotavam na política, na guerra e na caça. Como seus predecessores normandos e seus filhos, Henrique II era dotado de um instinto para os problemas de governo e da lei, e é aqui que se encontram suas realizações. Os nomes de suas batalhas desvaneceram-se com a sua poeira, mas sua fama viverá com a Constituição Inglesa e o Direito Comum Inglês.

Este grande rei teve a fortuna de aparecer no momento oportuno. Guilherme I e Henrique I haviam trazido para Inglaterra ou aqui preservado todos aqueles instrumentos com que seu sucessor iria trabalhar. Eles próprios não se poderiam movimentar senão vagarosamente e com cautela. A terra precisava acomodar-se a suas novas regras e governantes. Em 1154, porém, Henrique de Anjou chegara a um país que quase vinte anos de anarquia haviam preparado para a aceitação de uma mão forte no centro. Francês ele próprio, governante de mais de metade da França, levou para sua tarefa as qualidades de visão, ampla experiência e força que não vacilava em curvar-se diante da astúcia. Os desastres do reinado de Stephen fizeram Henrique decidir não apenas refrear a independência baronial e reconquistar o terreno perdido por seu predecessor, mas ir até muito mais longe. Em lugar de uma multidão de tribunais feudais onde os magnatas locais ministravam uma justiça cuja qualidade e caráter variavam de acordo com os costumes e o temperamento da área, ele planejou um sistema de tribunais reais que administrariam uma lei comum a toda a Inglaterra e a todos os homens.

A política não deixava de oferecer perigos. O rei era bastante prudente para evitar um ataque direto, pois sabia, como soubera o Conquistador, que colocar um dedo sobre a santidade dos direitos costumeiros provocaria desastre. Diante dessa barreira, Henrique astuciosamente opôs costume ao costume e vestiu a inovação com a respeitada roupagem do conservantismo. Teve o cuidado de respeitar as formas existentes. Seu plano era estender velhos princípios para que adquirissem significações novas. Numa Constituição não escrita, os limites dos direitos tradicionais do rei eram vagamente definidos. Isso abria uma engenhosa linha de avanço. Durante séculos, antes da Conquista, a Igreja e o rei haviam sido inimigos da anarquia senhorial, mas não se cogitava de estender amplamente a jurisdição da Coroa. Aproveitando-se do elástico conceito saxônico da Paz do Rei, Henrique utilizou-o para levar todos os casos criminais aos seus tribunais. Cada homem tinha sua própria Paz, que era crime violar, e quanto mais importante o homem mais grave a violação. A Paz do Rei era a mais importante de todas, e quem a violasse podia ser julgado no tribunal do rei. Todavia, a Paz do Rei era limitada e muitas vezes abrangia apenas violações cometidas na presença do rei ou na estrada ou na terra do rei. Quando o rei morria, sua paz morria com ele e os homens podiam fazer o que quisessem. Cautelosa e quietamente, Henrique começou a sustentar que a Paz do Rei se estendia a toda a Inglaterra e que onde quer que ela fosse violada os violadores seriam julgados em tribunais do rei. Os casos civis ele atraiu aproveitando-se de um princípio diferente, o velho direito que o tribunal do rei tinha de julgar apelações em casos nos quais a justiça houvesse sido recusada e de proteger os homens na posse de suas terras. Ele não fazia ostentação do que estava executando; as mudanças que efetuou foram introduzidas gradualmente e sem legislação, de modo que a princípio mal foram percebidas. Raramente é possível dizer a data em que foi feita qualquer inovação; todavia, por ocasião da morte do rei, um homem perspicaz, olhando para o passado, poderia ter visto quanta coisa fora alterada nos trinta e cinco anos em que Henrique se assentou sobre o trono inglês.

Entretanto, se Henrique pretendia apresentar-se como conservador na esfera legal, precisava ser consistente. A compulsão só podia desempenhar pequeno papel em seu programa. O primeiro princípio de sua política precisava ser o de atrair causas para seus tribunais e não de obrigá-las a chegar lá. Era necessária uma isca para atrair os litigantes aos tribunais reais; o rei devia oferecer-lhes justiça melhor do que aquela que obtinham das mãos de seus lordes. Por esse motivo, Henrique pôs à disposição dos litigantes nos tribunais reais um processo que para eles era novo – julgamento por Júri. *Regale quoddam beneficium,* chamou-o um contemporâneo – uma dádiva real. E a expressão esclarece tanto a origem do júri como o papel por ele desempenhado no triunfo do Direito Comum. Henrique não inventou o júri; deu-lhe uma nova finalidade. A idéia do júri é a única grande contribuição dos francos ao sistema jurídico inglês, pois, desconhecida neste país antes da Conquista, seus germes encontram-se muito recuados na prática dos reis carolíngios. Em sua origem, o júri era um instrumento real de conveniência administrativa: o rei tinha o direito de convocar um grupo de homens para prestar depoimento sob juramento a respeito da verdade de qualquer questão referente ao interesse real. Foi através dessa forma primitiva de júri que Guilherme, o Conquistador, estabeleceu os direitos da Coroa no grande inquérito do Domesday. O gênio de Henrique II, percebendo novas possibilidades em tal processo, estendeu ao uso regular nos tribunais um instrumento que até então só fora empregado para finalidade administrativas.

Somente o rei tinha o direito de convocar um júri. Conseqüentemente, Henrique não o concedia a tribunais privados, mas limitava-o àqueles que procuravam justiça perante os juízes reais. Era um movimento astucioso. Até essa época, as causas tanto civis como criminais eram decididas por meio do juramento, da prova ou do duelo. O tribunal ordenava a um dos litigantes que reunisse um grupo de homens dispostos a jurar pela justiça de sua causa e a quem, segundo se esperava, Deus castigaria se jurassem falso; ou o condenaria, sob a supervisão de um padre, a carregar um ferro em brasa, a comer um pedaço de pão ou a ser lançado num tanque de água. Se o ferro não queimasse, o pão não o sufocasse ou a água o rejeitasse, de modo que ele não pudesse afundar, então ficava decidido que a Divina Providência dera um sinal visível de que a vítima era inocente. O duelo, ou julgamento por batalha, era uma inovação normanda baseada na moderna teoria de que o Deus das Batalhas reforçava o braço do justo. Era em certa época muito apreciado para decidir disputas sobre terras. Os mosteiros e outros grandes proprietários de terras tomavam, porém, a precaução de auxiliar o Todo-Poderoso contratando campeões profissionais para proteger sua propriedade e seus direitos. Tudo isso deixava pouca oportunidade para debates sobre pontos de lei. Em uma época mais racional, os homens estavam começando a duvidar de tais extravagâncias. Com efeito, a Igreja negou sanção à prova no mesmo ano em que foi selada a Magna Carta. Assim, o julgamento por júri teve rápida aceitação. Entretanto, o antigo processo demoraria para morrer. Se um réu preferia submeter sua causa a Deus, o homem não podia proibir-lhe e a prova não foi portanto imediatamente abolida. Uma época posterior iria conhecer os horrores da *peine forte et dure* – a compulsão sobre o acusado, por meio de lenta pressão até a morte, para que concordasse em comparecer perante um júri. O tempo acabou com isso; entretanto, ainda em 1818, um litigante embaraçou os juízes com um pedido de julgamento por batalha e obrigou o Parlamento a abolir esse antigo processo.

O júri de Henrique II não era o júri que conhecemos. Dividia-se em várias formas, mas em todas elas havia esta diferença essencial: os jurados eram testemunhas, ao mesmo tempo que juízes dos fatos. Homens bons e verdadeiros eram escolhidos, não devido à sua imparcialidade, mas porque eram os homens com maiores probabilidades de conhecer a verdade. O júri moderno, que nada conhece do caso até ser ele provado perante o tribunal, demorou para aparecer. O processo é obscuro. Um júri convocado de regiões distantes para reunir-se em Westminster poderia relutar em comparecer. A viagem era longa, as estradas inseguras, e talvez apenas três ou quatro chegassem. O tribunal não podia esperar. Um adiamento seria dispendioso. A fim de evitar demora e despesa, as partes podiam concordar em confiar num júri de *circumstantibus*, um júri de circunstantes. Os poucos jurados que conheciam a verdade da questão contariam sua história aos circunstantes e, em seguida, todo o corpo proferiria seu veredicto. Com o tempo, os jurados com conhecimento local deixaram inteiramente de ser jurados e tornaram-se testemunhas, prestando seu depoimento em tribunal público a um júri totalmente formado de circunstantes. Isso, segundo podemos imaginar, ou algo semelhante foi o que aconteceu. Muito gradualmente, à medida que se desenvolveram as leis sobre depoimentos, se operou a modificação. No século XV ela estava em progresso; contudo, a antiga idéia ainda prevalecia e, mesmo no tempo dos Tudor, os jurados do rei podiam ser julgados por perjúrio quando proferiam um veredicto injusto.

O sistema de júri surgiu para representar tudo quanto entendemos por justiça inglesa, porque, quando um caso é examinado por doze homens honestos, tanto o réu como o queixoso dispõem de garantia contra a arbitrária deturpação da lei. Isso é que distingue a lei administrada nos tribunais ingleses dos sistemas jurídicos continentais baseados no direito romano. Assim, em meio ao processo de centralização, foi preservado e perdura até hoje o antigo princípio de que a lei deriva do povo e não é outorgada pelo rei.

Esse métodos proporcionam boa justiça. O julgamento por júri tornou-se popular. Juízes profissionais distantes dos preconceitos locais, cuja opinião pairava acima do lorde ou seu administrador interessados ou ignorantes, armados com o poder do rei para convocar júris, asseguravam decisões mais rápidas e dispunham de forte autoridade para executá-las. Henrique precisou assim criar quase do nada um sistema completo de tribunais reais, capazes de absorver o grande movimento de trabalho novo. O instrumento para o qual se voltou foi o Conselho real, órgão através do qual já eram regularmente executadas todas as espécies de negócios governamentais. Foi a origem comum da Chancery e do Exchequer, do Parlamento, dos tribunais de Direito Comum e daquelas Cortes de Prerrogativa com que contavam os Tudores e os Stuarts. No começo do reinado de Henrique II, cuidava indiscriminadamente de todos os negócios administrativos. No plano judicial, a Corte do Exchequer, que julgava os casos relacionados com a receita real, estava começando a tomar forma; de maneira geral, porém, o Conselho, nesse aspecto, era pouco mais do que o tribunal feudal do rei, onde ele administrava justiça, como qualquer outro lorde, entre seus vassalos. Sob Henrique II tudo isso foi modificado. As funções dos juízes do rei tornaram-se cada vez mais especializadas. Durante os reinados de seus filhos, o Conselho começou a dividir-se em dois grandes tribunais: o King's Bench e o Common Pleas. Estes não se separaram completamente senão um século mais tarde. Daí por diante, com a Corte do Exchequer, representaram a espinha dorsal do sistema de Direito Comum até o século XIX. Além disso, juízes itinerantes – "justices in eyre" – eram de tempos a tempos nomeados para ouvir todas as espécies de questões nos "shires", cujos tribunais eram assim atraídos para a órbita da justiça real.

Entretanto, isso tudo era apenas um primeiro passo. Henrique precisava também oferecer meios pelos quais o litigante, ansioso por justiça real, pudesse transferir sua causa do tribunal do seu lorde para o tribunal do rei. O mecanismo que Henrique empregou foi o mandato real. Os direitos baronais deviam ser formalmente respeitados a qualquer custo, mas estendendo os direitos tradicionais da Coroa era possível pretender que tipos particulares de causas recaíssem sob a competência do rei. Dentro desse princípio, Henrique criou uma série de fórmulas estabelecidas, ou mandados, cada uma delas adequada a certo tipo de causa. Qualquer homem que conseguisse, por alguma ficção, enquadrar sua causa no texto de um dos mandados reais podia reivindicar a justiça do rei. O texto dos mandados era rígido, mas nessa época novas formas de mandado ainda podiam ser baixadas. Durante cerca de oitenta anos eles aumentaram de número e a cada nova forma um novo golpe era desfechado contra os tribunais feudais. Não foi senão depois da revolta de Montfort contra o terceiro Henrique, no século XIII, que a multiplicação de mandados foi contida e o seu número fixado em pouco menos de duzentos. Esse sistema perdurou então por seiscentos anos. Por mais que os tempos mudassem, a sociedade precisava adaptar-se àquela estrutura inflexível. Inevitavelmente, a legislação inglesa tornou-se carregada de arcaísmo e ficções jurídicas. Todo o desenvolvimento de uma causa poderia depender do mandado que lhe dera início, pois cada mandado tinha o seu processo especial, o seu modo de julgamento e o seu remédio final. Assim, o espírito saxônico de formalismo sobreviveu. Henrique II conseguiu apenas romper os métodos primitivos dos artigos tribunais, impondo à lei um processo que não se tornou menos rígido. Todavia, embaraçoso como era, o sistema de mandado deu ao direito inglês um espírito conservador que protegeu e preservou a sua continuidade desde aquele tempo numa linha ininterrupta.

É uma máxima de direito inglês que a memória jurídica se inicia com a ascensão de Ricardo I em 1189. A data foi fixada por motivos técnicos por uma lei de Eduardo I. Dificilmente, porém, poderia ter sido escolhida outra mais apropriada, pois com o término do reinado de Henrique II estamos nos umbrais de uma nova era na história do direito inglês. Com o estabelecimento de um sistema de tribunais reais, ministrando a mesma justiça em todo o país, o antiga diversidade da lei local foi rapidamente vencida e logo tomou seu lugar uma lei comum a toda a terra e a todos os homens. Um advogado moderno, transportado para a Inglaterra do prodecessor de Henrique, encontrar-se-ia em ambientes estranhos; com o sistema legado por Henrique ao seu filho, ele se sentiria quase à vontade. Essa é a medida da grande realização do rei. Estabeleceu os alicerces do Direito Comum Inglês, sobre os quais construiriam sucessivas gerações. Surgiriam modificações no desenho, mas seu contornos principais não seriam alterados.

Foi nesses anos fatídicos e formativos que os povos de língua inglesa começaram a imaginar os métodos de decisão das disputas legais que sobrevivem em sua substância até nossos dias. Um homem só pode ser acusado de uma infração civil ou criminal que seja claramente definida e reconhecida pela lei. O juiz é um árbitro. Julga de acordo com as provas que as partes desejarem apresentar. As testemunhas devem depor em público e sob juramento. São inquiridas e reinquiridas, não pelo juiz, mas pelos próprios litigantes ou por seus representantes legalmente habilitados e particularmente contratados. A verdade de seu depoimento é pesada não pelo juiz, mas por doze "homens bons e verdadeiros". Somente após o júri ter decidido os fatos é que o juiz tem poderes para impor sentença, castigo ou penalidade de acordo com a lei. Tudo isso pode parecer muito evidente, mesmo um lugar-comum, até quando se contempla o sistema alternativo que ainda domina em grande parte do mundo. Sob o Direito Romano e os sistemas dele derivados, um julgamento naqueles turbulentos séculos, e em certos países até hoje, é muitas vezes uma inquietação. O juiz faz sua própria investigação sobre o dano civil ou o crime público, investigação essa em grande parte incontrolada. O suspeito pode ser interrogado particularmente. Deve responder a todas as perguntas que lhe são feitas. Seu direito de ser representado por um consultor jurídico é limitado. As testemunhas contra ele podem depor em segredo e na sua ausência. Somente depois de completados esses processos é que se formula e publica a acusação ou denúncia. Daí resultam muitas vezes intimidação secreta, confissões forçadas, torturas e admissões de culpa arrancada sob ameaça. Esses sinistros perigos foram eliminados do Direito Comum da Inglaterra há mais de seis séculos. Entretanto, quando Eduardo I, bisneto de Henrique II, morreu, o processo criminal e civil inglês já adquirira uma forma e uma tradição que no geral governam até hoje os povos de língua inglesa. Em todas as reclamações e disputas, estejam elas relacionadas com as pastagens do Middle West, com os campos petrolíferos da Califórnia, com os pastos de carneiros e as minas de ouro da Austrália ou com os direitos territoriais dos Maoris, as decisões são tomadas, pelo menos em teoria, de acordo com alguns conhecidos, outros novos, era em sua substância o Direito Comum Inglês.

Isso não ficou também limitado à maneira como se desenvolvem os julgamentos. A lei que foi aplicada em problemas tão numerosos, alguns conhecidos, outros novos, era em sua substância o Direito Comum da Inglaterra. A lei referente ao homicídio, ao roubo, à propriedade da terra e à liberdade do indivíduo foi toda transportada, junto com muitas outras coisas, para o Novo Mundo e, embora muitas vezes modificada para adaptar-se às condições e temperamentos da época, deriva-se em linhagem ininterrupta daquela que governava as vidas e as fortunas dos ingleses do século XII.

A maioria dela não era então escrita e na Inglaterra grande parte ainda assim permanece. Os estatutos ingleses, por exemplo, ainda não contêm uma definição do crime de homicídio, pois esta, como muitas outras leis, baseia-se no costume não escrito da terra, tal como foi declarado pelos habitantes e interpretado, desenvolvido e aplicado pelos juízes. Os advogados só podem conhecê-lo estudando os relatórios e registros de antigas decisões. Para isso já haviam feito, nessa época recuada, os próprios arranjos. Um século depois da morte de Henrique, advogados começaram a agrupar-se em comunidades profissionais em Londres, os Inns of Court, meio colégios, meio escolas de Direito, mas predominantemente secular, pois não era encorajada a presença de clérigos instruídos nas leis de Roma e no Direito Canônico da Igreja Romana. Ali produziam relatórios anuais de direito, ou "Year Books", como eram então chamados, cuja autoridade era conhecida pelos juízes e que continuaram em sucessão quase ininterrupta durante pouco menos de três séculos. Em todo esse tempo, porém, um único homem tentou uma declaração geral e compreensiva do Direito Comum Inglês. Mais ou menos no ano 1250, um juiz de "Assize", chamado Henry de Bracton, publicou um livro de quase noventas páginas intitulado *"A Tract o the Laws and Customs of England"*. Nada semelhante foi realizado durante vários séculos, mas o método de Bracton serviu de exemplo, pois que foi seguido em todo o mundo de língua inglesa, não tanto por declarar o Direito Comum quanto por explicá-lo e comentá-lo, assim encorajando e ajudando advogados e juízes de épocas posteriores a desenvolvê-lo e expandi-lo. Digestos e códigos impostos à maneira romana por um Estado onipotente a um povo submisso eram estranhos ao espírito e à tradição da Inglaterra. A lei estava lá, nos costumes da terra, e tratava-se apenas de descobri-la por meio de diligente estudo e comparação das decisões registradas em casos anteriores e aplicá-la ao caso particular em disputa perante o tribunal. No decorrer do tempo, o Direito Comum mudou. Advogados do reinado de Henrique II liam nas declarações de seus predecessores do século X significações e princípios que os autores jamais pretenderam e aplicavam-nos às novas condições e problemas de seu próprio tempo. Não importa. Havia um precedente. Sendo possível mostrar a um juiz que um costume ou algo semelhante a ele fora reconhecido e aplicado em caso anterior e semelhante, ele se mostraria mais disposto, desde que o costume estivesse de acordo com sua noção do que era justo e com os sentimentos atuais da comunidade, a segui-lo na disputa que tinha à sua frente. Esse desenvolvimento lento mas contínuo do que é popularmente conhecido como "case law" proporcionou finalmente grande parte das mesmas liberdades e direitos do indivíduo que estão entesourados em outros países em instrumentos escritos, como as Declaração dos Direitos do Homem, as amplas e esplêndidas disposições da Declaração de Independência Americana e as garantias constitucionais de direitos civis. Contudo, a justiça inglesa avançava muito cautelosamente. Mesmo os elaboradores da Magna Carta não tentaram estabelecer nova lei ou proclamar quaisquer amplos princípios gerais. Isso porque tanto o soberano como o súdito estavam na prática sujeitos ao Direito Comum e as liberdades dos ingleses dependiam, não de qualquer decreto do Estado, mas do costume imemorial, de vagaroso desenvolvimento, declarado por júris de homens livres que proferiram seus veredictos caso por caso em tribunais públicos.

CORAÇÃO DE LEÃO

O reino cristão fundado em Jerusalém depois da Primeira Cruzada manteve-se precariamente durante um século, guardado pelas ordens militares dos Cavaleiros Templários e Hospitaleiros. Sua existência continuada foi devida grandemente à desunião que prevalecia entre as terras muçulmanas que o cercavam. Finalmente, o aparecimento de um grande líder nacional dos turcos, os sarracenos, uniu o poderio muçulmano. Em 1169, Saladim tornou-se vizir do Egito. Pouco tempo depois, proclamou-se sultão. Pela origem ele era um curdo e pela cultura um damasceno. Logo seu poder se estendia à Síria, cercando os principados dos cruzados no litoral levantino. Capturou Damasco em 1174 e Aleppo em 1183. Em sua ansiedade diante desses crescentes perigos, a comunidade cristã em Jerusalém e Guy Lusignan, o rei, ofereceram a ameaçada coroa primeira a Filipe da França e em seguida a Henrique II, ao mesmo tempo que faziam o Ocidente ecoar com gritos de socorro. Todavia, as disputas entre os príncipes ocidentais impediu que medidas eficazes fossem adotadas em tempo. Em 1186, Saladim, por sua vez, proclamou uma Guerra Santa. Prometendo às sua hordas guerreiras despojos e aventuras neste mundo e felicidade eterna no outro, avançou sobre Jerusalém. O exército cristão de ocupação que se pôs em campo contra ele, talvez com um efetivo de dez mil homens, foi apanhado em situação desvantajosa no árido deserto e reduzido a pedaços em Hattin, por forças muito superiores em número. O rei, o Grão-Mestre dos Templários e muitos de seus maiores nobres foram feitos prisioneiros. Em outubro de 1187, Jerusalém rendeu-se, e em seguida toda a Palestina e Síria, com exceção de Tyre, Antioquia e Trípoli, caíram novamente nas mãos dos muçulmanos.

O choque desses acontecimentos ecoou por toda a Europa. O papa partilhou do horror geral do Ocidente Cristão. Seus legados percorreram as Cortes recomendando a paz entre os cristãos e a guerra ao infiel. Os soberanos das três maiores nações do Ocidente responderam ao apelo e um intenso movimento agitou a cavalaria da Inglaterra, França e Alemanha. Mostravam-se quadros do Santo Sepulcro profanados pelos cavalos da cavalaria sarracena. Não apenas a gente nobre, mas até certo ponto todas as classes foram dominadas por profunda emoção. Não sem pesar, como mostra a literatura daquele tempo, muitos dos jovens cruzados deixaram o lar e os seres amados para uma viagem em direção aos perigos do distante e do desconhecido. O magnetismo da guerra e da aventura misturado com uma profunda contraparte de sacrifício e misticismo ilumina a época e os seus esforços com o encanto de verdadeiro romance. Na Alemanha, a Dieta de Mainz solenemente "jurou a expedição" à Terra Santa. Os reis da França e da Inglaterra concordaram em uma cruzada conjunta, sem contudo cessar sua luta imediata. Ao apelo religioso juntou-se o incentivo do coletor de impostos. O "dízimo de Saladim" era cobrado de todos quantos não tomavam a Cruz. Por outro lado, o perdão dos impostos e uma suspensão no pagamento das dívidas eram concedidos a todos os cruzados. Os maiores exércitos até então mandados para o Oriente foram reunidos. A Alemanha concentrou uma grande força sob o estandarte de Frederico Barbarossa. Uma frota escandinava transportou doze mil nórdicos através do estreito de Gilbraltar. Assim, a Europa couraçada precipitava-se sobre a Ásia. Entrementes, o primeiro dos libertadores, Conrado de Mont-ferrat, que, partindo apressadamente de Constantinopla, havia salvo Tyre, já estava sitiando Acre.

No meio desses acontecimentos, Henrique II morreu afligido pela tristeza e pelo desastre. Não fez tentativa alguma de recomendar a sucessão e o trono passou naturalmente para Ricardo. O novo rei demonstrou pouco pesar pela morte de um pai contra quem estava em armas. Ajoelhou-se ao lado de seu esquife apenas o tempo necessário para recitar a Oração do Senhor e voltou-se imediatamente para os deveres do seu reino. Apesar de muitas qualidades desagradáveis, os homens encontravam nele uma magnanimidade que aumentou o lustre do seu renome militar. No início de seu reinado deu exemplo impressionante. No decorrer da rebelião contra seu pai, havia investido firmemente sobre as forças em fuga de Henrique II em Le Mans bem na vanguarda da cavalaria sem estar vestido com sua cota de malha. No retaguarda do exército derrotado encontrava-se o fiel guerreiro de Henrique, William, o Marshal. Defrontou-se com Ricardo e teve-o à sua mercê. "Poupai-me!", gritou Ricardo, em sua situação desvantajosa. Marshal voltou sua lança contra o cavalo do príncipe e matou-o, dizendo com desprezo: "Eu não vos matarei. Talvez o Diabo vos mate". Foi uma humilhação e um insulto piores do que a morte. Não foi portanto sem ansiedade que Marshal e seus amigos aguardaram o tratamento que iam receber nas mãos do soberano a quem agora deviam transferir suas lealdades. Contudo, o rei Ricardo ergueu-se imediatamente acima do passado. Falou com dignidade e elevação sobre o triste acontecimento, tão fresco e vivo em sua memória. Confirmou o fiel servidor de seu pai em todos os seus cargos e honrarias, mandando-o à Inglaterra para agir em seu nome. Deu-lhe em casamento uma pupila da Coroa, a rica herdeira de Pembroke. De um golpe, Marshal tornou-se um dos mais poderosos barões ingleses. Com efeito, notou-se que os favores do rei recaíam sobre aqueles que haviam lealmente permanecido ao lado de seu pai contra ele, mesmo em prejuízo daqueles que haviam sido seus companheiros de rebelião.

Ricardo, com todas as suas virtudes e defeitos característicos fundidos num molde heróico, é uma das mais fascinantes figuras medievais. Tem sido descrito como a criatura e a encarnação da época da cavalaria. Naqueles tempos, o leão era muito admirado na heráldica e mais de um rei procurara ligar-se ao seu renome. Quando os contemporâneos de Ricardo o chamaram de "Coração de Leão" prestaram uma duradoura homenagem ao rei dos animais. O povo inglês pouco deveu aos seus serviços e pagou pesadamente por suas aventuras. Ricardo esteve na Inglaterra apenas duas vezes por alguns breves meses durante os dez anos do seu reinado. Apesar disso, sua lembrança sempre entusiasmou os corações ingleses e parece ter representado através dos séculos o padrão do combatente. Em todos os atos de bravura, assim como nos grandes planos, Ricardo se distinguiu. Era alto e de formas delicadas; forte de nervos e músculos, e muito destro nas armas. Deleitava-se no combate pessoal e considerava seus adversários, sem malícia, como agentes necessários de sua fama. Amava a guerra, não tanto pela glória ou por objetivos políticos, mas como outros homens amam a ciência ou a poesia, pela excitação da luta e pelo brilho da vitória. Com isso era afinado todo o seu temperamento; e, unido às mais altas qualidades de comandante militar, o amor da guerra reclamava todas as forças de seu espírito e de seu corpo.

Embora homem de sangue e violência, Ricardo era impetuoso demais para ser traiçoeiro ou habitualmente cruel. Era tão disposto a perdoar quanto apressado em ofender; era generoso e pródigo até a profusão; na guerra, circunspecto no plano e hábil na execução; na política, uma criança a quem faltavam sutileza e experiência. Suas alianças políticas eram feitas de acordo com suas estimas e aversões; seus planos políticos não tinham unidade nem clareza de propósito. As vantagens que obtinha pelo gênio militar eram desperdiçadas pela inépcia política. Quando, na viagem para o Oriente, Messina, na Sicília, foi conquistada por suas armas, deixou-se facilmente convencer a partilhar com seu cortês e desleal aliado, Filipe Augusto, os frutos de uma vitória que mais sabiamente aproveitados poderiam ter frustrado os ardilosos planos do rei francês. A rica e conservável posse de Chipre foi posta fora ainda com maior facilidade do que fora adquirida. Sua vida foi um cortejo magnífico que, depois de terminado, deixou apenas uma planície vazia.

O coração do rei estava voltado para a nova Cruzada. Essa tarefa parecia feita para ele. Apelava à própria necessidade de sua natureza. Salvar a Terra Santa da profanação do infiel, avançar como rei à frente de esquadrões de cavaleiros numa causa ao mesmo tempo gloriosa para os homens especialmente aceitável por Deus era uma inspiração completamente satisfatória. Os ingleses prefeririam muito mais que seu rei cuidasse de seus negócios, lhes desse paz e ordem, alimentasse sua crescente prosperidade e ministrasse justiça em toda a terra. Compreendiam, porém, que a Cruzada era um alto e sagrado empreendimento e a Igreja ensinava-lhes que, por caminhos invisíveis, ela lhes traria benefícios. Ricardo foi coroado com pompa peculiar, com um cerimonial que, incluindo as mais antigas formas e tradições da monarquia da Ilha, é em todos os pontos essenciais observado ainda até hoje. Em seguida, pela causa do sepulcro de Cristo, o rei virtualmente pôs à venda o reino. Precisava a todo custo obter dinheiro para sua campanha na distante Palestina. Vendeu e revendeu todos os cargos no Estado. Fez exigências de tributação novas e revolucionariamente pesadas. Explorou a "scutage", a isenção do serviço militar em troca de pagamento em dinheiro, e posteriormente revigorou a "carucage", um imposto sobre cada cem acres de terra. Assim, Ricardo encheu seus cofres para a Guerra Santa.

Confiando o governo a dois "Justiciars", William Longchamp, bispo de Ely, e Hugh de Puiset, bispo de Durham, sob a supervisão do único membro de sua família digno de confiança, sua mãe, e velha rainha Eleanor da Aquitania, Ricardo partiu para as guerras no inverno de 1189. Prometera a Filipe da França casar-se com sua irmã Alice, sobre quem, a não ser quanto à aparência, as histórias não eram nada boas. Filipe afirmava que Ricardo tentara seduzi-la e havia ressentimento entre os monarcas. Seja como for, depois de Ricardo ter marchado através da França e embarcado para a Sicília, onde repousou durante o inverno, sua mãe levou-lhe Berengária, filha do rei da Navarra, que ele conhecia e admirava, e estava agora decidido a desposar. Era apropriado que o "Coração de Leão" se casasse por amor e não por política, mas a rejeição de Alice impediu que se formasse entre os reis da França e da Inglaterra uma ligação que se considerava essencial para sua camaradagem na Cruzada. A afronta feita a Felipe foi pouco atenuada por uma indenização de dez mil marcos. As disputas entre a Inglaterra e a França não eram posta de lado tão facilmente, e ciúmes e altercações prejudicaram a permanência dos dois aliados na Sicília durante o inverno.

Entrementes, Frederico Barbarossa conduzia, em maio de 1189, a sua legião alemã de Regensburg, através da Hungria, até Constantinopla. Logo que foram atingidas as fronteiras do Império Bizantino surgiram as dificuldades. Os sucessores de Constantino governavam ainda um vasto reino na Europa Balcânica e na Ásia Menor. O imperador Isaac II aliara-se nessa época a Saladim e só sob ameaça de uma Cruzada contra esses cismáticos gregos é que, em fins de março de 1190, os alemães tiveram permissão de passar livremente através de Bósforo e atingir o litoral asiático. Barbarossa marchou através da Ásia Menor e atingiu Cilícia. Ali, esse veterano da segunda Cruzada, de quarenta anos antes, morreu afogado no rio Calycadnus, seja por seu cavalo ter escorregado no vau, seja pela imprudência de tomar banho depois do jantar. Algumas de suas tropas regressaram, muitos morreram de peste em Antioquia, e de seu grande exército, a flor da Alemanha, apenas uns mil homens, sob o comando de seu filho, chegaram ao acampamento dos cruzados diante de Acre, em outubro de 1190. Estes, porém, compareceram ao encontro marcado. Os exércitos anglo-franceses não deixaram a Sicília senão na primavera de 1191. Filipe navegou diretamente para Acre. Ricardo parou em Chipre. Brigou com o governante grego local, declarou que fora feito um insulto à sua noiva, conquistou a ilha e lá se casou com Berengária. Não foi senão em 8 de junho que chegou com poderosas forças diante de Acre.

Os encantos da cavalaria iluminam a história da Terceira Cruzada. Todos os maiores príncipes da Europa estavam agora alinhados ao redor da condenada fortaleza de Saladim, rivalizando-se entre si em bravura e ciúmes. A santidade de sua causa não era obstáculo a suas disputas e intrigas. O rei Ricardo dominava a cena. Lutando sempre nos lugares mais perigosos, abatendo os mais fortes inimigos, ele negociava durante todo o tempo com Saladim. Realmente quase se chegou a um acordo. Para salvar sua guarnição, Saladim prontificou-se a libertar seus prisioneiros cristãos, pagar uma grande indenização e entregar a cruz, capturada por ele em Jerusalém, na qual Cristo – embora depois de mil e duzentos anos isso não pudesse ser certo – padecera. Entretanto, as negociações malograram e Ricardo, em sua fúria, massacrou a sangue frio os dois mil reféns sarracenos que lhe haviam sido dados como garantia. Cinco semanas depois de sua chegada, levou a uma conclusão vitoriosa o sítio de dois anos.

Na época em que Acre caiu, a glória de Ricardo como guerreiro e também sua habilidade como general eram os temas das conversas em todas as nações. Entretanto, as disputas entre os aliados paralisaram a campanha. Guy de Lusignam, o rei exilado de Jerusalém, disputava a coroa com Conrado Montferrat. Ricardo tomou o partido de um deles e Filipe o de outro. Uma solução conciliatória foi encontrada, mas imediatamente o rei francês voltou para seu país a fim de prosseguir seus planos na Flandres e intrigar o príncipe João contra seu irmão ausente. O duque Leopoldo da Áustria, a quem Ricardo insultara pessoalmente, também partiu. Em tais circunstâncias, o exército de cruzados, competentemente dirigido por Ricardo, apesar da vitória de Arsuf, onde foram mortos muitos milhares de infiéis, não pôde senão chegar a uma elevação que proporcionava uma vista distante da Cidade Santa. O rei tapou os olhos, não suportando olhar para a cidade em que não podia entrar. Resolveu retirar-se para a costa. No ano seguinte, 1192, capturou Jaffa. Mais uma vez apenas a perspectiva distante de Jerusalém premiou as realizações dos cruzados e mais uma vez eles recuaram frustrados.

Agora, porém, as notícias recebidas da Inglaterra eram tão alarmantes que o rei considerou imperativo voltar para casa. Reiniciou suas negociações com Saladim e chegou mesmo a oferecer sua irmã Joana em casamento ao irmão de Saladim, como cimento de uma paz duradoura. Na renhida luta, os sarracenos haviam conquistado o respeito de seus inimigos marciais. Finalmente, foi estabelecida uma paz ou trégua por três anos, pela qual as cidades costeiras eram divididas e o Santo Sepulcro permanecia aberto, como local de peregrinação, a pequenos grupos de cruzados. Assim foi somente como turistas que os cruzados alcançaram seu objetivo. A árdua luta entre Guy e Conrado pelo reino de Jerusalém solucionou-se, pois Conrado, no momento em que suas pretensões eram finalmente reconhecidas por Ricardo, foi morto pelos assassinos pertencentes a uma seita muçulmana dirigida pelo "Velho Homem da Montanha". Guy, perdendo a esperança de reconquistar sua herança, comprou Chipre do rei inglês. Fixou-se lá e fundou uma dinastia que, auxiliada pelas ordens militares da cavalaria, se manteria contra os turcos por quase quatrocentos anos.

Em fins de 1192, o rei partiu para casa. Tendo naufragado no Adriático, procurou seguir viagem disfarçado através da Alemanha, mas seu inimigo, o duque da Áustria, estava logo em suas pegadas. Ricardo foi capturado e conservado prisioneiro num castelo. O próprio imperador exigiu o famoso prisioneiro. Durante muitos meses, sua prisão foi um segredo da Corte Imperial, mas, como nos conta uma bela lenda, Blondel, o fiel menestrel de Ricardo, foi de castelo em castelo tirando os acordes de que o rei mais gostava e finalmente se viu recompensado por uma resposta da própria harpa de Ricardo.

William Longchamp, bispo de Ely e, com magnífico pluralismo, legado papal, "Chancelor" e "Justiciar", desempenhara-se com lealdade e zelo a tarefa de governar a Inglaterra, que lhe fora confiada por Ricardo em 1189.

Imitando o esplendor de um monarca, movimentava-se pelo país com um pomposo séquito e logo atraiu sobre si a inveja e depois o ativo ódio de toda a nobreza. Como fiel servidor do rei, via que o principal perigo estava na posição excessivamente poderosa do príncipe João. A indulgência de Ricardo permitira que seu irmão formasse um Estado dentro do Estado. João possuía os "shires" de Derby, Nottingham, Somerset, Dorset, Devon e Cornwall; o condado de Gloucester, com vastas terras na Gales do Sul; as vassalagens de Lancaster, Wallingford, Eye e Perevel. Das rendas que retirava dessa terras, João não prestava contas ao Exchequer. Seus xerifes eram responsáveis apenas perante eles; seus negócios judiciais eram tratados por seus servidores, seus mandados emitidos por sua "Chancery" e em seu nome. Os funcionários e juízes reais não ousavam penetrar nos "shires" de João. O bispo Longchamp decidiu resistir a esse sistema duplo de governo. Sua ostentação pessoal e seus ares arrogantes já multiplicavam suas dificuldades. Socialmente de origem humilde e estrangeiro pela raça, antagonizou-se com os outros membros do Conselho e levou-os a ficar do lado de João, que sabia muito bem como aproveitar isso tudo em seu benefício.

No verão de 1191, houve um conflito aberto entre os dois partidos e Longchamp marchou contra uma revolta dos adeptos de João, no norte dos Midlands. Foi uma crise séria. Felizmente, porém, o rei, lá de longe no Levante, enviara à Inglaterra Walter de Coutances, o arcebispo de Rouen, para cuidar dos interesses reais. O arcebispo formou um terceiro partido, leal ao rei, afrontado por Longchamp, mas nada disposto a apoiar João. Oportunamente, o arcebispo ocupou a posição de Longchamp, quando este fugiu da Inglaterra em outubro. A volta de Filipe Augusto, da Cruzada, nesse mesmo outono ofereceu novas oportunidades às ambições de João. O rei francês viu na ausência de Ricardo uma oportunidade de quebrar o poderio angevino e expulsar os ingleses da França. Em João, encontrou um parceiro disposto. Ficou combinado entre eles que Filipe Augusto atacaria a Normandia, enquanto João promoveria uma revolta na Inglaterra

Em princípios de 1193, num momento já cheio de perigos, chegou à Inglaterra a grave notícia do que o rei estava prisioneiro "em um ponto qualquer da Alemanha". Houve geral e fundada consternação entre a massa leal de seus súditos. João declarou que Ricardo estava morto, apareceu em armas e reclamou a coroa. Aquela Inglaterra que se manteve ao lado de Ricardo em sua longa ausência contra todas essas forças poderosas e sutis é uma prova das lealdades da era feudal. Uma profunda noção do seu caráter heróico e da sua missão sagrada despertava a lealdade de grande número de pessoas decididas e independentes, cujos nomes são desconhecidos da história. A Igreja jamais vacilou; Walter de Coutances, de Rouen, permaneceu firme; a rainha-mãe, com septuagenário vigor, ficou ao lado de seu filho mais velho; essas figuras dominavam o Conselho e o Conselho dominava o país. As costas estavam guardadas contra uma iminente invasão francesa. As forças de João desintegraram-se. Em abril, a tensão foi atenuada pela chegada de notícias autorizadas de que Ricardo estava vivo. O príncipe João encarou a situação com a máxima serenidade que pôde e fugiu para a França.

O imperador do Santo Império Romano exigiu o prodigioso resgate de cento e cinqüenta mil marcos, o dobro da renda anual da Coroa Inglesa. Cem mil deveriam estar prontos em Londres antes que o rei fosse libertado. Ricardo aprovou e o Conselho Inglês concordou. Entrementes, Filipe e João estavam trabalhando ativamente do outro lado. Ofereceram ao imperador oitenta mil marcos para conservar o rei inglês prisioneiro até o Dia de São Miguel de 1194 ou cento e cinqüenta mil marcos para entregá-lo em suas mãos. Todavia, o imperador achou que sua honra de chantagista estava empenhada com Ricardo, com quem, talvez precipitadamente, havia fixado a importância. Quando Filipe soube que o imperador não aceitaria sua barganha, enviou a João sua famosa mensagem: "Tenha cuidado – o Diabo está solto".

Restava arrecadar o resgate. O peso abalou o reino. Entretanto, nada era mais sagrado do que a obrigação feudal de resgatar o senhor feudal, sobretudo quando ele gozava da santidade de um cruzado. O "Justiciar", os arcebispos e a rainha Eleanor empenharam-se em sua penosa tarefa. A Igreja mostrou-se à altura de seu dever. Era legal sacrificar até mesmo os mais sagrados ornamentos das catedrais para o resgate de um cristão perdido na Guerra Santa. De todas as terras foi cobrada uma nova "scutage". Todos os leigos tiveram de dar um quarto de seus bens móveis. As propriedades da Igreja foram sujeitas a igual tributo; deram sua prataria e seus tesouros, e três das ordens monásticas entregaram sem resistência a produção de lã de um ano. O príncipe João, naturalmente, deu um exemplo na arrecadação desses tributos em todo os seus "shires". Seus agentes insistiram no sagrado dever de que todos tinham de pagar e o príncipe João guardou para si os produtos da fé e da lealdade de seus súditos. Foram feitas três tentativas separadas de reunir o dinheiro e, embora a Inglaterra e a Normandia, tributadas até o limite máximo, não conseguissem fornecer toda a soma exigida, o imperador, convencido de que não poderia obter mais, resolveu por seu prisioneiro em liberdade.

Em fins de 1193, a primeira prestação estipulada foi paga e, no começo de fevereiro de 1194, Ricardo, Coração de Leão, foi libertado de seu cativeiro. Podemos estar certos de que escolheu seu caminho através da Europa com cuidado, evitando seus domínios franceses. Em 16 de março, chegou a Londres entre cidadãos empobrecidos, mas ainda jubilosos por vê-lo e orgulhosos de sua fama. Encontrou João novamente em rebelião declarada, já tendo capturado castelos e reunido forças com o auxílio francês. O novo "Justiciar" e o Conselho já estavam agindo contra o príncipe traidor e Ricardo empenhou o peso de seu forte braço direito, assim como a majestade de seu nome, na repressão da revolta. João fugiu mais uma vez para a França. O rei foi coroado de novo em Londres com cerimônia ainda mais suntuosa do que antes. Como agora estava declaradamente em guerra com Filipe Augusto, suas primeiras, últimas e únicas medidas de governo foram levantar dinheiro e reunir cavalheiros. Depois de bem iniciados esses processos, atravessou o Canal para defender suas possessões francesas. Nunca mais pôs os pés na Inglaterra. Os ingleses, porém, não lhe guardaram ressentimento. Tudo fora feito como era justo e apropriado.

A simples chegada do poderoso guerreiro à França foi suficiente para restabelecer as fronteiras e colocar o rei Filipe e suas forças numa posição defensiva, quase abjeta. João procurou obter o perdão do irmão e senhor feudal que combatera tão deslealmente. Não pediu em vão. Com pleno conhecimento de que se João tivesse concretizado seus planos ele ainda seria um prisioneiro num castelo alemão, destronado ou mesmo morto – com toda a longa história de perfídia e malícia antinatural em sua mente –, Coração de Leão perdoou João, abraçou-o com amor fraternal e restaurou-o em algumas de suas propriedades, com exceção de certas fortalezas que a mais rudimentar prudência o obrigava a conservar. Este gesto foi admirado pela sua grandeza, embora talvez não por sua sabedoria, por toda a sociedade, leiga e espiritual, da Cristandade.

Os cinco anos restantes do reinado de Ricardo foram gastos na defesa de seus domínios franceses e na arrecadação de dinheiro para esse fim na Inglaterra. Mais uma vez o país era governado por um delegado, agora Hubert Walter, homem criado nas tradições da Casa Real de Henrique II, como braço direito de Rannulf Glanvill. Não era um amador feudal, mas um administrador profissional pelo treinamento e experiência. Hubert Walter era agora arcebispo de Canterbury e "Justiciar" de Ricardo. Tornar-se-ia mais tarde o "Chancellor" do rei João. Assim, durante dez anos, ele foi o principal ministro do reino. Fora extremamente útil a Ricardo na Cruzada, durante a qual o acompanhara, e desempenhara papel proeminente na organização do resgate. Com decisão, conhecimento e habilidade, desenvolveu o sistema de governo centralizado e forte idealizado por Henrique II. Hubert Walter destaca-se como um dos grandes administradores medievais. A autoridade real foi restabelecida no Norte; comissões de inquérito cuidaram das questões judiciárias e financeiras não liquidadas; outras comissões, com o auxílio de júris locais, realizaram exaustivos inquéritos sobre os direitos reais e a administração da justiça. Para a manutenção da paz, foi idealizado um novo mecanismo, no qual pode ser encontrada a origem dos Juízes de Paz, e o cargo de "Coroner" surgiu então claramente pela primeira vez. Como chefe do Exchequer, Walter de Coutances, arcebispo de Rouen, tentara a revisão dos impostos e do sistema militar existente. Novas avaliações de terras foram iniciadas, os pesos e medidas foram padronizados e as fraudes dos fabricantes e vendedores de tecidos foram eliminadas ou atenuadas. Novas concessões, envolvendo o precioso privilégio de autogoverno local, foram outorgadas a Londres e às principais cidades. Em toda a extensão da terra, o mecanismo do governo passou a funcionar fácil e silenciosamente. Se havia descontentamento contra os impostos, poucos ousavam manifestá-lo. Um homem, um demagogo, "William of the Beard", expressou sentimentos que em circunstâncias semelhantes teriam prontamente ocorrido aos políticos modernos. Foi enforcado.

Embora Ricardo fosse um rei ausente, cujas causas e virtudes representarem sacrifício e desapontamento para seus súditos, seu reino não sofrera tanto quanto poderia parecer. As intrigas dos nobres e as traições do príncipe João haviam sido limitadas por um governo impessoal, governando com a força e em nome de elevados e também bem fundados princípios. O sistema de administração imaginado por Henrique II – o Serviço Civil, como podemos chamá-lo – resistiu à prova e, sem ser perturbado por intervenções reais, consolidou-se, para conveniência e vantagem gerais. Ficou provado que o rei, a quem se prestava toda a lealdade, não era mais a única garantia de lei e ordem. Havia outras garantias nas quais a nação inglesa podia confiar.

Na França, a guerra com Filipe prosseguia de maneira curiosa. As negociações eram intermináveis. Cada ano havia uma trégua, que anualmente era rompida quando o tempo e a conveniência geral o permitiam. Ricardo, estudando a defesa estratégica da Normandia, viu num alto penhasco que se ergue na curva do Sena perto de Andelys a chave de Rouen. Embora proibido pela trégua de fortificá-lo e apesar de um interdito lançado contra ele pelo bispo da diocese, o rei pôs-se a construir durante 1196 a mais perfeita fortaleza que sua experiência podia idealizar. Chamou-a de Chateau Gaillard ou "Castelo Atrevido" e "minha bela criança". À medida que o castelo se erguia com todas as suas obras avançadas, pontes e defesas aquáticas na imensa estrutura de paredes tríplices da pedra que ainda hoje paira ameaçadoramente sobre os telhados de Andelys, Ricardo afirmava jubilosamente que aquela era sem dúvida a mais poderosa fortaleza do mundo. "Ainda que suas paredes fossem de ferro", disse Filipe em sua cólera, "eu o tomaria." "Ainda que fossem de manteiga", replicou Ricardo, "eu o defenderia." Entretanto, o destino daria a Filipe a última palavra.

Em 1197, as escaramuças e parlamentações, estabelecimento de trégua e rompimento de trégua, que se haviam tornado habituais, foram afastados por um violento acontecimento. Algo semelhante a uma batalha foi travado e Ricardo pôs o rei da França e seu exército em precipitada fuga através das ruas de Gisors, onde apenas dez anos antes haviam sido prestados pelos reis da França e da Inglaterra os solenes juramentos da Terceira Cruzada.

Em 1199, quando as dificuldades de arrecadação de recursos para a guerra interminável estavam em seu auge, boas notícias foram levadas ao rei Ricardo. Disseram-lhe que havia sido escavado perto do castelo de Chaluz, nas terras de seus vassalos, um tesouro de qualidade maravilhosa; havia sido desenterrado um grupo de imagens de ouro, representando um imperador, sua mulher, seus filhos e filhas, sentados ao redor de uma mesa, também de ouro. O rei reivindicou esse tesouro como senhor supremo. O senhor de Chaluz resistiu ao pedido e o rei sitiou seu pequeno e fraco castelo. No terceiro dia, quando cavalgava temerariamente perto da muralha confiante em sua sorte tantas vezes provada, um dardo lançado por uma besta atingiu-o no ombro esquerdo, perto do pescoço. O ferimento, já profundo, foi agravado pelo corte necessário para extrair a ponta do dardo. Manifestou-se a gangrena e Coração de Leão compreendeu que devia pagar a dívida de um soldado. Preparou-se para a morte com fortaleza e calma, e de acordo com os princípios que seguira. Arrumou seus negócios; dividiu seus bens .pessoais entre seus amigos ou legou-os a obras de caridade. Chamou sua mãe, a temível Eleanor, que se encontrava próxima. Proclamou João seu herdeiro e fez com que todos os presentes lhe jurassem lealdade. Ordenou que o arqueiro que disparara o dardo fatal e que estava então prisioneiro fosse levado à sua presença. Perdoou-o e deu-lhe um presente em dinheiro. Durante sete anos não se confessara pelo temor de ser obrigado a reconciliar-se com Filipe, mas agora recebeu os sacramentos da Igreja com sincera e exemplar piedade. Morreu no quadragésimo segundo ano de sua vida, em 6 de abril de 1199, digno, pelo consenso de todos os homens, de tomar assento com o rei Artur, Rolando e outros heróis do romance marcial a alguma Mesa Redonda Eterna, que, segundo confiamos, o Criador do Universo, em Sua Compreensão, não se terá esquecido de prover.

O arqueiro foi esfolado vivo.

CAPÍTULO 7

A MAGNA CARTA

O caráter do príncipe que agora subia ao trono da Inglaterra e se tornava senhor da Normandia, Anjou, Touraine e Maine, pretendente da Bretanha e herdeiro da rainha Eleanor na Aquitania, já era bastante conhecido. Ricardo encarnara as virtudes que os homens admiram no leão, mas não existe na natureza animal que combine as contraditórias qualidades de João. Unia a crueldade de um guerreiro endurecido à habilidade e sutileza de um Maquiavel. Embora de tempos a tempos se deixasse dominar por furiosas raivas, nas quais "seus olhos lançavam fogo e seu semblante se tornava lívido", suas crueldades eram concebidas e executadas com inteligência fria e desumana. Monges cronistas acentuaram sua violência, sua avidez, sua maldade, sua traição e sua luxúria. Outros registros, porém, mostram que ele era muita vezes judicioso, sempre extremamente capaz e, em certas ocasiões, até mesmo generoso. Possuía um espírito original e inquisitivo, e até o fim de sua vida guardou como tesouro a sua biblioteca. Nele a turbulenta energia da raça dos Plantagenets foi elevada a um furioso apogeu de instabilidade. Um escritor francês, Taine, tentou, é verdade, lançar o manto sombrio da loucura sobre suas deformidades morais, mas um estudo de suas ações mostra que João era dotado de profunda e persistente sagacidade, de paciência e astúcia, e da resolução inabalável, que concretizou, de conservar-se sobre o trono enquanto houvesse vida em seu corpo. As dificuldades com que se defrontou, em geral com notável sucesso, exigiam frio e atento estudo. Além disso, quando se levam em conta todas as conseqüências, verifica-se que a nação britânica e o mundo de língua inglesa devem muito mais aos vícios de João do que aos trabalhos de soberanos virtuosos; isso porque foi através da união de muitas forças contra ele que se construiu de fato o mais famoso marco de .nossos direitos e liberdades.

Embora Ricardo tivesse proclamado João rei, havia duas opiniões sobre a sucessão. Geoffrey, seu irmão mais velho, havia deixado um filho, Artur, príncipe da Bretanha. Já era então possível sustentar que este neto de Henrique II, por um ramo mais velho, tinha direito de precedência sobre João, e essa é hoje a lei da primogenitura. William, o Marshal, submeteu a questão ao arcebispo de Canterbury, mas ambos decidiram que o direito cabia a João. A rainha Eleanor ficou ao lado de seu filho contra o neto, de cuja mãe jamais gostara. João foi aceito sem objeções na Inglaterra. Nas províncias francesas, porém, prevaleceu a opinião oposta. A Bretanha particularmente adotou Artur. O rei da França e todos os interesses franceses consideravam-se bem servidos por uma sucessão disputada e pelo apoio à causa mais fraca. Aqueles que haviam apoiado Ricardo contra seu pai e João contra Ricardo achavam lógico apoiar Artur contra João. Além disso, a irreverência de João em solenes ocasiões oficiais havia ofendido a Igreja. Um mau augúrio resultou desde o início de sua leviandade. Quando, em Rouen, lhe foi entregue a simbólica lança dos duques da Normandia, ele se voltou para fazer alguma observação jocosa aos cortesãos que o acompanhavam e a arma caiu ao chão.

Com a ascensão de João, surge claramente nas províncias do norte da França uma noção de unidade entre si e com o reino francês; ao mesmo tempo, deste lado do Canal, os barões se tornam cada vez mais inclinados para idéias insulares e mesmo nacionalistas. Os laços com o Continente estavam-se enfraquecendo através da gradual divisão de honrarias e privilégios na Inglaterra e na Normandia entre os diferentes ramos das famílias anglo-normandas. Além disso, o crescente brilho da Corte Francesa e do poderio real no fim do século XII era um poderoso ímã que atraía para Paris as lealdades continentais. O rei João viu-se obrigado a lutar por suas possessões no continente com maiores dificuldades do que seu predecessores. Encontrava também crescente resistência à cobrança de impostos para aquele fim na Inglaterra. Em seu sermão de coroação, o arcebispo, segundo se conta, mencionou que a monarquia inglesa era em sua essência eletiva e não hereditária. Se, como geralmente se sustentava, a continuidade com Eduardo, o Confessor, e os reis anglo-saxônicos devesse ser respeitada, muitos bons pretendentes, inclusive Alfredo, o Grande, poderiam ser citados a favor dessa doutrina. Se o arcebispo pregava nesse sentido sem dúvida contava com pleno consentimento de João. Todavia, o princípio de procurar e escolher entre as personalidades reais de maneira alguma enfraquecia as pretensões de Artur nas regiões onde sua soberania era desejada.

Desde o início, João temeu Artur. Encontrava-se na Bretanha e na Corte de Artur quando recebeu a notícia da morte de Ricardo. Apressou-se em sair de área tão perigosa. Artur foi recebido em Le Mans com entusiasmo. Prestou vassalagem a Filipe por Anjou, Maine e Touraine. A força de João residia apenas na Aquitania e na Normandia. A guerra e as negociações continuaram no apropriado estilo do reinado precedente, mas sem o prestígio do Coração de Leão do lado da Coroa Inglesa. Em 1202, Filipe, como soberano de João em relação a certos territórios, baixou uma intimação na devida forma citando João para comparecer perante sua Corte a fim de responder a acusações feitas contra ele pelos barões de Poitou. João respondeu que não estava sujeito a processos dessa natureza. Filipe replicou que ele era intimado como conde de Poitou. João declarou que o rei da Inglaterra não podia submeter-se a tal julgamento. Filipe retrucou que o rei da França não podia perder seus direitos sobre um vassalo por ter este vassalo adquirido ocasionalmente outra dignidade. Todos os expedientes legais foram esgotados. João, a quem não se prometera sequer um salvo-conduto para sua volta, recusou comparecer à Corte e foi, em conseqüência, sentenciado à perda de todas as terras que tinha na França por haver faltado ao serviço de seu soberano. Assim armado com um direito legal reconhecido pelos juristas da época, Filipe invadiu a Normandia no verão de 1202, capturando numerosas cidades praticamente sem resistência. O rei francês sagrou Artur cavaleiro, investiu-o em todos os feudos dos quais fora privado, exceto a Normandia e Guienne, tornou-o noivo de sua filha Maria. Artur tinha então dezesseis anos.

Quando refletimos que as províncias francesas tinham para os Plantagenets tanta importância quanto todo o reino da Inglaterra, torna-se evidente que mesmo um homem mais virtuoso do que João ficaria exasperado com tal tratamento e suas conseqüências. Seus sentimentos abafados despertaram nele uma energia inesperada por seus inimigos.

Artur, recebendo a notícia de que sua avó Eleanor estava no castelo de Mirabeau em Poitou com reduzida escolta, cercou o castelo, atacou as obras exteriores e estava a ponto de aprisionar a importante, idosa e hostil rainha. Eleanor conseguiu no último momento enviar uma mensagem a João, que se encontrava em Le Mans. Seu filho, acompanhado por poderosas forças, cobriu a distância de oitenta milhas que os separava em quarenta e oito horas, surpreendeu Artur e os sitiantes de madrugada e, como ele próprio declarou, "pelo favor de Deus" apanhou-os todos. Artur e todos quantos estavam com ele, Hugh de Lusignan e um grupo de barões que se haviam revoltado, duzentos ou mais cavaleiros, caíram todos de um golpe nas mãos de João, e sua mãe foi libertada de uma situação perigosa.

Artur foi aprisionado em Falaise, depois em Rouen. Ninguém duvidava de que ele estava sujeito a um perigo mortal. Todos os barões da Bretanha que ainda eram leais a João pediram que o príncipe fosse libertado e, diante da recusa de João, iniciaram imediata rebelião. João sentiu que jamais estaria seguro enquanto Artur vivesse. Isso certamente era verdade. A onda de desunião que estava sendo promovida em todas as províncias francesas pelo rei da França, utilizando-se de Artur como um peão, bem poderia ter influenciado homem melhor do que João. Artur, capturado em luta aberta quando sitiava sua própria avó, era um prisioneiro de guerra. O horrível crime de homicídio tem sido freqüentemente praticado devido a razões de Estado com tentações menores do que aquelas que assaltavam então esse rei excepcionalmente violento. Ninguém sabe o que aconteceu a Artur. Um véu impenetrável desceu sobre a tragédia de Rouen. O oficial comandante da fortaleza, um certo Hubert de Burgh, revelou que, por ordem do rei, entregara seu prisioneiro na Páscoa de 1203 nas mãos de agentes mandados por João para castrá-lo e que Artur morrera de choque. Essa explicação de maneira alguma atenuou o descontentamento despertado na Bretanha e outras partes. Hubert declarou então que Artur ainda estava vivo e João disse que se sentia satisfeito por suas ordens não terem sido obedecidas. Seja como for, Artur nunca mais foi visto. Que foi assassinado por ordens de João é coisa de que não se duvidara na época ou depois, embora permaneça sem resposta a pergunta sobre se foi ou não mutilado ou cegado antecipadamente.

Embora importantes nobres e pessoas comuns em grande número fossem naquele tempo freqüentemente sujeitos à morte sem julgamento e devido a razões de ódio ou política, o assassínio por um rei de um seu igual confirmou a má impressão que o mundo inteiro tivera de João. Além disso, o odioso crime não impediu, mas antes apressou a perda da Normandia.

Artur fora afastado, mas João não se aproveitou de seu crime. Isso porque Artur não era mais do que um instrumento de Filipe Augusto e seu desaparecimento não alterou o férreo propósito do rei francês. Contra essa persistência, Ricardo opusera a devoção dos homens, mas a natureza de João não inspirava devoção alguma. A Bretanha e as províncias centrais do Império Angevino revoltaram-se. Filipe entrou em acordo com cada uma das províncias e, na Páscoa de 1203, fez uma viagem descendo o Loire até Saumur. Uma cunha profunda já fora introduzida entre as metades norte e sul das possessões continentais de João. Tendo cercado a Normandia, Filipe preparou-se para atacar o baluarte do poderio angevino. João, consciente do perigo que enfrentava, lançou tesouros e suprimentos para fortalecer suas defesas. A posição militar não era ainda desesperada e, se João não tivesse no fim de 1203, depois de uma série de selvagens mas ineficazes incursões, abandonado precipitadamente a Normandia, poderia ter mantido o ducado indefinidamente retirando recursos da Inglaterra. Todavia, enquanto Filipe conquistava fortaleza após fortaleza na Normandia Central, os nervos de João falharam e os normandos, que não estavam relutantes em encontrar uma desculpa para a rendição, fizeram da indiferença inglesa a sua justificação. Em março de 1204, a "bela criança" do rei Ricardo, o ameaçador Château Gaillard, caiu e a estrada para Rouen ficou aberta. Três meses mais tarde a própria capital foi tomada e a Normandia tornou-se finalmente francesa.

Nenhuma lágrima inglesa precisava ser derramada por essa perda. O Império Angevino, em seu apogeu, não tivera unidade real. O tempo e a geografia estavam ao lado dos franceses. A separação demonstrou-se de interesse tanto para a Inglaterra quanto para a França. Livrou a Ilha de uma perigosa e custosa distração e complicação, permitiu-lhe voltar seus pensamentos e suas energias para os seus próprios negócios e, acima de tudo, deixou uma classe governante de origem estrangeira sem outros interesses dali por diante que não fossem ingleses ou pelo menos insulares. Esses consolos não ocorreram porém aos contemporâneos de João, que viam apenas uma derrota desastrosa e humilhante, e lançavam a culpa sobre o rei, já privado da confiança do povo e em desacordo com a nobreza.

O próprio êxito de Henrique II no sentido de restabelecer a ordem e criar uma eficiente administração central motivou novas dificuldades para aqueles que vieram depois dele. Henrique II criara um instrumento tão poderoso que exigia cuidadoso tratamento. Só restaurou a ordem à custa de privilégios ofendidos. Seus arranjos fiscais foram originais e drásticos em sua plenitude. Seu tratamento violara o costume feudal em muitos pontos. Tudo isso fora aceito devido aos modos diplomáticos do rei e numa reação contra a anarquia. Ricardo I, por sua vez deixara a Inglaterra nas mãos de administradores capazes e o ódio contra seu governo severo e financeiramente engenhoso recaíra diretamente sobre aqueles, sem atingir o rei, radiante no halo de cruzado e afortunado em sua ausência. João, porém, estava presente para receber pessoalmente a culpa.

João, como Guilherme Rufus, levou a limites lógicos as tendências do sistema de seu pai. Havia atrasos no pagamento de "scutage" do reinado de Ricardo e era necessário mais dinheiro para combater o rei francês, Filipe Augusto. Entretanto, verificara-se uma divisão entre os barões. Os barões ingleses do reinado de João haviam-se separado de seus feudatários normandos e não eram muitas as famílias que agora se davam as mãos de ambos os lados do Canal. Mesmo o rei Ricardo recebera de nobres ingleses recusas de lutar no estrangeiro. A disputa sobre serviço no estrangeiro e pagamento de "scutage" estava nas raízes da agitação baronial. Pelo sistemático abuso de suas prerrogativas feudais, João levou os barões a violenta resistência. A sociedade inglesa estava se desenvolvendo firmemente. Os interesses de classe haviam assumido definição mais acentuada. Muitos barões consideravam o comparecimento ou freqüência à Corte como uma oportunidade para exercer influência e não para prestar zeloso serviço. A noção da unidade da Igreja crescia entre o clero e o sentimento coletivo nas municipalidades. Todas essas classes eram necessárias ao novo governo centralizado. Entretanto, João preferiu acentuar os aspectos mais implacáveis do poder real.

O ano de 1205 trouxe a crise. A perda da Normandia foi seguida pela morte da mãe de João, Eleanor, a cuja influência ele devia muito de sua posição no Continente. A morte do arcebispo Hubert Walter, que durante os últimos dez anos controlara todo o mecanismo de administração, privou-o do único estadista cujo conselho ele respeitava e cuja autoridade se erguia entre a Coroa e a nação. Com isso, reabriu-se também a espinhosa questão de quem elegeria o Primaz da Inglaterra.

O trono papal era nessa época ocupado por Inocêncio III, um dos maiores medievais, famoso por suas qualidades de estadista e diplomata, e preocupado em elevar ao seu apogeu o poder temporal da Igreja. A disputa entre João e o mosteiro de Canterbury em torno da eleição para o arcebispado ofereceu a Inocêncio a oportunidade exata que procurava para afirmar a autoridade papal na Inglaterra. Pondo de lado os candidatos tanto da Coroa como do clero de Canterbury, fez com que Stephen Langton fosse escolhido com grande pompa e solenidade em Roma, em dezembro de 1206. O rei João, confiante em que tinha na Corte papal influência suficiente para assegurar a eleição de seu candidato, cometera a imprudência de reconhecer antecipadamente a validade da decisão papal. Foi com perdoável raiva que soube como Inocêncio havia introduzido habilmente um terceiro e vitorioso candidato, cujas qualificações eram indiscutíveis. Stephen Langton era um cardeal inglês do mais elevado caráter e um dos mais famosos doutores das escolas de Paris. Em sua cólera e sem medir a força de seus adversários, o rei passou a desencadear uma guerra incruenta contra a Igreja. Inocêncio III e Stephen Langton não eram homens que se rendessem pela intimidação e, numa era de fé, possuíam armas mais poderosas do que qualquer monarca secular. Quando João começou a perseguir o clero e confiscar terras da Igreja, o papa revidou impondo um interdito sobre toda a Inglaterra. Durante mais de seis anos, os sinos permaneceram silenciosos, as portas das igrejas ficaram fechadas diante dos fiéis; os mortos precisaram ser sepultados em terreno não consagrado e sem a última comunhão. Muitos dos súditos de João viram-se, só por esse motivo, diante da condenação eterna para si próprios e para seus antes amados.

Quando João endureceu seu coração diante do interdito e redobrou seus ataques às propriedades da Igreja, o papa, em 1209, adotou a medida extrema da excomunhão. Os súditos do rei ficavam conseqüentemente absolvidos de sua lealdade; seus inimigos recebiam a bênção da Igreja e eram santificados como cruzados. João, porém, era obstinado e indomável. O interdito e a excomunhão não levaram terrores espirituais à sua alma. Na realidade, agravaram a violência de suas medidas a um ponto que seus contemporâneos só podiam atribuir à insanidade. A administração real, que nunca fora mais eficiente, encontrava pouca dificuldade em lidar com os problemas fiscais e jurídicos que se lhe apresentavam ou em manter a ordem. O interdito, se fora uma ameaça, fora também uma oportunidade para a qual estavam bem amadurecidos os planos de João. A propriedade eclesiástica dos sacerdotes que fugiam para o estrangeiro era confiscada como castigo pela Coroa; e à medida que um número cada vez maior de bispados e abadias ficava vago, suas rendas eram exploradas pelos guardas reais. Assim, o Exchequer transbordou com os despojos. Não fosse a combinação entre o conflito com a Igreja e as pressões da política mundana, a Coroa poderia ter firmado uma posição que não alcançou senão nos dias de Henrique VIII.

Depois da perda da Normandia, João iniciara uma série de grandiosos planos para uma aliança continental contra Filipe Augusto. Encontrou aliados no imperador Oto IV e nos condes de Toulouse e Flandres. Todavia, seu rompimento com a Igreja apressou a formação de uma liga muito mais formidável entre o rei da França e o Papado. Em 1213, João precisou escolher entre a submissão e uma invasão francesa, apoiada pelos recursos militares e espirituais que Inocêncio III podia pôr em ação. A insegurança do rei no interior do país forçou-o a curvar-se diante da ameaça e Inocêncio rejubilou-se com a vitória dentro de suas próprias condições.

João, porém, não esgotara seus estratagemas e, por um golpe de astuciosa escolha que poderia ser chamado de gênio político, transformou a derrota em algo muito semelhante a triunfo. Se não podia predominar, submeter-se-ia; se se submetesse, arrepender-se-ia; se se arrependesse, não haveria limites à sua contrição. Precisava romper a todo custo o círculo opressor de seus inimigos. Estendeu diante de Inocêncio III a atração da soberania temporal a que, sabia ele, o pontífice não poderia jamais resistir. Prontificou-se a fazer da Inglaterra um feudo do Papado e a prestar vassalagem ao papa como seu senhor feudal. Inocêncio agarrou-se a esse acréscimo às suas dignidades mundanas. Perdoou o rei penitente; colocou-o e o reino da Inglaterra sob sua especial proteção. Aceitou a soberania da Inglaterra das mãos de João e devolveu-a a ele como seu vassalo com sua bênção.

Isso inverteu as posições para os inimigos seculares de João. Ele era agora o protegido da Igreja. Filipe Augusto, que com grandes despesas reunira seus exércitos para invadir a Inglaterra como um cruzado em seu próprio benefício, considerou-se insultado pela repentina tergiversação de seu aliado espiritual. Sentia-se indignado e nada inclinado a abandonar a presa que durante tanto tempo tivera em vista. Os barões também encontraram magro conforto nessa transformação. Seus agravos não haviam sido reparados e sua cólera não fora apaziguada. Mesmo na Igreja havia uma acentuada divisão. O Episcopado Inglês via-se agora levado a uma sujeição a Roma muito além do que exigiam sua devoção e seus interesses, e absolutamente em desacordo com a tradição em que havia sido criado. A obediência ao Supremo Pontífice era um dever sagrado, mas não podia ser levada a interpretações excessivas. O próprio Stephen Langton, eleito pelo papa, era tão bom inglês quanto prelado. Previa a desenfreada exploração dos favores da Igreja Inglesa por Roma e o completo açambarcamento de seus benefícios por candidatos italianos. Tornou-se quase imediatamente uma força de oposição ao papa. O rei João, que permanecera em Dover, tremendo mas calculando, talvez tenha rido enquanto puxava todos esses cordéis e lançava seus inimigos na confusão.

João e Inocêncio perseveraram em sua nova parceria e os barõs descontentes reuniram-se sob a liderança de Stephen Langton. A guerra contra o rei da França continuava e as exigências de João, em dinheiro e serviço, conservavam acesa a cólera dos barões. Em 1214, uma expedição inglesa que João conduzira até Poitou malogrou. No Norte da França, o exército comandado por seu sobrinho, Oto da Saxônia, e pelo conde de Salisbury, foi derrotado pelo rei Filipe em Bouvines. Essa batalha destruiu em um dia toda a combinação continental em que o rei João depositara suas esperanças. Ali estava novamente a oportunidade para os inimigos internos do rei. Esses fizeram planos para limitar o domínio de um rei despótico e derrotado, ameaçando abertamente revoltar-se se suas condições não fossem aceitas. Deixando entregues a si próprios, talvez tivessem arruinado a sua causa com sua rancorosa oposição e suas exigências egoístas, mas o arcebispo Langton, ansioso por uma paz justa, exerceu sobre eles uma influência moderadora.

Não podia o rei também, como vassalo papal, desrespeitar abertamente o conselho de Langton.

Todavia, João ainda tinha um recurso final. Encorajado pelo papa, fez os votos de um cruzado e invocou a sentença de excomunhão contra seus adversários. Isso não lhe foi negado. As condições de 1213 estavam agora inteiramente invertidas. Os barões, que haviam pensado ser cruzados contra um rei excomungado, estavam agora eles próprios sob a condenação. ·Entretanto, esse ágil emprego das fulminações papais privara-as de algumas de suas virtudes como meio de repressão. Os barões, encorajados pela derrota do rei no estrangeiro, persistiram em suas exigências apesar da Bula Papal. Grande parte da Igreja permaneceu ao lado deles. Em vão João manobrou através da oferta de concessão de libertação de eleição à Igreja e de separação entre o clero os barões. A revolta armada parecia ser a única solução. Embora na cena final da luta o arcebispo se mostrasse pouco disposto a ir ao extremo da guerra civil, foi ele quem convenceu os barões a basearem suas exigências no respeito ao costume e lei antigos, e quem lhes deu alguns princípios pelos quais lutaram além de seus próprios interesses de classe. Depois de quarenta anos de experiência do sistema administrativo estabelecido por Henrique II, os homens que agora enfrentavam João avançaram além dos magnatas do tempo do rei Stephen. Eles haviam aprendido a pensar inteligente e construtivamente. Em lugar do despotismo arbitrário do rei, propunham, não a devastadora anarquia do separatismo feudal, mas um sistema de fiscalizações e equilíbrios que daria à monarquia sua força necessária, mas impediria sua deturpação por um tirano ou um tolo. Os líderes dos barões, em 1215, caminhavam às apalpadelas sob uma luz fraca em direção a um princípio fundamental. O governo deveria daí por diante significar algo mais do que o domínio arbitrário de qualquer homem, e o costume e a lei deveriam erguer-se acima do próprio rei. Foi essa idéia, talvez apenas entendida pela metade, que deu unidade e força à oposição dos barões e tornou imorredoura a Carta que eles então exigiam.

Numa manhã de segunda-feira, em junho, entre Staines e Windsor, os barões e os homens da Igreja reuniram-se na grande campina de Runnymede. Um silêncio inquieto caía sobre eles de tempos em tempos. Muitos haviam deixado de comparecer ao encontro. E os poucos homens ousados que haviam comparecido sabiam que o rei jamais perdoaria essa humilhação. Persegui-los-ia até onde pudesse e os leigos pelo menos estavam arriscando suas vidas na causa a que serviam. Haviam preparado um pequeno trono para o rei e uma tenda. O punhado de homens resolutos redigira, segundo parece, um curto documento sobre pergaminho. Seus vassalos e os grupos e esquadrões de cavaleiros revestidos de soturno aço permaneciam a certa distância e bem no fundo. Não era a rebelião armada contra a Coroa o supremo crime feudal? Os acontecimentos desenvolveram-se rapidamente. Uma pequena cavalgada apareceu na direção de Windsor. Gradualmente, os homens distinguiram as fisionomias do rei, do legado papal, do arcebispo de Canterbury e de vários bispos. Desmontaram sem cerimônia. Alguém, provavelmente o arcebispo, expôs brevemente as condições que eram sugeridas. O rei declarou-se imediatamente de acordo. Disse que os pormenores seriam arranjados imediatamente em sua "Chancery". Os "Artigos dos Barões" originais, sobre os quais se baseou a Magna Carta, existem até hoje no Museu Britânico. Foram selados numa cena calma e curta, que se tornou uma das mais famosas de nossa história, em 15 de junho de 1215. Em seguida, o rei voltou para Windsor. Quatro dias mais tarde, provavelmente, a Carta propriamente dita foi redigida. Nas idades futuras, seria usada como fundamento de princípios e sistemas de governo com os quais nem sequer sonhavam o rei João e os seus nobres.

No início do ano de 1216, parecia haver toda probabilidade de João derrotar ainda a oposição baronial e reabilitar-se da humilhação de Runnymede. Entretanto, antes de terminar o verão, o rei estava morto e a Carta sobreviveu à denúncia do papa e ao arbitramento da guerra. Nos cem anos seguintes, foi revigorada trinta e oito vezes, a princípio com algumas alterações substanciais, mas conservando suas características originais. Depois, pouco mais se ouviu falar a seu respeito até o século XVII. Após mais de duzentos anos, uma oposição parlamentar lutando para refrear os avanços dos Stuarts sobre a liberdade dos súditos redescobriu-a e fez dela um grito de guerra contra a opressão. Assim foi criada a gloriosa lenda da "Carta de liberdade de um inglês".

Se pusermos de lado os louvores retóricos que têm sido tão prodigamente conferidos à Carta e estudarmos o próprio documento, talvez consideremos surpreendente a sua leitura. Na forma assemelha-se a um contrato legal, constituído de sessenta e uma cláusulas, cada uma delas referente aos pormenores da administração e costumes feudais ou a cuidadosas provisões para assegurar o cumprimento das promessas nela contidas. Falta-lhe completamente qualquer ampla declaração dos princípios de governo democrático ou dos direitos do homem. Não é uma declaração de doutrina constitucional, mas um documento prático para remediar abusos correntes no sistema feudal. Na abertura apresentam-se as questões de "scutage", de socorros feudais e de tutela. A palavra "freeman" era um termo técnico feudal e é duvidoso que incluísse mesmo os comerciantes mais ricos quanto mais os camponeses ou as classes mais humildes que formavam o grosso de uma nação. Envolvia da parte do rei uma promessa de bom governo para o futuro, mas os termos da promessa eram limitados à observância dos privilégios e interesses costumeiros da classe baronial. Os barões, por sua parte, foram obrigados a incluir algumas provisões referentes aos seus rendeiros, aplicando-se também vagamente aos rendeiros-chefes os limites impostos a João. Contudo, fizeram o mínimo que puderam com segurança e decência. Os servos feudais, até onde eram protegidos, recebiam solícita atenção como convinha a valiosos servos agregados à mansão senhorial e não a cidadãos livres do reino.

O século XIII seria a grande época do desenvolvimento e experiência parlamentares, mas não há na Magna Carta menção ao Parlamento ou à representação de qualquer classe, além da baronial. Os grandes lemas do futuro ali não encontravam lugar. Na realidade, a Carta é uma reparação de agravos feudais arrancada de um soberano contra a sua vontade por uma classe dominante descontente, que insistia em seus privilégios, e são por ela ignoradas algumas das mais importantes questões que o rei e os barões tinham a resolver, tais como os termos do serviço militar.

A Magna Carta não deve porém ser ignorada levianamente como "um monumento de egoísmo de classe", nas palavras de um escritor moderno. Mesmo em seu tempo, homens de todas as categorias acima da posição de servo feudal tinham interesses em garantir a posse da terra contra invasão arbitrária. Além disso, os maiores magnatas podiam manter, como muitas vezes mantinham de fato, além de sua propriedade principal, parcelas de terra sob as mais diversas formas de ocupação, por serviço de cavaleiro, pelos privilégios de "socage" ou como arrendatários a título precário. Assim, garantindo-se, os barões de Runnymede estavam efetivamente estabelecendo os direitos de toda a classe territorial, grande e pequena – o simples cavaleiro com duzentos acres e o fazendeiro ou pequeno proprietário com sessenta acres. E existem provas de que sua ação era assim compreendida em todo o país. Em 1218, uma autoridade esforçou-se por reformar através de mandado um julgamento proferido pelo tribunal do condado de Lincolnshire. A vítima era um grande proprietário de terras, mas todos no condado se uniram em favor de sua causa e da "liberdade jurada e concedida", declarando em seu protesto que agiam "como ele e por ele, e por nós próprios e pela comunidade de todo o reino".

Se os magnatas do século XIII compreendiam pouco as liberdades populares ou a democracia parlamentar e com elas ainda menos se preocupavam, apesar disso se apossaram de um princípio que seria de primordial importância para o futuro desenvolvimento da sociedade inglesa e das instituições inglesas. Em todo o documento, ficou implícito que ali está uma lei que fica acima do rei e que nem mesmo ele pode violar. Estas reafirmação de uma lei suprema e sua expressão numa carta geral é o grande trabalho da Magna Carta; e só isso já justifica o respeito que os homens lhe dedicaram. O reinado de Henrique II, de acordo com as autoridades mais respeitadas, inicia o império da lei. Entretanto, o trabalho ainda estava incompleto: a Coroa ficava ainda acima da lei; o sistema legal que Henrique criou podia tornar-se, como mostrou João, um instrumento de opressão.

Agora, pela primeira vez, o próprio rei está sujeito à lei. O princípio fundamental estava destinado a sobreviver através das gerações e erguer-se supremo muito depois de ter-se desvanecido no passado o cenário feudal de 1215. A Carta tornou-se no processo do tempo um testemunho duradouro de que o poder da Coroa não era absoluto.

Os fatos nela encarnados e as circunstância que lhe deram origem foram enterrados ou mal compreendidos. A idéia subjacente da soberania da lei, desde muito antes existente no costume feudal, foi elevada por ela a uma doutrina para o Estado nacional. E quando, nas idades subseqüentes, o Estado, dilatado com sua própria autoridade, tentou impor sua tirania sobre os direitos ou liberdades dos súditos, foi a essa doutrina que vezes e vezes se dirigiram apelos, nunca até hoje sem resultados.

CAPÍTULO

8

Sobre a Bigorna

O rei João morreu lutando, mas morreu acuado. O desgoverno do seu reinado criou contra ele o que parecia ser uma combinação esmagadora. Estava em guerra com os barões ingleses, que o haviam forçado a outorgar a Carta. Os barões haviam convidado Luís, filho do implacável Filipe, rei da França, a vir para o país ser o seu senhor feudal e com ele vieram tropas estrangeiras e aventureiros audaciosos. Os barões insurretos ao norte do Humber tinham o apoio de Alexandre, rei dos Escoceses; no Oeste a rebelião era sustentada por Llewellyn, o poderoso príncipe da Gales do Norte. As cidades eram em sua maioria contra o rei; Londres era veementemente hostil. Os Cinque Ports estavam em poder do inimigo. Winchester, Worcester e Carlisle, separadas pelas grandes distâncias daqueles tempos, estavam unidas na oposição à Coroa.

Por outro lado, o rei atemorizado havia sacrificado a posição do reino para comprar o auxílio firme do Papado. Um forte corpo de mercenários, as únicas tropas regulares do reino, estava a soldo de João. Alguns dos maiores nobres-guerreiros, o venerável William, o Marshal, e o famoso e romântico Ranulf, conde de Chester, com um forte séquito da aristocracia, aderiram à sua causa. A massa da população, confusa diante dessa nova disputa entre seus senhores, inclinava-se em geral a favor do rei contra os barões e certamente contra os estrangeiros invasores. Seu papel era apenas sofrer nas mãos de ambos os lados. Assim, as forças estavam bem equilibradas; tudo ameaçava uma longa e obstinada guerra civil e a volta da anarquia dos tempos de Stephen e Maud. O próprio João, depois de sua vida de sutilezas e duplicidades, de estratagemas ilegais, e drásticas e inesperadas mudanças de política religiosa, mostrava-se possuído, nos últimos meses de sua vida, de uma energia e capacidade guerreiras que espantavam amigos e inimigos. Foi nesse momento que ele morreu de disenteria, agravada pelo cansaço e pelo excesso de comida e bebida. Shakespeare retratou sua agonia final:

"And none of you will bid the winter come
To thrust his icy fingers in my maw...
I beg cold comfort, and you are so strait
And so ungrateful, you deny me that".[1]

A morte do rei nessa convulsão de luta alterou as condições do conflito sem lhe pôr termo. Os interesses e facções rivais que estavam em ação tinham muitos objetivos além do melhor governo da Inglaterra. Luís estava na Ilha e combatendo. Muitos haviam nele empenhado sua fé, já uma vez enganada. Os senhores rebeldes estavam profundamente envolvidos com seus aliados escoceses e galenses; ninguém estava com disposição para a paz. Entretanto, a única razão e justificação da revolta morreu com João. Henrique, uma criança de nove anos, era o indiscutível herdeiro de todos os direitos e todas as lealdades do vasto império de seu avô. Era o rei legítimo da Inglaterra. Com que fundamentos poderiam as opressões do pai ser voltadas contra seu filho inocente? Uma página da história fora violentamente virada; a nova página estava branca e limpa. Todas as partes eram profundamente sensíveis a essas considerações. Apesar disso, a falta de João foi, no momento, sentida por aqueles cujas vidas e fortunas estavam empenhadas na causa nacional. William, o Marshal, agiu

---

[1] "E ninguém manda vir o inverno e ordena na boca me enfiar a mão gelada... Não vos peço nada excessivo: um pouco só de frio. Mas tão sovinas sois, além de ingrato, que até mesmo esse pouco me negais." (Trad. C. A. Nunes, ed. Melhoramentos)

com honestidade e decisão. Se tivesse deixado de cumprir o seu dever para com a Coroa, a forte monarquia centralizada que Henrique II criara, e da qual dependia a crescente civilização do reino, poderia ter degenerado numa heptarquia de príncipes feudais ou mesmo pior. O legado papal, certo de inalterada política de Roma, ajudou William, o Marshal. O rei menino foi coroado em Gloucester e iniciou seu reinado de cinqüenta e seis anos em 28 de outubro de 1216. Foi ungido pelo legado e, na falta do diadema que João perdera ao atravessar o Wash, um aro simples de ouro foi colocado sobre sua testa. O tempo provaria que esse não era um símbolo inadequado do seu domínio.

William, o Marshal, com setenta anos, assumiu relutantemente o que agora poderíamos chamar de Regência. Chamou para seu lado o conde de Chester, que bem poderia ter sido seu rival, mas não insistia em suas pretensões, e Hubert de Burgh, o fiel servidor de João. A sabedoria e a fraqueza do novo governo foram igualmente reveladas na nova proclamação da Carta, que fora tão temerariamente denunciada pelo papa em 1215. O caráter religioso do partido do rei tornou-se predominante. Os realistas usavam cruzes brancas, a Igreja pregou uma virtual Cruzada e os chefes da facção opositora foram excomungados. "Em certa época", disse Henrique anos mais tarde ao bispo Grosseteste, "quando éramos órfão e menor, quando nossos súditos não só estavam afastados de nós, mas estavam também organizados contra nós, foi nossa mãe, a Igreja Romana, que colocou este reino mais uma vez sob nossa autoridade, que nos consagrou rei, nos coroou e nos colocou sobre o trono."

Foi um reinado de tumultos e dificuldades, mas apesar disso as forças do progresso avançaram persistentemente. Ferro aquecido ao vivo foi batido sobre a bigorna e os golpes do martelo forjaram um metal mais tenso do que tudo quanto se vira até então. Nesse período, a gente comum, com sua tradição anglo-saxônica de antigos direitos e lei remontando à remota antigüidade, ficou sofrendo sob os pés couraçados da nobreza e dos mercenários reais, reforçados em geral pelo poderio da Igreja. Entretanto, os senhores do povo estavam desunidos; não só seus ciúmes e ambições, bem como seu gosto pela guerra, os mantinham em desacordo, mas também várias fendas dilacerantes estavam-se abrindo entre eles. Estavam divididos em partidos; eram cortados obliquamente por um forte nacionalismo. É uma era de impulso e experiência, mas sem ser controlada por qualquer teoria política geral.

A confusão e monotonia da guerra dos barões, entre eles ou contra o rei, às vezes com a Igreja e mais freqüentemente contra a Igreja, desagrada a muitos leitores da história. A verdade, porém, é que o rei Henrique III sobreviveu a todas as suas dificuldades e deixou a Inglaterra gozando de uma prosperidade e paz desconhecidas quando ele era criança. A cruel guerra e anarquia existiam apenas na superfície; por baixo, não formulada e em grande parte não percebida pelos atribulados atores, agitavam-se todas as ondas .que iriam fluir na Europa quinhentos anos mais tarde; e quase todas as decisões capitais que são exigidas do mundo moderno estavam presentes nessa sociedade medieval. Do conflito surgem as figuras de heróis, tanto guerreiros como estadistas, de cujas tribulações estamos separados por longas idades, mas cujo trabalho e cuja perspectiva os unem a nós, como se lêssemos sobre seus atos e palavras no jornal da manhã.

Devemos examinar algumas dessas figuras bem de perto. Stephen Langton, o grande arcebispo, foi o inabalável e decidido construtor dos direitos dos ingleses contra as pretensões reais, baroniais e mesmo eclesiásticas. Ergueu-se contra o rei João; ergueu-se contra o papa. Ambos manifestaram às vezes contra ele o máximo de sua indignação, na impossibilidade de tomar-lhe a vida. Aqui está um homem que trabalhou pela unidade da Cristandade através da Igreja Católica, mas também pelo interesses da Inglaterra contra o Papado. Aqui está um servidor fiel da Coroa, mas ao mesmo tempo um campeão da Carta, e de tudo quanto ela significava a ainda significa. Uma figura central dominante, prática, fértil em recursos, mudando de lado para lado quando os males a forçavam, mas absolutamente inalterado e inalterável em seu amplo, sábio, bravo, prático e liberal propósito. Ali estava, senão um arquiteto da nossa Constituição, pelo menos um meticuloso e persistente obreiro.

A segunda personalidade que se destaca da agitada cena é Hubert de Burgh. Shakespeare, cujos dedos mágicos tocam sucessivamente a maioria dos cumes da história inglesa e os iluminam com o nascer do sol para que todos os possam ver pairando acima da desordem montanhosa, trouxe Hubert ao alcance da nossa vista. Aqui está um soldado e um político, dotado da sabedoria prática que o conhecimento íntimo das cortes e dos acampamentos, das altas autoridades, eclesiásticas e militares, podem infundir na conduta e mesmo no caráter de um homem. O "Justiciar", de João, identificado com os crimes e as loucuras do reinado, era apesar disso conhecido por todos os homens como constante e decidido adversário deles. Sob Marshal, que era ele próprio uma estrela da cavalaria européia, Hubert foi um extraordinário líder de resistência à rebelião contra a monarquia. Ao mesmo tempo, acima das facções guerreiras, foi um sólido campeão dos direitos da Inglaterra. A Ilha não deveria ser devastada pelos nobres gananciosos, nem saqueada por aventureiros estrangeiros, nem mutilada indevidamente mesmo para satisfação dos altos interesses do Papado.

A rebelião dos barões foi abafada por lutas em terra e no mar. Em Lincoln, o partido do rei obteve uma fantástica, mas nem por isso menos decisiva vitória. Nas ruas de Lincoln, durante um dia inteiro, segundo nos contam, quatrocentos cavaleiros reais enfrentaram e derrotaram seiscentos homens do partido baronial. Somente três deles foram mortos. A opinião contemporânea recusou atribuir o nome de batalha a essa briga, que foi chamada de "Feira de Lincoln". É difícil imaginar um quadro real do que estava acontecendo. Deve-se supor que os cavaleiros tinham em média pelo menos oito ou dez robustos vassalos contra cada um deles e que os monstros cobertos de malha e quase invulneráveis circulavam aos trambolhões entre a multidão, perseguindo e retalhando a gente desarmada e agredindo-se uns aos outros quando se encontravam, com violência, mas talvez não com muita violência. Nessa base, houve complicadas manobras e estratagemas, ataques de flanco e investidas pela retaguarda, entradas através de aberturas secretas por traição local, estranhos encontros e todas as espécies de artimanhas. Contudo, no resultado final, os realistas superaram os insurretos em astúcia e em pancadas. Acidentes ocorrem nas lutas de facções mais bem organizadas e um dos mais eminentes barões rebeldes, Thomas, conde de Perche, teve o infortúnio de ser morto por um golpe de espada que penetrou sua viseira e enterrou-se em seu cérebro. Todavia, para quase todos os outros guerreiros couraçados foi uma alegre aventura. A vingança dos vencedores recaiu principalmente sobre os vassalos de seus rivais e sobre a população, que foi pilhada e massacrada em considerável escala.

A "Feira de Lincoln" deu ao infante Henrique III uma vitória em terra e a vitória marítima de Burgh ao largo de Dover, contra reforços franceses para Luís, separou a revolta de sua raiz continental. As negociações prosseguiam continuamente entre os conflitos. Eram ardorosamente disputadas e, nos intervalos, cada lado devastava as propriedades do partido adversário, para intensa miséria de seus habitantes. Hubert, apoiado pelo arcebispo Langton e pelo legado papal, jamais perdeu seu domínio sobre a Carta, embora esta fosse o laço de união nominal de seus adversários. Houve choques inevitáveis entre os piedosos realistas ingleses e os interesses da igreja universal, tal como eram interpretados pelo papa. Esses choques não chegaram porém a assumir forma material. Soluções conciliatórias foram encontradas, não apenas entre a Coroa e os barões, mas também na esfera eclesiástica, entre a Inglaterra e Roma.

Depois de um ano de luta, Luís da França foi obrigado a deixar o país em 1217, com suas esperanças completamente desvanecidas. A Grande Carta foi proclamada então de novo pela segunda vez a fim de mostrar que o governo pretendia cumprir sua palavra. Em 1219, o velho e vitorioso Marshal morreu e Hubert governou o país durante doze anos. Foi um governante severo. Quando Fawker de Breauté, que fora o principal chefe mercenário de João e William, o Marshal, durante todos os recentes tumultos, se tornou excessivamente poderoso e tentou perturbar a paz recém-estabelecida na terra, Hubert decidiu expulsá-lo. Capturando a fortaleza de Fawke em Bedford Castle, em 1224, depois de dois meses de sítio, Hubert fez enforcar diante de suas muralhas os vinte e quatro cavaleiros sobreviventes que haviam comandado a guarnição. No ano seguinte, como sinal de pacificação, a Grande Carta foi mais uma vez proclamada no que seria substancialmente sua forma final. Tornou-se assim parte indiscutível da lei e da tradição inglesas. Se não fossem os anos turbulentos da minoria de Henrique III, ela talvez se tivesse embolorado nos arquivos da história como um documento meramente partidário.

Nenhuma administração prolongada está imune de erros e todo estadista deve de tempos em tempos fazer concessões a teimosos poderes superiores. Hubert, porém, durante todo em tempo de seu governo, sustentou a política de fazer o mínimo possível para recuperar os domínios franceses do rei. Realizou isso não apenas através de conselhos, mas também paralisando a ação e organizando ignominiosas fugas diante do inimigo sempre que a batalha parecia inevitável. Criou obstáculos aos preparativos de nova guerra; manteve-se firme contra as incursões de favoritos e aventureiros estrangeiros. Resistiu ao Papado em seus esforços de arrecadar a todo custo dinheiro da Inglaterra para seus grandes planos europeus. Manteve a ordem e, à medida que o rei crescia, impediu que o partido da Corte que se formava em torno dele realizasse investidas contra a Carta. Seu ponto de vista era inteiramente britânico.

Finalmente, em 1229 havia esgotado sua boa vontade, e a fortuna e o destino estavam contra ele. O rei, agora com vinte e dois anos de idade, coroado e em exercício, chegou a Portsmouth com um grande exército reunido através do máximo exercício do seu poder feudal para defender aquelas propriedades da França que, depois da perda da Normandia, ainda pertenciam à Coroa inglesa. Hubert não podia controlar isso, mas o transporte da expedição recaía aparentemente em sua competência. O rei não encontrou navios ou encontrou poucos esperando-o; nem suprimentos, nem dinheiro para sua aventura no estrangeiro. Teve um acesso de raiva. Embora geralmente brando, afável, instruído e artista, desembainhou sua espada e investiu contra o "Justiciar", acusando-o de haver traído sua confiança e de ter sido subornado pela França. Era certamente uma situação muito desagradável e constrangedora: o Exército desejando combater no estrangeiro, e a Marinha e o Tesouro não podendo ou não querendo transportá-lo até lá. A desavença foi serenada; o rei recuperou a calma; a expedição partiu no ano seguinte e Hubert conservou seu cargo. Mas não por muito tempo. Em 1232, foi expulso do poder por uma pequena camarilha palaciana. Ameaçado em sua vida, refugiu-se em Brentwood. Foi arrancado desse asilo, mas o simples e humilde ferreiro a quem ordenaram que lhe pusesse os grilhões declarou que preferiria morrer de qualquer morte a obedecer à ordem; e consta ter proferido as palavras que os historiadores consideram como o verdadeiro monumento de Hubert de Burgh: "Não é ele aquele fidelíssimo Hubert que tantas vezes salvou a Inglaterra da devastação dos estrangeiros e restaurou a Inglaterra para a Inglaterra?"

Durante o reinado de João uma das mais cruéis tragédias da história mundial desenvolvera-se no sul da França. Nos domínios de Raimundo VI, conde de Toulouse, crescera durante várias gerações uma heresia, sombria e austera em teoria, mas jovial na prática. Os albigenses ou Cathares, "os Purificados", como eram chamados, afastavam completamente do espírito humano a idéia de ressurreição do corpo, de Purgatório e de Inferno. Em sua opinião, a vida sobre a terra em carne era trabalho do Satã. A fase material logo passaria e a alma, liberta de seu maldito empecilho, voltaria logo à felicidade eterna no seio da Divindade. Os "Perfeitos" deste culto praticavam a castidade e a abstinência, e professavam em princípio um sincero desejo de morte; todavia, a massa da população, aliviada da opressão do terror sobrenatural, no delicioso clima daquelas regiões, adquiriu, segundo nos afirmam, moral fácil e caráter alegre. A emocionante sensação de ser elevado acima das vicissitudes deste mundo e ao mesmo tempo libertado das ameaças do outro produzia grande felicidade em que todas as classes se uniam, e dela surgiu cultura de maneiras e fervor de convicção.

Esse abandono de todos os laços espirituais era, naturalmente, mal visto pelo Papado. Todo o plano moral do mundo ocidental baseava-se, embora precariamente, sobre o Pecado Original, a Redenção pela Graça e um inferno de tormento e duração infinitos, que somente podia ser evitado através dos ministérios do clero. Transcorreu algum tempo antes que o Papado percebesse o caráter mortal e a amplitude do novo pecado que se espalhava pelo que hoje chamamos de Sul da França. Uma vez percebida a gravidade do desafio, a questão tornou-se mesmo mais importante do que libertar o Santo Sepulcro dos Infiéis. Em 1209, uma Cruzada de finalidade diferente foi posta em ação e todas as forças temporais à disposição de Roma foram dirigidas contra os albigenses, sob a liderança de Filipe da França. Nessa ocasião, a queima de heréticos e outros indesejáveis, que era praticada esporadicamente na França, recebeu a sanção formal da lei. O processo de eliminação da nova heresia pelas crueldades mais atrozes que a mente humana podia conceber ocupou quase uma geração. Os heréticos, dirigidos pelos "Perfeitos", lutaram como tigres, considerando a morte como uma libertação final da maldição do corpo. Entretanto, o trabalho foi realizado em toda a sua plenitude. A heresia albigense foi queimada na fogueira. Somente pessoas pobres e famintas nas florestas e montanhas, que felizmente abundam naquelas regiões, ainda abrigavam dúvidas sobre a condenação próxima, de que dependem tanto da disciplina e da responsabilidade dos seres humanos e da autoridade e conservação da Igreja.

De todos os líderes dessa Cruzada nenhum superou um certo Simon de Montfort, pequeno senhor da região de Paris. Ele se elevou ao controle dominante nesta guerra e foi proclamado como o líder efetivo. Foi feito visconde de Bézieres e Carcassonne "a pedido dos barões do exército de Deus, dos legados e dos padres presentes". Esse homem capaz e impiedoso executou a sangrenta tarefa e quando tombou no cerco de Toulouse deixou um filho que recebeu seu nome, sucedeu-o em sua alta posição entre a nobreza da época e associou-se a uma idéia que o tornou para sempre famoso.

A conduta de Burgh estava longe de impecável, mas sua queda foi deliberadamente tramada por homens cujo objetivo não era reformar a administração, mas conquistar o poder. O líder dessa intriga foi seu antigo rival Peter des Roches, bispo de Winchester. O próprio des Roches permaneceu nos bastidores, mas no Conselho do Natal de 1232 quase todos os postos importantes da administração foram confiados a amigos seus, a maioria deles, como des Reches, homens de Poitou. Na derrota de Burgh estavam envolvidas mais coisas do que o triunfo de des Roches e seu partido. De Burgh era o último dos grandes "Justiciars" que havia exercido poder pleno e, em certas épocas, quase soberano. Em conseqüência, os cargos da Casa Real como o Guarda-Roupa, que dependiam em grande parte da vontade e dos favores reais começaram a lançar sombra sobre os grandes cargos "nacionais", como o de "Justiciar", ocupados pelos magnatas baroniais. Como foram cada vez mais preenchidos por intrusos estrangeiros, poitevinos, saboianos e provençais, o sentimento nacional dos barões tornou-se violentamente hostil. Sob a liderança de Richard, o Marshal, segundo filho do fiel William, os barões começaram a resmungar contra os estrangeiros. Des Roches replicou que o rei tinha necessidade de estrangeiros para protegê-lo contra a traição de seus súditos naturais; e grande número de poitevinos e bretões mercenários foi trazido para sustentar essa opinião. Entretanto, a luta foi curta. Em aliança com o príncipe Llewelyn, o jovem Marshal empurrou o rei para as fronteiras galenses, saqueou Shrewsbury e devastou as terras de des Roches. Na primavera de 1234, Henrique foi forçado a aceitar condições e, embora o Marshal morresse em abril, o novo arcebispo, Edmund Rich, insistiu no cumprimento do tratado. Os funcionários poitevinos foram demitidos, des Roches achou conveniente realizar uma viagem à Itália e de Burgh foi restaurado com honras em suas terras e possessões.

Os poitevinos foram os primeiros de uma série de favoritos estrangeiros que Henrique III reuniu a seu redor em meados de seu reinado. O ódio aos estrangeiros, que dominavam o rei, monopolizavam os cargos e obtinham proveitos escandalosos de um país a cujos interesses nacionais eram completamente indiferentes, tornou-se o tema da oposição baronial. A afeição do rei era reservada àqueles que lisonjeavam sua vaidade e atendiam a seus caprichos. Adquiriu amor pelo esplendor estravagante e, naturalmente, preferia a seus morosos barões os brilhantes aventureiros de Poitou e Provence. A cultura da Provence medieval, lar dos trovadores e berço da cavalaria, fascinava Henrique. Em 1236, casou-se com Eleanor, filha de Raimundo da ·Provence. Com Eleanor vieram seus numerosos e necessitados parentes, entre os quais se destacavam seus quatro tios. Uma nova onde de estrangeiros apossou-se dos proveitosos cargos, casamentos e benefícios, que os revoltados barões consideravam como seus. O rei deleitava-se em derramar presentes sobre seus encantadores parentes e a responsabilidade por todos os males de seu reinado era lançada sobre os ombros deles. É ironia da história que não menos impopular fosse aquele mesmo Simon de Montfort, filho do repressor dos albigenses.

Fonte ainda mais copiosa de descontentamento na Inglaterra era a influência do Papado sobre o agradecido e piedoso rei. O papa Gregório IX, em desesperada luta contra Frederico II, do Santo Império Romano, fazia exigências de dinheiro cada vez maiores e seu legado, Otto, demonstrou interesse pela reforma da Igreja inglesa. A exigência feita por Otto em 1240, de um quinto das rendas e dos bens móveis do clero, provocou uma tempestade. Os reitores de Berkshire publicaram um manifesto negando a Roma o direito de cobrar tributos da Igreja inglesa e sustentando que o papa, como os outros bispos, devia "viver do que era seu". Apesar disso, em 1241, Otto voltou para Roma com um grande tesouro; e o papa recompensou a lealdade do clero italiano concedendo-lhe os seguintes trezentos benefícios vacantes ingleses. A eleição de Inocêncio IV, em 1243, conduziu a renovadas exigências. Naquele ano, o enviado papal proibiu os bispos da Inglaterra de fazer nomeações para benefícios antes que estivesse esgotada a longa lista de candidatos papais. Robert Grosseteste, intelectual, cientista e santo, antigo "Master" das Escolas de Oxford e desde 1235 bispo de Lincoln, liberou o clero inglês na fuga ou recusa às exigências papais. Tornou-se seu campeão. Embora ainda acreditasse que o papa era absoluto, prenunciou os ataques que Wyclif lançaria mais de um século depois contra as exigências e a corrupção da Corte Romana.

A Igreja, contorcendo-se sob as exigências papais, e os barões, ofendidos pelos abusos da Corte, estavam unidos no ódio aos estrangeiros. Um crise ocorreu em 1244, quando uma comissão baronial foi nomeada para fixar os termos de uma doação de dinheiro ao rei. Os barões insistiram em que o "Justiciar", o "Chancellor" e o Tesoureiro, além de certos juízes, deviam ser eleitos pelo Grande Conselho, no qual tinham forte representação. Quatro dos membros do Conselho do Rei deveriam ser igualmente eleitos, com poderes para convocar o Grande Conselho. O rei em sua aflição voltou-se para a já esbulhada Igreja, mas seu apelo foi rejeitado através da influência de Grosseteste. Os vorazes poitevinos encorajaram no rei idéias despóticas de governo. A seus apetites juntavam-se agora os dos três meio-irmãos do rei, os Lusignans, filho do segundo casamento de Isabela, a rainha de João. Henrique adotou o novo tom. "Servos não julgam seu mestre", disse ele. "Vassalos não julgam seu príncipe, nem o prendem a condições. Devem colocar-se à sua disposição e ser submissos à sua vontade." Essa linguagem não era de molde a obter dinheiro; e dinheiro era o que faltava. Henrique foi obrigado a vender pratarias e jóias, a dar novos privilégios ou novas concessões de direitos antigos àqueles que se mostrassem dispostos a comprá-los. Os salários não eram pagos, donativos eram exigidos à força; as cortes florestais eram exploradas e as extorsões toleradas. Em 1252, o rei sob pretexto de uma cruzada, exigiu um dízimo das rendas e propriedades eclesiásticas por um período de três anos. A conselho de Grosseteste, o clero recusou atender, porque o rei por seu lado não confirmava a Magna Carta. No ano seguinte, Grosseteste morreu, inabalável até o fim contra as exigências tanto papais como reais.

Entrementes, Henrique aceitara secretamente maiores obrigações continentais. A morte do imperador Frederico, do Santo Império Romano, em 1250, fez reviver em Roma o velho plano de unir a Sicília, sobre a qual ele governara, aos domínios papais. Em 1254, Henrique III aceitou a oferta papal da coroa siciliana para seu filho mais moço, Edmundo. Foi uma tola decisão e as condições ligadas ao presente tornavam-na o auge da loucura. O rei inglês deveria fornecer um exército e oferecer garantia para uma massa de dívida papais que atingia 90 mil libras, importância enorme naquele tempo. Quando se tornou conhecida a aceitação da oferta papal pelo rei, uma tempestade de indignação formou-se sobre sua cabeça. Tanto o Grande Conselho como o clero recusaram auxílio financeiro. Como se isso não fosse bastante, na eleição imperial de 1257, o irmão do rei, Ricardo de Cornwall, candidatou-se a imperador e Henrique gastou prodigamente para assegurar sua escolha.

O golpe final foi o completo malogro do rei em sua tentativa de deter os êxitos de Llewellyn, que em 1256 expulsara os ingleses da Gales e intrigava para derrubar a facção inglesa na Escócia. Desprezado, desacreditado e atemorizado, sem dinheiro ou homens, o rei defrontava-se com uma oposição encolerizada e poderosa.

✤ ———— ✤

Em seu últimos anos de vida, Grosseteste esperava muita coisa de seu amigo, Simon de Montfort. Simon casara-se com a irmã do rei e herdara o condado de Leicester. Fora governador das terras inglesas na Gasconha durante quatro anos. Forte e enérgico, despertara o ciúme e a oposição dos favoritos do rei. Em resultado de suas intrigas fora levado a julgamento em 1252. A comissão absolveu-o, mas em troca de uma importância em dinheiro dada pelo rei ele concordou de boa vontade em deixar seu cargo. A amizade entre ele e o rei estava acabada; de um lado havia desprezo, do outro, suspeita. Dessa maneira, de um ponto inesperado, apareceu o líder que desde muito tempo faltava à oposição baronial e nacional.

Havia muitos grandes nobres na Inglaterra e as relações de Simon com o rei eram manchadas pela acusação de ter ele seduzido sua noiva antes de desposá-la. Apesar disso, lá estava ele com cinco filhos resolutos, um líder estrangeiro, que se tornaria o cérebro e a força impulsora da aristocracia inglesa. Por trás dele gradualmente se enfileiraram a maioria dos grandes chefes feudais, toda a força de Londres como unidade coletiva, todo o clero inferior e a boa vontade da nação. Uma carta de um funcionário da Corte, escrita em julho de 1258, foi preservada. O rei, diz ela, cedeu ao que julgou pressão esmagadora. Uma comissão para reforma do governo foi estabelecida; ficou acordado que "cargos públicos só seriam ocupados pelos ingleses" e que "os emissários de Roma e os comerciantes e banqueiros estrangeiros seriam reduzidos à sua posição adequada". Concessões de terras aos estrangeiros, a posição da Casa Real, a custódia das fortalezas, tudo foi objeto de discussão. "Os barões", escreve o nosso funcionário civil , "têm uma grande e difícil tarefa que não pode ser executada fácil ou rapidamente. Estão prosseguindo... *ferociter*. Que os resultados sejam bons!"

A Mãe dos Parlamentos

Os últimos anos do tumultuoso reinado de Henrique III foram momentosos em suas conseqüências sobre o desenvolvimento das instituições inglesas. Esse talvez possa ser chamado o tempo da semeadura de nosso sistema parlamentar, embora poucos daqueles que semearam pudessem ter previsto os resultados que seriam futuramente colhidos. A comissão estabelecida para reforma pôs-se a trabalhar seriamente e, em 1258, suas propostas foram incorporadas nas Provisões de Oxford, suplementadas e ampliadas em 1259 pelas Provisões de Westminster. Esse movimento baronial representou algo mais profundo do que a aversão por conselheiros estrangeiros. Os dois grupos de Provisões, tomados em conjunto, representam uma mudança considerável de interesse em relação ao ponto de vista da Magna Carta. A Grande Carta preocupava-se principalmente em definir vários pontos de lei, ao passo que as Previsões de Oxford cuidavam da ampla questão de saber através dos conselhos de quem e por quais autoridades o governo real deveria ser exercido. Além disso, muitas das cláusulas das Provisões de Westminster assinalam uma limitação mais da jurisdição baronial que da real. Os frutos do trabalho de Henrique II seriam vistos agora; a nação estava se tornando mais forte, mais autoconsciente e mais autoconfiante.

O notável aumento na atividade judiciária em todo o país, as visitas mais freqüentes dos juízes e funcionários – todas elas dependentes da cooperação local – educaram os cavaleiros do campo na responsabilidade e administração política. Este processo, que modelou o futuro das instituições inglesas, exerceu seus primeiros efeitos no século XIII.

O principal na exigência dos barões era que o rei, no futuro, governasse por meio de um Conselho de Quinze, a ser eleito por quatro pessoas, duas do partido baronial e duas do real. É significativo que a proclamação do rei aceitando a combinação tanto em inglês como em francês tenha sido o primeiro documento público emitido em ambos os idiomas desde os tempos de Guilherme, o Conquistador. Durante algum tempo, esse Conselho, animado e controlado por Simon de Montfort, governou o país. Cada um de seus membros mantinha adequada vigilância sobre os outros e todos partilhavam entre si os maiores cargos executivos, confiando a administração efetiva a "homens menores", como era então geralmente considerado desejável. Os magnatas, uma vez protegidos seus próprios interesses de classe e assegurados seus direitos – que eram até certo ponto os direitos da nação – não desejavam colocar as alavancas do poder nas mãos de um ou dois de seus colegas. Essa idéia, entretanto de um gabinete de políticos, escolhidos pelo patriciado, com funcionários altamente treinados e sem posição política atuando subordinados a eles, tinha em si uma longa vitalidade e experimentou muitas ressurreições.

Foi mais ou menos nessa época que a palavra "Parlement" – Parlamento – começou a tornar-se corrente. Em 1086, Guilherme, o Conquistador, tivera uma "profunda conversa" com seus conselheiros antes de lançar o inquérito do Domesday. Em latim, isso teria aparecido como *colloquium*; e "colóquio" é o nome comum dado no século XII às consultas entre o rei e seus magnatas. O ocasional colóquio "sobre os grandes negócios do reino" pode a esta altura ser chamado de Parlamento. Entretanto, com maior freqüência, a palavra significa o Conselho permanente de funcionários e juízes, que se reunia em Westminster para receber petições, reparar agravos e de maneira geral regular a aplicação da lei. No século XIII, Parlamento se firmou como nome de duas instituições absolutamente diferentes, embora unidas.

Se traduzirmos suas funções em termos modernos, poderemos dizer que a primeira dessas assembléias cuidava de política e a segunda de legislação e administração. O debate sobre o "Address" no início de uma sessão é muito semelhante a um colóquio, enquanto os processos do "Parlamento" encontram sua analogia na fase de comissão de um projeto de lei. No reinado de Henrique III e mesmo no de Eduardo I, de maneira alguma era conclusão inevitável a fusão das duas assembléias. Parecia antes que a Constituição inglesa se desenvolveria como ocorrera com a Constituição francesa, com um rei em Conselho como governo efetivo, com os magnatas reduzidos a uma mera nobreza e o "Parlement" apenas uma "clearing-house" para os assuntos legais. Nossa história não seguiu esse curso. Em primeiro lugar, os magnatas do século que se seguiu conseguiram dominar o Conselho e identificar seus interesses com ele. Em segundo lugar, os condados ingleses tinham uma vida própria e seus representantes em Westminster deveriam exercer crescente influência. Entretanto, sem o poderoso impulso de Simon de Montfort essas forças talvez não se tivessem combinado para modelar uma assembléia legislativa duradoura.

O rei, o partido da Corte e os imensos interesses estrangeiros a eles associados não tinham intenção alguma de submeter-se indefinidamente à servidão das Provisões. Estavam feitos todos os preparativos para recuperação do terreno perdido. Em 1259, o rei voltou de Paris, onde fora assinar um tratado de paz com os franceses, com esperanças de auxílio estrangeiro. Seu filho Eduardo já era a estrela ascendente de todos quantos desejavam ver uma monarquia forte. Adeptos dessa causa apareciam entre os elementos pobres e turbulentos de Londres e das outras cidades. O entusiasmo da revolução – pois não fora menos que isso – não ficara satisfeito com uma vitória baronial. Haviam sido despertadas idéias que não seria fácil fazer adormecer de novo. É mérito de Simon de Montfort o fato de não se ter contentado com uma vitória dos barões sobre a Coroa. Voltou-se imediatamente contra os próprios barões. Se o rei devia ser refreado, eles também deviam em suas próprias esferas demonstrar respeito pelo interesse geral. Nessas questões não podiam ser desprezadas as reivindicações das classes médias, que haviam desempenhado tão grande papel no sentido de conduzir os barões à supremacia. Os cavaleiros "aprendizes" ou "bachelor", que talvez pudessem ser considerados como expressando os desejos da alta sociedade rural, formaram uma viril associação denominada "Community of the Bachelors of England". Simon de Montfort tornou-se seu campeão. Logo começaria a censurar grandes lordes por abuso de seus privilégios. Desejava estender às propriedades baroniais as reformas já realizadas na administração real. Dirigiu-se incisivamente a Richard, conde de Gloucester, que governava amplas propriedades no Sudoeste e na Gales do Sul. Procurou obter um decreto do Conselho tornando claro que os grandes lordes estavam subordinados à autoridade real, a qual estava novamente – embora isso ele não acentuasse – subordinada ao Conselho. Era a ditadura sob uma nova forma. Era uma ditadura da Comunidade, mas, como freqüentemente acontece com essas idéias ousadas, se expressava inevitavelmente através de um homem e um líder. Esses desenvolvimentos dividiram o partido baronial de ponta a ponta; e o rei e seu bravo filho Eduardo, investindo com todos os seus recursos contra os adversários divididos, sentiram que poderiam submeter a questão à prova.

Na Páscoa de 1261, Henrique, liberado pelo papa de seu juramento de aceitar as Provisões de Oxford e Westminster, depôs as autoridades e ministros nomeados pelos barões. Havia agora dois governos com títulos colidentes, cada um interferindo no outro. Os barões convocaram os representantes dos "shires" para se reunirem com eles em St. Albans; o rei convocou-os para Windsor. Ambos os partidos disputavam o apoio popular. Os barões gozavam de maior simpatia no país e somente a oposição de Gloucester a Montfort impedia que adotassem ação drástica. Depois da morte de Gloucester, em julho de 1262, o partido baronial aderiu à política drástica de Montfort. Irrompeu a guerra civil e Simon e seus filhos, todos os quais desempenharam vigorosos papéis, metade dos barões, a classe média, até onde surgira, e poderosos aliados na Gales enfrentaram juntos em temível concentração o desafio da Coroa.

Simon de Montfort era um general, tanto quanto um político. Nada em sua educação e nas circunstâncias lhe sugeriria naturalmente o curso que seguiu. Afirmou-se ingratamente que ele não tinha verdadeira concepção da significação final de seus atos. Não há dúvida que ele construiu melhor do que sabia. Em setembro de 1263, tornou-se visível uma reação contra ele: havia conseguido êxito demais. Eduardo jogou com o descontentamento entre os barões, apelou a seu interesse feudal e egoísta, fomentou seus ciúmes contra de Montfort e assim criou um forte partido realista. No fim do ano, de

Montfort teve de concordar com o arbitramento por Luís IX, o rei da França. A decisão foi contra ele. Leal à sua posição monárquica, o rei da França defendeu a prerrogativa do rei da Inglaterra e declarou ilegais as Provisões. Como Luís era considerado um santo mesmo durante sua vida, isso era sério. Entretanto, os partidos rivais já haviam empunhado suas armas. Na guerra civil que se seguiu, o partido feudal apoiou mais ou menos o rei. O povo, especialmente nas cidades, e o partido da reforma eclesiástica, especialmente os franciscanos, aderiram a de Montfort. Em muitas cidades foram improvisados novos controles para destruir as simpatias realistas das oligarquias municipais. No verão de 1264, de Montfort foi novamente ao Sul para aliviar a pressão que Henrique e Eduardo estavam exercendo sobre Cinque Ports.

O rei e o príncipe enfrentaram-no em Sussex com poderio superior. Em Lewes foi travada uma feroz batalha. Em certo sentido, foi uma precursora de Edgehill. Eduardo, com Rupert, quatrocentos anos mais tarde, conquistou tudo à sua frente, perseguiu incontinenti o inimigo e voltou ao campo de batalha apenas para verificar que tudo estava perdido. Com muita habilidade e experiência de guerra, Simon armou uma cilada a que se prestavam as condições peculiares do terreno e na qual, quando o centro de suas forças foi perfurado, suas duas alas de cavalaria couraçada caíram sobre o corpo real principal por ambos os flancos e esmagaram toda resistência. De Montfort estava nessa época acostumado, devido a uma queda de seu cavalo, a ser transportado com o exército em uma liteira suntuosa e brilhantemente decorada, semelhante à carruagem de um general do século XVIII. Nela pôs dois ou três reféns para maior segurança deles e colocou-a entre os galenses no centro, juntamente com muitos estandartes e emblemas, sugerindo a sua presença. O príncipe Eduardo, em sua carga, capturou esse troféu e matou os infelizes reféns de seu próprio partido que se encontravam no interior da liteira. Enquanto isso, porém, o rei e toda sua corte, assim como seus principais adeptos, foram aprisionados por de Montfort e o enérgico príncipe voltou apenas para partilhar de seu destino.

Simon de Montfort era agora em todo sentido o senhor da Inglaterra e assim poderia ter permanecido por muito tempo se, à maneira brutal dos tempos modernos em vários países europeus, tivesse executado o massacre completo de todos quantos estavam em seu poder. Naquele tempo, porém, apesar de toda a sua crueldade nos casos individuais, nada era levado ao último extremo. As influências que predominavam sobre os homens em luta pelo poder com risco da própria vida não eram de maneira alguma apenas brutais. A força, embora poderosa, não era soberana. Simon firmou com o rei prisioneiro e o partido derrotado um tratado, pelo qual os direitos da Coroa eram respeitados em teoria, embora na prática o rei e seu filho ficassem sujeitos a controles rígidos. O equilíbrio geral do reino estava preservado e a ação de Simon torna claro que ele não apenas sentia o poderio das forças em oposição mas também visara à sua unificação final. Com o rei em suas mãos, encontrava-se em condições de usar a autoridade da Coroa para controlar os barões e criar o mais amplo e melhor sistema político que, fosse ou não sua intenção, devia seguir-se automaticamente ao seu sucesso. Assim, Simon de Montfort governou a terra, com o fraco rei e o orgulhoso príncipe Eduardo prisioneiro em suas mãos. Isso inicia a terceira e última fase de sua carreira.

Todos os barões, qualquer que fosse o partido que tivessem escolhido, viam-se diante de uma ameaça ainda maior do que aquela, para libertar-se da qual, haviam empregado Simon. A combinação do gênio e da energia de Simon com os poderes inerentes de uma monarquia Plantagenet e o apoio das classes médias, já tão truculentas, eram uma ameaça a seus privilégios de classe muito mais íntima e penetrante do que o desgoverno de João ou os encargos estrangeiros de Henrique III. Em todas essas lutas de duradoura significação, os barões ingleses nunca se desviaram de seus próprios interesses. Em Runnymede haviam servido à liberdade nacional quando pensavam estar defendendo seus próprios privilégios. Agora não tinham dúvida de que Simon era seu inimigo. Ele era certamente um déspota, com um rei em seu bolso e as forças da revolução social às suas costas. Os barões formaram entre eles uma sólida confederação e, com todas as forças da Corte que não se encontravam nas mãos de Simon, planejaram dia e noite derrubá-lo.

No momento, de Montfort considerava que as medidas necessárias deviam ser tomadas por um Conselho de nove membros, que controlava as despesas e nomeava os funcionários. Qualquer solução de longo prazo podia ser deixada para o Parlamento que ele convocara para 1265. A posição autocrática do conde não era popular, mas o país estava em tal estado de confusão que as circunstâncias pareciam justificá-la. No Norte e ao longo das Fronteiras Galenses, a oposição ainda era forte e arrojada; na França, a rainha e os condes Hugh Bigod e Warenne faziam intrigas para obter apoio; o Papado apoiava o rei. De Montfort conservou o domínio dos Mares Estreitos concentrados uma frota nos Cinque Ports e encorajando abertamente as atividades de corsários. No Oeste, porém, havia perdido o apoio de Gilbert de Clare, conde de Gloucester e filho de seu ex-rival, Richard de Clare. Sem se unir abertamente aos realistas, de Clare conspirava com eles e revivia a disputa de seu pai com de Montfort. Convocando a comparecer ao Parlamento de 1265, respondeu acusando o conde de apropriar-se, em benefício seu e de seus filhos, das rendas da Coroa e da propriedade confiscada aos nobres da oposição. Havia certa verdade nessas acusações, mas a principal objeção de de Clare parecia ser pelo fato de não haver partilhado dos despojos.

Em janeiro de 1265, reuniu-se em Londres um Parlamento para o qual Simon convocara representantes tanto dos "shires" como das cidades. A finalidade desse Parlamento era dar uma aparência de legalidade à solução revolucionária e isso foi o que conseguiu, sob a orientação de de Montfort. Sua importância reside, porém, mais em seu caráter como assembléia representativa do que em seu trabalho. A significação constitucional que lhe foi outrora atribuída como primeiro Parlamento representativo de nossa história é um tanto desprezada pela opinião moderna. A razão prática para a convocação do forte elemento popular estava no desejo de de Montfort de sobrecarregar o Parlamento com seus próprios adeptos: entre os magnatas somente cinco condes e dezoitos barões receberam mandados de convocação. Novamente, de Montfort recorria ao apoio da alta sociedade rural e dos burgueses, contra a hostilidade ou indiferença dos magnatas. Nisso residia sua mensagem e sua tática.

O Parlamento aprovou obedientemente as ações de de Montfort e aceitou sua solução constante das Provisões. Entretanto, a retirada de de Clare para o Oeste só podia significar o reinicio da guerra. O rei Henrique III conservava-se docilmente sob o controle de Simon e era tratado sempre com profundo respeito pessoal. O príncipe Eduardo gozava de uma liberdade que só podia ser baseada em sua promessa de não fugir. Entretanto, enquanto a tempestade baronial se armava e muitas divisões ocorriam no partido de Simon, ao mesmo tempo que todas as dificuldades de governo criavam inevitavelmente impopularidade, o príncipe saiu um dia para caçar com alguns amigos e esqueceu-se de voltar como estava obrigado por compromisso de honra. Afastou-se, galopando através das matas, primeiro atrás do cervo e depois atrás da caça maior. Tornou-se imediatamente o ativo cérebro organizador dos mais poderosos elementos da vida inglesa, para os quais a destruição de Simon de Montfort e de suas inauditas inovações se tornara o objetivo supremo. Prometendo manter as Cartas, reparar agravos e expulsar os estrangeiros, Eduardo conseguiu unir o partido baronial e afundar o terreno sob os pés de de Montfort. O conde agora não parecia mais do que o líder de uma facção pessoal e sua aliança com Llewellyn, neto de Llewellyn, o Grande, pela qual ele reconhecia as pretensões do príncipe galense quanto a território e independência, comprometia sua reputação. Vencido por Eduardo nas manobras políticas, colocou-se também em posição de séria desvantagem militar. Enquanto Eduardo e os barões de Fronteira, como era chamados, ocupavam o vale do Severn, de Montfort estava encurralado, com sua retirada para leste cortada e sua forças empurradas para o interior da Gales do Sul. No começo de agosto, fez outra tentativa de cruzar o rio e juntar-se às forças que seu filho, Simon, estava trazendo do sudoeste. Conseguiu passar por um vau perto de Worcester, mas as forças de seu filho foram apanhadas por Eduardo numa cilada perto de Kenilworth e derrotadas. Desconhecendo esse desastre, o conde foi também surpreendido em Evesham e ali, em 4 de agosto, ocorreu a batalha final.

Foi travada sob a chuva e na semi-escuridão de uma tempestade repentina. Os galenses sucumbiram diante da pesada cavalaria de Eduardo e o pequeno grupo ao redor de de Montfort foi deixado lutando desesperadamente até ser esmagado pelo simples peso do número. De Montfort morreu como um herói no campo de batalha. Os barões de Fronteira massacraram numerosos fugitivos e prisioneiros, e mutilaram os corpos dos mortos. O velho rei, uma figura patética, que havia sido levada pelo conde em todas as suas perambulações, foi ferido pelos adeptos de seu filho e só escapou à morte revelando sua identidade aos gritos: "Não me matai! Eu sou Henrique de Winchester, vosso rei."

O grande conde estava morto, mas seu movimento vivia ampla e profundamente em toda a nação. A concessão, implacável e a esmo, das terras confiscadas depois de Evesham provocou renhida oposição dos deserdados. Em centros isolados de Kenilworth, Axholme e Ely, os adeptos de Montfort, resistiam e saqueavam os campos em sombrio desespero. O governo era muito fraco para reprimi-los. Todo o país sofria a confusão e inquietação. A gente comum não escondia sua adesão à causa de Montfort, e rebeldes e bandidos bloqueavam as estradas e florestas. Comerciantes estrangeiros foram proibidos em nome do rei de vir à Inglaterra porque sua segurança não podia ser garantida. Uma reversão à independência feudal e conseqüente anarquia parecia iminente. No meio dessas perturbações, o papa Clemente IV e seu legado Ottobon demonstraram moderação; e depois de seis meses de infrutífero sítio de Kenilworth, Eduardo percebeu que essa era a única política. Houve forte oposição por parte daqueles que se haviam beneficiado com os confiscos. O conde de Gloucester ficara amargamente desiludido por Eduardo ter repudiado suas promessas de reforma. Em princípios de 1267, ele exigiu a expulsão dos estrangeiros e o revigoramento das Provisões. Para impor suas exigências entrou em Londres com geral aceitação. Sua ação e a influência do legado asseguraram perdão e boas condições para os deserdados dentro do princípio conciliatório de "Não deserdação, mas reaquisição". Em fins de 1267, juízes foram enviados a todo o país para aplicar eqüitativamente essas condições. Os registros comprovam o caráter geral dos distúrbios e o fato de que localmente a rebelião fora dirigida contra os funcionários; que fora apoiada pelo clero inferior, com não poucos abades e priores, e que considerável número dos membros da alta sociedade rural não ligados ao lado baronial por laços feudais havia apoiado de Montfort.

Nos últimos anos de sua vida, com de Montfort morto e Eduardo distante, na Cruzada, o fraco rei gozou de relativa paz. Mais de meio século antes, com a idade de nove anos, havia recebido a tumultuosa herança de seu pai no meio de guerra civil. Em certas ocasiões, pareceu que também morreria no meio de guerra civil. Finalmente, porém, as tempestades serenaram: ele pôde voltar-se para as coisas de beleza que o interessavam muito mais do que as lutas políticas. A nova Abadia de Westminster, uma obra-prima da arquitetura gótica, foi então inaugurada; sua consagração fora o mais caro objetivo da vida de Henrique III. E ali, nas últimas semanas de 1272, ele foi sepultado.

A calma desses últimos anos não nos devem levar a supor que a luta de de Montfort e a guerra civil tenham sido vãs. Entre a gente comum, ele foi durante muitos anos adorado como um santo e milagres foram realizados em seu túmulo. O apoio dessa gente nada pudera fazer por ele em Evesham, mas fora seu amigo, inspirara a esperança de que poderia eliminar ou atenuar o sofrimento e a opressão dos pobres; por isto a gente comum dele se lembrava depois de haver esquecido as suas faltas. Embora fosse um príncipe entre os administradores, sofreu como político do excesso de confiança e impaciência. Pisou sobre interesses firmados, rompeu com todas as tradições, praticou violências de todas as formas e criou desnecessariamente suspeitas e desconfianças. Entretanto, de Montfort acendeu uma fogueira que jamais será apagada na história inglesa. Já em 1267 o Estatuto de Marlborough revigorava o principal das Provisões de Westminster. Não menos importante foi sua influência sobre seu sobrinho, Eduardo, o novo rei, que iria inspirar-se profundamente nas idéias do homem que havia matado. Dessa maneira, os propósitos de de Montfort sobreviveram tanto ao campo de batalha de Evesham como à reação que se seguiu, e em Eduardo I o grande conde encontrou o seu verdadeiro herdeiro.

CAPÍTULO

10

O REI EDUARDO I

aros príncipes haviam recebido educação tão completa na arte de governar quanto Eduardo I quando, aos trinta e três anos de idade, a morte de seu pai lhe transferiu a coroa. Era um líder experimentado e um general competente. Havia carregado seu pai nas costas; empenhara-se em luta com Simon de Montfort e, embora partilhasse muitas de suas opiniões, destruíra-o. Aprendera a arte da guerra experimentando a derrota. Quando, em qualquer época nos últimos anos da vida do rei Henrique III, poderia ter assumido o controle, preferiu demonstrar uma paciência filial e constitucional, ainda mais notável por seu amor pela ordem e reforma contrastar com a indolência e incapacidade de seu pai, e com o geral desgoverno do reino.

Tinha um corpo elegante e era de estatura, com cabeça e ombros acima da altura do homem comum. Seus cabelos, sempre abundantes, mudaram do amarelo na infância para o preto na idade adulta e para o branco níveo na velhice, assinalando o gradual progresso de sua vida. Sua testa saliente e suas feições regulares eram prejudicadas apenas pela pálpebra esquerda caída, que fora também uma característica de seu pai. Embora gaguejasse, era também eloqüente. Falava-se muito em seus membros. Seus braços nervosos e musculosos eram de uma espadachim; suas pernas compridas deram-lhe o domínio da sela e o apelido de "Pernilongo". O cronista dominicano Nicholas Trivet, por quem foram registrados esses traços, conta-nos que o rei se deleitava na guerra, nos torneios e especialmente na caça, com falcão ou não. Quando caçava veados, não deixava sua presa para os cães, nem mesmo para a lança de caça; galopava com vertiginosa velocidade para esmagar o infeliz animal contra o chão.

Tudo isso foi típico de seu reinado. Ele nos apresenta qualidades que são uma mistura da capacidade administrativa de Henrique II e da bravura pessoal e magnanimidade do Coração de Leão. Nenhum rei inglês viveu mais plenamente a máxima que ele escolheu para si próprio: "A cada um o que é seu". Era animado por apaixonado respeito pela justiça e pela lei, tal como as interpretava, e pelos direitos de todos os grupos na comunidade. As ofensas e a hostilidade despertavam nele, mesmo até seu último alento, uma apaixonada torrente de resistência. Entretanto, a submissão ou um ato generoso conquistavam em muitas ocasiões seu imediato reconhecimento e estabeleciam os alicerces de futura amizade.

Eduardo estava na Sicília quando seu pai morreu, mas os maiores magnatas do reino, antes que a sepultura se tivesse fechado sobre o corpo de Henrique III, aclamaram-no rei, com o assentimento de todos os homens. Em sua ascensão ao trono, os princípios hereditários e letivos corriam para um canal comum, sem que ninguém perguntasse quais eram os mais fortes. Seus conflitos com Simon de Montfort e os barões haviam-lhe ensinado a necessidade de a monarquia manter-se em posição nacional. Se Simon, em suas dificuldades, convocara a classe média para ajudá-lo ao mesmo tempo contra a Coroa e os nobres arrogantes o novo rei, por sua própria e livre vontade, empregaria essa força no lugar adequado desde o princípio. O equilíbrio foi a característica predominante de seus anos mais gloriosos. Via nos orgulhosos e turbulentos barões e numa Igreja voraz obstáculos à autoridade real; mas os reconhecia também como opressores da massa de seus súditos; e foi levando em conta, em escala maior do que se verificara até então, os interesses da classe média e as necessidades do povo em geral que conseguiu criar um amplo e bem ordenado alicerce sobre o qual uma ativa monarquia podia funcionar no interesse geral. Assim inspirado, procurou estabelecer um reino nacional, uma extensão de sua soberania a todas as Ilhas Britânicas e uma influência preponderante nos conselhos da Europa.

Suas reformas administrativa na Inglaterra não foram de molde a dar satisfação a qualquer das vigorosas forças colidentes, mas a fazer justiça a todos. Se o rei se ressentia dos grilhões que a Carta impusera a seu avô, se desejava controlar a crescente opulência e as pretensões da Igreja, não assumiu ele próprio os poderes reconquistados, mas os repousou sobre uma base mais ampla. Quando em seu conflitos com o passado recente assumiu privilégios que a Igreja e os barões haviam conquistado, agiu sempre em favor do que era reconhecido como o interesse de toda a comunidade. Em toda a sua legislação, por mais variados que tenham sido os seus problemas, há um propósito comum; "Devemos apanhar que é nosso e o que nos é devido, e os outros o que é seu e o que lhes é devido."

Essa foi uma época de pôr as coisas em ordem. O reinado é memorável, não pela ereção de novos e grandes marcos na terra, mas porque as tendências benéficas dos três reinados precedentes foram tiradas do erro e da confusão, organizadas e consolidadas numa estrutura permanente. A estrutura e as políticas da nação, que vimos modelando-se com numerosas flutuações, agora se firmavam e endureciam, tomando uma forma que, sobrevivendo às tragédias da Morte Negra, da Guerra dos Cem Anos com a França e das Guerras das Rosas, perdurou pelo restante da Idade Média e parte dela por mais tempo ainda. Neste período, vemos um estágio cavaleiroso e burguês de sociedade substituindo cada vez mais o puro feudalismo. Os órgãos do governo, a posse da terra, os sistemas militar e financeiro, as relações entre a Igreja e o Estado, tudo atingiu definições que perdurariam quase até os Tudors.

Os primeiros dezoitos anos do reinado assistiram a uma explosão de atividade legislativa que não teve paralelo durante séculos. Quase todo ano foi assinalado por uma lei importante. Raras delas eram originais e a maioria tinha tom conservador, mas seu efeito cumulativo foi revolucionário. Eduardo confiava em seu "Chancellor", Robert Burnell, bispo de Bath e Wells, homem de origem humilde que se elevara ao bispado através da "Chancery" e da Casa Real, e que até a morte, em 1292, continuou sendo o principal conselheiro do rei. Toda a vida de Burnell foi dedicada ao serviço da Coroa; toda sua política orientou-se para o aumento do poder da Coroa à custa do privilégio e da influência feudais. Não fazia mais de três semanas que era

"Chancellor", depois da volta de Eduardo à Inglaterra em 1274, quando foi iniciado um penetrante inquérito sobre a administração local. Armados com uma lista de quarenta questões, comissários foram enviados a todo o país para indagar quais eram os direitos e as possessões do rei, que usurpações haviam sido feitas neles, que funcionários eram negligentes ou corruptos, que xerifes "por rogo, preço ou favor" ocultavam crimes, negligenciavam seus deveres, eram cruéis ou subordinados. Inquéritos semelhantes haviam sido realizados antes; nenhum deles porém foi tão completo ou tão fértil. "Enérgica, mas não tirânica", a política do rei era respeitar todos os direitos e desfazer todas as usurpações.

O Primeiro Estatuto de Westminster no Parlamento de 1275 tratava dos abusos administrativos denunciados pelos comissários. O Estatuto de Gloucester, em 1275 tratava dos abusos administrativos denunciados pelos comissários. O Estatuto de Gloucester, em 1278, determinava aos juízes que investigassem, por mandados de *Quo Warranto*, os direitos de os magnatas feudais administrarem a lei por seus próprios tribunais e funcionários dentro de seus domínios e ordenava que esses direitos fossem estritamente definidos. A principal utilidade do inquérito foi lembrar aos grandes feudatários que eles tinham deveres, tanto quanto direitos. Em 1279, o Estatuto de Mortmain, *De Religiosis*, proibiu doações de terras à Igreja, embora fosse permitida a continuação de prática por licença real. Em 1285, o Estatuto de Winchester combateu a desordem local e, no mesmo ano, foi baixado o Segundo Estatuto de Westminster, *De Donis Conditionalibus,* que fortaleceu o sistema de propriedades vinculadas. O Terceiro Estatuto de Westminster, *Quia Emptores*, tratava da terra ocupada, não sob condição, mas por pagamento simples. A terra ocupada nesses termos podia ser livremente alienada, mas ficou estipulado que, para o futuro, o comprador devia receber a compra, não do vendedor, mas do lorde do revendedor, e com os mesmos serviços e costumes feudais que estavam ligados à terra antes da venda. Foi imposto assim um paradeiro à crescente subenfeudação, do que resultou grande vantagem para a Coroa, como soberana, cujos rendeiros diretos aumentaram então de número.

A finalidade dessa famosa série de leis era essencialmente conservadora e durante algum tempo sua execução foi eficiente. Todavia, pressões econômicas estavam causando grandes modificações na vida territorial da Inglaterra, menos profundas apenas que as verificadas na esfera política. A terra deixou gradualmente de ser a sanção moral sobre a qual se baseavam a sociedade e a defesa nacionais. Por passos sucessivos, tornou-se uma mercadoria que podia, em princípio, como a lã ou o carneiro, ser vendida e comprada, e que, com certas restrições, podia ser transferida a novos proprietários por doação ou testamento, ou mesmo legada sob condições de vínculo a vidas futuras, o que seria o fundamento de uma nova aristocracia.

Naturalmente, apenas uma proporção relativamente pequena das terras da Inglaterra entrou nesse ativo e rude mercado. Entretanto, desse elemento até então sólido a parte que se tronou fluida era suficiente para causar profunda agitação. Naqueles tempos, quando os maiores príncipes lutavam miseravelmente com a falta de dinheiro, já existia na Inglaterra uma fonte de crédito borbulhando francamente. Sem ser vistos e sem fazer barulho, os judeus acomodaram-se no tecido social daquela época feroz. Estavam lá e não estavam lá; de tempos em tempos podiam ser muito úteis a altas personalidades com urgente necessidade de dinheiro; e a ninguém mais do que a um rei que não desejava pedir dinheiro ao Parlamento. O espetáculo da terra que podia, em ocasiões raras mas definidas, ser adquirida por quem quer que tivesse dinheiro levou os judeus ingleses a um caminho de espantosa imprudência. A terra começou a passar para as mãos de Israel, por compra direta ou, com mais freqüência, por hipoteca. Entrava no mercado terra suficiente para tornar ambos os processos vantajosos. Em um par de décadas, os antigos lordes feudais tornaram-se conscientes de que, por lucro fugidio, se haviam separado de uma porção de solo inglês suficientemente grande para chamar a atenção.

Desde algum tempo antes já vinha crescendo uma raivosa reação. Pequenos proprietários de terra oprimidos pelas hipotecas e nobres perdulários que haviam feito maus negócios uniram-se em suas queixas. Estavam então chegando ao país agiotas italianos que em ocasiões de necessidade podiam ser tão úteis ao rei quanto os judeus. Eduardo viu-se em condições de, ao mesmo tempo, conciliar poderosos elementos e livrar-se de dívidas incômodas, pelo simples e bem explorado processo de anti-semitismo. A propaganda de assassínios rituais e outras histórias sombrias, que se tornou lugar comum em nossos esclarecidos tempos, foi imediatamente iniciada com gerais aplausos. Os judeus, expostos ao ódio universal, foram saqueados, maltratados e finalmente expulsos do reino. Foi feita exceção para certos médicos sem cuja perícia pessoas de importância talvez não pudessem receber o devido tratamento. Mais uma vez, a raça triste e errante, despojada de tudo até a pele, precisou procurar asilo e começar de novo. Em direção à Espanha e ao Norte da África, movimentou-se a melancólica caravana, hoje tão familiar. Quatro séculos transcorreriam antes que Oliver Cromwell, por contratos com um israelita endinheirado, abrisse de novo as costas da Inglaterra às atividades da raça judaica. Coube a um ditador calvinista revogar a proibição que um rei católico impusera. Os banqueiros de Florença e Siena, que haviam ocupado o lugar dos judeus, iriam por sua vez, sob o neto de Eduardo I, provar o gosto da justiça da Cristandade.

Lado a lado com as grandes realizações estatutárias do reino, o rei mantinha um incessante processo de reforma administrativa. Suas inspeções pessoais eram incansáveis. Viajara continuamente por seu domínio, realizando em todos os centros inquéritos rigorosos sobre abusos de toda espécie e corrigindo os excessos dos magnatas locais com mão forte e pena aguçada. A legalidade, muitas vezes levada a interpretações pedantes, era a arma que estava sempre disposto a empunhar. Em todas as direções, com incansável perseverança, limpou o governo doméstico do reino e expulsou os interesses privados das esferas que pertenciam não só a ele, mas também a seu povo.

Eduardo I foi notável entre os reis medievais pela seriedade com que encarou o trabalho de administração e bom governo. Era natural portanto que depositasse maior confiança no auxílio profissional especializado do que naquilo que foi habilmente chamado de "assistência amadorista de grandes feudalistas vacilando sob o peso de sua própria dignidade". Em fins do século XIII, três departamentos de administração especializada já estavam funcionando. Um era o "Exchequer", instalado em Westminster, no qual era recebida a maioria das rendas e feita a contabilidade. O segundo era "Chancery", um secretariado geral responsável pela elaboração e redação das inúmeras cartas, mandados e decretos reais. O terceiro era o Guarda-Roupa, com seu secretariado separado, o Selo Privado adido à sempre mutável Casa Real e combinando funções financeiras e secretariais, que podiam variar desde o financiamento de uma guerra continental até a compra de um punhado de pimenta para a cozinha real. Burnell foi um produto típico do incipiente Serviço Civil. Depois de sua morte, seu lugar foi ocupado por um funcionário do "Exchequer", Walter Lagton, o Tesoureiro, que, da mesma forma que Burnell, considerava seu bispado de Lichfield como uma recompensa por bons serviços mais do que como um cargo espiritual.

Embora fosse o mais ortodoxo dos religiosos, Eduardo I não escapou ao conflito com a Igreja. Ainda que ansioso por pagar seus tributos a Deus, tinha uma noção muito mais vívida do que seu pai a respeito do que era devido a César, e as circunstâncias mais de uma vez levaram-no a protestar. O chefe do partido da Igreja era John Pecham, um frade franciscano, arcebispo de Canterbury de 1279 a 1292. Com grande coragem e habilidade, Pecham defendeu o que considerava como os justos direitos da Igreja e sua independência contra a Coroa. No Conselho provincial, realizado em Reading em 1279, fez vários pronunciamentos que encolerizaram o rei. Um deles foi um cânone contra a acumulação de cargos clericais, que atingia o principal método real de recompensar o crescente Serviço Civil. Outro foi uma ordem para que uma cópia da Carta, que Eduardo jurara defender, fosse publicamente afixada em toda catedral e igreja colegiada. Todos quantos apresentassem mandados reais para obstruir causas nos tribunais eclesiásticos e todos quantos violassem a Magna Carta eram ameaçados de excomunhão.

Pecham curvou-se diante da cólera de Eduardo e aguardou sua oportunidade. Em 1281, quando outro conselho foi convocado para reunir-se em Lamberth, o rei, suspeitando que se preparasse alguma trama, enviou mandados a seus membros proibindo-os de "tomar deliberação a respeito de questões de competência de nossa coroa ou tocar nossa pessoa, no nosso Estado ou o Estado do nosso Conselho". Pecham não se deixou intimidar. Reviveu quase textualmente a principal legislação do Conselho de Reading, prefaciou-a com uma afirmação explícita da liberdade eclesiástica e um mês mais tarde escreveu uma carta notável ao rei, defendendo a sua atitude. "Por nenhuma constituição humana", escreveu ele, "nem mesmo por um juramento, podemos comprometer-nos a ignorar leis que repousam indubitavelmente na autoridade divina." "Uma bela carta" foi o comentário marginal de um escriba admirador que a copiou no registro do arcebispo.

A ação de Pecham poderia ter precipitado uma crise comparável à disputa entre Becket e Henrique II, mas Eduardo parece ter ignorado quietamente o desafio. Os mandados reais de proibição continuaram a ser emitidos. Todavia, houve moderação e, em 1286, em um famoso mandado, Eduardo ordenou prudentemente a seus juízes itinerantes que agissem com circunspeção nas questões de jurisdição eclesiástica e mencionou as espécies de causas que deveriam competir aos tribunais da Igreja. A disputa assim adiada sobreviveu tanto ao arcebispo como ao rei.

No início do reinado, as relações entre a Inglaterra e a França eram governadas pelo Tratado de Paris, que o partido baronial concluíra em 1259. Durante mais de trinta anos reinou a paz entre os dois países, embora muitas vezes com uma corrente subterrânea de hostilidade. As disputas sobre a execução dos termos do tratado e os conflitos entre marinheiros ingleses, gascões e franceses no Canal, os quais culminaram com uma grande luta marítima ao largo de Saint-Mathhieu em 1293, jamais precisariam ter levado ao reinício da guerra, se a presença dos ingleses no Sul da França não fosse um desafio permanente ao orgulho dos franceses e um obstáculo à sua integridade nacional. Mesmo quando Filipe, o Belo, rei dos franceses, começou a procurar oportunidades de provocação, Eduardo mostrou-se tolerante e paciente em suas tentativas de chegar a uma conciliação. Finalmente, porém, o Parlamento de Paris declarou o confisco do ducado da Gasconha. Filipe pediu a entrega simbólica das principais fortalezas gascoas, como reconhecimento de seus poderes legais de soberano. Eduardo atendeu. Entretanto, uma vez de posse das fortalezas, Filipe recusou entregá-las de novo. Eduardo percebeu então que precisaria lutar ou perder suas possessões francesas.

Em 1294, o grande rei já não era mais o homem jovial dos primeiros tempos de sua vida adulta. Depois dos longos e tempestuosos anos em que sustentara seu pai, ele próprio já reinava durante quase um quarto de século. Entrementes, o mundo mudara ao seu redor; perdera sua amada esposa Eleanor de Castela, sua mãe, Eleanor da Provence, e seus dois filhos mais velhos. Burnell estava morto. A Gales e a Escócia apresentavam graves problemas; a oposição estava começando a fazer-se ouvir e sentir. Sozinho, perplexo e envelhecendo, o rei precisou enfrentar uma interminável sucessão de dificuldades.

Em junho de 1294, explicou as causas da disputa com os franceses ao que já era chamado de "um Parlamento" de magnatas em Londres. Sua decisão de entrar em guerra foi recebida com aprovação, como tem acontecido com freqüência em assembléias mais regularmente constituídas.

A guerra propriamente dita não apresentou aspectos importantes. Houve campanhas na Gasconha, um bom número de incursões costeiras no Canal e um prolongado sítio de Bordéus pelos ingleses. Qualquer entusiasmo que tivesse sido manifestado a princípio desvaneceu-se rapidamente sob os inevitáveis aumentos de impostos. Toda lã e todo couro, itens básicos do comércio de exportação inglês, foram confiscados e só podiam ser resgatados pelo pagamento de um direito alfandegário de 40 xelins por saca ao invés do meio-marco (6 xelins e 8 pence) estabelecido pelo Parlamento em 1275. Em setembro, o clero, para sua grande indignação, recebeu ordem de contribuir com metade de suas rendas. O deão de St. Paul's, que tentou expressar seus protestos na própria e ameaçadora presença do rei, teve um ataque e morreu. Em novembro, o Parlamento aprovou um pesado imposto sobre todos os bens móveis. À medida que se processava a cobrança, fundo e soturno descontentamento espalhou-se por todas as classes. No inverno de 1294, os galenses revoltaram-se e, quando o rei sufocou a rebelião, voltou para encontrar a Escócia aliada à França. De 1296 em diante a guerra com a Escócia esteve sempre latente ou declarada.

Depois de outubro de 1297, a guerra francesa degenerou-se numa série de tréguas que se prolongaram até 1303. Tais condições envolviam despesa pouco menor que a luta efetiva. Esses foram anos de dificuldades, tanto no país como no exterior, e especialmente com a Escócia. Embora o rei não hesitasse em convocar sucessivos Parlamentos em Westminster e explicar-lhes toda a situação, não obteve o apoio de que precisava. O Parlamento mostrava-se relutante em autorizar os novos impostos que lhe eram pedidos.

A posição do clero tornou-se mais difícil pela publicação, em 1296, da bula papal *Clericis Laicos*, que proibia o pagamento de tributação extraordinária sem autorização papal. No Parlamento do outono, em Bury St. Edmunds, o clero, sob a liderança de Robert Winchelsea, o novo primaz, decidiu depois de certa hesitação que não poderia oferecer mais qualquer contribuição. Eduardo, encolerizado, colocou o clero fora da lei e declarou o confisco de seus feudos leigos. O arcebispo reagiu ameaçando de excomunhão todos quantos desobedecessem à bula papal. Durante algum tempo, a paixão esteve acesa, mas posteriormente prevaleceu uma disposição mais calma.

No verão seguinte, apaziguou-se a disputa e o papa, por uma nova bula, *Etsi de Statu,* retirou suas extremadas pretensões.

Eduardo sentia-se mais disposto a entrar em acordo com a Igreja porque a oposição já se manifestara em outro setor. Propusera aos barões em Salisbury que vários deles servissem na Gasgonha, enquanto ele dirigia a campanha na Flandres. A proposta foi mal recebida. Humphrey de Bohun, conde de Hereford e condestável da Inglaterra, juntamente com o Marshal Roger Bigod, conde de Norfolk, declarou que seus cargos hereditários só podiam ser exercidos na companhia do rei. Tais pretextos não enganaram ninguém. Ambos os condes tinham motivos de queixa contra o rei e – ainda muito mais importante – expressavam o ressentimento sentido por grande número de barões que nos últimos vinte anos haviam visto a autoridade da Coroa aumentar firmemente em seu próprio prejuízo. Os tempos estavam maduros para o renascimento da oposição baronial que uma geração antes desafiara o pai de Eduardo.

No momento, o rei ignorou o desafio. Continuou seus preparativos para a guerra, nomeou delegados para substituir Hereford e Norfolk, e em agosto partiu para Flandres. A oposição viu em sua ausência a oportunidade há muitos esperada. Exigiu a confirmação daqueles dois instrumentos, a Magna Carta e sua extensão, a Carta da Floresta, que eram a versão final das condições impostas a João, juntamente com seis artigos adicionais. Através destes ficava estabelecido que nenhum auxílio seria imposto no futuro exceto com o consentimento da comunidade do reino; o trigo, a lã e produtos semelhantes não poderiam ser confiscados contra a vontade de seus proprietários; o clero e os leigos do reino deveriam recuperar suas antigas liberdades; os dois condes e seus adeptos não seriam punidos pela sua recusa de servir na Gasconha; os prelados leriam a Carta em voz alta em suas catedrais e excomungariam todos quantos a desobedecessem. No outono, os dois condes, apoiados por forças armadas, apareceram em Londres e exigiram a aceitação dessas propostas. A Regência, incapaz de resistir, submeteu-se. Os artigos foram confirmados e, em novembro, em Ghent, ratificou-os, reservando, porém, certos direitos financeiros à Coroa.

Foram concessões grandes e surpreendentes. Tanto o rei como a oposição atribuíam-lhes grande importância e suspeitava-se, talvez com justiça, que o rei tentaria fugir às promessas feitas. Várias vezes o partido baronial chamou publicamente a atenção para essas promessas perante o Parlamento e, finalmente, em fevereiro de 1301, o rei foi obrigado pelas ameaças e argumentos de um Parlamento reunidos em Lincoln a fazer de forma solene nova confirmação de ambas as cartas e alguns outros artigos.

Por esta crise e pela forma de sua solução, ficaram estabelecidos dois princípios, que tiveram importantes conseqüências. Um era de que o rei não tinha o direito de empregar a hoste feudal sempre que assim decidisse. Essa limitação foi o dobre de finados do recrutamento feudal e conduziu inexoravelmente, no século seguinte, à formação de exércitos contratados servindo em troca de soldo. O segundo princípio então reconhecido foi de que o rei não podia alegar "urgente necessidade" como razão para impor tributos sem consentimento. Outros monarcas ingleses, mesmo no século XVII, ainda tentariam fazer isso. Todavia o malogro de Eduardo estabeleceu um precedente e um longo passo foi dado em direção à dependência da Coroa das autorizações parlamentares.

Eduardo, em maior escala do que qualquer de seus predecessores, mostrara-se disposto a governar no interesse nacional e com certo respeito pela forma constitucional. Foi portanto irônico, e para o rei exasperante, ver aplicados contra ele próprio os princípios cuja importância havia acentuado. O partido baronial não recorreu à guerra; agiu através do mecanismo constitucional que o próprio rei criara com tantos sacrifícios. Conseqüentemente, os barões mudaram de terreno: não falavam mais como representantes da aristocracia feudal, mas como líderes de uma oposição nacional. Assim a Coroa mais uma vez se comprometeu solene e publicamente a respeitar os princípios da Magna Carta e a concessão tornou-se muito mais valiosa porque às cartas originais se juntaram remédios para os abusos recentes dos poderes de prerrogativa real. Esse foi um verdadeiro progresso constitucional.

Em sua fatal preocupação com as possessões na França, os reis ingleses haviam negligenciado o trabalho de estender seu domínio dentro da Ilha da Grã-Bretanha. Houve interferências intermitentes tanto na Gales como na Escócia, mas a tarefa de conservar seguras as fronteiras recaiu principalmente sobre os ombros dos lordes de Fronteiras locais. Logo que o Tratado de Paris proporcionou uma trégua de uma geração nas aventuras continentais tornou-se possível dedicar atenção aos urgentes problemas da segurança interna. Eduardo foi o primeiro dos reis ingleses a empenhar todo o peso dos recursos da Coroa no esforço de expansão nacional no Oeste e no Norte; e a ele é devida a conquista das áreas independentes da Gales e o estabelecimento da fronteira ocidental. Procurou conquistar onde os romanos, os saxões e os normandos haviam todos malogrado. As fortalezas montanhosas da Gales abrigavam uma raça vigorosa e indomável que, sob o neto do grande Llewellyn, havia no reinado anterior aplicado mais uma vez profundo golpe na política da Inglaterra. Eduardo, como lugar-tenente de seu pai, tinha experiência com os galenses. Havia-os enfrentado na guerra, com discutível sucesso. Ao mesmo tempo, vira, com olhos desaprovadores, a truculência dos barões das Fronteiras Galenses, os Mortimers, os Bohuns e, no Sul, os Clares, com as propriedades de Gloucester, que exploravam seus privilégios militares contra os interesses dos povos galense e inglês. Todas as afirmações de independência galense eram uma afronta a Eduardo; contudo, pouco menos detestável era um sistema de proteção das fronteiras da Inglaterra por uma confederação de barões salteadores que mais de uma vez haviam pretendido desafiar a autoridade da Coroa. Resolveu, em nome da justiça e do progresso, subjugar o refúgio inconquistado de pequenos príncipes e selvagens montanheses, no qual bárbara liberdade prevalecia desde remota antiguidade, e ao mesmo tempo refrear os privilégios dos lordes de Fronteira.

Utilizando todos os recursos locais que os barões das Fronteiras Galenses haviam desenvolvido na crônica luta de muitas gerações, Eduardo conquistou a Gales em vários anos de persistente ação bélica, fria e cuidadosamente planejada, por terra e por mar. As forças que empregou eram principalmente recrutas galenses a seu soldo, reforçados por tropas regulares da Gasconha e por alguns dos últimos produtos do recrutamento feudal. Entretanto, foi sobretudo o terror das campanhas de inverno que abateu o poderio dos valentes bretões antigos. Pelo Estatuto de Gales de Eduardo, o principado independente chegou ao fim. A terra da Gales de Llewellyn foi transferida para os domínios do rei e organizada nos "shires" de Anglesey, Carnarvon, Merioneth, Cardigan e Carmarthen. O filho do rei Eduardo, nascido em Carnarvon, foi proclamado como o primeiro Príncipe de Gales inglês.

As guerras galenses de Eduardo revelam-nos o processo pelo qual o sistema militar da Inglaterra foi transformado da antiga base saxônica e feudal de serviço ocasional para a de tropas regulares pagas. Vimos como Alfredo, o Grande, sofreu repetidamente com o término do prazo para o qual o "fyrd" era convocado. Quatrocentos anos haviam transcorrido e o feudalismo normando ainda mantinha esse princípio básico. Como seriam porém realizadas por esses métodos campanhas de inverno e verão de quinze meses em seguida? Como seriam lançadas e executadas as expedições continentais? Assim, durante vários reinados, o princípio da "scutage" fora conveniente tanto aos barões, que não desejavam servir, como aos soberanos, que preferiam um pagamento em dinheiro com o qual contratavam soldados em tempo integral. Nas guerras galenses, ambos os sistemas são vistos simultaneamente em ação, mas o antigo está desaparecendo. Ao invés de serviço feudal, o governo exigia agora mercenários dignos de confiança e para esse fim o dinheiro era a solução.

Ao mesmo tempo, estava em ação uma contra-revolução no equilíbrio das operações militares. A cavalaria protegida por malha de ferro, que a partir do século V lançara da sombra as fileiras ordenadas da legião, estava encerrando o seu longo período de supremacia. Um novo tipo de infantaria recrutada entre a gente comum começava a demonstrar sua qualidade dominante. Essa infantaria operava, não com maça, espada ou lança, nem mesmo com projéteis lançados a mão, mas com arcos que, depois de prolongado desenvolvimento, às ocultas da Europa, logo fariam uma espantosa entrada no cenário militar e conquistariam dramática ascendência nos campos de batalha do Continente. Essa foi uma presa que os conquistadores tomaram de suas vítimas. Na Gales do Sul, a prática do manejo do arco já atingira espantosa eficiência, da qual um dos lordes de Fronteira deixou um registro. Um de seus cavaleiros fora atingido por uma flecha que penetrara não apenas nas fraldas de sua cota de malha, mas também em seus calções de malha, sua coxa e a madeira de sua sela, para ir finalmente enterrar-se na carne de seu cavalo. Esse era um fato novo na história da guerra, que é também parte da história da civilização, merecendo ser mencionada com o triunfo do bronze sobre a pedra ou do ferro sobre o bronze. Pela primeira vez, a infantaria possuía uma arma capaz de penetrar na armadura daquela época de choques ruidosos e que, pelo alcance e pelo ritmo de disparo, era superior a qualquer método jamais usado antes ou mesmo depois, até a introdução do fuzil moderno. O Ministério da Guerra tem entre seus documentos um tratado escrito, durante a paz que se seguiu a Waterloo, por um oficial general de longa experiência nas guerras napoleônicas, recomendando que os mosquetes fossem abandonados em favor do arco devido à sua superior precisão, rápida descarga e efetivo alcance.

Assim a guerra galense, de dois pontos de partida separados, destruiu a base material do feudalismo, que já fora, em seu aspecto moral, superado pela extensão e aperfeiçoamento da administração. Mesmo quando a conquista era completada pelo processo de dominar as regiões subjugadas, tornavam-se necessários métodos que estavam além do alcance dos barões feudais. Os castelos de pedras, com enormes complicações, haviam desempenhado realmente durante muito tempo papel destacado na era da armadura. Agora, porém, a extensão das muralhas torreadas precisava ser ampliada, não apenas para conter guarnições mais numerosas, mas também para resistir aos grandes engenhos de sítio, como as balistas e catapultas, que haviam sido recentemente muito aperfeiçoados, e impedir que os atacantes se aproximassem das bases das muralhas internas. Ademais, agora não se viam mais apenas tropas de guerreiros vestidos de aço cavalgando pelos campos e espalhando o terror o esmo, mas corpos disciplinados de infantaria, dotados da nova potência de longo alcance, dirigidos por comandantes regulares de acordo com um plano prescrito por um comando central.

O grande conflito do reinado de Eduardo foi com a Escócia. Durante longos anos os dois reinos haviam vivido como amigos. No ano de 1286, Alexandre III na Escócia, caindo de um rochedo com seu cavalo na escuridão, deixou como herdeira Margaret, sua neta, conhecida como a Donzela da Noruega. Os magnatas escoceses foram convencidos a reconhecer essa princesa de três anos de idade como sua sucessora. Surgia agora o brilhante projeto de fazer com que a Donzela da Noruega ao mesmo tempo subisse ao trono escocês e se casasse com Eduardo, o filho do rei. Assim seria conseguida uma união de famílias reais pela qual talvez pudesse ser atenuado o antagonismo entre a Inglaterra e a Escócia. Podemos medir a sagacidade da época pela aceitação desse plano. Praticamente todas as forças dominantes na Inglaterra e na Escócia concordaram com ele. Era um sonho e passou como um sonho. A Donzela de Noruega embarcou em 1290 em mares tempestuosos, apenas para morrer antes de chegar a terra, e a Escócia herdou o problema de uma sucessão disputada, em cuja decisão o interesse inglês devia ser um forte fator. A nobreza escocesa estava aliada em muitos pontos à família real inglesa e, entre uma dúzia de pretendentes, alguns deles bastardos, dois homens se destacavam claramente: João Balliol e Roberto Bruce. Bruce alegava a proximidade de seu idoso pai em relação ao ancestral real comum; Balliol, descendente mais distante, alegava os direitos de primogenitura. O partidarismo, porém, estava bem equilibrado.

Desde os dias de Henrique II, a monarquia inglesa reivindicara intermitentemente a soberania da Escócia, baseada no reconhecimento ainda mais antigo da soberania saxônica pelos reis escoceses. O rei Eduardo, cujo conhecimento jurídico era famoso, já servira de árbitro em circunstâncias semelhantes entre Aragon e Anjou. Impunha-se agora com considerável aceitação como o árbitro da sucessão escocesa. Como as alternativas eram a divisão da Escócia em dois reinos rivais ou uma guerra civil para decidir a questão, os escoceses foram induzidos a procurar o julgamento de Eduardo. Este, seguindo todo o tempo um caminho de estrita legalidade, concordou em aceitar a tarefa somente com a condição prévia da reafirmação de sua soberania, simbolizada pela entrega de certos castelos escoceses. O rei inglês desempenhou suas funções de árbitro com extrema propriedade. Resistiu à tentação, que lhe foi apresentada por intrigas baroniais escocesas, de destruir a integridade da Escócia. Pronunciou-se em 1292 a favor de João Balliol. Julgamentos posteriores de maneira alguma impugnaram a correção de sua decisão. Todavia, levando em consideração a profunda divisão existente na Escócia e os fortes elementos que aderiam à pretensão de Bruce, João Balliol tornou-se inevitavelmente não apenas o candidato de sua escolha, mas também o seu fantoche. Assim pensou o rei Eduardo I e proferiu uma decisão justa e ao mesmo tempo altamente vantajosa. Havia confirmado sua soberania na Escócia. Escolhera o seu rei, que se mantinha em sua própria terra por uma estreita margem. Todavia, o sentimento nacional da Escócia sentia-se abafado por trás dessas barreiras de afirmação legal. Em sua difícil situação, os barões escoceses aceitaram a decisão do rei Eduardo, mas também forneceram ao novo rei João um autoritário conselho de doze grande lordes para intimidá-lo e defender os direitos da Escócia. Assim, o rei Eduardo viu com desgosto que todo o seu êxito aparentemente maravilhoso ainda o deixava diante da integridade da nacionalidade escocesa, com um governo independente, não dominado, e uma nação hostil, não submissa.

Exatamente nesse momento, o mesmo argumento de soberania foi-lhe apresentado pelo formidável rei francês, Filipe IV. Aqui Eduardo era o vassalo, defendendo orgulhosamente seus interesses feudais, e a suserania francesa tinha a vantagem legal. Além disso, se a Inglaterra era mais forte que a Escócia, a França era em poderio armado superior à Inglaterra. Esse duplo conflito impôs aos recursos financeiros e militares da monarquia inglesa uma carga que não podiam de maneira alguma suportar. O resto do reinado de Eduardo foi gasto numa luta dupla no Norte e no Sul, para a manutenção da qual precisou tributar seus súditos além de toda sua capacidade. Viajava energicamente de um lado para outro entre a Flandres e as Lowlands escocesas. Esgotou a terra para obter dinheiro. Nada mais importava. E o embriônico sistema parlamentar aproveitou-se amplamente das repetidas concessões que ele fez na esperança de conquistar opiniões favoráveis. Confirmou a maioria das reformas impostas a João. Com algumas exceções entre os grandes lordes, a nação estava com ele em ambos os seus esforços externos, mas embora vezes e vezes atendesse a seus pedidos não podia conformar-se com o peso esmagador. Vemos assim o sábio legislador, o econômico controlador das finanças inglesas, o reformador administrativo obrigado a exigir de seu povo coisas além de suas forças e, nesse processo, despertar oposições que enegreceram sua vida e empanaram sua fama.

Para resistir a Eduardo, os escoceses aliaram-se aos franceses. Como estava em guerra contra a França, Eduardo considerou isso um ato de hostilidade. Intimou Balliol a encontrar-se com ele em Berwick. Os nobres escoceses recusaram permitir que seu rei fosse ao encontro e a partir desse momento começar a guerra. Eduardo atacou com implacável severidade. Avançou sobre Berwick. A cidade, então o grande empório do comércio do Norte, estava, depois de cem anos de paz, despreparada para resistir ao ataque. Paliçadas foram erguidas apressadamente e os cidadãos apanharam quaisquer armas que estivessem ao alcance de suas mãos. O exército inglês, praticamente sem perdas, passou por essas defesas improvisadas e Berwick foi submetida a um saque e massacre chocantes mesmo para aqueles tempos bárbaros. Milhares de pessoas foram mortas. A resistência mais decidida proveio de trinta comerciantes flamengos que defenderam seu armazém, chamado Red Hall, até ele ser destruído pelas chamas. Em poucas horas, Berwick, um dos centros ativos do comércio europeu, transformou-se no pequeno porto marítimo que existe hoje.

Esse ato de terror venceu a resistência das classes dominantes na Escócia. Perth, Stirling, Edinburgh capitularam diante da marcha do rei. Vemos aqui como Eduardo I antecipou os ensinamentos de Maquiavel: ao terror de Berwick seguiu-se um espírito bondoso e complacente que recebia com satisfação e tornava fácil a submissão sob qualquer forma. Balliol renunciou a seu trono e a Escócia foi colocada sob administração inglesa. Entretanto, como na Gales, o conquistador introduziu não apenas um domínio estrangeiro, mas também lei e ordem, todos os quais eram igualmente impopulares. As classes dominantes da Escócia haviam malogrado visivelmente e Eduardo podia vangloriar-se de que tudo estava acabado. Estava, porém, apenas começando. Tem sido dito com freqüência que Joana D'Arc ergueu pela primeira vez o estandarte do nacionalismo no mundo ocidental. Todavia, mais de um século antes de seu aparecimento, um cavaleiro proscrito, William Wallace, saindo dos recessos do sudoeste da Escócia que lhe serviram de refúgio, encarnou, comandou e conduziu à vitória a nação escocesa. Eduardo, guerreando na França com variada fortuna, foi obrigado a ouvir histórias de incessantes investidas e incursões contra sua paz real na Escócia, até então considerada segura. Wallace tinha a apoiá-lo o espírito de uma raça tão intrépida e resoluta quanto qualquer outra surgida entre os homens. A isso juntava dotes militares de alta qualidade. Com uma massa desorganizada de valorosos combatentes forjou, apesar da cruel miséria e da administração primitiva, um exército obstinado e indomável, disposto a lutar em quaisquer condições e a desprezar a derrota. A estrutura desse exército era curiosa. Cada quatro homens tinha um quinto como chefe; cada nove homens, um décimo; cada dezenove homens, um vigésimo e assim até mil; e estava acertado que a penalidade por desobediência ao chefe de qualquer unidade era a morte. Assim, do chão a liberdade ergue-se invencível.

Warenne, conde de Surrey, era o comandante de Eduardo no Norte. Quando as depredações dos rebeldes escoceses se tornavam intoleráveis, ele marchou sobre Stirling à frente de poderosas forças. Na Ponte de Stirling, perto da abadia de Cambuskenneth, em setembro de 1297, encontrou-se em presença do exército de Wallace. Havia muitos escocesses a serviço dos ingleses. Um deles advertiu Warenne dos perigos de tentar desdobrar as tropas além da longa e estreita ponte e aterro que atravessavam o rio. Esse cavaleiro propôs cálculos dignos de um oficial de estado-maior moderno. Seriam necessárias onze horas para movimentar o exército através da ponte e que aconteceria, indagava ele, se a vanguarda fosse atacada antes de estar ·concluída a travessia? Falou a respeito de um vau existente mais acima, pelo qual pelo menos uma força de flanco poderia atravessar o rio. O conde Warenne, porém, não quis ouvir nada disso. Wallace observava com olhos calculistas a acumulação de tropas inglesas ao longo da ponte e, no momento exato, lançou toda sua força contra elas, conquistou a cabeça da ponte e massacrou a vanguarda de cinco mil homens. Warenne evacuou a maior parte da Escócia. As guarnições de suas fortalezas foram derrotadas uma após outra. Os ingleses mal conseguiam manter a linha do Tweed.

Estava além das possibilidades dos recursos do rei Eduardo travar a guerra contra a França e ao mesmo tempo enfrentar a horrível luta com a Escócia. O rei procurou a todo custo concentrar-se no perigo mais próximo. Iniciou com o rei francês uma longa série de negociações, que se caracterizaram por tréguas repetidamente renovadas e terminaram com um definitivo Tratado de Paris em 1303. Embora a paz formal fosse retardada de alguns anos, foi efetivamente selada pelo acordo de um casamento entre Eduardo e a irmã de Filipe, a jovem princesa Margaret, e também pelo noivado do filho e herdeiro de Eduardo, Eduardo de Carnarvon, com Isabella, filha de Filipe. Essa dupla aliança de sangue pôs efetivamente termo à guerra francesa em 1299, embora devido a complicações papais nem a paz nem o casamento do rei fossem finalmente e formalmente confirmados. Através desses arranjos diplomáticos, Eduardo pôde durante dois anos concentrar seu poderio contra os escoceses.

Wallace era agora o governante da Escócia e a guerra era travada sem trégua ou mercê. Um odiado funcionário inglês, um coletor de impostos, havia tombado na ponte. Sua pele, cortada em faixas adequadas, cobriu para o futuro o cinturão de Wallace. Eduardo, forçado a abandonar sua campanha da França, dirigiu-se apressadamente à cena do desastre e com toda a força do recrutamento feudal avançou contra os escoceses. A Batalha de Falkirk em 1298, que foi por ele comandada pessoalmente, oferece flagrante contraste com a Ponte de Stirling. Wallace, agora à frente de forças mais poderosas, aceitou combater numa posição defensiva recuada. Dispunha de pouca cavalaria e poucos arqueiros; mas sua confiança repousava nos sólidos "schiltrons" (ou círculos) de lanceiros, que não podiam ser vencidos senão por efetiva destruição física. A cavalaria couraçada da vanguarda inglesa foi repelida pelos lanceiros com severas perdas. Entretanto, Eduardo, dispondo seus arqueiros galenses nos intervalos entre os cavaleiros e a segunda linha, concentrou uma chuva de flechas sobre determinados pontos dos "schiltrons" escoceses, de modo que restassem naqueles lugares mais mortos e feridos do que vivos. Através das brechas e sobre os cadáveres, os cavaleiros da Inglaterra abriram caminho. Uma vez rompida a ordem escocesa, os lanceiros foram rapidamente massacrados. O massacre só terminou no fundo das matas, e Wallace e o exército escocês tornaram-se novamente fugitivos, caçados como rebeldes, famintos, sofrendo as piores privações humanas, mas ainda em armas.

Os escoceses foram inimigos invencíveis. Só em 1305 é que Wallace foi capturado, julgado com toda cerimônia em Westminster Hall, e enforcado, estripado e esquartejado em Tyburn. Entretanto, a guerra escocesa foi um conflito no qual, como diz o cronista, "cada inverno desfazia o trabalho de cada verão". Wallace passaria o facho a Roberto Bruce.

Em seus últimos anos de vida, Eduardo aparece como um velho solitário e colérico. Crescera ao seu redor uma nova geração com a qual ele tinha ligeira relação e pouca simpatia. A rainha Margaret era suficientemente jovem para ser sua filha e muitas vezes se colocava ao lado de seus enteados contra o pai. Raros ousavam opor-se ao velho rei, mas ele gozava de pouco amor e respeito no seu círculo familiar.

Com Roberto Bruce, neto do pretendente de 1290, que conquistara sua posição em parte por direito de nascimento e também por severas medidas, a guerra na Escócia irrompeu de novo. Roberto Bruce encontrou-se com o chefe escocês que representava o interesse inglês no solene santuário da igreja na cidade fronteiriça de Dumfries. Os dois líderes encerraram-se juntos. Em seguida, Bruce saiu sozinho e disse a seus adeptos: "I doubt me I have killed the Red Comyn". A que o seu principal adepto, resmungando "I'se mak' siccar!" tornou a entrar no edifício sagrado. Surgiu assim em armas um novo campeão dessa grande raça nórdica. O rei Eduardo estava velho, mas sua força de vontade continuava inabalável. Quando chegou a Winchester, no sul, onde ele mantinha sua corte, ao saber da notícia de que Bruce fora coroado em Scone sua fúria foi terrível. Lançou uma campanha no verão de 1306, na qual Bruce foi derrotado e obrigado a refugiar-se na ilha Rathlin, ao largo da costa de Antrim. Ali, de acordo com as histórias, Bruce foi encorajado pelos persistentes esforços da mais célebre aranha conhecida na história. Na primavera seguinte, voltou à Escócia. Eduardo estava agora muito doente para andar a pé ou a cavalo. Como o imperador Severo, mil anos antes, era transportado numa liteira em sua luta contra esse intrépido povo e como ele morreu na estrada. Seus últimos pensamentos foram para a Escócia e a Terra Santa. Conjurou seu filho a levar seus ossos na vanguarda do exército que finalmente reduzisse a Escócia à obediência e a mandar seu coração à Palestina com um grupo de uma centena de cavaleiros para ajudar a reconquistar a Cidade Sagrada. Nenhum de seus desejos foi atendido por seu fútil e indigno herdeiro.

Eduardo I foi a última grande figura do período de formação do direito inglês. Seus estatutos, que resolviam questões de ordem pública, impunham limites aos poderes dos tribunais senhoriais e restringiam o expansivo e luxuriante crescimento da lei feita pelo juiz; estabeleceram princípios que continuaram sendo fundamentais à lei da propriedade até meados do séculos XIX. Por essas grandes leis, foram fixados à liberdade do Direito Comum os necessários limites que, sem colidir com seus princípios básicos ou romper com o passado, lhe deram sua forma final.

Na esfera constitucional, o trabalho de Eduardo I não foi menos duradouro. Fizera do Parlamento – isto é, certos magnatas selecionados e representantes dos "shires" e "boroughs" – o associado da Coroa, em lugar da velha Corte dos Rendeiros-Chefes. No fim de seu reinado, esta concepção estava firmada. A princípio, faltava-lhe substância; só gradualmente adquiriu carne e osso. Todavia, entre o começo e o fim do reinado de Eduardo, foi dado o impulso decisivo. No princípio, tudo ou nada poderia resultar das experiências dos tempos convulsionados de seu pai. No fim, estava bem firmado nos costumes e tradições da Inglaterra que a "soberania", para empregar um termo que Eduardo dificilmente teria compreendido, repousaria daí por diante não na Coroa apenas, nem na Coroa e no Conselho dos Barões, mas na Coroa com o Parlamento.

Sombrios problemas constitucionais ameaçavam o futuro. O limite entre os poderes do Parlamento e os da Coroa estava ainda vagamente traçado. Um estatuto, admitiu-se rapidamente, era uma lei baixada pelo rei no Parlamento e só podia ser revogado com o consentimento do próprio Parlamento. Todavia, o Parlamento estava ainda em sua infância. A iniciativa do trabalho de governo ainda cabia ao rei e necessariamente ele conservava muitos poderes cujos limites eram indefinidos. Tinham as ordenações régias, feitas no Conselho Privado com a exclusiva autoridade do rei, a validade de lei? Podia o rei em casos particulares desobedecer a um estatuto por petição do público ou por conveniência real? Num conflito entre os poderes do rei e do Parlamento quem diria de que lado estava a razão? Inevitavelmente, à medida que o Parlamento assumisse sua plena estatura, essas questões seriam respondidas; todavia, para uma resposta final, precisariam esperar até que os reis Stuart se assentassem sobre o trono inglês.

Não obstante, haviam sido lançados os alicerces de uma forte monarquia nacional para um Reino Unido e de uma Constituição Parlamentar. Seu continuado desenvolvimento e êxito dependiam do sucessor imediato do rei. Fracalhões ociosos, sonhadores e rapazes aventureiros perturbaram a nascente unidade da Ilha. Longos anos de guerra civil e de despotismo em reação contra a anarquia obstruíram e retardaram o desenvolvimento de suas instituições. Entretanto, ao fitar o simples túmulo de mármore em Westminster, sobre o qual está inscrito "Aqui jaz Eduardo I, o Martelador dos Escoceses. Tende fé", o viajante se encontra diante da última morada do arquiteto da vida, do caráter e da fama britânicos.

BANNOCKBURN

O reinado de Eduardo II pode ser com razão considerado como um melancólico apêndice do de seu pai e o prelúdio do de seu filho. A força e a fama que Eduardo I conquistara em sua mocidade e no apogeu de sua vida adulta serviram como proteção no declínio de seus últimos anos. Vimo-los em sua força; devíamos vê-lo na sua fraqueza. Os homens não vivem eternamente e, em sua fase final, o ousado guerreiro que abatera Simon de Montfort, que reduzira a Gales à obediência e mesmo à disciplina, que martelara os escoceses, que lançara os alicerces do Parlamento, que conquistara o glorioso título de "Justiniano inglês" pelas suas leis, estava travando uma batalha perdida contra uma nobreza singularmente intolerante, amargurada e cada vez mais consciente de classe. Essa batalha a velhice e a morte obrigaram-no a confiá-lo a seu desajeitado filho, que se mostrou incapaz de vencê-la.

Um rei forte e capaz suportara com dificuldade a carga. Foi sucedido por um débil pervertido, do qual são recordados alguns traços agradáveis. Marlowe em sua tragédia põe na boca dele no momento de sua morte algumas belas frases:

> "Tell Isabel the Queen I looked not thus
> When for her sake I ran at tilt in France,
> And there unhorsed the Duke of Cleremont".[1]

Desta homenagem a história não pôde privar o infeliz rei. Todavia, os registros existentes falam pouco em guerra ou torneios e demoram mais no interesse de Eduardo por colmar casas, abrir fossas e outras artes úteis. Gostava muito de remar, nadar e banhar-se. Levava a amizade por seus conselheiros além da dignidade e da decência. Esse foi um reinado que por sua fraqueza contribuiu com o passar do tempo para o poderio inglês. O mestre partira, a vara estava quebrada e as forças da nacionalidade inglesa, já vivas e conscientes sob o velho rei, reiniciaram sua marcha a passos mais rápidos e mais vigorosos. Na falta de uma instituição parlamentar dominante, a Curia Regis, como vimos, parecia ser o centro de onde podiam ser controlados os negócios do governo. Com a morte de Eduardo I, os barões conseguiram obter o controle desse órgão misto de poderosos magnatas e competentes funcionários da casa real. Estabeleceram uma comissão chamada "os Lordes Ordenadores", que representava os interesses baroniais e eclesiásticos do Estado.

A Escócia e a França continuavam sendo os problemas externos com que se defrontavam os novos senhores do governo, mas sua maior fúria voltava-se contra o favorito do rei. Piers Gaveston, um jovem e belo gascão, gozava da mais completa confiança do rei. Suas decisões faziam e desfaziam. Havia a disposição de se submeter ao domínio de um rei, mas não tolerar as pretensões de seus amigos pessoais. O partido dos barões atacou Piers Gaveston. Eduardo e seu favorito tentaram afastar a oposição devastando os escoceses. Falharam e em 1311 Gaveston foi exilado para a Flandres. De lá teve a imprudência de regressar, desafiando os Lordes Ordenadores. Obrigando-o a refugiar-se no Norte, perseguiram-no, não tanto pela guerra, mas por um processo de firmar autoridade, ocupando castelos, controlando os tribunais e dando às forças armadas ordens que eram obedecidas. Cercado

---

[1] "Diga a Isabel a rainha que eu não tinha esta aparência
Quando por ela combati na França
E lá desmontei o duque de Cleremont".

em seu castelo de Scarborough, Gaveston entrou em acordo com seus inimigos. Sua vida seria poupada e, nessas condições, eles o tomaram sob sua guarda. Entretanto, outros nobres, chefiados pelo conde de Warwick, um dos principais Ordenadores, que não haviam estado presentes ao acordo de Scarborough, violaram essas condições. Dominaram a escolta, apossaram-se do favorito em Deddington, no Oxfordshire, e deceparam-lhe a cabeça em Blacklow Hill, perto de Warwick.

Apesar dessas vitórias dos Ordenadores, o poder real continuava sendo formidável. Eduardo mantinha ainda o controle do governo, embora subordinado a eles. Defrontava-se com as perturbações na França e a guerra na Escócia. Para compensar suas derrotas no país, resolveu-se pela conquista do reino do norte. Um recrutamento geral de todo o poderio da Inglaterra foi posto em ação para derrotar os escocesses. Um grande exército atravessou o Tweed no verão de 1314. Vinte e cinco mil homens, difíceis de reunir, mais difíceis ainda de alimentar naqueles tempos, com pelo menos três mil cavaleiros com armadura e tropas montadas, sob o comando nominal, mas nem por isso menos desconcertante, de Eduardo II, movimentaram-se contra as hostes escocesas. O novo campeão da Escócia, Roberto Bruce, via-se agora diante da vingança da Inglaterra. O exército escocês, com dez mil homens talvez, era formado, como em Falkirk, principalmente por rijos e obstinados lanceiros que nada temiam e que, uma vez postos em posição, precisavam ser mortos. Bruce, porém, meditara profundamente na impotência dos lanceiros, por mais fiéis que fossem, quando expostos às alternações de uma chuva de flechas e de uma carga couraçada. Por isso, com uma visão e uma aptidão que provam sua qualidade militar, tomou três precauções. Primeiro, escolheu uma posição onde seus flancos ficassem protegidos por matas impenetráveis; segundo, abriu ao longo de sua frente grande número de pequenos buracos redondos ou "pottes", que seriam posteriormente imitados pelos arqueiros em Crécy, e cobriu-o com ramos e capim como uma armadilha para a cavalaria em carga; e, terceiro, conservou em suas próprias mãos sua pequena mas altamente treinada força de cavaleiros montados para anular qualquer tentativa de colocar arqueiros em seu flanco a fim de desorganizar seus "schiltrons". Tomadas essas providências, esperou o ataque inglês.

O exército inglês era tão grande que demorou três dias para cerrar fileiras da retaguarda até a frente. O terreno disponível para desdobramento era de pouco mais de duas mil jardas. Enquanto o exército se estava concentrando diante da posição escocesa ocorreu um incidente. Um cavaleiro inglês, Henry de Bohun, avançou à frente de uma força de infantaria galense para tentar, por uma manobra de surpresa, socorrer o Castelo Stirling, que estava em poder dos ingleses. Bruce chegou exatamente em tempo de lançar-se, com alguns de seus homens, entre os atacantes e as muralhas do castelo. Bohun investiu contra ele em combate singular. Bruce, embora não estivesse montado em seu vigoroso cavalo de guerra, aguardou o ataque sobre um bem treinado animal e, desviando a lança inglesa com seu machado de batalha, matou Bohun com um único golpe sob as vistas de todos.

Na manhã de 24 de junho, os ingleses avançaram e uma densa onda de cavaleiros revestidos de aço desceu a encosta, chapinhou e arrastou-se através do Bannock Burn e carregou monte acima sobre os "schiltrons". Embora em grande desordem devido aos "pottes", os cavaleiros ingleses atracaram-se numa luta mortal com os lanceiros escoceses. "E quando as duas hostes assim se juntaram e os grandes corcéis dos cavaleiros investiram contra as lanças escocesas como contra uma mata cerrada ergueu-se um grande e horrível ruído de lanças dilacerantes e cavalos agonizantes, e lá eles ficaram grudados durante algum tempo." Como nenhum dos lados recuasse, a luta prolongou-se e cobriu toda a frente. Os fortes corpos de arqueiros não puderam intervir. Quando disparavam suas flechas para o ar, como Guilherme fizera em Hastings, atingiam maior número de seus próprios homens do que da infantaria escocesa. Finalmente, um destacamento de arqueiros contornou o flanco esquerdo escocês. Contra isso, porém, Bruce havia tomado providências eficazes. Sua pequena força de cavalaria carregou contra os arqueiros com a máxima prontidão e fê-los voltar para a grande massa que aguardava oportunidade de empenhar-se em luta e que já demonstrava sinais de desordem. Contínuos reforços avançaram para a linha de combate inglesa. A confusão aumentou cada vez mais. Finalmente, o aparecimento, nos montes à direita dos ingleses, dos cantineiros do exército de Bruce, agitando bandeiras e soltando altos gritos, foi suficiente para provocar uma retirada geral, que o próprio rei, com seus numerosos guardas pessoais, não se demorou em encabeçar. A retirada rapidamente se transformou em fuga desordenada. Os "schiltrons" escoceses arremeteram-se para a frente, encosta abaixo, causando imenso morticínio entre os ingleses antes mesmo que estes pudessem voltar a atravessar a Bannock Burn. Jamais a cavalaria inglesa foi, em um único dia, vítima de massacre mais cruel do que esse. Mesmo Towton nas Guerras das Rosas foi menos destruidora. Os escoceses afirmaram ter matado ou capturado trinta mil homens, mais do que todo o exército inglês, mas seu feito, destruindo virtualmente um exército de cavalaria e arqueiros principalmente pela ação de lanceiros, deve apesar disso ser considerado como um prodígio de guerra.

Na longa história de uma nação vemos com freqüência que governantes capazes por suas próprias virtudes semeiam os males futuros e príncipes fracos ou degenerados abrem o caminho do progresso. Nesta época, a luta interminável pelo poder entrara num novo terreno. Acompanhamos a sempre crescente influência, e às vezes autoridade, dos funcionários permanentes da casa real. Isso se tornava mais evidente, e portanto mais desagradável, quando o soberano estava claramente em suas mãos ou não era capaz de superá-los em política ou personalidade. Os barões feudais haviam lutado com êxito contra reis. Viam agora nos funcionários reais agentes que se colocavam em seu caminho, mas ao mesmo tempo eram visivelmente indispensáveis aos expansivos aspectos da vida nacional. Não podiam pensar na supressão desses funcionários mais do que seus antepassados teriam podido pensar na destruição da monarquia. Toda a tendência de seu movimento nesta geração era, portanto, no sentido de adquirir o controle de uma valiosa máquina. Procuraram, no século XIV, conquistar aquele poder de escolher, ou pelo menos de supervisionar, as nomeações para os cargos-chave da casa real que a nobreza Whig sob a casa de Hanover realmente obteve.

Os Lordes Ordenadores, com vimos, tinham o controle da Curia Regis. Verificaram logo porém que muitos dos elementos essenciais do poder ainda fugiam de suas mãos. O sinal manual do rei, o selo afixado a um documento, um mandado ou uma ordem emitida por determinado funcionário era o que fazia os tribunais se pronunciarem, os soldados marcharem e os carrascos executarem suas funções. Uma das principais acusações feitas contra Eduardo II em sua deposição foi a de que falhava em sua tarefa de governo. Desde o princípio de seu reinado, deixara muita coisa a cargo dos funcionários de sua casa real. Para os Lordes Ordenadores parecia que o alto controle do governo fugira da Curia Regis para uma cidadela interior descrita como "o Guarda-Roupa do Rei". Lá estava o rei, em seu Guarda-Roupa, com seus favoritos e seus indispensáveis funcionários, resolvendo uma variedade de questões, desde a compra dos reais calções até a conduta de uma guerra continental. Fora desse círculo seleto e fechado, os rudes, arrogantes e viris barões rondavam morosamente. O processo era exasperante; era como escalar um monte onde sempre aparecesse um novo cume. Não se deve supor também que tais .experiências estivessem reservadas apenas a esses tempos distantes. É da natureza do poder executivo encolher-se dentro do menor círculo; e sem tal contração não existe poder executivo. Todavia, quando esse processo exclusivista estava manchado por vício antinatural e maculado por uma vergonhosa derrota no campo de batalha, era claro que aqueles que batiam nas portas haviam encontrado uma ocasião oportuna, especialmente quando muitos dos Ordenadores se haviam prudentemente abstido da campanha de Bannockburn e podiam assim lançar sobre o rei toda a culpa por seu desastroso resultado.

As forças não estavam desigualmente equilibradas. Praticar violência contra a sagrada pessoa do rei era um crime horrível. A Igreja com toda sua estrutura e tradição dele dependia. Um aristocracia altiva e preocupada com seus próprios interesses devia lembrar-se de que na maior parte do país a gente comum, desde os tempos do Conquistador, encarava a Coroa como sua protetora contra a opressão baronial. Acima de tudo, a lei e o costume exerciam forte influência em todas as classes, ricas e pobres igualmente, quando cada distrito tinha sua vida própria e muito poucas luzes permaneciam acesas depois do pôr-do-sol. Os barões poderiam ter uma causa esmagadora contra o rei em Westminster, mas se ele aparecesse em Shropshire ou Westmorland com seu punhado de guardas e a insígnia real, poderia contar a sua própria história, e homens, tanto cavaleiros como arqueiros, adeririam a ele.

Nesse equilíbrio, o Parlamento adquiriu séria importância para os interesses em conflito. Ali estava pelo menos o único lugar onde a causa a favor ou contra a conduta do executivo central poderia ser julgada perante algo que se assemelhava, embora imperfeitamente, à nação. Assim vemos nesse mal afortunado reinado ambos os lados atuando no Parlamento e através dele, e nesse processo enriquecendo o seu poder. O Parlamento foi convocado para reunir-se nada menos de vinte e cinco vezes sob o rei Eduardo II. Não tinha participação na iniciativa ou no controle da política. Era naturalmente perturbado pela intriga real e baronial. Muitos de seus cavaleiros e seus burgueses não eram senão criaturas de uma facção ou de outra. Apesar disso, era possível fazê-lo lançar seu peso de maneira decisiva de tempos em tempos. Esse foi portanto um período altamente favorável para o desenvolvimento, no reino, de forças que adquiririam caráter inerentemente diferente da Coroa ou dos barões.

Thomas de Lancaster, sobrinho de Eduardo I, era a vanguarda da oposição baronial. Pouca coisa se conhece que lhe seja favorável. Estivera durante muito tempo empenhado em práticas de traição com os escoceses. Como chefe dos barões, perseguira Gaveston até a morte e, embora não fosse efetivamente responsável pela quebra de palavra que motivara sua execução, fora daí por diante objeto do mais profundo ódio de que era capaz a natureza de Eduardo II. Pelo desastre de Bannockburn, Eduardo era agora lançado nas mãos de Thomas e seus colegas Ordenadores e aquele se tornou, durante algum tempo, o homem mais importante do país. Poucos anos depois, porém, os moderados entre os Ordenadores ficaram tão desgostosos com a incompetência de Lancaster e com a fraqueza em que caíra o processo de governo que se aliaram aos realistas para tirá-los do poder. A vitória deste partido do centro, chefiado pelo conde de Pembroke, não agradou ao rei. Pretendendo ser mais eficientes que Lancaster, Pembroke e seus amigos tentaram executar mais efetivamente as Ordenações e promoveram uma grande reforma na casa real.

Eduardo, por seu lado, começou a formar um partido realista, à frente do qual estavam o Despenser, pai e filho, ambos chamados Hugh. Estes pertenciam à nobreza e seu poder repousava na fronteira galense. Por um feliz casamento com a nobre casa de Clare e pelo favor do rei, elevaram-se precariamente, entre os ciúmes dos barões ingleses, à direção principal dos negócios. Contra ambos cresceram os ódios, devido ao seu egoísmo e à paixão do rei pelo mais moço deles. Eram especialmente impopulares entre os lordes de Fronteira, que se sentiam perturbados por suas turbulentas ambições na Gales do Sul. Em 1321, os lordes de Fronteira da Gales e o partido lancastriano uniram-se com a intenção de conseguir o exílio dos Despensers. Eduardo logo reagiu contra eles e, dessa vez, demonstrou energia e resolução. Com rapidez de movimento, derrotou primeiro os lordes de

Fronteira e em seguida, no ano seguinte, os barões do Norte sob o comando de Lancaster, em Boroughbridge, no Yorkshire. Lancaster foi decapitado pelo rei. Todavia, por alguma perversidade do sentimento popular, noticiou-se que ocorreram milagres em seu túmulo e sua execução foi considerada por muitos de seus contemporâneos como tendo feito dele um martir da opressão real.

Os Despensers e seu rei pareciam agora ter atingido o auge do poder. Entretanto, uma tragédia com todos os aspectos da crueldade clássica deveria seguir-se. Um dos principais lordes de Fronteira, Roger Mortimer, embora capturado pelo rei, conseguiu fugir para a França. Em 1324, Carlos IV, da França, aproveitou-se de uma disputa na Gasconha para ocupar o ducado, com exceção de uma faixa costeira. A esposa de Eduardo, Isabella, "a loba da França", que estava desgostosa pela paixão de seu marido por Hugh Despenser, ofereceu-se para ir à França negociar com seu irmão Carlos a restauração da Gasconha. Lá se tornou amante e aliada do exilado Montimer. Recorreu então ao estratagema de fazer com que seu filho, príncipe Eduardo, fosse enviado da Inglaterra para prestar vassalagem pela Gasconha. Assim que o príncipe de catorze anos, que como herdeiro do trono podia ser usado para legitimar a oposição ao rei Eduardo, caiu em seu poder, ela e Montimer promoveram uma invasão da Inglaterra à frente de um grande grupo de exilados.

Tão impopular e precário era o governo de Eduardo que o triunfo de Isabella foi rápido e completo, fazendo com que ela e Mortimer se encorajassem a depô-lo. O fim foi um holocausto. Na terrível fúria que naqueles dias dominou todos quantos levaram o governo da Inglaterra a um destino sangrento, os Despensers foram capturados e enforcados. Para o rei estava reservada um morte mais terrível. Foi aprisionado no castelo de Berkeley e ali, por métodos hediondos, que não deixaram marca sobre sua pele, foi trucidado. Seus gritos quando suas entranhas foram queimadas por ferros quentes introduzidos em seu corpo foram ouvidos fora das muralhas da prisão e despertaram sombrios ecos que não silenciaram durante muito tempo.

CAPÍTULO 12

ESCÓCIA E IRLANDA

Os malogros do reinado de Eduardo II tiveram efeitos permanentes sobre a unidade das Ilhas Britânicas. Bannockburn liquidou com a possibilidade de unir as coroas inglesa e escocesa pela força. Através do Mar Irlandês o sonho de uma Irlanda anglo-normanda consolidada também se mostrou vão. Os séculos dificilmente poderiam derrubar a barreira que as cruéis guerras escocesas haviam erguido entre a Grã-Bretanha do Norte e do Sul. A partir do ataque de Eduardo I a Berwick, em 1296, a luta armada prolongou-se por vinte e sete anos. Somente em 1323 é que Robert obrigou finalmente os ingleses a aceitar suas condições. Mesmo então Bruce não foi oficialmente reconhecido como rei dos escoceses. Esse título e a completa independência para seu país, ele conquistou pelo Tratado de Northampton, selado em 1328 depois do assassínio de Eduardo. Um ano mais tarde o salvador da Escócia estava morto.

Uma das mais famosas histórias da cavalaria medieval conta como Sir James, o Douglas "Negro", durante vinte anos o fiel braço direito de Bruce, levou o coração de seu senhor para ser enterrado na Terra Santa e como, tocando num porto espanhol, atendeu ao repentino apelo da cavalaria e se juntou aos atribulados cristãos em luta contra os mouros. Investindo contra a horda pagã, lançou na confusão das forças em luta o cofre de prata que continha o coração de Bruce. "Avante, bravo coração, como estavas acostumado. Douglas te seguirá ou morrerá!" Foi morto no momento da vitória. Assim Froissart nos conta a história em prosa de Aytoun em comoventes versos. E assim, em cada geração, as crianças escocesas emocionaram-se com a história do "Bom Lorde James".

Enquanto Bruce viveu, seu grande prestígio e a lealdade de seus lugares--tenentes serviram como substitutos das instituições e tradições que uniam a Inglaterra. Sua morte deixou o trono a seu filho, Davi II, criança de cinco anos, e seguiu-se uma daquelas desastrosas minoridades que foram o flagelo da Escócia. A autoridade dos reis escoceses era com freqüência desafiada pelos grandes magnatas das Lowlands e pelos chefes das Highlands. A esta fonte de fraqueza juntavam-se agora outras. A família do "Red Comyn", não perdoando jamais seus assassínio por Bruce, estava sempre pronta a entregar-se à guerra civil. E os barões, que haviam apoiado a causa de Balliol e perdido suas terras escocesas para os adeptos de Bruce, sonhavam constantemente em reconquistá-las com o auxílio inglês. Davi II reinou durante quarenta e dois anos, mas nada menos que dezoito deles foram passados fora de seu reino. Durante um longo período, durante as guerras de seus regentes com a facção de Balliol, ele permaneceu refugiado na França. Por ocasião de seu regresso, não revelou nenhum dos talentos de seu pai. A lealdade à França levou-o a invadir a Inglaterra. Em 1346, no ano de Crécy, foi derrotado e capturado em Neville's Cross, no condado de Durham. Onze anos passou na prisão, antes de ser resgatado por uma soma que sobrecarregou pesadamente a Escócia.

Davi II foi sucedido por seu sobrinho Roberto, o Alto Despenseiro[1], primeiro rei de uma linhagem destinada à melancólica fama. Durante muitas gerações, os Stuarts, como passaram a ser eufonicamente chamados, haviam ocupado o cargo hereditário do qual tiraram o seu nome. Sua pretensão ao trono era legítima, mas eles não conseguiram conquistar a lealdade indivisa dos escoceses. Os primeiros dois Stuarts, Roberto II e Roberto III, eram ambos homens idosos sem acentuada força de caráter. Os negócios do reino

---

[1] High Stewart.

ficaram em grande parte entregues aos magnatas, quer reunidos no Conselho do Rei, quer dispersos por suas propriedades. Durante o resto do século XIV e durante a maior parte do século XV, a Escócia esteve muito dividida para ameaçar a Inglaterra ou ser de grande auxílio à sua velha aliada, a França. Uma Inglaterra unida, livre das guerras francesas, poderia ter-se aproveitado da situação, mas a Inglaterra de meados do século XV estava também atormentada pelas Guerras das Rosas.

A união das Coroas era a solução evidente e natural. Todavia, após terem falhado as tentativas inglesas, que se estenderam por diversos reinados, de impor a união pela força, o revigorado orgulho da Escócia representou um obstáculo intransponível. O ódio ao inglês era a característica de um bom escocês. Embora nobres descontentes pudessem aceitar a ajuda inglesa e o pagamento inglês, a gente comum estava decidida a não se curvar diante do domínio inglês sob qualquer forma. A lembrança de Bannockburn impediu que uma série de derrotas notáveis nas mãos dos ingleses criassem desespero ou idéia de rendição.

É conveniente avançar mais na história escocesa nesta fase. O destino mostrou-se adverso à casa dos Stuarts à medida que se desenvolveu a história. Afligidos pela calamidade, eles não puderam criar instituições duradouras comparáveis àquelas com cujo auxílio os grandes Plantagenets domaram o feudalismo inglês. O rei Roberto III mandou seu filho, que depois seria Jaime I, estudar na França. Ao largo de Flamborough Head, em 1406, ele foi capturado pelos ingleses e levado como prisioneiro para Londres. No mês seguinte, o rei Roberto morreu e, durante dezoito anos, a Escócia não teve monarca. Posteriormente, o governo inglês se dispôs a deixar que o rei Jaime I fosse resgatado e voltasse para seu país.

O cativeiro não atemorizou Jaime. Adquiriu justificável admiração pela posição e pelos poderes do monarca inglês, e após sua chegada à Escócia afirmou com vigor a sua soberania. Durante seu reinado efetivo de treze anos disciplinou implacavelmente os barões escoceses. Não foi uma experiência que lhes agradasse. Jaime derrubou seus primos da casa de Albany, a cuja família pertenciam os regentes durante sua ausência. Abafou as pretensões de independência do poderoso Lorde das Ilhas, que controlava grande parte do território do Norte assim como as Hébridas. Isso tudo foi acompanhado por execuções e vastos confiscos de grandes propriedades. Finalmente, um grupo de lordes enfurecidos decidiu tomar vingança; em 1437, os lordes encontraram a oportunidade de matar Jaime pela espada. Assim morreu, antes de ter concluído sua tarefa, um dos mais poderosos reis escoceses.

O trono passou mais uma vez para uma criança, Jaime II, de sete anos de idade. Depois dos inevitáveis tumultos de sua menoridade, o rapaz tornou-se um governante popular e vigoroso. Bem precisava de seus dotes, pois os Douglas "Negros", descendentes do fiel cavaleiro de Bruce, se haviam tornado então súditos excessivamente poderosos e representavam uma grande ameaça à Coroa. Enriquecidos pelas propriedades confiscadas dos adeptos de Balliol, eles eram os senhores do Sudoeste da Escócia. Grandes territórios no Leste eram de propriedade de seus parentes, com Douglas "Vermelhos". Fizeram também hábil uso de suas alianças com as clãs e confederações do Norte. Além disso, tinham uma pretensão, aceitável aos olhos de alguns, ao próprio trono.

Durante mais de um século os Douglas haviam se incluído entre os maiores campeões da Escócia. Um deles fora o herói da batalha de Otterburn, celebrada na balada de Chevy Chase. Suas contínuas intrigas, tanto no país como na Corte Inglesa, com a qual estavam em contato, enfureceram o jovem e corajoso rei. Em 1452, quando mal havia completado vinte e um anos, Jaime convidou o Douglas "Negro" para encontrar-se com ele em Stirling. Protegido por um salvo-conduto, o convidado compareceu ao encontro; e lá o rei, dominado pela paixão, apunhalou-o com suas próprias mãos. Os ajudantes do rei acabaram de matá-lo.

Entretanto, destruir o chefe dos Douglas não era exterminar a família. Jaime foi violentamente hostilizado pelo irmão mais jovem de Douglas e seus parentes. Somente em 1455 conseguiu finalmente, depois de incendiar seus castelos e devastar suas terras, expulsar os principais Douglas para além da Fronteira. Na Inglaterra, eles sobreviveram por muitos anos, hostilizando a casa de Stuart com tramas e conspirações, instigadas pela Coroa Inglesa.

Jaime II estava agora no auge de seu poder. Raramente, porém, a fortuna favoreceu a casa de Stuart por muito tempo. Aproveitando-se das guerras civis inglesas, em 1460, Jaime sitiou o castelo de Roxburgh, uma fortaleza que permanecia nas mãos dos ingleses. Sentia especial interesse por canhões e potência de fogo. Quando inspecionava um de seus rudimentares canhões de sítio, a peça explodiu e um estilhaço matou-o. Jaime II estava então com trinta anos.

Pela quarta vez em pouco mais de um século um menor herdou a coroa escocesa. Jaime III era um menino de nove anos. Ao crescer revelou algumas qualidades agradáveis; gostava de música e interessava-se pela arquitetura. Não herdou, porém, a capacidade de governo demonstrada por seus dois predecessores. Seu reinado, que se prolongou até o tempo dos Tudors, foi em grande parte ocupado por guerras civis e desordens. Sua mais notável realização foi completar os territórios da Escócia, adquirindo, sob a forma de dote, as Orkney e Shetland do rei da Dinamarca, com cuja filha se casara.

A desunião do reino, fomentada pela política inglesa e perpetuada pelas tragédias que afligiram os soberanos escoceses, não era a única fonte da fraqueza escocesa. A terra estava dividida em raça, em língua e em cultura. A separação entre Highlands e Lowlands não era apenas uma distinção geográfica. As Lowlands faziam parte de um mundo feudal e nelas, com exceção do Sudoeste, em Galloway, se falava inglês. As Highlands preservaram uma ordem social muito mais antiga do que o feudalismo. Nas Lowlands, o rei dos escoceses era uma magnata feudal; nas Highlands, era o chefe de uma frouxa federação de clãs. É verdade que ele levava a notável vantagem de ter parentesco de sangue tanto com a nova nobreza anglo-normanda como com os antigos reis celtas. Os Bruces eram sem dúvida descendentes da família do primeiro Rei dos Escoceses no século IX, Kenneth MacAlpin, assim como de Alfredo, o Grande; os Stuarts afirmavam, com certa plausibilidade, ser descendentes de Banquo, contemporâneo de Macbeth. O lustre de uma divina antigüidade iluminava príncipes cuja linhagem datava do crepúsculo celta da heróica lenda irlandesa. Para todos os escoceses, tanto das Lowlands como das Highlands, a casa real tinha uma santidade que inspirava reverência em períodos nos quais faltavam obediência e mesmo lealdade, e muita coisa se desculpava naqueles em cujas veias corria sangue real.

Entretanto, a reverência não era um instrumento efetivo de governo. Os Estados Escoceses não criavam os meios de fusão de classe proporcionados pelo Parlamento inglês. De direito e de fato, a autoridade feudal permanecia muito mais forte do que na Inglaterra. A justiça do rei era excluída de grande parte da vida escocesa e muitos de seus juízes eram concorrentes ineficientes do sistema feudal. Não havia equivalentes do Juiz de Paz ou dos juízes itinerantes dos Plantagenets.

Em grande parte do reino, a própria justiça feudal tratava uma batalha incerta contra a lei mais antiga do clã. Os chefes das Highlands podiam formalmente dever suas terras e seu poder à Coroa e ser classificados como rendeiros-chefes feudais, mas sua verdadeira autoridade repousava na lealdade dos membros de suas clãs. Alguns chefes de clã nas Highlands, como a grande casa de Gordon, eram também magnatas feudais nas Lowlands vizinhas. No Oeste, a ascendente casa de Campbell desempenhava qualquer dos papéis, conforme lhe convinha. Os Campbells iriam exercer grande influência nos anos futuros.

Entrementes, o fazendeiro camponês e o econômico burguês escoceses, em todos esses duzentos anos de luta política, cuidavam de sua vida e criavam a verdadeira força do país, apesar das numerosas disputas entre seus lordes e senhores. A Igreja dedicava-se à sua missão benéfica e muitos bons bispos e sacerdotes adornam os anais da Escócia medieval. No século XV foram fundadas três universidades escocesas, St. Andrew's, Glasgow e Aberdeen – uma a mais do que a Inglaterra teve até o século XIX.

Os historiadores dos povos de língua inglesa sentem-se desorientados diante da Irlanda medieval. Ali, na parte mais ocidental das Ilhas Britânicas, encontrava-se uma das mais antigas comunidades cristãs da Europa. Distinguira-se por seus esforços missionários e por sua cultura monástica quando a Inglaterra era ainda um campo de batalha para os invasores pagãos germânicos.

Entretanto, até o século XII, a Irlanda não desenvolveu as aglutinantes instituições feudais de Estado que estavam surgindo gradualmente em outras partes. Uma frouxa federação de principados rurais de língua gaélica era dominada por um pequeno grupo de patriarcas de clãs que chamavam a si próprios de "reis". Por cima de tudo, ficava a vaga autoridade do Alto Rei de

Tara, que era não uma capital, mas um monte sagrado cercado por fortificações de grande antigüidade. Até aproximadamente o ano 1000 o Alto Rei era geralmente um membro da poderosa família nortista dos O'Neill. Os Altos Reis não exerciam autoridade central verdadeira, exceto como árbitros decisivos das disputas genealógicas, e não havia cidades de origem irlandesa de onde o poder do governo pudesse irradiar-se.

Quando se iniciou a longa e triste história de intervenção inglesa na Irlanda, o país já sofrera o choque e o tormento da invasão escandinava. Contudo, embora empobrecido pelas devastações dos nórdicos e com sua ordem de coisas estabelecidas grandemente perturbada, a Irlanda não foi refeita. Foram os nórdicos que construíram as primeiras cidades – Dublin, Waterford, Limerick e Cork.

A Alta Realeza estivera em disputa desde quando o grande Brian Boru – muito lamentado em canções – rompera a sucessão dos O'Neill, apenas para ser morto por ocasião de sua vitória sobre os dinamarqueses em Clontarf em 1014. Um século e meio depois, um dos seus discutidos sucessores, o rei de Leinster, refugiou-se na Corte de Henrique II, na Aquitania. Obteve permissão para procurar auxílio para sua causa entre os cavaleiros anglo-normandos de Henrique. Foi uma decisão fatídica para a Irlanda. Em 1169, chegaram ao país os primeiros ascendentes da linhagem anglo-normanda.

Dirigidos por Richard de Clare, conde de Pembroke, conhecido como "Strongbow", os invasores eram tanto galenses como normandos; e com seus chefes de língua inglesa chegaram os soldados galenses. Ainda hoje alguns dos nomes irlandeses mais comuns sugerem uma ascendência galense. Outros dos chefes eram de origem flamenga. Todos, porém, representavam a alta sociedade feudal que governava a Europa Ocidental e cujas conquistas já se estendiam desde a Gales até a Síria. Os métodos militares irlandeses não estavam à altura dos recém-chegados e "Strongbow", tendo-se casado com a filha do rei de Leinster, poderia talvez ter estabelecido um novo reino feudal na Irlanda, como havia sido feito por Guilherme, o Conquistador, na Inglaterra, por Roger, na Sicília, e pelos chefes cruzados no Levante. Todavia, "Strongbow" duvidava tanto de sua própria força como da atitude de seu vigilante superior, Henrique II. Assim, as conquistas foram oferecidas ao rei e Henrique visitou rapidamente as novas terras acrescidas aos seus domínios em 1171 a fim de receber a submissão de seus novos vassalos.

O renascente poder do Papado vinha sendo há muito tempo ferido pela tradicional independência da Igreja irlandesa. Pela Bula Papal de 1155, a soberania da Irlanda foi conferida ao rei inglês. O papa nessa época era Adriano IV, um inglês, o único inglês que até hoje foi papa. Ali estavam os alicerces tanto espirituais como práticos. Todavia, o Senhor da Inglaterra e da maior parte da França tinha pouco tempo para dedicar aos problemas irlandeses. Deixou os negócios da ilha nas mãos dos aventureiros normandos, os "Conquistadores", como foram chamados. Esse era um padrão que se repetiria com freqüência.

O século que se seguiu à visita de Henrique II assinalou o auge da expansão anglo-normanda. Mais de metade do país estava agora diretamente submetida aos invasores cavaleirosos. Entre eles se incluía Gerald de Windsor, ancestral da família Fitzgerald, cujas ramificações os condes de Kildare e senhores de numerosas outras terras, controlariam durante muito tempo grandes extensões do sul e do centro da Irlanda. Havia também William de Burgh, o irmão do grande "Justiciar" inglês e antepassado dos condes de Ulster; e Theobald Walter, mordomo do rei João, fundador da poderosa família Butler[2] de Ormond, que tomou seu nome de seu cargo oficial. Entretanto, não havia colonização e fixação organizadas. A autoridade inglesa era aceita nas cidades nórdicas das costas meridional e oriental, e a ordem do rei era obedecida numa área variável da região que cercava Dublin. Este interior da capital era significativamente conhecido pelo nome de "Pale", que podia ser definido como um terreno defendido. Imediatamente fora dele encontravam-se as grandes senhorias feudais e, além delas, ficavam os selvagens e inconquistados irlandeses do Oeste. Duas raças se mantinham em precário equilíbrio e a divisão entre elas foi acentuada quando se desenvolveu um Parlamento da Irlanda, em fins do século XIII. Desse organismo foram excluídos os irlandeses nativos; era um Parlamento na Irlanda formado apenas de anglo-irlandeses.

Algumas gerações depois da chegada dos anglo-normandos, os chefes irlandeses começaram porém a recuperar-se do choque dos novos métodos

---

[2] Mordomo.

de guerra. Contrataram mercenários para ajudá-los, recrutados originariamente em grande parte entre os nórdicos-célticos das ilhas ocidentais da Escócia. Esses eram os terríveis "galloglasses", cujo nome deriva das palavras irlandesas que significam "sequazes estrangeiros". Apoiados por esses ferozes combatentes de machado, os chefes de clã reconquistaram para os povos de língua gaélica vastas regiões da Irlanda e mais poderiam ter conquistado, se não estivessem constantemente disputando entre si.

Entrementes, uma mudança de mentalidade dominava muitos dos barões anglo-normandos. Esses grandes feudatários sentiam-se constantemente tentados pelo papel independente do chefe de clã gaélica que lhe estava subordinado. Poderiam por sua vez ser súditos do rei inglês ou pequenos reis eles próprios, como seus novos aliados célticos, com os quais freqüentemente se uniam pelo matrimônio. Sua raça raramente era reforçada por gente vinda da Inglaterra, a não ser por lordes ingleses que se casavam com herdeiras irlandesas e em seguida se tornavam ausentes senhores de terras. Gradualmente, surgiu um grupo de nobres anglo-irlandeses, bem assimilados à sua terra adotiva e que se impacientavam contra o domínio de Londres tanto quanto os camponeses gaélicos.

Se os reis ingleses visitassem regularmente a Irlanda ou nomeassem regularmente príncipes reais como delegados resistentes, poderiam ter sido estabelecidos laços estreitos e honrosos entre os dois países. Da maneira como aconteciam as coisas, quando o rei inglês era forte as leis inglesas geralmente se impunham; caso contrário, prevalecia uma frouxa anarquia céltica. O rei João, em sua furiosa e inconstante energia, foi duas vezes à Irlanda e por duas vezes colocou sob sua suserania os belicosos barões normandos e chefes irlandeses. Embora Eduardo I nunca tivesse desembarcado na Irlanda, a autoridade inglesa estava então em ascensão. Daí por diante, os gaélicos reviveram. O brilhante exemplo da Escócia não foi perdido para eles. O irmão do vencedor de Bannockburn, Eduardo Bruce, foi chamado com um exército de veteranos escoceses pelos parentes que tinha entre os chefes irlandeses. Foi coroado Rei da Irlanda em 1316, mas depois de um triunfo temporário e apesar do auxílio de seu irmão foi derrotado e morto em Dundalk.

Assim a Irlanda não se libertou da Coroa Inglesa nem conquistou a independência sob uma dinastia escocesa. Todavia, a vitória das armas inglesas não significava uma vitória do direito, dos costumes e do idioma ingleses. A reação gaélica adquiriu força. No Ulster, os O'Neills conquistaram gradualmente o domínio de Tyrone. No Ulster e em Connaught, os arranjos feudais foram declaradamente abandonados quando a linhagem dos Burgh, condes de Ulster, terminou em 1333 com uma menina. De acordo com o direito feudal, ela sucedia a toda a herança e ficava sob a guarda do rei para ser casada por escolha dele. Com efeito, foi casada com o segundo filho de . Eduardo III, Leonel de Clarence. Contudo, na lei céltica, as mulheres não herdavam os cargos de chefe. Em conseqüência, os principais membros masculinos das ramificações secundárias da família de Burgh "tornaram-se irlandeses", arrebataram o que puderam da herança e assumiram os nomes de clã de Burke ou, devido ao seu fundador, MacWilliam. Desafiaram abertamente o governo no Ulster e em Connaught. Na província ocidental, falavam-se igualmente o francês e irlandês, mas não o inglês, e a autoridade inglesa desapareceu dessas partes mais distantes.

Para preservar o caráter inglês do Pale e das senhorias anglo-normandas que o cercavam, foi convocado um Parlamento em meados do século XIV. Sua finalidade era impedir que ingleses "se tornassem irlandeses" e obrigassem homens de raça irlandesa das partes da Irlanda ocupada por eles a adotar os modos ingleses. Suas decisões tiveram porém pouco efeito. No Pale, os antigos colonizadores normandos aferravam-se à sua posição privilegiada e opunham-se a todas as tentativas dos representantes da Coroa de colocar os "simples irlandeses" sob a proteção das leis e instituições inglesas. A maioria da Irlanda encontrava-se agora fora do Pale, subordinada a chefes nativos que praticamente não tinham negócios com os representantes dos reis ingleses ou controlada por dinastas normandos, como as duas ramificações dos Fitzgerald, que eram condes ou chefes de clã, conforme lhes parecesse mais conveniente. A autoridade inglesa impedia a criação de um centro da autoridade nativo ou "normando" e o ausente "Lorde da Irlanda" em Londres não podia oferecer um substituto, nem mesmo impedir que seus colonos se misturassem com a população.

Na época dos Tudors, a anárquica Irlanda estava aberta à reconquista e, às atribulações de reimpor a autoridade real inglesa, juntaram-se depois da Reforma de Henrique VIII as fatídicas divisões de crença religiosa.

O ARCO

Parece que o forte sangue de Eduardo I apenas dormitou em seu degenerado filho, pois em Eduardo III a Inglaterra encontrou mais uma vez liderança à altura de sua força em firme crescimento. Por baixo da miserável superfície do reinado de Eduardo II não deixara de haver na Inglaterra um acentuado desenvolvimento do poderio e da prosperidade nacionais. As disputas e vinganças da nobreza, os melindrosos vícios do fraco rei haviam-se restringido a um círculo muito limitado. O povo inglês estava nessa época de posse de uma arma dominadora, cujas qualidades eram absolutamente insuspeitadas no estrangeiro. O arco, manejado pela bem treinada classe de arqueiros, levou ao campo de batalha um tipo de soldado que não encontrava quem se lhe comparasse no Continente. Um exército inglês baseava-se agora igualmente nos cavaleiros com armaduras e nos arqueiros.

A potência do arco e a aptidão dos arqueiros haviam sido desenvolvidas até um ponto em que nem mesmo a melhor cota de malha era proteção segura. A duzentos e cinqüenta jardas a chuva de flechas produzia efeitos que não foram mais conseguidos nessa distância por projéteis de infantaria até a Guerra Civil Americana. O arqueiro perito era um soldado profissional recebendo e merecendo elevado pagamento. Seguia para a guerra muitas vezes sobre um pônei, mas sempre com considerável meio de transporte para seus pertences e suas flechas. Levava consigo uma pesada estaca com ponta de ferro que, enterrada no chão, representava um mortal obstáculo para cavalos em carga. Por trás dessa proteção uma companhia de arqueiros em ordem aberta podia disparar uma descarga de flechas tão rápida, contínua e penetrante a ponto de aniquilar o ataque da cavalaria. Além disso, em todas as escaramuças e patrulhas, o arqueiro treinado abatia o inimigo a distâncias que nunca haviam sido consideradas perigosas em todas a história da guerra. Tudo isso era ignorado pelo Continente, particularmente pela França, nossa vizinha mais próxima. Na França, o cavaleiro com armadura e as tropas montadas mantinham há muito tempo a ascendência na guerra. Os soldados a pé que acompanhavam seus exércitos eram considerados como o mais baixo tipo de tropa auxiliar. Uma casta militar impusera-se sobre a sociedade em virtude de qualidades físicas e técnicas que a introdução do arco deveria desvalorizar. As prolongadas guerras dos dois Eduardos nas montanhas da Gales e da Escócia haviam ministrado muitas duras lições aos ingleses e, embora guerreiros europeus delas participassem de tempos em tempos, eles não calcularam nem foram postos a par do segredo do novo exército. Era com um sentimento de superioridade ilimitada que os ingleses olhavam para a Europa no fim do primeiro quarto do século XIV.

O reinado de Eduardo III passou por várias fases distintas. No começo, sendo ele menor, o país era governado por sua mãe e o amante desta, Roger Mortimer. Este governo, fundado sobre o homicídio antinatural e representando apenas uma facção da nobreza, estava condenado à fraqueza no país e no estrangeiro. Seu domínio de quase quatro anos foi caracterizado por concessões e rendições tanto na França como na Escócia. Em favor dessa política poderiam ser apresentados muitos argumentos plausíveis de paz e prudência. O casal criminoso pagava sua marcha com sucessivos abandonos dos interesses ingleses. Um tratado firmado com a França em 1327 condenava a Inglaterra a pagar uma indenização de guerra e limitava as possessões inglesas a uma faixa de terra que corria de Saintes, em Saintonge, o Bordéus até Bayonne, e a um indefensável território encravado no interior da Gasconha. Em maio de 1328, o "Vergonhoso Tratado de Northampton", como foi chamado na época, reconheceu Bruce como rei ao norte do Tweed e implicou no abandono de todas as pretensões de Eduardo I na Escócia.

A cólera provocada por esses acontecimentos era geral. O regime poderia, porém, ter-se mantido por algum tempo, se não fosse o conflito de Mortimer com os barões. Depois da queda dos Despensers, Mortimer tomara o cuidado de colocar-se na vantajosa posição que eles ocupavam na fronteira galense, onde podia exercer os poderes especiais de governo apropriados aos lordes de Fronteira. Isto e sua exorbitante autoridade atraíram para ele os ciúmes dos barões que até tão pouco tempo antes liderava. Seu desejo de tornar sua posição permanente levou-o a pleitear de um Parlamento convocado em outubro em Salisbury o título de conde de Fronteira, além do cargo que já ocupava vitaliciamente como Juiz de Gales. Mortimer compareceu protegido por seus vassalos armados. Entretanto, verificou-se então que muitos dos principais nobres estavam ausentes, entre os quais Henry, conde de Lancaster, filho do executado Thomas e primo do rei, que promoveu uma contra-reunião em Londres. De Salisbury, Mortimer, levando consigo o jovem rei, partiu em 1328 para devastar as terras de Lancaster e, nas desordens que se seguiram, conseguiu abafar a revolta.

Era evidente que os barões estavam muito divididos para poder derrubar um governo odioso, mas implacável. Todavia, Mortimer cometeu um erro muito grande. Em 1330, o tio do rei, conde de Kent, foi levado enganosamente a pensar que Eduardo II ainda estava vivo. Kent realizou uma ineficiente tentativa de devolver-lhe a liberdade e foi executado em março daquele ano. Esse acontecimento convenceu Henry de Lancaster e outros magnatas de que poderia ser em seguida a sua vez de sofrer nas mãos de Mortimer. Decidiram desfechar seu golpe primeiro juntando-se a Eduardo III. Todos os olhos estavam portanto voltados para o jovem rei. Quando tinha quinze anos, em 1328, casou-se com Filipa de Hainault. Em junho de 1330 nasceu um filho seu. Eduardo sentia-se agora um homem adulto, que devia cumprir seu dever para com o reino. Entretanto, o poder efetivo ainda estava nas mãos de Mortimer e da rainha-mãe. Em outubro, o Parlamento reuniu-se em Nottingham. Mortimer e Isabela, protegidos por vasta força, alojaram-se no castelo. É claro que pensamentos e preparativos muito cuidadosos caracterizaram os planos pelos quais o rei deveria afirmar seus direitos. Se dessem resultado, o Parlamento ali estava para aclamá-lo. Mortimer e Isabela não conheciam os segredos do castelo. Uma passagem subterrânea levava até o centro de construção. Através dessa passagem, numa noite de outubro, um pequeno grupo de homens resolutos entrou, surpreendeu Mortimer em seu quarto, que como de hábito ficava perto do da rainha, e, arrastando ambos ao longo do caminho subterrâneo, entregou-os aos oficiais do rei. Mortimer, conduzido para Londres, foi apresentado perante os pares, acusado do assassínio no castelo Berkeley e de outros crimes. Depois de sua condenação pelos lordes, foi enforcado em 29 de novembro. Isabela foi condenada por seu filho a cativeiro perpétuo. Três mil libras por ano foram destinadas para sua manutenção em várias mansões rurais e Eduardo estabeleceu como hábito fazer-lhe visitas periódicas. Isabela morreu quase trinta anos mais tarde.

Com esses sombrios acontecimentos preliminares iniciou-se o longo e famoso reinado.

O espírito orientador do novo rei era reviver a política, sustentar as pretensões e restaurar as glórias de seu avô. A luta com a Escócia foi reiniciada. Desde Bannockburn, Roberto Bruce reinava sem disputa no Norte. Seu triunfo fora seguido inevitavelmente pela ruína e expulsão dos adeptos do partido escocês adversário. Eduardo, filho de John Balliol, o candidato escolhido por Eduardo I, tornara-se um refugiado na Corte inglesa, que lhe ofereceu a mesma espécie de proteção dada mais tarde por Luís XIV aos exilados jacobitas. Nenhuma divergência tão violenta como a que ocorreu entre Bruce e Balliol poderia deixar de produzir ferimentos exacerbantes. Depois da morte de Bruce em 1329, grandes elementos na Escócia esperavam uma reviravolta da fortuna e os exilados, ou "deserdados", como eram chamados, mantinham incessante intriga em seu próprio país e constante pressão sobre o governo inglês. Em 1332, foi feito um esforço para reconquistar a Escócia. Eduardo Balliol reuniu seus adeptos e, com o apoio secreto de Eduardo III, partiu de Ravenspur para Kinghorn, em Fife. Avançando além de Perth, enfrentou e derrotou o regente do infante Davi em Dupplin Moor. Balliol recebeu a submissão de muitos magnatas escoceses e foi coroado em Scone.

Daí por diante a fortuna traiu-o. Dois meses depois, ele e seus adeptos foram expulsos para a Inglaterra. Eduardo III podia agora impor as condições que quisesse ao derrotado Balliol. Foi reconhecido por Balliol como seu soberano e recebeu a promessa da cidade e do "shire" de Berwick. Como resultado, em 1333, Eduardo avançou para sitiar Berwick e derrotou os escoceses em Halidon Hill. Essa foi uma batalha de caráter muito diferente de Bannockburn. A potência dos arqueiros teve oportunidade de desempenhar seu papel, os "schiltrons" foram rompidos e o partido exilado restabeleceu durante algum tempo sua autoridade em sua terra natal. Havia, porém, um preço a pagar. Balliol teve de ceder ao rei inglês, não apenas Berwickshire, mas todo o sudeste da Escócia. Exigindo essa concessão, Eduardo III avançara demais; prejudicara a causa de Balliol aos olhos de todos os escoceses. Entrementes, os descendentes a adeptos de Roberto Bruce procuravam refúgio na França. As relações entre a Escócia e a França e o constante auxílio dado pela Corte francesa aos inimigos escoceses da Inglaterra provocaram profundo antagonismo. Assim, a guerra na Escócia apontava o caminho da Flandres.

Aqui uma nova série de agravos criava base substancial para um conflito. A perda de todas as possessões francesas, exceto a Gasconha, e as constantes escaramuças nas fronteiras gascoas, vinham sendo suportadas desde os tempos de João. Sucessivos reis ingleses haviam prestado vassalagem em Paris por domínios dos quais tinham sido em grande parte privados desde muito tempo antes. Contudo, em 1328, a morte de Carlos IV, sem um herdeiro direto, abriu uma nova questão. Filipe de Valois assumiu o poder real e exigiu vassalagem de Eduardo, que opôs dificuldades. O rei Eduardo III, por direito de sua mãe – se efetivamente a linhagem feminina era válida – tinha uma remota pretensão ao trono da França. Essa pretensão, com o assentimento e o conselho dos Lordes Espirituais e Temporais, e dos Comuns da Inglaterra, ele apresentaria mais tarde em apoio de suas campanhas.

O jovem Eduardo era menos atraído pela política interna do que pela aventura estrangeira e pela caça. Além disso, desde o começo teve consciência da vantagem que poderia obter desviando as turbulentas energias de seus nobres das intrigas e rivalidades internas para o unificador propósito de uma guerra estrangeira. Isso estava também em harmonia com o temperamento do seu povo. As guerras de João e Henrique III no continente revelaram uma perpétua luta entre o rei e seus nobres e súditos para obtenção de homens e dinheiro. A aventura européia era considerada como uma questão principalmente de um príncipe preocupado com suas possessões e pretensões no estrangeiro. Agora os Estados do Reino mostravam-se ardentemente desejosos de conquistas estrangeiras. Eduardo III não precisou arrancar apoio de seu Parlamento para uma expedição à França. Pelo contrário, nobres, comerciantes e cidadãos rivalizavam-se em seus esforços para obrigar a Coroa a agir.

As disputas dinásticas e territoriais eram reforçadas por um motivo menos sentimental, mas não menos poderoso, que apelava a muitos membros das Casas do Parlamento. O comércio de lã com os Países Baixos era o sustentáculo das exportações inglesas e quase a única forma de riqueza que se elevava acima dos recursos da agricultura. As cidades flamengas haviam alcançado elevado desenvolvimento econômico, baseado na arte de pano tecido, que haviam levado à notável perfeição. Dependiam em sua prosperidade da lã da Inglaterra. Todavia, a aristocracia sob os condes de Flandres tinha simpatias pelos franceses e pouco se preocupava com o bem-estar material dos burgueses, considerando-os como gente perigosa e subversiva, cuja riqueza e poder em crescimento colidiam com a ascendência feudal. Houve por isso durante muitos anos completa divergência econômica, social e política entre as cidades flamengas e a nobreza da Holanda. As primeiras voltavam suas vistas para a Inglaterra, a última para a França. Repetidas obstruções foram criadas pelos condes da Flandres ao comércio de lã e cada uma delas provocava a ira de todos os interessados de ambos os lados do Mar Estreito. O elemento mercantil no Parlamento inglês, já inflamado por sucessivos encontros navais com os franceses no Canal, reclamava veementemente ação.

Em 1336, Eduardo foi levado a revidar de maneira decisiva. Decretou um embargo sobre todas as exportações de lã inglesa, provocando assim uma furiosa crise na Holanda. Os habitantes das cidades ergueram-se contra a aristocracia feudal e, sob o comando de Jacques Van Arteveldt, um comerciante guerreiro de Ghent, conquistaram, depois de luta muito severa, o controle de grande parte do país. Os burgueses vitoriosos, ameaçados pela vingança de aristocracia e dos franceses, procuraram o auxílio da Inglaterra e seus apelos encontraram uma resposta calorosa e profundamente interessada. Assim, todas as torrentes do lucro e da ambição correram para um canal comum, num momento em que a maré do poderio militar consciente estava alta. Em 1337, quando Eduardo repudiou sua vassalagem de má vontade a Filipe VI, teve início a Guerra dos Cem Anos. O conflito jamais terminaria; nenhum tratado de paz geral foi assinado e somente na Paz de Amiens de 1802, quando a França era uma república e o herdeiro real francês estava refugiado nestas ilhas, é que o soberano inglês renunciou oficialmente às suas pretensões ao trono dos Valois e dos Bourbons.

Eduardo reuniu vagarosamente o exército expedicionário da Inglaterra. Não era o produto de um recrutamento feudal, mas uma força paga, formada por homens escolhidos. Sua espinha dorsal era formada por guerreiro experimentados, recrutados onde e como quisessem os seus capitães. Em conseqüência, foi necessário retirar de cada "shire" muito menos do que a cota legal da milícia pouco digna de confiança. Tanto os cavaleiros como os arqueiros encarnavam a flor da nação e os homens que se concentraram nos Cinque Ports formavam um dos mais formidáveis e eficientes exércitos invasores que a história já conheceu. Esses preparativos eram bem conhecidos na França e todo o poderio da monarquia foi concentrado para oferecer-lhes resistência.

Filipe VI voltou primeiro os olhos para o mar. Durante muitos anos houvera uma guerra de corsários e profundo ódio prevalecia entre as populações marítimas de ambos os lados do Canal. Todos os recursos da marinha francesa foram explorados para a criação de uma frota; até mesmo galeras genovesas alugadas apareceram nos portos franceses. Na Normandia, discutiam-se planos de uma contra-invasão que repetiria as proezas de Guilherme, o Conquistador. Eduardo, porém, não se descuidara do poderio marítimo. Seu interesse pela Marinha fizera com que, no começo do seu reinado, o Parlamento lhe conferisse o título de "Rei do Mar". Conseguiu organizar uma frota igual em navios e superior em homens. Uma grande batalha naval seria necessária antes que se tornasse possível o transporte do exército inglês para a França e sua manutenção em território francês. No verão de 1340, as esquadras adversárias encontraram-se ao largo de Sluys, travando-se então uma luta de nove horas. "Esta batalha", diz Froissart, "foi extremamente furiosa e horrível, pois batalhas no mar são mais perigosas e mais ferozes do que batalhas em terra, porque no mar não há recuo ou fuga; não há remédio senão lutar e conformar-se com a fortuna." Os almirantes franceses haviam recebido ordens, sob pena de morte, de impedir a invasão, e ambos os lados combateram bem. Entretanto, a frota francesa foi decisivamente derrotada e o domínio do Canal passou para as mãos da potência invasora. Estando então abertos os mares, o exército atravessou para a França. Em Cadzand, o desembarque encontrou oposição. Grandes corpos de besteiros genoveses e tropas montadas aguardavam o desembarque. Todavia, os arqueiros ingleses, disparando dos navios a grande distância, limparam as praias e deram cobertura às tropas invasoras.

Reforçados pelos flamengos revoltados, os efetivos de Eduardo foram muito aumentados e essa força combinada, que talvez incluísse mais de vinte mil homens, empreendeu o primeiro sítio anglo-flamengo de Tournai. A cidade foi encarniçadamente defendida e, quando as garras da fome se apertaram sobre a guarnição, presenciou-se o horrível espetáculo das "bocas inúteis" serem expulsas para a Terra de Ninguém a fim de perecer lentamente sem piedade ou socorro. Contudo, a captura dessa fortaleza estava além dos recursos de Eduardo em dinheiro e suprimentos. A potência dos arqueiros não se estendia a muralhas de pedra. A primeira campanha do que foi uma grande guerra européia não deu resultados e sobreveio então uma prolongada trégua.

Esta trégua foi imposta aos combatentes por falta de dinheiro e não implicou reconciliação. Pelo contrário, ambos os lados continuaram sua luta em setores secundários. Os franceses tiraram sua vingança contra os burgueses da Holanda, que esmagaram completamente, sendo que Van Arteveldt encontrou a morte num tumulto popular em Ghent. Os ingleses revidaram da melhor maneira que puderam. Havia na Bretanha uma sucessão disputada, que fomentaram com substanciais auxílios. A crônica guerra nas fronteiras da Gasconha continuava. Ambos os lados esperavam uma nova prova de força. Homens bem treinados, ansiosos por lutar, havia em abundância, mas para mantê-los no campo de batalha eram necessários recursos, que a nós parecem desprezivelmente pequenos, mas sem os quais tudo permanecia parado. Como poderiam ser obtidos esses recursos? Os judeus haviam sido explorados, saqueados e expulsos em 1290. Os banqueiros florentinos, que haviam encontrado o dinheiro para a primeira invasão, tinham sido arruinados pela derrota real. O esforço principal, não apenas da Corte mas também do Parlamento, era para obter modestas importâncias em dinheiro de contado, sem o qual os cavaleiros não podiam cavalgar nem os arqueiros retesar seus arcos. Havia, porém, uma fértil fonte ao alcance da mão. O mais rico e bem organizado interesse comercial da Inglaterra, o comércio de lã, estava ansioso por aproveitar-se da guerra. Foi criado um monopólio de comerciantes de lã, destinado a exportar apenas através de determinada cidade a ser escolhida pelo rei de tempos em tempos, de acordo com suas necessidades e seu julgamento. Este sistema, que foi chamado de Staple, oferecia ao rei um controle conveniente e flexível. Tributando as exportações de lã que passavam por suas mãos no porto do Staple, o rei tinha garantida uma importante renda, independentemente do Parlamento. Além disso, os comerciantes de lã que mantinham o monopólio formavam uma corporação interessada na guerra, dependente do rei e capaz de emprestar-lhe dinheiro em troca de tratamento atencioso. Esse desenvolvimento não foi bem recebido pelo Parlamento, onde os comerciantes menores de lã tinham crescente representação. Queixavam-se eles dos favores concedidos aos monopolistas de Staple e acentuavam também a ameaça que representavam para o poder parlamentar os recursos independentes do rei.

Na primavera de 1346, o Parlamento viu-se finalmente diante da necessidade de encarar a tributação necessária ao financiamento de uma nova invasão. O exército estava reconstituído, mais eficientemente do que antes; seus velhos elementos foram renovados com recrutas cuidadosamente escolhidos. Numa única vaga, 2.400 cavaleiros, 12.000 arqueiros e outras tropas de infantaria partiram e desembarcaram sem oposição em St. Vaast, na Normandia, em 12 de julho de 1346. Seu objetivo desta vez era nada menos do que a captura de Paris por meio de uma repentina investida. O segredo foi bem guardado; o próprio exército inglês acreditava que seguia para a Gasconha. Os franceses não puderam durante algum tempo reunir forças suficientes para deter a incursão. Caen caiu e Eduardo avançou, queimando e devastando os campos, até as muralha de Paris. A essa altura, porém, todo o poderio da monarquia francesa fora concentrado contra ele. Uma enorme força que incluía toda a cavalaria da França e era provavelmente três vezes maior que o exército de Eduardo concentrou-se nas proximidades de St. Denis. Contra tal oposição, aliada às muralhas de uma cidade fortificada, os recursos de Eduardo não poderiam tentar prevalecer. O rei Filipe convidou-o sinistramente a escolher a margem do Sena em que desejava travar uma batalha campal.

A investida malograra e a retirada impunha-se ao exército. O desafiante foi obrigado a deixar a arena num ritmo que cobriu sessenta milhas em quatro dias. O exército francês movimentou-se numa linha paralela em direção ao sul e fechou o vale do Sena aos ingleses em retirada. Estes precisavam agora avançar para o Somme, esperando atravessá-lo entre Amiens e o mar. Nossa geração tornou-se familiarizada com esse trecho do rio, que corre através de amplos pântanos, naqueles tempos não drenados e transponíveis apenas por longos diques e pontes. Todos estes haviam sido demolidos ou estavam ocupados por forças recrutadas na Picardia. Quatro tentativas separadas de encontrar uma passagem malograram. A vanguarda do principal exército francês já estava em Amiens. Eduardo e a hoste inglesa, que haviam tentado investida tão audaciosa e mesmo temerária, pareciam agora encerrados num triângulo entre o Somme, o litoral e a massa francesa. Não se encontraram meios de levar a frota e seus transportes a qualquer porto conveniente. Atravessar o Somme perto da embocadura era um empreendimento desesperado. O vau era muito comprido e as marés, violentas e traiçoeiras, ofereciam apenas algumas precárias horas por dia.

Além disso, a própria passagem estava defendida por poderosas forças que foram geralmente avaliadas em mais de doze mil homens. "O rei da Inglaterra", diz Froissart, "não dormiu muito naquela noite, mas levantando-se à meia-noite, ordenou a seu corneteiro que tocasse. Logo tudo estava pronto; e, carregada a bagagem, partiram à primeira luz do dia e cavalgaram até chegar ao vau quando nascia o sol; entretanto, a maré estava tão alta nessa ocasião que não poderia atravessar." Durante a tarde, na maré vazante, o poderio do inimigo tornou-se manifesto. Todavia, como parar era perecer, o rei ordenou a seus marechais que mergulhassem na água e abrissem caminho lutando. A resistência dos franceses era animada. Os cavaleiros da Picardia avançaram e encontravam-se com os ingleses sobre a traiçoeiras areias nas águas em elevação. "Pareciam gostar tanto de combater na água como em terra seca." Por meio de árdua luta, em condições fatais para homens cobertos de malha, a passagem foi forçada. Quando os ingleses chegavam à terra, os besteiros genoveses infligiram baixas e retardaram o desdobramento até quando os arqueiros afirmaram seu domínio. Assim escapou o exército do rei Eduardo.

Filipe, à frente de um exército de trinta e quarenta mil homens, estava nas pegadas dos ingleses. Tinha toda esperança de acuar os insolentes ilhéus com as costas para o mar ou apanhá-los em trânsito. Quando soube que já haviam feito a travessia, convocou um conselho de guerra. Seus generais aconselharam que, como a maré estava então alta, não havia escolha senão subir até Abbeville e atravessar pela ponte que os franceses lá ocupavam. Para Abbeville seguiram portanto e lá passaram a noite.

Eduardo e seu exército tinham aguda consciência de que se haviam salvo por estreita margem. Naquela noite festejaram. O campo estava cheio de alimentos; o rei reuniu seus chefes para cear e depois rezar. Era certo, porém, que não poderiam alcançar a costa sem uma batalha. Não lhes restava outra alternativa senão lutar com enormes desvantagens. O rei e o príncipe de Gales, que depois ficaria famoso como o Príncipe Negro, receberam todos os sacramentos da religião e Eduardo orou para que a batalha iminente o deixasse pelo menos ileso em sua honra. Com o nascer do dia, concentrou cerca de onze mil homens em três divisões. Montado num pequeno palafrém, com um cetro branco na mão, com seu explêndido manto vermelho e dourado sobre sua armadura, cavalgou ao longo das fileiras, "encorajando e incentivando o exército a guardar sua honra e defender seu direito". "Dizia isso tão suavemente e com uma fisionomia tão animada que todos quantos se sentiam desanimados eram diretamente confortados por vê-lo e ouvi-lo... Comeram e beberam à vontade... e sentaram-se no chão, colocando seus elmos e arcos à sua frente, para que pudessem estar descansados quando seus inimigos chegassem." Sua posição na planície aberta e ondulante gozava de poucas vantagens, mas a floresta de Crécy em seus flancos oferecia proteção e meio para uma resistência final.

Ao amanhecer desse mesmo sábado, 26 de agosto de 1346, o rei Filipe ouviu a Missa no mosteiro de Abbevile e todo o seu exército, gigantesco para aquela época, lançou-se à frente em sua prolongada perseguição. Quatro cavaleiros foram enviados à frente para fazer reconhecimento. Cerca de meio-dia, o rei, tendo chegado com grandes massas a margem mais distante do Somme, recebeu suas informações. Os ingleses estavam em formação de batalha e dispostos a lutar. O rei Filipe deu o sábio conselho de fazer alto naquele dia, trazer a retaguarda, formar a linha de batalha e atacar na manhã seguinte. Essas ordens foram transmitidas por chefes famosos a todas as partes do exército. Entretanto, o pensamento de deixar, mesmo por um dia, aquele odiado inimigo, que durante tantas marchas fugira diante de forças esmagadoras e que seria agora obrigado a entrar em luta, era insuportável para o exército francês. Que garantia tinha ele de que na manhã seguinte não veria seus inimigos já longe e o campo vazio? Tornou-se impossível controlar o movimento de avanço. Todas as estradas e trilhas de Abbeville até Crécy estavam pretas e brilhantes com as colunas em marcha. As ordens do rei Filipe foram obedecidas por alguns e rejeitadas pela maioria. Enquanto muitos grandes corpos se detinham obedientemente, massas ainda maiores lançavam-se para a frente, abrindo caminho através das tropas estacionadas ou em retirada, e cerca das cinco horas da tarde estavam frente a frente com o exército inglês, inteiramente à vista nas largas vertentes de Crécy. Ali pararam.

O rei Filipe, chegando ao local, foi dominado pelo ardor da multidão a seu redor. O sol já estava baixo, mas apesar disso todos se mostravam decididos a empenhar-se em luta. Havia um corpo de seis mil besteiros genoveses na vanguarda do exército. Foi-lhe dada ordem para que abrisse caminho através das massas de cavaleiros e, com seus projéteis, rompesse a formação inimiga como preparativo para os ataques de cavalaria. Os genoveses haviam marchado dezoito milhas em perfeita ordem de batalha com suas pesadas armas e seus estoques de dardos. Cansados, tornaram claro que não estavam em condições de fazer muita coisa naquele dia. Entretanto, o conde de Alençon, que percorrera a distância a cavalo, não aceitou de boa mente essa reclamação. "Isto é o que se ganha", exclamou ele, "de empregar tais patifes, que recuam quando precisam fazer qualquer coisa." Para frente, os genoveses! Nesse momento, enquanto os besteiros estavam abrindo caminho para a frente, sob muitos olhares de desprezo, nuvens escuras cobriram o sol e uma tempestade rápida e encharcante caiu sobre os exércitos. Um grande bando de corvos voou crocitando sobre os franceses em sombrio presságio. A tempestade, depois de molhar as cordas das bestas dos genoveses, cessou tão rapidamente quanto começara, e o sol no poente apareceu brilhante, ferindo seus olhos e as costas dos ingleses. Isso, como os corvos, era coisa adversa, mas era mais material. Os genoveses, estendendo sua formação, deram um alto grito, avançaram alguns passos, deram outro grito e avançaram uma terceira vez, "buzinaram" e descarregaram seus dardos. Um silêncio ininterrupto envolvia as linhas inglesas, mas nesse momento os arqueiros, em número de seis ou sete mil, colocados em ambos os flancos em formação de porta levadiça e que até então permaneciam imóveis, avançaram um passo, retesaram seus arcos até a orelha e entraram em ação. "Dispararam suas flechas com tanta força e rapidez", diz Froissart, "que parecia estar nevando."

O efeito sobre os genoveses foi aniquilador; a uma distância que suas próprias armas não podiam cobrir, eles foram em alguns minutos mortos aos milhares. O terreno ficou coberto de cadáveres ornados de plumas. Cambaleando diante dessa rajada de projéteis destruidores, como não se eonhecia igual na guerra, os sobreviventes recuaram em desordem sobre as impacientes fileiras de cavaleiros e tropas montadas francesas, que permaneciam pouco além do alcance das flechas. "Matai esses patifes", gritou furioso o rei Filipe, "pois eles obstruem nosso caminho sem razão alguma." A isso a linha da frente da cavalaria francesa avançou entre os genoveses em retirada, retalhando-os com sua espadas. Ao fazer isso chegou a distância mortal. A nevasca de flechas caiu sobre os cavaleiros, perfurando suas malhas e ferindo cavalos e homens. Bravos esquadrões da retaguarda avançaram para a confusão e sobre todos caiu a chuva de flechas, fazendo os cavalos cabriolar e juncando o campo de guerreiros ricamente vestidos. Reinou uma desordem pavorosa. E então a cavalaria ligeira galense e córnica, deslizando entre as fileiras quadriculares dos arqueiros, investiu com suas compridas facas e, "caindo sobre condes, barões, cavaleiros e escudeiros, matou muitos, com o que o rei da Inglaterra ficou depois exasperado". Muitos belos resgates foram desperdiçados naqueles momentos de imprevidência.

Nesse massacre tombou o aliado do rei Filipe, o cego rei da Boêmia, que mandara seus cavaleiros amarrar suas rédeas às dele a fim de poder desfechar um golpe com a sua própria mão. Assim enlaçados, carregaram para frente. Homem e cavalo tombaram e no dia seguinte seus corpos foram encontrados ainda ligados. Seus filho, príncipe Carlos de Luxemburgo, que como imperador eleito já assinava seu nome como Rei dos Romanos, foi mais prudente e, vendo como estavam as coisas, partiu com seu séquito por uma rota não percebida. Desenvolvia-se agora o principal ataque dos franceses. O conde de Alençon e o conde da Flandres comandaram pesadas cargas de cavalaria contra a linha inglesa. Evitando o mais possível os arqueiros procuraram as tropas montadas, e esquadrões franceses, alemães e saboianos atingiram efetivamente a divisão do príncipe de Gales. O efetivo do inimigo era tão grande que aqueles que combatiam ao lado do príncipe mandaram pedir reforços ao moinho de vento, de onde o rei Eduardo dirigia a batalha. Entretanto, o rei não se separou de suas reservas, dizendo: "Deixem o rapaz conquistar suas esporas", o que ele fez com efeito.

Outro incidente foi muito notado. Um dos cavaleiros de Sir John Hainault, montado sobre um cavalo preto, que naquele dia recebera de presente do rei Filipe, fugindo às flechas, cavalgou efetivamente através das linhas inglesas. Tanta era a disciplina dos ingleses que nenhum homem se mexeu para atacá-lo e, dando a volta na retaguarda, ele regressou posteriormente ao exército francês. Contínuas cargas de cavalaria eram lançadas contra a frente inglesa, até que completa escuridão caiu sobre o campo. E durante toda a noite tropas descansadas de corajosos homens, decididos a não abandonar o campo de batalha sem desfechar seu golpe, avançaram lutando, abrindo caminho às cegas no escuro. Todos esses foram mortos, pois "não dar quartel" era a disposição dos ingleses, embora de maneira alguma o desejo do rei.

Quando caiu a noite, Filipe viu-se com não mais de sessenta cavaleiros à sua disposição. Estava ligeiramente ferido por uma flecha e seu cavalo fora abatido quando o montava. Sir John Hainault, ajudando-o a montar de novo, tomou-lhe as rédeas do cavalo e obrigou-o a deixar o campo, de acordo com o conhecido princípio, que, segundo Froissart, ele expôs com exatidão, de viver para combater outro dia. O rei não tinha senão cinco barões com ele quando chegou a Amiens na manhã seguinte.

"Quando, na noite desse sábado, os ingleses não ouviram mais buzinas ou gritos, nem qualquer chamado para determinado lorde, ou seus estandartes, consideraram o campo como seu e os inimigos derrotados. Fizeram então grandes fogueiras e acenderam archotes devido à escuridão da noite. O rei Eduardo, que durante todo aquele dia não pusera seu capacete, avançou para o príncipe de Gales, a quem envolveu em seu braços, beijou e disse: Querido filho, Deus vos dê boa perseverança. Sois meu filho, pois muito lealmente vos portastes neste dia. Sois digno de ser um soberano. O príncipe curvou-se muito e humilhou-se, prestando toda a homenagem ao rei, seu pai."

Na manhã de domingo, o nevoeiro envolveu o campo de batalha e o rei mandou uma poderosa força de quinhentos lanceiros e dois mil arqueiros saber o que existia à sua frente. Essa força encontrou as colunas da retaguarda francesa, ainda marchando de Rouen para Beauvais, na ignorância da derrota,

e caiu sobre elas. Depois desse encontro, foram contados no campo 1.542 corpos de cavaleiros e escudeiros. Posteriormente, essa força encontrou-se com as tropas do arcebispo de Rouen e Grande Prior da França, que desconheciam igualmente o acontecimento e foram derrotadas com muita carnificina. Encontraram também grande número de cavaleiros extraviados e errantes, e "passaram pela espada todos quantos encontrara.". "Garantiram-me como fato", diz Froissart, "que dos soldados a pé, enviados das cidades, povoações e municipalidades, foram mortos, nessa manhã de domingo, quatro vezes mais do que na batalha de sábado." Essa espantosa vitória de Crécy equipara-se a Blenheim, a Waterloo e ao avanço final no último verão da Grande Guerra como uma das quatro supremas realizações do Exército Britânico.[1]

Eduardo marchou através de Montreuil e Etaples até Boulogne, atravessou a floresta de Hardelot e iniciou o cerco de Calais. Calais apresentava-se aos olhos dos ingleses como a colméia daquele enxame de corsários que eram a praga incessante do Canal. Ali, no ponto mais próximo do Continente, a Inglaterra sentia uma ferida ulcerante. Calais era o que Dunquerque deveria vir a ser três séculos mais tarde. O cerco durou quase um ano. Toda nova arte da guerra foi praticada por terra; as bombardas lançaram balas de canhão contra as fortificações com terrível ruído. Por mar, complicadas barreiras de estacas detinham as embarcações ligeiras francesas, que procuravam fugir ao bloqueio marítimo rastejando ao longo da costa. Falharam todas as tentativas de socorro por mar e por terra. Todavia, o esforço de manter o sítio desgastou os recursos do rei numa escala que mal podemos imaginar. Quando chegou o inverno, seus soldados pediram para voltar para casa e a frota esteve a ponto de amotinar-se. Na Inglaterra, todos se queixavam e o Parlamento mostrava-se vagaroso em seus processos e relutante em fornecer suprimentos. O Rei e seu exército viveram em seus abarracamentos e durante esse tempo Eduardo nenhuma vez tornou a cruzar o Canal para ir ao seu reino. Maquiavel observara astuciosamente que toda fortaleza devia ser abastecida para um ano e essa precaução foi tomada em quase todos os casos na história.

---

[1] Escrito em 1939.

Além disso, mal havia começado o cerco quando o rei Davi, da Escócia, em cumprimento à aliança com a França, conduziu seu exército através da Fronteira. Entretanto, o perigo era previsto e em Neville's Cross, pouco a oeste da cidade de Durham, os ingleses conquistaram uma árdua vitória. O próprio rei escocês foi capturado e aprisionado na Torre. Lá permaneceu, como vimos, até ser libertado onze anos mais tarde em troca de um enorme resgate. Essa decisiva vitória eliminou o perigo escocês por uma geração, mas mais de uma vez, antes e depois de Flodden, a aliança francesa deveria causar desastre a essa pequena e audaciosa nação.

Calais resistiu durante onze meses e isso ainda não foi suficiente. A fome finalmente não deixou outra alternativa aos sitiados. Pediram as condições. O rei estava tão enraivecido que quando, a seu pedido, seis dos mais nobres cidadãos se apresentaram em camisa, descalços e macilentos, ele se mostrou disposto a cortar-lhes as cabeças. As advertências de seus conselheiros, no sentido de que sua fama sofreria na história por um feito tão cruel, deixaram-no insensível. Todavia, a rainha Filipa, grávida, que o acompanhara na guerra, caiu a seus pés num edificante e talvez previamente preparado quadro da Piedade implorando à Justiça. Assim, os burgueses de Calais, que se haviam dedicado a salvar seu povo, foram poupados e até mesmo bondosamente tratados. Calais, foi, pois, o fruto, o único fruto territorial até então, dos esforços, das prodigiosas qualidades e de todo o poderio da Inglaterra na guerra contra a França. Entretanto, Crécy tinha uma história mais longa a contar.

A Morte Negra

E nquanto feitos de armas e vigorosos esforços ocupavam a mente dos ingleses, um inimigo muito mais mortal estava marchando através dos continentes e levando-os à ruína. A Cristandade não experimentou jamais catástrofe igual à Morte Negra. Vagas histórias são contadas sobre acontecimentos horríveis na China e sobre multidões de cadáveres espalhando sua maldição para longe. A peste entrou na Europa através da Criméia e, no decorrer de vinte anos, destruiu pelo menos um terço de toda a sua população. A privações do povo, resultantes das incessantes guerras baroniais e dinásticas, tornavam a conquista fácil à doença. Os documentos na Inglaterra falam mais por seu silêncio do que as impressionantes cifras com que nos defrontamos onde foram mantidos registros. Lemos a respeito de disputas jurídicas em que todas as partes morreram antes que a causa fosse julgada; de mosteiros onde metade dos internados pereceu; de dioceses onde o clero sobrevivente mal podia ministrar os últimos sacramentos a seu rebanho e a seus irmãos; da Goldsmiths' Company, que teve quatro "Masters" em um ano. Essas são indicações pormenorizadas. Muito mais convincente, porém, é a brecha que se abre em todos os anais locais da nação. Uma geração inteira é cortada por um vazio horrendo.

O caráter da pestilência era aterrorizador. A doença por si só, com seus terríveis sintomas, a rápida incidência, as pústulas, o endurecimento dos gânglios nas axilas e nas virilhas, aquelas inchações que nenhum cataplasma podia resolver, aqueles tumores que, quando lancetados, não proporcionavam alívio, a horda de virulentos carbúnculos que se seguia aos terríveis presságios de morte, o delírio, a insanidade que acompanhava seu triunfo, os espaços vazios que se abriam em todos os lados da sociedade humana, atordoaram e durante algum tempo destruíram a vida e a fé do mundo. Essa aflição, unida a todas as inclemências da Idade Média, era mais do que o espírito humano podia suportar. A Igreja, atingida no corpo como todo o resto, foi gravemente ferida em seu poder espiritual. Se um Deus de bondade governava o mundo, que governo era esse? Tal era o pensamento desafiador que dominava os sobreviventes. Seitas fantásticas apareceram e as cidades assoladas pela peste viam a hedionda procissão de flagelados, cada um deles vergastando o precedente ao som de um lúgubre canto fúnebre, e dos anais interrompidos surgem diante dos nossos olhos práticas vampirescas. Parecia o estertor da morte da raça.

Finalmente, porém, declinou a força da peste. Os tumores cederam a fomentações. As curas tornaram-se mais freqüentes; as faculdades resistentes da vida renasceram. A vontade de viver triunfava. O flagelo passou e uma população européia, muito pequena para suas roupas, herdeira do muito que fora preparado por mãos mais numerosas, com as dores mitigadas por sua universalidade, voltou-se com invencível esperança para o hoje e o amanhã.

Filósofos poderiam sugerir que não havia necessidade do emprego do destruidor mecanismo da peste para promover as modificações consideradas necessárias entre os homens. Um reagente mais científico estava ao alcance da mão. A pólvora, que vimos ser empregada nas fracas bombardas que, segundo algumas autoridades, Eduardo disparou em Crécy e contra Calais, firmar-se-ia decisivamente como um fator prático na guerra e nos negócios humanos baseados na guerra. Se o canhão não tivesse sido inventado, o domínio do arco pelos ingleses poderia tê-los levado ainda mais longe em sua conquistas continentais. Não vemos razão para que o arqueiro não estabelecesse uma posição de classe semelhante em sua autoridade à dos cavaleiros encouraçados, mas sobre um alicerce muito mais amplo.

O começo do século XV veria o fim do domínio dos homens com armaduras. As couraças no peito e nas costas poderiam ser usadas ainda por muito tempo como garantia da vida, mas não mais como instrumentos e símbolos de poder. Se os arqueiros desapareceram não foi porque não pudessem dominar a cavalaria; havia ao alcance da mão um instrumento mais conveniente que rapidamente se tornou propriedade comum de todas as nações. Entre estrondos ensurdecedores e fumaceira estonteante, que freqüentemente causavam mais alarma aos amigos do que aos inimigos, mas nem por isso deixavam de atrair toda a atenção, um sistema que governara e também orientara a Cristandade durante quinhentos anos e que em seu tempo fora o instrumento de um imenso progresso no governo e desenvolvimento humano, caiu em ruínas. Estas foram penosamente removidas para dar lugar à nova construção.

A calamidade que se abateu sobre humanidade reduziu seu número e escureceu sua existência sem serenar suas disputas. A guerra entre a Inglaterra e a França continuou de maneira intermitente, e o Príncipe Negro, o mais famoso guerreiro da Europa, tornou-se um flibusteiro. Graves razões de Estado haviam sido invocadas para a invasão da França por Eduardo em 1388, mas o caráter das incursões do Príncipe Negro na Aquitania não pôde beneficiar-se de tais escusas. Apesar disso, produziram um brilhante episódio militar.

Em 1355, o rei Eduardo obteve do Parlamento recursos substanciais para o reinicio da guerra ativa. Foi adotada uma estratégia ambiciosa: O Príncipe Negro avançaria dos territórios ingleses da Gasconha e Aquitania para o norte, em direção ao Loire; seu irmão mais jovem, João de Gaunt, duque de Lancaster, atacaria da Bretanha. As duas forças juntar-se-iam para uma decisão final. Tudo isso, porém, falhou e o Príncipe Negro viu-se, com forças reduzidas a cerca de quatro mil homens, dos quais todavia quase metade era formada pelos temíveis arqueiros, obrigado a retirar-se com crescente urgência diante do avanço do exército real francês de vinte mil homens. Tão sombria era sua situação que ele propôs, como conciliação, que lhe permitissem e ao seu exército escaparem para a Inglaterra. Essas condições foram rejeitadas pelos franceses, que mais uma vez viam ao alcance de suas mãos o seu inimigo profundamente odiado. Em Poitiers o Príncipe foi encurralado. Ainda na manhã de sua vitória, sua vanguarda já estava marchando para o sul em retirada.

Entretanto, o rei João da França estava decidido a vingar Crécy e terminar a guerra de um golpe. Forçado contra toda razão e toda conveniência a lutar, o cansado bando de saqueadores ingleses que haviam espalhado a pilhagem e o incêndio por ampla extensão foi desdobrado numa formação e posição escolhidas por consumada visão. Os flancos estavam protegidos por florestas; os arqueiros colocaram-se ao longo de uma fileira de arbustos e dominaram a única passagem possível.

Dez anos haviam transcorrido desde Crécy e a cavalaria e o alto comando franceses haviam meditado muito sobre a tirania daquele acontecimento. Haviam sido obrigados a aceitar o fato de que cavalos não podiam enfrentar a chuva de flechas. O rei Eduardo vencera com um exército inteiramente desmontado. Perceberam que a confusão causada pelos arqueiros ingleses numa linha de cavalos em carga, tombando e enfurecendo-se com a dor, era fatal a todas as velhas formas de guerra. O rei João estava certo de que todos deviam atacar a pé e confiava na sua esmagadora superioridade. Entretanto, o grande mérito do Príncipe Negro é que ele não se baseou nas lições do passado nem se preparou para repetir os triunfos de uma antiga batalha. Compreendeu que as massas de infantes com cotas de malhas que então avançavam contra ele em número tão impressionante não seriam detidas tão facilmente quanto os cavalos. Os arqueiros sozinhos, por melhor que fosse o alvo, não o salvariam. Precisava tentar a batalha de manobra e contra-ataque. Fez por isso o contrário do que a convenção militar, baseada nos fatos então conhecidos, teria proclamado como certo.

A nobreza francesa deixou seus cavalos na retaguarda. O Príncipe Negro tinha todos os seus cavaleiros montados. Mortal devastação foi causada pelos arqueiros em toda a frente. A cavalaria francesa, embaraçada por suas armaduras, avançou morosamente entre vinhedos e arbustos. Muitos tombaram diante das flechas, mas as flechas não teriam sido suficientes na crise. Foram os lanceiros e os homens armados de machado que carregaram no velho estilo sobre as fileiras desorganizadas por sua lentidão de movimento e pelos acidentes do terreno. Ao mesmo tempo, em admirável combinação, um forte destacamento de cavaleiros montados, cavalgando ao redor do flanco esquerdo francês, lançou-se contra o confuso e já desorganizado ataque. O resultado foi um massacre tão grande e uma vitória tão completa quanto em Crécy, mas com ganhos ainda maiores. Todo o exército francês foi reduzido a ruínas. O rei João e a flor da sua nobreza foram capturados ou mortos. Os despojos do campo de batalha não puderam ser colhidos pelos vencedores, que já estavam sobrecarregados com o produto da pilhagem de quatro províncias. O Príncipe Negro, cuja memória é manchada por muitos cruéis atos de guerra, mostrou-se um paladino da época quando, apesar do cansaço e das tensões da desesperada batalha, tratou o monarca capturado com toda a cerimônia de sua categoria, sentou-o em sua própria cadeira no campo e serviu-o pessoalmente com os alimentos que era possível obter. Assim, pelo gênio, valor e cavalheirismo, ele se apresenta numa atitude que a história não deixou de aplaudir.

O rei João foi levado para Londres. Como acontecera antes dele, com o rei Davi, da Escócia, foi colocado na Torre e, com base nesse troféu pessoal, em maio de 1360, foi concluído o Tratado de Brétigny. Por ele a Inglaterra adquiriu, além de sua antiga possessão na Gasconha, todas as possessões de Henrique II na Aquitania com plena soberania, a herança de Eduardo I em Ponthieu e o famoso porto e a cidade de Calais, que foi mantido durante quase duzentos anos. O resgate do rei João foi fixado em três milhões de coroas de ouro, equivalentes a 500.000 libras esterlinas. Isso representava oito vezes a renda anual da Coroa inglesa em tempo de paz.

Em Crécy, a França fora derrotada a cavalo; em Poitiers, foi derrotada a pé. Essas duas terríveis experiências em encontros com os ingleses calaram fundo no pensamento francês. Uma sensação de desespero dominou a Corte e o exército franceses. Como poderia essa gente ser derrotada ou enfrentada? Fase semelhante de desespero estendera-se pela Europa um século antes, depois das ameaçadoras batalhas das invasões mongóis. Todavia, como já se observou sabiamente, as árvores não crescem até o céu. Durante um longo período, os franceses evitaram batalhas; em combater a Inglaterra do rei Eduardo III tornaram-se tão cuidadosos quanto em combater os ingleses da rainha Ana, nos tempos de Marlborough. Um grande herói francês surgiu com Bertrand du Guesclin que, como Fabius Cunctator contra Aníbal, fugindo ao combate e atuando através de cercos e surpresas, pôs o fator tempo a serviço de sua pátria. O triunfo e o esgotamento da Inglaterra foram simultaneamente completos. Foi provado que o exército francês não podia derrotar os ingleses e, ao mesmo tempo, que a Inglaterra não podia conquistar a França. O principal esforço de Eduardo III, embora coroado por todos os lauréis militares, falhou.

Os anos da guerra contra a França são importantes na história do Parlamento. A necessidade de dinheiro levou a Coroa e seus funcionários a convocá-lo freqüentemente. Isso resultou em rápidos e importantes desenvolvimentos. Uma das principais funções dos representantes dos "shires" e "boroughs" era pedir a reparação das injustiças, locais e nacionais, e chamar a atenção do rei e seu Conselho para as questões urgentes. A pressão da guerra obrigou o governo a dedicar consideração a essas petições dos Comuns da Inglaterra e durante o reinado de Eduardo III o processo de petição coletiva, iniciado sob Eduardo II, fez progressos. O fato de os Comuns peticionarem agora como um organismo de maneira formal e pedirem, como fizeram em 1327, que essas petições fossem transformadas em estatutos parlamentares, distingue a Câmara baixa do resto do Parlamento. Sob Eduardo I, os Comuns não eram um elemento essencial no Parlamento, mas sob Eduardo III eles assumiram uma posição distinta, vital e permanente. Dispunham do seu próprio escrevente, que redigia sua petições e suas tréplicas às respostas da Coroa. Aparece agora a separação das Câmaras. Os lordes passaram a considerar-se não apenas conselheiros naturais da Coroa, mas também como gozando do direito de consulta separada dentro da estrutura do próprio Parlamento. Em 1343, os prelados e magnatas reuniram-se na Câmara Branca de Westminster, enquanto os cavaleiros e burgueses se transferiram para a Câmara Pintada a fim de discutir os negócios do dia. Ali, nesse Parlamento, surgiu pela primeira vez a figura do "Speaker". Ele não era nessa ocasião um membro da Câmara e, ainda durante algum tempo, os Comuns geralmente falaram por intermédio de um delegado nomeado. No fim do reinado, o papel do "Speaker" era reconhecido e a Coroa mostrava-se ansiosa por colocar seus próprios candidatos nesse importante e proeminente cargo.

As concessões feitas por Eduardo III aos Comuns marcam uma fase decisiva. Ele consentiu em que todos os auxílios fossem concedidos somente no Parlamento. Aceitou os projetos formais das petições coletivas dos Comuns como bases preliminares de futuros estatutos e, na época de sua morte, reconhecia-se que os Comuns haviam assumido um papel importante na aprovação de tributos e na apresentação de petições. Naturalmente, os Comuns respeitavam a Coroa. Não tinham a apoiá-los uma longa tradição de autoridade. As afirmações da prerrogativa real nos tempos de Eduardo I ainda ecoavam em suas mentes e ninguém sugeria que os Comuns ou o Parlamento em seu todo tivessem direito de controle ou interferência nas questões de administração e governo. Eram convocados para ratificar as soluções políticas obtidas muitas vezes pela violência, para votar recursos financeiros e para expressar queixas. Todavia, a aceitação permanente do Parlamento como parte essencial do mecanismo do governo e a dos Comuns como seu alicerce vital é o trabalho duradouro do século XIV.

Havia fortes sentimentos contra os agentes papais. As intervenções de Roma nos tempos de João, a subserviência de Henrique III à Igreja, as exigências dos coletores de tributos papais, o peso da influência clerical dentro da Casa Real e do Conselho, tudo isso contribuía para a crescente crítica e aversão à Igreja na Inglaterra. O reinado de Eduardo III levou ao clímax essa disposição. A guerra contra a França havia estimulado e exacerbado o sentimento nacional, que se ressentia da influência de uma instituição externa cujos grandes dias já estavam passando. Além do mais, essa potência em declínio havia abandonado compulsoriamente sua sagrada e tradicional sede em Roma, e estava agora instalada sob influência francesa em território inimigo, em Avignon. No decorrer desses anos, o Parlamento aprovou estatutos proibindo que fossem encaminhadas à Cúria Papal apelações sobre matérias de competência dos tribunais reais e restringindo seu poder de fazer nomeações na Igreja da Inglaterra. É verdade que esses estatutos foram executados apenas intermitentemente, conforme exigiam as necessidades diplomáticas, mas o esforço de guerra deixava pouco dinheiro para Roma e os coletores de impostos papais rebuscaram o país com pouco resultado durante a maior parte do reinado.

O reinício, em 1369, de renhida luta na Aquitania encontrou a Inglaterra exausta e desiludida. O clero reclamava isenção de impostos, embora nem sempre com êxito, e podia muitas vezes ostentar sua riqueza apesar da pobreza e do deslocamento econômico. Os sacerdotes estavam expulsando a nobreza dos cargos públicos e o sentimento anticlerical crescia no Parlamento. O rei era velho e fraco, e estava iminente um ressurgimento do poder baronial. João de Gaunt pôs-se a restabelecer o equilíbrio em favor dos lordes por uma campanha política cuidadosamente planejada contra a Igreja. Ao alcance de sua mão encontrava-se uma arma inesperada. Na Universidade de Oxford, centro nacional de estudo e cultura teológicos, as críticas às pretensões e ao poder papais erguiam suas vozes. Os argumentos apresentados em favor da reforma por um distinto intelectual de Oxford chamado Wyclif despertaram atenção. Wyclif estava indignado com a corrupção da Igreja e via em sua orgulhosa hierarquia e suas pretensões absolutas uma deturpação dos verdadeiros princípios do Cristianismo. Proclamou que o domínio sobre as almas dos homens jamais havia sido delegado a mortais. O rei, como vigário de Deus nas coisas temporais, tinha em razão de seu cargo tanta obrigação de reprimir os esbanjamentos materiais do clero quanto o clero de dirigir a vida espiritual do rei. Embora o papa e o rei fossem supremos em suas respectivas esferas, cada cristão tinha sua última instância não neles, mas em Deus. A apelação final era ao Céu, não a Roma.

A doutrina de Wyclif não poderia continuar sendo especulação de um inofensivo professor universitário. Sua aplicação aos fatos existentes da Igreja e do Estado abria profundas brechas. Envolvia a redução dos poderes do temporal na Igreja a fim de purificar o espiritual da Igreja. João de Gaunt interessava-se pelo primeiro, Wyclif pelo segundo. A Igreja opunha-se a ambos. A princípio Gaunt e Wyclif esperavam cada um utilizar o outro para a concretização de seu objetivo especial. Fizeram uma aliança. Gaunt ocupou-se em convencer o novo Parlamento e Wyclif oferecia apoio moral correndo de igreja em igreja e pregando contra os abusos. Entretanto, as forças contrárias também foram despertadas. As esperanças de reforma da Igreja mantidas por Wyclif logo se envolveram em preconceitos de classe e partido. Gaunt, por sua aliança com o revolucionário teólogo, consolidou contra si o interesse estabelecido do episcopado. Assim, ambos sofreram em resultado de sua união. Os bispos, reconhecendo em Wyclif o mais perigoso apoio de Gaunt, denunciaram-no sob acusações de heresia em St. Paul's. Gaunt, acorrendo em seu auxílio, encontrou a hostilidade da população de Londres. A mal acertada sociedade caiu em pedaços e Wyclif deixou de ter importância na alta política.

Foi neste mesmo ponto que começou sua influência duradoura. Ele resolveu apelar ao povo. Os abusos da Igreja e suas próprias doutrinas reformistas haviam atraído a seu redor muitos jovens estudantes. Organizou seus adeptos em grupos de pregadores pobres que, com aqueles de Wesley um século mais tarde, difundiam as doutrinas de pobreza e santidade entre o clero por toda a zona rural. Escreveu tratados ingleses, dos quais o mais famoso foi "The Wicket", que passavam de mão em mão. Finalmente, com seus estudantes, deu o extraordinário passo de fazer traduzir a Bíblia para o inglês.

"Cristen men and wymmen, olde and yonge, shulden studie fast in the Newe Testament, for it is of ful autorite, and opyn to undirstonding of simplemen, as to the poyntis that be mosst nedeful to salvacioun... Each place of holy writ, both opyn and derk, techith mekenes and charite; and therfore he that kepith mekenes and charite hath the trewe undirstondyng and perfectioun of al holi writ... Therefore no simple man of wit be aferd unmesurabli to studie in the text of holy writ... and no clerk be proud of the verrey undirstondyng of the holy writ, for why undirstonding of hooly writ with outen charite that kepith Goddis (be) heestis, makith a man depper dampned... and pride and covetise of clerkis is cause of her blindnees and eresie, and priveth them fro verrey undirstondyng of holy writ."[1]

O espírito do Cristianismo primitivo revivia agora no campo inglês com uma forte e refrescante brisa depois da lassidão dos dias quentes e abafados. Todavia, a nova visão, aberta igualmente a ricos e pobres, perturbou profundamente a decadente sociedade a que foi concedida. Os poderes da Igreja e do Estado logo perceberiam seu perigo.

O longo reinado atingira seu crepúsculo. As glórias de Crécy e Poitiers haviam desvanecido. O rei guerreiro, que tinha como paixão dominantes o poder e a fama, que se mostrara disposto a trocar muitas prerrogativas pelas quais haviam lutado seus antepassados a fim de obter dinheiro para aventura no estrangeiro, estava agora na velhice em débito com o tempo e a fortuna. Severas eram as cargas que faziam contra ele. Via as vastas conquistas que sua espada e a de seu filho haviam feito na França derreter-se como neve na

---

[1] O texto original, em inglês antigo, recomenda a todos os cristãos, homens e mulheres, velhos e jovens, que leiam o Novo Testamento, "pois ele é de plena autoridade e aberto à compreensão de homens simples".

Páscoa. Apenas umas poucas cidades costeiras atestavam o esplendor das vitórias que seriam guardadas nas recordações da raça da Ilha. A rainha Filipa, sua amada esposa, morrera de peste em 1369. Mesmo antes de sua morte, o velho rei caíra sob a confortadora servidão de Alice Perrers, uma dama de origem insignificante, mas de notável inteligência e capacidade, desprovida de escrúpulos ou de prudência. O espetáculo do famoso rei em seus sessenta e tantos anos, obcecado por um amor ilícito, feria a índole confusa mas sensível da época. Ali estava algo menos romântico do que o palaciano amor que fora simbolizado em 1348 pela fundação da Ordem da Jarreteira. Nem a nobreza nem o povo estenderiam à amante da velhice do rei os benefícios do imponente lema da Ordem, *Honi soit qui mal y pense*. Alice não apenas se enriquecia com os despojos dos favores e se enfeitava com algumas jóias da rainha Filipa, mas também intervinha na alta política com vivo entusiasmo. Chegava mesmo a tomar assento com os juízes nos tribunais quando julgavam causas em que estava interessada. O movimento da nobreza e dos Comuns era portanto unido contra ela.

O rei, finalmente desgastado pela guerra, pelos negócios e pelos prazeres, caíra na senilidade. Atingira o limite concedido. Celebrara o jubileu do seu reinado. A última década foi depreciativa para sua reputação. Além de Alice, ele concentrava suas esperanças restantes no Príncipe Negro, mas esse grande soldado, renomado em toda a Europa, fora também abatido pelo cansaço da guerra e estava decaindo rapidamente em saúde. Em 1376, o Príncipe Negro expirou, deixando um filho de menos de dez anos como herdeiro presuntivo do trono. A grande porção de vida do rei Eduardo III reduziu-se bruscamente em seu fim. Mortalmente atingido, retirou-se para Sheen Lodge, onde Alice, à maneira moderna, encorajava-o a dedicar-se a torneios, à caça e a planos fantásticos para quando se restabelecesse. Entretanto, os cronistas hostis afirmam que, quando o estupor que precede a morte dominou o rei, ela tirou os anéis de seus dedos, apanhou outros bens móveis existentes na casa e partiu para viver durante algum tempo em extremo isolamento. Não a ouvimos contar sua história, mas seu reaparecimento em situações um tanto estranhas no reinado seguinte parece mostrar que ela tinha uma história a contar. Todos os relatos infelizmente confirmam que o rei Eduardo morreu abandonado por todos e que só pela caridade de um padre local é que ele pôde ter a proteção e a garantia da Igreja em sua última viagem.

O filho do Príncipe Negro foi reconhecido como rei pelo consentimento geral no mesmo dia em que seu avô morreu, sem que se levantasse questão de eleição, e a coroa da Inglaterra passou para um menor.

Livro III

O Fim da Era Feudal

O Rei Ricardo e a Revolta Social

João de Gaunt, duque de Lancaster, irmão mais jovem do Príncipe Negro, tio do rei, era chefe do Conselho de Regência e governava o país. Tanto o impacto como a sombra da Morte Negra dominavam o cenário. Uma nova fluidez envolvia a sociedade inglesa. A dor de um ferimento quase mortal ainda latejava, mas com ela se insinuava uma sensação de que havia no momento mais espaço na terra. Uma multidão de lugares vagos acabara de ser preenchida e muitos homens em todas as classes tinham a sensação de inesperada promoção e alargamento ao seu redor. Uma comunidade fora profundamente desorganizada, reduzida na força coletiva, mas muitas vezes levantada individualmente.

A crença de que os ingleses eram invencíveis e supremos na guerra, de que nada podia resistir às suas armas, estava arraigada. A alegria de Crécy e Poitiers sobreviveu à perda de muitos ganhos materiais na França. A certeza de poder enfrentar os franceses ou os escoceses em qualquer ocasião no campo de batalha fazia esquecer as perguntas sobre o resultado da guerra. Poucos reconheciam a diferença entre vencer batalhas e fazer conquistas duradouras. O Parlamento em sua mocidade era ávido por guerra, imprevidente nos preparativos e indisposto a pagar por ela. Enquanto a guerra continuava, esperava-se que a Coroa produzisse resultados deslumbrantes, ao mesmo tempo que era censurada pelo peso dos impostos e pelos inconvenientes criados para o reino. Aproximava-se inexoravelmente uma paz que não corresponderia de maneira alguma à sensação de esmagadora vitória a que os ingleses se entregavam. Essa desagradável perspectiva coube a Ricardo II como parte proeminente de sua herança.

Na esfera social e econômica irrompia um vasto tumulto. A Morte Negra atingira um mundo já em movimento. Desde quando a Coroa introduzira o costume de empregar soldados assalariados ao invés de recrutas feudais o laço territorial desmanchara-se. Por que não seguiria o nobre ou o cavaleiro o exemplo do seu senhor feudal? Contratos nos quais um pequeno proprietário de terras se comprometia a servir um vizinho poderoso "exceto contra o rei" tornaram-se comuns. As restrições nem sempre eram observadas. Os laços de lealdade mútua estavam desaparecendo e, em seu lugar, surgiam exércitos particulares, os defensores assalariados da propriedade, os precursores certos da anarquia.

Na Inglaterra medieval, os lordes das senhorias haviam muitas vezes baseado sua prosperidade nos servos camponeses, cuja condição e cujos deveres eram impostos por velho costume e aplicados pelos tribunais senhoriais. Ao redor de cada senhoria girava uma comunidade estreitamente unida e auto-suficiente. Embora houvesse no século XIII e no começo do século XIV maior movimento de trabalhadores e intercâmbio de mercadorias do que se supunha outrora, o desenvolvimento foi relativamente vagaroso e a desintegração da comunidade aldeã foi gradual. Chegara agora o tempo em que os compartimentos de sociedade e trabalho não poderiam mais preservar sua estrutura. A convulsão da Morte Negra acelerara violentamente esse processo profundo e dilacerador. Tendo morrido repentinamente quase um terço da população, grande parte da terra deixou de ser cultivada. Os sobreviventes voltaram seus arados para os solos mais ricos e colocaram seus rebanhos nas melhores pastagens. Muitos proprietários de terra abandonaram os arados e cercaram, muitas vezes por usurpação, as melhores pastagens. Nessa época, quando adquirir riqueza parecia mais fácil e tanto os preços como os lucros eram altos, a mão-de-obra disponível reduziu-se à quase metade. As pequenas propriedades arrendadas estavam desertas e muitas senhorias encontravam-se vazias dos camponeses que as serviam desde tempos imemoriais. Lavradores e operários tinham grande procura e eram requestados de todos os lados. Por sua vez, procuravam melhorar de condições ou pelo menos conservar seu padrão de vida à altura dos preços em ascensão. O poeta Langland oferece-nos um quadro pouco simpático, mas interessante, em "Piers Plowman":

> "Labourers that have to land, to live on but their hands,
> Deigned not to dine a day, on night-old wortes.
> May no penny ale him pay, nor a piece of bacon,
> But it be flesh or fish, fried or baked,
> And that chaud and plus-claud, for chilling of thei maw,
> But he he hithly-hired, else will he chide".

Entretanto, seus senhores viam as coisas de maneira diferente. Repeliam ferozmente os pedidos de aumento de salário; reviviam antigas pretensões de trabalho forçado ou vinculado. A genealogia dos aldeões era examinada com um cuidado até então só dispensado a pessoas de categoria. Os "villeins", que eram declarados servos, ficavam pelo menos livres de novas pretensões. Afirmações de autoridade há muito desaparecidas, por melhores que fossem perante a lei, encontravam violenta resistência da parte da gente do campo. Esta formava uniões de trabalhadores para proteger seus interesses. Havia fugas de "villeins" das propriedades, como as de escravos nos Estados sulinos da América na década de 1850. Alguns senhores de terras em seu embaraço prontificavam-se a comutar os serviços de trabalho que reivindicavam e conseguir obediência dando concessões aos arrendatários. Em outras senhorias, os servos eram libertados num só grupo e surgia uma classe de rendeiros livres. Este aspecto, porém, era raro. O maior de todos os proprietários de terra era a Igreja. De maneira geral, o Poder Espiritual resistiu com êxito ao assalto dessa parte de seu rebanho. Quando um proprietário de terra era levado, como aconteceu com o abade de Battle, na senhoria de Hutton, a arrendar terras vacantes, isso se fazia para o mais curto prazo, que na primeira oportunidade tática era reduzido para uma base anual. Tentativa semelhante de reviver pretensões feudais obsoletas, na França do século XVIII, acendeu o espírito da revolução.

O tumulto em que se encontrava toda a Inglaterra afetava a vida da massa do povo de uma maneira que não se verificou outra vez em nossa história social até a Revolução Industrial do século XIX. Essa era uma situação em que um Parlamento baseado na propriedade poderia ter uma opinião decisiva. Na Inglaterra, como na França, a Coroa mais de uma vez no passado interviera no regulamento local dos salários, mas o Estatuto dos Trabalhadores (1351) foi a primeira tentativa importante de fixar salários e preços para o país em geral. Nas condições agravadas que se seguiram à pestilência, o Parlamento procurou executar essas leis tão plenamente quanto ousava. "Juízes honorários do trabalho", recrutados entre as classes médias rurais e com salários fixos, foram nomeados para julgar os infratores. Entre 1351 e 1377, nove mil casos de violação de contrato foram julgados perante os Common Pleas. Em muitas partes, os comissários, que se mostravam ativos e parciais, eram atacados pelos habitantes. A agitação tornou-se ampla e profunda.

Ainda assim, no período subseqüente à peste, reinava indiscutível bem-estar entre os sobreviventes. Diz Froissart: "A rebelião dos camponeses foi causada e incitada pela facilidade e abundância com que vivia a gente mais humilde na Inglaterra". O povo não estava privado de meios para protestar contra a injustiça, nem de voz para expressar seu descontentamento. Entre o clero inferior, os sacerdotes com pequenos benefícios haviam sido rudemente atingidos pela Morte Negra. Só na Ânglia Oriental haviam morrido oitocentos padres. Os sobreviventes verificaram que seus estipêndios permaneciam inalterados num mundo de preços em elevação e que o clero alto se mostrava completamente indiferente a este problema do proletariado eclesiástico. Para isso seria exigida reparação. As senhorias episcopais eram lugares marcados para ataque no levante. Nas feiras, em dias de mercado, agitadores, especialmente entre os frades, reuniam e instigavam multidões. Langland expressou a indignação da ordem estabelecida contra esses comunistas cristãos:

> "They preach men of Plato and prove it by Seneca
> That all things under heaver ought to be incommon:
> And yet he lies, as I live, that to the unlerned so preacheth".[1]

---

[1] Eles pregam Platão aos homens e provam-no com Sêneca
Que todas as coisas sob o céu devem ser em comum:
E contudo mentem, tanto quanto eu vivo, aqueles que assim pregam os ignorantes.

Muitos veementes agitadores, entre os quais John Ball é o mais conhecido, lançavam uma torrente de doutrina subversiva. O país estava cheio de soldados arruinados, licenciados depois de guerra, todos os quais conheciam o arco e sua capacidade de matar nobres, por mais importantes e mais bem armados que fossem. A pregação de idéias revolucionárias era ampla e uma balada popular expressava a reação das massas:

"When Adam delved, and Eve span,
Who was then a gentleman?"[2]

Essa era uma nova questão para o século XIV e uma questão embaraçosa para qualquer época. A estrutura rígida e firmada pelo tempo da Inglaterra medieval tremia em seus alicerces.

Essas condições de maneira alguma se limitavam à Ilha. Do outro lado do Canal, estava em ação um movimento radical e democrático, com conversas muito semelhantes às de nossos próprios tempos. Na Inglaterra, tudo avançara em direção à aterrorizadora rebelião de 1381. Era um levante social, espontâneo e amplo, surgindo em várias partes do país pelas mesmas causas e unidos pelos mesmos sentimentos. Que esse movimento foi conseqüência direta da Morte Negra ficou provado pelo fato de a revolta ter sido mais feroz exatamente naqueles distritos de Kent e dos Midlands Orientais, onde a média de mortalidade foi maior e a perturbação dos costumes mais violenta. Era um grito de dor e de cólera por parte de uma geração arrancada da submissão pelas modificações em sua sorte, as quais faziam nascer ao mesmo tempo nova esperança e nova injustiça.

Durante todo o verão de 1381, houve uma fermentação geral. Por baixo de tudo havia organização. Agentes, percorriam as aldeias da Inglaterra central, em contato com uma "Grande Sociedade" que se dizia reunir em

---

[2] Quando Adão labutava e Eva fiava.
Quem era então o cavaleiro?

Londres. Em maio, irrompeu a violência em Essex. Foi iniciada por uma tentativa de fazer uma nova e mais severa arrecadação da capitação, que fora arrecadada no ano anterior. Os elementos turbulentos de Londres inflamaram-se e um bando dirigido por um tal Thomas Faringdon marchou para juntar-se aos rebeldes. Walworth, o prefeito, enfrentava forte oposição municipal, que tinha simpatia pelo levante e com ele se mantinha em contato. Em Kent, depois de um ataque à Abadia de Lesnes, os camponeses ·marcharam através de Rochester e Maidstone, queimando os registros senhoriais e tributários que encontravam em seu caminho. Em Maidstone libertaram da prisão episcopal o agitador John Ball e receberam a adesão de um aventureiro militar de valor e experiência de comando, Wat Tyler.

O Conselho real estava confuso e inativo. Em princípios de junho, o corpo principal dos rebeldes de Essex e Kent avançou sobre Londres. Ali encontrou apoio. John Horn, um peixeiro, convidou-o a entrar; o vereador encarregado da Ponte de Londres nada fez para defendê-la e Aldgate foi traiçoeiramente aberta a um bando de desordeiros de Essex. Durante três dias a cidade esteve em confusão. Estrangeiros foram assassinados; dois membros do Conselho, Simon Sudbury, arcebispo de Canterbury e "Chancellor", e Sir Robert Hales, tesoureiro, foram arrancados da Torre e degolados em Tower Hill; o palácio Savoy de João de Gaunt foi incendiado; Lambeth e Southwark foram saqueados. Era a ocasião de pagar velhas dívidas. Faringdon havia organizado listas de condenação e o financista extorsionário Richard Lyons foi morto. Tudo isso tem um tom moderno. Contudo, o corpo de cidadãos leais reuniu-se em torno do prefeito e, em Smithfield, o jovem rei enfrentou os líderes rebeldes. Entre os insurretos parecia haver geral lealdade ao soberano. Suas exigências eram razóaveis, mas desconcertantes. Pediam a revogação dos estatutos opressivos, a abolição da "villeinage" e a divisão das propriedades da Igreja. Em particular, sustentavam que nenhum homem devia ser um servo ou prestar serviços de trabalho a um "seigneur", mas pagar anualmente quatro pence por acre de sua terra e não servir homem algum contra sua vontade, mas somente por meio de acordo. Enquanto prosseguiam as conversações, Tyler foi primeiro ferido pelo prefeito Walworth e depois morto por um dos escudeiros do rei. Quando o líder rebelde caiu de seu cavalo, morto diante dos olhos da grande assembléia, o rei enfrentou a crise avançando sozinho em seu cavalo e gritando: "Eu serei vosso líder.

Tereis de mim tudo quanto procurais. Segui-me apenas até os campos lá fora". Todavia, a morte de Tyler foi um sinal para a onda de reação. Os bandos sem chefes voltaram em desordem para sua casas e espalharam uma vulgar ilegalidade por todos os seus condados. Foram perseguidos pela autoridade restabelecida. Foi então tirada a vingança.

O levante estendera-se por todo o Sudoeste. Lá houve distúrbios em Bridgewater, Winchester e Salisbury. Em Hertfordshire os camponeses ergueram-se contra a poderosa e odiada Abadia de St. Albans e marcharam para Londres chefiados por Jack Straw. Houve uma revolta geral em Cambridgeshire, acompanhada pela queima de arquivos e ataques contra senhorias episcopais. A Abadia de Ramsey, em Huntingonshire, foi atacada, embora os burgueses de Huntingdon fechassem seus portões contra os arruaceiros. Em Norfolk e Suffolk, onde os camponeses eram mais ricos e mais independentes, a irritação contra a "villeinage" legal era mais forte. A Abadia de Bury St. Edmunds era um proeminente objeto de ódio e os artesãos de lã flamengos foram assassinados em Lynn. As ondas da revolta estenderam-se para o norte até Yorkshire e Cheshire e para oeste até Wiltshire e Somerset.

Todavia, depois da morte de Tyler, a resistência das classes dominantes foi organizada. Da "Chancery" foram enviadas cartas aos funcionários reais ordenando o restabelecimento da ordem e juízes sob as ordens do "Chief Justice" Tresilian promoveram o rápido julgamento dos insurretos. O rei, que acompanhava Tresilian na ronda punitiva, impôs a observância das formas legais na punição dos rebeldes. O belicoso bispo Le Despenser, de Norwich, empregara força armada nos Condados Orientais em defesa das propriedades da Igreja e uma verdadeira batalha fora travada em North Walsham. Apesar disso, a reação foi, em relação aos exemplos modernos, muito limitada. Nos arquivos não estão registradas mais de cento e cinqüenta execuções. Não ocorreu nada que se assemelhasse à selvajeria que vimos em muitas partes da Europa em nossa própria época. A lei foi restaurada sob o império da lei. Mesmo nessa furiosa reação de classe nenhum homem foi enforcado a não ser depois de julgamento por júri. Em janeiro de 1382, foi concedida uma anistia geral, sugerida pelo Parlamento. Entretanto, a vitória da propriedade fora conquistada e seguiu-se à unânime anulação de todas as concessões e uma ousada tentativa de recriar intacto o sistema senhorial da primeira parte do século.

Entretanto, durante gerações, as classes superiores viveram no temor de um levante popular e os trabalhadores continuaram a organizar-se. O trabalho servil deixou de ser a base do sistema. O aspecto legal da servidão passou a ter pequena importância e o desenvolvimento da comutação continuou, falando-se de maneira geral, em ritmo acelerado depois de 1349. Esses foram os legados duradouros da Morte Negra. A revolta, que para o historiador não é senão um raio repentino de reveladora luz sobre as condições medievais entre as classes mais pobres, infundiu duradouro temor na imaginação de seus contemporâneos. Deixou um lastro duro de rancor entre os camponeses e tornou necessária vigorosa e vigilante resistência por parte da autoridade. Desde então foi concebido um firme desejo de divisão da propriedade eclesiástica. A difusão do lollardismo depois da revolta provocou a hostilidade dos vencedores intimidados. Os "pregadores pobres" de Wyclif receberam o estigma de terem fomentado os distúrbios e sua perseguição foi a vingança de um sistema abalado.

Na atmosfera carregada e soturna da Inglaterra da década iniciada em 1380, as doutrinas de Wyclif adquiriram impulso. Todavia, defrontando-se com a revolução social, a sociedade inglesa não estava com disposição para reforma eclesiástica. Todas as doutrinas subversivas caíram sob censura e, embora Wyclif não fosse diretamente responsável ou acusado por pregação sediciosa, o resultado foi desastroso para sua causa. As classes proprietárias de terra deram silencioso assentimento à supressão final do pregador pela Igreja. Esta se verificou rápida e eficientemente. O velho adversário de Wyclif, Courtenay, tornara-se arcebispo depois do assassínio de Sudbury. Encontrou Oxford sob o controle dos amigos de Wyclif. Agiu com rapidez. As doutrinas do reformador foram oficialmente condenadas. Os bispos receberam instrução para deter todos os pregadores não licenciados e o próprio arcebispo se tornou rapidamente chefe de um sistema de disciplina da Igreja. Isso, com o ativo apoio do Estado nos tempos lancastrianos, permitiu que a Igreja oportunamente se recobrasse do ataque do laicismo. Em 1382, Courtenay compareceu em Oxford e promoveu uma reunião na casa do cabido do que é hoje a Christ Church. Os principais lollardistas foram rudemente intimados a retratar-se. O protesto do reitor sobre o privilégio da universidade foi rejeitado. Severa censura caiu sobre os adeptos de Wyclif, que recuaram e curvaram-se. Wyclif viu-se sozinho. Seu ataque contra a doutrina da Igreja como coisa distinta do privilégio da Igreja fizera com que perdesse o apoio de Gaunt. Seus pregadores populares e os princípios da leitura da Bíblia em inglês não puderam construir um partido sólido contra as forças sociais dominantes.

Wyclif, que morreu em 1384, apelara à consciência de sua época. Derrotado, embora não silenciado, na Inglaterra, sua inspiração agitou uma terra distante e pouco conhecida, e de lá perturbou a Europa. Estudantes de Praga, que estiveram em Oxford, haviam levado para a Boêmia as doutrinas e, mesmo, os manuscritos das obras de Wyclif. Daí surgiu o movimento por cuja fama John Huss eclipsou a do seu mestre inglês e despertou a duradoura consciência nacional do povo tcheco.

Por seu ataque frontal à autoridade absoluta da Igreja sobre os homens neste mundo, por sua inferência na supremacia da consciência individual e por seu desafio ao dogma eclesiástico, Wyclif atraíra sobre si os raios de repressão. Contudo seu protesto conduzira ao primeiro dos Movimentos de Oxford. A causa, derrotada em sua época, impulsionou a onda da Reforma. O lollardismo, como passou a ser chamado o Movimento de Wyclif, foi arrastado por baixo da superfície. A igreja, fortalecendo sua posição temporal pela aliança com o Estado, repeliu atrevidamente o primeiro ataque; mas sua autoridade espiritual exibiu daí por diante as cicatrizes e o enfraquecimento resultantes do conflito.

Fuller, o escritor do século XVIII, disse a respeito dos pregadores de Wyclif: "Esses homens foram as sentinelas contra um exército de inimigos até quando Deus enviou Lutero para rendê-los". Em Oxford, a tradição wyclifiana influenciou o estudo da Bíblia até a Reforma. No país, o lollardismo passou a ser identificado como sedição política, embora isso não fosse o que Wyclif ensinara. Seus adversários eclesiásticos sentiam-se ansiosos por fazer a acusação e as invectivas apaixonadas, e às vezes ignorantes, dos pregadores lollardistas, muitas vezes leigos, ofereciam uma abundância de provas. Seguir-se-iam dias cruéis. A tradição política extinguir-se-ia na miséria da rebelião de Sir John Oldcastle sob Henrique V. Todavia, sobreviveu no povo inglês um elemento vital de resistência à formação de uma Igreja militante e triunfante. No coração dos ingleses fora implantado um princípio que modelou o destino da raça. O malogro de Wyclif em sua época foi total e o brilho de sua estrela desvaneceu-se na luz da aurora da Reforma. "Wyclif", escreveu Milton em *Areopagitica*, "foi um homem que, para tornar seu ensino consumado, não precisava senão ter vivido numa época mais feliz."

O obstinado desejo de liberdade prática não foi destruído na Inglaterra e a situação e a disposição do povo apresentavam favorável contraste em relação à exausta passividade do camponês francês, violentamente reduzido à submissão pela guerra, pela fome e pelo brutal extermínio da chamada Jacquerie. "É a covardia falta de ânimo e coragem", escreveu Sir John Fortescue, o eminente jurista do reinado de Henrique VI, "que impedem os franceses de levantarem-se, e não a pobreza; coragem que nenhum homem francês tem como o homem inglês."

O rei estava agora crescendo. Seus vivos instintos e suas precoces aptidões haviam sido aguçados por tudo quanto vira e fizera. Na crise da Revolta dos Camponeses, a responsabilidade por muitas coisas recaíra sobre ele e por sua ação pessoal havia salvo a situação numa memorável ocasião. Foram a Corte do rei e os juízes reais que restabeleceram a ordem quando a classe feudal perdera a calma. Todavia, o rei consentiu em um prolongada tutela. João de Gaunt, vice-rei da Aquitania, deixou o reino para cuidar de seus negócios no estrangeiro, entre os quais se incluíam pretensões pessoais sobre o reino da Castela. Deixou seu filho, Henrique Bolingbroke, um jovem vigoroso e capaz, cuidando de suas propriedades e seus interesses na Inglaterra.

Não foi senão aos vinte anos que Ricardo decidiu tornar-se senhor absoluto de seu Conselho e, particularmente, escapar ao controle de seus tios. Nenhum rei fora tratado de tal maneira antes dele. Seu avô fora obedecido quando tinha dezoito anos. Ricardo, aos catorze anos, desempenhara papéis decisivos. Sua casa real e a Corte que a cercava estavam profundamente interessadas em que ele assumisse o poder. Esse círculo incluía os cérebros do governo e o alto Serviço Civil. Seus chefes eram o "Chancellor", Michael de la Pole, o "Chief Justice", Tresilian, e Alexander Neville, arcebispo de York. Por trás deles, Simon Burley, tutor e íntimo de Ricardo, era provavelmente o orientador. Um grupo de nobres mais jovens arriscou sua sorte com a Corte. Seu chefe era Robert de Vere, conde de Oxford, que desempenhou então papel semelhante ao de Galveston, sob Eduardo II. O rei, fonte de honrarias, distribuía favores entre seus adeptos e de Vere foi logo feito duque da Irlanda. Isso representava claramente um desafio aos magnatas do Conselho. A Irlanda era um reservatório de homens e suprimentos, fora do controle do Parlamento e da nobreza, e que poderia ser usado para o domínio da Inglaterra.

A acumulação de cargos na casa real e no governo pela camarilha que cercava o rei por seu afeminado favorito afrontava o partido feudal e, até certo ponto, o espírito nacional. Como freqüentemente ocorre, a oposição encontrou nos negócios estrangeiros um veículo para ataque. A falta de dinheiro, o temor de pedi-lo e, acima de tudo, a ausência absoluta de liderança militar haviam levado a Corte a rumos pacíficos. A nobreza uniu-se ao Parlamento para criticar o pacífico "Chancellor" Pole e o opulento hedonismo da Corte. "Eles foram", diziam com sarcasmo, "cavaleiros de Vênus e não de Bellona." Devia ser travada guerra contra a França; e, com base nesse tema, foi organizada em 1386 uma frente coerente contra a Coroa. O Parlamento foi levado a nomear uma comissão de cinco ministros e nove lordes, da qual os antigos Conselheiros da Regência eram os chefes. A Corte curvou-se diante da tempestade do impedimento de Pole. Houve um expurgo no Serviço Civil, considerado como fonte tanto dos erros do rei como de sua força. E podemos observar que Geoffrey Chaucer, seu escudeiro, mas famoso por outras razões, perdeu seus dois cargos na Alfândega.

Quando os comissários forçaram o rei a demitir seus amigos pessoais, Ricardo profundamente pesaroso retirou-se de Londres. Na Gales do Norte ligou-se ao novo duque da Irlanda, em York, ao arcebispo Neville e em Nottingham, ao "Chief Justice" Tresilian. Procurou reunir suas forças para a guerra civil exatamente no mesmo lugar onde Carlos I desfraldaria um dia o estandarte real. Recrutas irlandeses, lanceiros galenses e, sobretudo, arqueiros de seu próprio condado de Cheshire estavam se concentrando para formar um exército. Com essa base de força, Tresilian e quatro outros juízes reais proclamaram que a pressão exercida sobre o rei pelos Lordes Apelantes, como passaram então a ser chamados, e pelo Parlamento era contrária às leis e à Constituição da Inglaterra. Esse pronunciamento, cuja solidez legal é indiscutível, foi seguido por uma sangrenta represália. O tio do rei, Gloucester, juntamente com outros chefes da oligarquia baronial, denunciaram o "Chief

Justice" e aqueles que com ele agiram, inclusive de Vere e outros conselheiros reais, como traidores do reino. O rei – que não tinha senão vinte anos – baseara-se muito bruscamente em sua autoridade real. Os lordes do Conselho ainda eram capazes de obter o apoio do Parlamento. Além disso, recorreram às armas. Gloucester, com uma força armada, aproximou-se de Londres. Ricardo, chegando lá primeiro, foi aplaudido pelo povo. Este ostentava suas cores vermelha e branca e mostrava-se apegado à sua pessoa, mas não estava preparado para enfrentar o exército baronial que avançava. Em Westminster Hall, os três principais Lordes Apelantes, Gloucester, Arundel e Warwick, deixando do lado de fora uma escolta de trezentos cavaleiros, forçaram o rei à submissão. Ricardo não pôde fazer mais do que assegurar a fuga de seus adeptos.

De Vere retirou-se para Chester e organizou uma força armada para defender os direitos reais. Com ela, em dezembro de 1387, marchou em direção a Londres. Agora, porém, surgiam em armas os Lordes Apelantes e também Henrique, filho de Gaunt. Em Radcot Bridge, em Oxfordshire, Henrique e eles derrotaram e liquidaram de Vere. O favorito fugiu para o estrangeiro. O rei estava agora à mercê da orgulhosa facção que havia usurpado os direitos da monarquia. Seus chefes discutiram muito tempo se ele devia ou não ser deposto e morto. Os homens mais velhos eram pela medida extrema; os mais jovens os contiveram. Ricardo foi brutalmente ameaçado de ter o destino de seu bisavô, Eduardo II. Tão acalorada foi a discussão que somente dois dos Lordes Apelantes consentiram em ficar para cear com ele. Foi Henrique, o jovem vencedor militar que pediu moderação, possivelmente porque a pretensão de seu pai ao trono seria anulada com a substituição de Ricardo por Gloucester.

Os Lordes Apelantes, divididos como estavam, não se atreveram a depor e matar o rei. Em tudo o mais, porém, impuseram sua vontade. Obrigaram-no a ceder em todos os pontos. Cruel foi a vingança que caiu sobre a nobreza adventícia de seu círculo e sobre seus adeptos legais. Os Estados do Reino foram convocados para dar sua aprovação ao novo regime. No dia marcado, os cinco Lordes Apelantes, em trajes dourados, entraram de braços dados no Westminster Hall. "O Parlamento Impiedoso" iniciou sua sessão. Os adversários mais odiados eram os juízes reais, chefiados por Tresilian. Este havia promulgado em Nottingham a doutrina da Supremacia Real, com seus tribunais e advogados, sobre os nobres que tinham o Parlamento nas mãos. A isso foi dada então uma resposta sombria que, embora, como muitas vezes anteriormente, afirmasse o fato do poder feudal, também proclamava o princípio do controle parlamentar. O fato desapareceu na turbulência daqueles dias, mas o princípio ecoou até no século XVII.

O "Chief Justice" e quatro das outras pessoas responsáveis pela declaração de Nottingham foram enforcados, estripados e esquartejados em Tyburn. O tutor real, Burley, também não foi poupado. A vitória da velha nobreza era completa. Somente a pessoa do rei foi respeitada e isso mesmo pela mais estreita margem. Ricardo, forçado não apenas a submeter-se, mas também a consentir no massacre de seus amigos, afundou-se o mais que pôde em seu retiro.

Devemos supor que esse tratamento produziu em sua mente uma acentuada impressão. Cabe a raros mortais suportar tais provações. Ricardo meditou sobre suas injustiças e também sobre seus erros passados. Via nos lordes triunfantes homens que seriam tiranos não apenas sobre o rei, mas também sobre o povo. Elaborou seus planos para a vingança e para a restauração de seus direitos com muito mais engenho do que antes. Durante um ano, houve uma trégua sinistra.

Em 3 de maio de 1389, Ricardo praticou a ação que nenhum deles previra. Tomando assento no Conselho, pediu delicadamente que lhe dissessem que idade tinha. Quando lhe responderam que tinha vinte e três anos, declarou que certamente já se tornara maior e que não se submeteria mais a restrições sobre seus direitos que nenhum de seus súditos suportaria. Dirigiria o reino por si próprio; escolheria seus próprios conselheiros; seria efetivamente rei. Esse golpe fora sem dúvida preparado com a fantástica e anormal sagacidade que caracterizou muitos dos planos de Ricardo. Deu resultados imediatos. O bispo Thomas, irmão do conde de Arundel, e mais tarde arcebispo de Canterbury, entregou-lhe o Grande Selo a seu pedido. O bispo Gilbert deixou o Tesouro e os simpatizantes do rei, William de Wykeham e Thomas Brantingham foram reconduzidos a seus postos de "Chancellor" e Tesoureiro, Candidatos indicados pelo rei juntaram-se aos dos Apelantes nos bancos judiciais. Cartas do rei aos xerifes anunciaram que ele havia assumido o governo e a notícia foi aceita pelo público com inesperado grau de satisfação.

Ricardo usou sua vitória com prudência e clemência. Em outubro de 1389, João de Gaunt regressou da Espanha e seu filho, Henrique, agora importante personalidade, reconciliou-se com o rei. A terrível combinação de 1388 foi dissolvida. O mecanismo do governo real, triunfante sobre a facção, reiniciou seu funcionamento e, nos oito anos seguintes, Ricardo governou a Inglaterra como um rei constitucional e popular.

Esse era um tempo em que as massas estavam inteiramente excluídas do poder e em que as classes dominantes, inclusive a nova classe média, mesmo em suas disputas mais mortais, sempre se uniam para mantê-las em sujeição. Ricardo foi julgado e sua posição proclamada pelos elementos socialmente poderosos que o derrubaram. Entretanto, o veredicto desses elementos sobre seu caráter só pode ser aceito com reservas. Que ele procurou subverter e anular os direitos constitucionais que a rivalidades de facções e da Igreja com os barões haviam inconsciente, mas resolutamente criado, é coisa inegável. Todavia, se isso foi feito com propósitos de satisfação pessoal ou na esperança de cumprir o compromisso que assumira na crise da Revolta dos Camponeses, ao dizer "Eu serei vosso líder", é questão que não pode ser levianamente posta de lado. É verdade que a uma delegação de rebeldes em 1381 ele respondera irritadamente: "'Villeins' vocês são e 'villeins' continuarão sendo", acrescentando que compromissos assumidos sob coação de nada valiam. No entanto, por meio de cartas-patente, libertou muitos camponeses de suas obrigações feudais. Prometera solenemente a abolição da servidão. Propusera-a ao Parlamento. Fora derrotado. Ele tinha memória muito boa para as injúrias. Talvez essa memória se estendesse também às suas obrigações.

A paciência e habilidade com que Ricardo realizou sua vingança são impressionantes. Durante oito anos tolerou a presença de Arundel e Gloucester, não na mesma posição de antes, como governadores do país, mas ainda em altos cargos. Houve momentos em que sua paixão explodiu. Em 1394, quando Arundel se atrasou para os funerais da rainha, Ana da Boêmia, e toda a procissão foi retardada, ele arrancou o bastão das mãos de um camareiro e feriu Arundel no rosto, fazendo sair sangue. O clero ergueu um clamor de que a Igreja de Westminster fora profanada. Homens recordaram uma velha profecia, segundo a qual o castigo de Deus pelo assassínio de Thomas Becket não seria reclamado senão quando fosse derramado sangue na nave sagrada. Todavia, algumas semanas depois, vemos o rei aparentemente reconciliado com Arundel e tudo se desenvolvendo sob uma máscara brilhante.

Enquanto os lordes se desavinham, o rei procurava fortalecer-se reunindo recursos irlandeses. Em 1394 foi, com toda a formalidade de uma viagem real, à Irlanda e, para esse fim, criou um exército dependente de si próprio, que seria útil mais tarde para atemorizar a oposição na Inglaterra. Quando regressou, já estavam bem adiantados seus planos para submeter à sua autoridade tanto os barões como os Estados. Para libertar-se dos encargos da guerra, que o tornavam diretamente dependente dos favores do Parlamento, fez um acordo com a França. Depois da morte de sua primeira esposa, Ana, casou em 1396 com a pequena Isabel, filha de Carlos VI, da França. Com isso foi concluída uma trégua ou pacto de amizade e não-agressão por trinta anos. Uma cláusula secreta estabelecia que, se Ricardo fosse no futuro ameaçado por qualquer de seus súditos, o rei da França acorreria em seu auxílio. Embora os termos da paz fossem objeto de queixas, o rei ganhou imensamente ao libertar-se da obrigação de fazer uma guerra, que só podia sustentar tornando-se pedinte e escravo do Parlamento. Os Estados haviam feito pressão tão forte sobre o poder real, ora o incentivando, ora se queixando dos resultados, que vemos o espetáculo ímpar de um rei Plantagenet deitar-se no chão e recusar continuar puxando o carro em estradas tão pedregosas. Entretanto, isso não resultava da falta de coragem mental ou de estreiteza de perspectiva. Era um aspecto necessário dos vastos desígnios do rei. Ele desejava sem dúvida alguma conquistar absoluto poder sobre a nobreza e o Parlamento. Se pretendia também utilizar-se dessa ditadura no interesse das massas humildes de seus súditos é um dos mistérios, mas é também a lenda, que durante muito tempo ficaram ligados a seu nome. Seu temperamento, os altos e baixos de seu espírito, suas repentinas explosões, a sutileza quase sobre-humana de seus cálculos, tudo isso tem sido abundantemente apresentado como causas de sua ruína. Entretanto, a gente comum considerava-o seu amigo. Imaginava que, se ele tivesse poder para isso, a libertaria da dura opressão de seus senhores. E, durante muito tempo, essa gente guardou com carinho sua recordação.

A expedição irlandesa fora o primeiro passo para o estabelecimento do despotismo; a aliança com a França fora o segundo. O rei dedicou-se depois à construção de um compacto e eficiente partido da Corte. Tanto Gaunt e seu filho como Mowbray, conde de Norfolk, um dos antigos Apelantes, estavam agora a seu lado, parte por lealdade a ele e parte por hostilidade a Arundel e Gloucester. Homens novos foram introduzidos na casa real. Sir John Bushy e Sir Henry Greene representavam os interesses locais dos .condados e eram servidores incondicionais da Coroa. Retirados da classe parlamentar, árbitro inevitável nas disputas entre a Coroa e a aristocracia, eles asseguravam ao rei a influência necessária para possibilitar-lhe enfrentar os Estados do Reino. Em janeiro de 1397, os Estados foram convocados a Westminster, onde sob hábil e ao mesmo tempo decidido manejo expressaram a devida submissão. Assim garantido, Ricardo decidiu finalmente atacar.

Arundel e Gloucester, embora um tanto na sombra, deviam considerar-se protegidos, pelo tempo e por muitas relações amistosas, contra as conseqüências do que haviam feito em 1388. Muita coisa acontecera desde então, e o "Chief Justice" Tresilian, o tutor Burley e outras vítimas daquele banho de sangue pareciam recordações distantes. Foi com espanto que viram o rei investir contra eles, com um ódio frio raramente ultrapassado entre os homens. Arundel e alguns de seus companheiros foram declarados traidores e beneficiados apenas com a gentileza da decapitação. Warwick foi exilado para a ilha de Man. Gloucester, preso e levado a Calais, lá foi assassinado pelos agentes do rei. Este ato, que não foi protegido por formas constitucionais, gerou por sua vez novas represálias. Desde então foi imposto sobre o rei um estigma semelhante ao que marcara João depois do assassínio de Artur. No momento, porém, ele era supremo, como nenhum rei da Inglaterra fora antes, e apesar disso sua cólera ainda não estava aplacada.

O Parlamento foi convocado para legalizar esses acontecimentos. Estava de tal forma orientado e com tal mentalidade que nada havia que deixasse de fazer pelo rei. Nunca antes houve um Parlamento assim. Com ardor levado aos limites do suicídio, suspendeu quase todos os direitos e privilégios constitucionais conquistados no século anterior. Elevou a monarquia sobre um alicerce mais absoluto do que poderia ter sido reclamado pelo próprio Guilherme, o Conquistador, líder de guerra de seus capitães flibusteiros. Tudo quanto fora conquistado pela nação através dos crimes de João e da degenerescência de Eduardo II, tudo quando fora concedido ou estabelecido pelos dois grandes Eduardos, foi abandonado. E o Parlamento, tendo executado seu trabalho com essa destruidora meticulosidade, concluiu por confiar os negócios inacabados aos cuidados de uma comissão de oito pessoas. Logo que o Parlamento se dispersou, Ricardo fez alterar os registros, introduzindo palavras novas, que ampliaram de muito o âmbito do trabalho da comissão. Se seu objetivo não era liquidar o Parlamento, era pelo menos reduzi-lo ao papel que desempenhara nos primeiros tempos de Eduardo I, quando ele era de fato, assim como no nome, o "Parlamento do Rei".

As relações com o filho de Gaunt, Henrique, primo e contemporâneo do rei, passaram do drama para a tragédia. Henrique acreditava ter salvo o rei de ser deposto e assassinado por Gloucester, Arundel e Warwick na crise de 1388. É muito provável que isso fosse verdade. Desde então vivia em grande familiaridade e amizade com Ricardo. Representava um elemento diferente da velha nobreza que desafiara a Coroa. Esses dois jovens viviam em bela camaradagem. Um era o rei, o outro, como filho de João de Gaunt, estava próximo do trono e mais próximo ainda da sucessão.

Surgiu uma disputa entre Henrique e Thomas Mowbray, agora duque de Norfolk. Quando voltavam de Brentford para Londres, Mowbray expressou sua inquietação. O rei, disse ele, jamais perdoara Radcot Bridge e o antigo partido dos Apelantes, ao qual ele e seu companheiro haviam pertencido. Eles seriam as próximas vítimas. Henrique acusou então Mowbray de linguagem traiçoeira. Relatos colhidos sobre o que havia sido dito foram apresentados ao Parlamento. Cada um dos dois, quando interrogado, atribuía a mentira ao outro. O julgamento por batalha parecia ser a solução correta. A famosa cena verificou-se em setembro de 1398. A arena foi preparada; o mundo inglês reuniu-se; os campeões apresentaram-se; mas o rei, exasperando os espectadores de todas as classes que haviam comparecido com grande expectativa para assistir ao esporte, desiludiu seu ardor bélico, proibiu o combate e exilou Mowbray por toda a vida e Henrique por uma década. Os dois lordes obedeceram às ordens reais. Mowbray logo morreu, mas Henrique, estarrecido pelo que considerara uma ingratidão e injustiça, viveu e conspirou na França.

O ano que seguiu foi de declarado despotismo e Ricardo, tão paciente até ser concretizada sua vingança, demonstrou impaciência e perplexidade, extravagância e inconseqüência, no exercício de sua função. Escoltado por seus fiéis arqueiros de Cheshire, corria o reino enchendo as semanas com festas e torneios, enquanto a administração era deixada a cargo de funcionários inferiores em Westminster ou de ministros que sentiam nunca gozar de confiança nem ser consultados. Da extravagância real resultaram dificuldades financeiras, e empréstimos compulsórios e pesados impostos irritavam os comerciantes e a alta sociedade rural.

Durante o ano de 1398, houve na nação muitos que perceberam que um Parlamento servil suspendera em poucas semanas numerosos direitos e liberdades fundamentais do reino. Durante algum tempo, não haviam tido disputas com o rei. Agora, viam-no revelar-se como um déspota. Não apenas a velha nobreza, que na crise anterior fora derrotada, mas também a alta sociedade rural e os comerciante sentiam-se enfurecidos com o triunfo do domínio absoluto. Sua indignação não resultava apenas de amor pelas práticas constitucionais. Temiam, talvez com muitas razões que nos são desconhecidas, que o rei, agora senhor, governasse por cima delas, apoiando-se sob os ombros submissos da massa do povo. Sentiam novamente o terror da revolução social que haviam experimentado tão recentemente na Revolta dos Camponeses. Um sólido amálgama de interesse, disposição e ação unia todas as classes que se erguiam ou já estavam acima do nível comum. Ali estava um rei, agora absoluto, que, resmungavam essas classes, lançaria a populaça contra elas.

Em fevereiro de 1399, morreu o velho João de Gaunt o "venerando Lancaster". Henrique, no exílio, herdou vastos domínios, não apenas no Lancashire e no Norte, mas também espalhados por toda a Inglaterra. Ricardo, premido pela necessidade de dinheiro, não pôde privar-se de um confisco tecnicamente legal das propriedade de Lancaster, apesar de todas as suas promessas. Declarou seu primo deserdado. Isso representava um desafio à posição de todos os proprietários de terras. Logo em seguida, por um fatal erro de julgamento sobre sua força e sobre o que se estava agitando no país, o rei partiu em maio para uma expedição punitiva, muito tardia, a fim de afirmar a autoridade real na Irlanda. Deixou uma administração desordenada, desprovida de tropas, e uma terra violentamente exasperada contra ele. A notícia da partida do rei foi levada a Henrique. Chegara o momento; o caminho estava livre e o homem não perdeu tempo. Em julho, Henrique de Lancaster, que era agora o seu título, desembarcou no Yorkshire, declarando que viera apenas reclamar seus direitos legais como herdeiro de seu venerado pai. Foi imediatamente cercado por adeptos, particularmente das propriedades de Lancaster, e pelos poderosos lordes do Norte, chefiados pelo conde de Northumberland. O desenvolvimento de sua revolta seguiu exatamente o mesmo padrão da de Isabella e Mortimer contra Eduardo II, setenta e dois anos antes. De York, Henrique marchou através da Inglaterra, em meio à aclamação geral, até Bristol, e exatamente como Isabella fizera enforcar Hugh Despenser em suas muralhas, Henrique de Lancaster impôs então a pena capital a William Scrope, conde de Wiltshire, Bushy e Greene, ministros e representantes do rei Ricardo.

Levou algum tempo para que chegassem até o rei Ricardo, no fundo da Irlanda, as notícias do aparecimento de Henrique e de tudo quanto se seguira tão rapidamente. Apressou-se em voltar, embora fustigado por mares tempestuosos. Tendo desembarcado na Inglaterra em 27 de julho, fez uma rápida marcha de três semanas através da Gales do Norte, numa tentativa de reunir forças. O que viu convenceu-o de que tudo estava acabado. Toda a estrutura do seu poder, tão paciente e sutilmente construída, desaparecera como que por encanto. A Gales, que ficaria a seu favor, não podia enfrentar o poder ofensivo do que era agora toda a Inglaterra. No Castelo de Flint, Ricardo submeteu-se a Henrique, para cujas mãos passara então toda a administração. Desfilou através de Londres como um cativo no cortejo de Henrique. Foi alojado na Torre. Sua abdicação foi arrancada à força; sua morte tornara-se inevitável. O último de todos os reis ingleses cujo direito hereditário era indiscutível desapareceu para sempre por baixo da porta levadiça do Castelo de Pontefract. Henrique, com o consentimento dos Estados do reino e dos Lordes Espirituais e Temporais, subiu ao trono como Henrique IV, iniciando assim um capítulo da história destinado a ser fatal para o baronato medieval. Embora a linhagem de Henrique oferecesse boas bases para sua eleição à Coroa e embora suas próprias qualidades, e ainda mais as de seu filho, confirmassem essa decisão, um direito de sangue mais alto estender-se-ia à casa de York através da casa de Mortimer. Em conseqüência disso, as Guerras das Rosas irromperiam mais tarde sobre a Inglaterra.

O caráter de Ricardo II e seu lugar na história permanecem um mistério. Que possuía qualidades de alta ordem, tanto para planejamento como para ação, é evidente. É também evidente que se defrontou desde a infância com dificuldades incomensuráveis e opressões injustas contra as quais investiu repetidamente. As injúrias e crueldades que sofreu nas mãos de seu tio Gloucester e da alta nobreza talvez sejam a chave para compreendê-lo. Alguns historiadores acharam que ele estava disposto não apenas a explorar manobras parlamentares e legais contra as classes governantes, mas que recorreria mesmo às forças sociais então e ainda por muitas gerações completamente oprimidas. Em qualquer caso, o povo durante muito tempo guardou dele uma noção assim. Essa gente infeliz, que já podia então ser contada aos milhões, voltava os olhos para Ricardo com esperanças destinadas a serem frustadas durante séculos. Durante todo o reinado de Henrique IV, a concepção que o povo formou de Ricardo foi idealizada. Ele foi considerado, com ou sem razão, como um mártir das causas dos fracos e dos pobres. Foram aprovados estatutos que declaravam alta traição até mesmo espalhar o rumor de que ele estava vivo.

Não temos o direito, nesta idade moderna, de privá-lo deste raio de luz que cai sobre a sua vida mortificada e atormentada. Não há dúvida, porém, de que em sua natureza o erro fantástico e o instituto verdadeiro se sucediam com desnorteante rapidez. Ele era capaz de sagacidade e paciência mais do que humanas, e também de tolices que um simplório teria evitado. Travou quatro duelos mortais com a sociedade aristrocrática feudal. Em 1386 foi derrotado; em 1389 foi vitorioso; em 1398 foi supremo; em 1399 foi destruído.

A Usurpação de Henrique Bolingbroke

Todo poder e autoridade recaíram sobre o rei Henrique IV e todos quantos haviam corrido riscos para colocá-lo no trono se combinaram para assegurar os direitos dele e as suas próprias vidas. Entretanto, o tema contrário perdurava com estranha persistência. A Corte da França considerava Henrique um usurpador. Seu direito de sangue não era válido enquanto Ricardo vivesse, nem mesmo depois quando a linhagem fosse examinada com cuidado. Contudo, existiam outros direitos. O direito de conquista, sobre o qual ele estava inclinado a basear-se, foi por ele posto de lado atendendo a bons conselhos. O fato, porém, de ter sido aclamado pelos Estados, convocados em nome de Ricardo, unido a um quase direito de nascimento, oferecia a seu reinado um alicerce amplo, embora discutido. Muitas qualidades agradáveis são apresentadas em seu favor. Todos os historiadores concordam em que ele era valoroso, capaz e naturalmente generoso. O início de seu reinado foi perturbado pela tolerância e brandura que demonstrou para com o partido derrotado. Ele, que mais se beneficiara com a violenta convulsão e a reviravolta da fortuna pelas quais Ricardo foi derrubado, foi o menos vingativo contra os adeptos de Ricardo. Estivera quase no centro de todas as tensões do reinado extinto; fora injustiçado e maltratado; no entanto, mostrava forte repugnância por represálias severas. Na hora de sua elevação ao trono, era ainda o arrojado cavaleiro, surpreendentemente moderado no triunfo, avesso ao derramamento de sangue, apegado a crescentes idéias constitucionais e sempre sonhando em terminar sua vida como um cruzado. Todavia, a soturna e turbulenta marcha dos acontecimentos frustou suas tolerantes inclinações e posteriormente amargou sua natureza generosa.

Desde o início Henrique dependia do Parlamento para compensar com sua influência os defeitos de seu título e fundava-se na teoria da realeza eletiva e limitada, ao invés da monarquia absoluta. Era portanto, por temperamento e necessidade, um rei constitucional. Grandes palavras foram proferidas por ocasião de sua elevação ao trono. "Este nobre reino da Inglaterra, o mais fértil recanto de riquezas de todo o mundo", disse o arcebispo Arundel, "foi reduzido à destruição pelos conselheiros de crianças e viúvas. Agora Deus mandou um homem, sábio e discreto, para a governança, o qual com o auxílio de Deus será orientado e aconselhado pelos sábios e antigos deste reino."

"Os negócios do reino recaem sobre nós", disse o arcebispo. Henrique não agiria por sua própria vontade, nem por seu próprio "propósito voluntário ou opinião singular, mas por conselho, parecer e consentimento comuns." Vemos aí um memorável progresso na prática. O próprio Parlamento não devia, porém, ser considerado como uma fonte de sabedoria e virtude. O instrumento não tinha base segura. Podia ser controlado ou dominado. Muitos dos Parlamentos desse período haviam sido qualificados com epítetos: "o Bom Parlamento", "o Parlamento Louco", "o Parlamento Impiedoso" ainda estavam frescos na memória. Além disso, os prêmios no jogo de poder feito pelos grandes nobres estavam muito além do que os homens comuns ou os magnatas se dispunham a arriscar. Quem poderia dizer que alguma repentina proeza baronial não resolveria toda a estrutura sobre a qual se encontravam? Como cada mudança de poder fora acompanhada por vingança capital contra os vencidos, surgia nos Comuns um desejo muito sólido e duradouro de deixar que os grandes lordes cortassem as gargantas uns dos outros se o desejassem. Assim, os Comuns, embora agindo com vigor, preferiam basear-se em petição ao invés de resolução, desse modo lançando definitivamente a responsabilidade sobre a classe governante mais alta.

Procurando ainda maior proteção, apelaram ao rei para que não julgasse qualquer matéria por seus debates ou pela participação neles tida por vários membros, mas que aguardasse a decisão coletiva da Câmara. Insistiam vigorosamente na doutrina de "queixas antes de suprimentos" e, embora Henrique recusasse aceitar essa reivindicação, lutava com tanta escassez de dinheiro que na prática ela era em grande parte atendida. Durante esse período, portanto, foi grandemente fortalecido o poder parlamentar sobre as finanças. Os Estados não apenas forneciam o dinheiro votando impostos, mas também começaram a acompanhar as despesas, e a exigir e receber prestação de . contas das altas autoridades do governo. Nada semelhante a isso havia sido anteriormente tolerado por qualquer rei. Os soberanos sempre haviam condenado isso como uma presunçosa invasão de suas prerrogativas. Esses grandes progressos na política da Inglaterra foram as características do governo lancastriano e resultaram naturalmente na necessidade que a casa de Lancaster tinha de sustentar seu título com a opinião pública e a autoridade constitucional. Assim, nessa época remota, o Parlamento parece ter conquistado terreno que jamais voltaria a ocupar até o século XVII.

Entretanto, embora os Estados espirituais e leigos pareçam ter não apenas escolhido o soberano, mas até mesmo recomendado a sucessão à Coroa, e embora a história desses anos tenha oferecido precedentes que os advogados do período Stuart estudaram cuidadosamente, o poder real do Parlamento nessa época não deve ser superestimado. A usurpação de Henrique IV, o estabelecimento da casa rival na pessoa de Eduardo IV, a expulsão de Eduardo V por seu tio, todos esses foram atos de violência e rebelião feudais, protegidos por estatutos declaratórios. O Parlamento não foi o autor, nem mesmo o agente poderoso, dessas modificações, mas apenas o registrador apreensivo desses resultados das lutas marciais e baroniais. As eleições não eram livres: a "circunscrição de bolso" era tão comum no século XV quanto no século XVIII e o Parlamento não era senão o instrumento e o selo de qualquer partido vitorioso no Estado. Nem por isso deixou de ser proclamado por autoridade parlamentar, embora a instâncias de Henrique, que a Coroa passaria para o filho mais velho do rei e, depois dele, para seu descendente masculino. Desse modo, um antigo costume inglês foi abolido pela exclusão de uma linhagem mais velha dependente de um elo feminino. Isso não proibia formalmente a sucessão na linhagem feminina, mas durante muito tempo teve esse efeito na prática.

Em uma questão, meio social e meio religiosa, o rei e o Parlamento concordavam de fato calorosamente. A preconização pelos lollardistas de uma Igreja purificada pela privação de todos os bens mundanos não contava com o assentimento do clero. Este resistia com fúria e rancor. O lollardismo calara fundo nas mentes não apenas dos cidadãos mais pobres, mas também da sociedade média em todo o país. Era em essência um desafio primeiro à Igreja e depois aos ricos. Os lollardistas procuravam agora conquistar a nobreza leiga, acentuando como o vasto tesouro da Igreja poderia prontamente proporcionar dinheiro para a guerra continental. Entretanto, esse apelo caiu em orelhas moucas. Os lordes percebiam que suas propriedades não se baseavam em títulos melhores do que as da Igreja. Por isso, juntaram-se ao clero na defesa de sua propriedade. Leis muito severas foram então baixadas contra os lollardistas. O rei declarou, com pleno acordo dos Estados, que destruiria as heresias com toda a sua força. Em 1401, um terrível estatuto, De Heretico Comburendo, condenava os heréticos reincidentes a serem queimados vivos e entregava o julgamento exclusivamente à Igreja, exigindo que os xerifes executassem a sentença sem permitir apelação à Coroa. Assim, a ortodoxia e a propriedade fizeram causa comum e marcharam juntas.

Contudo, os Estados do Reino consideravam que sua principal garantia imediata estava na eliminação da facção derrotada. Eles eram os mais acirrados contra Ricardo e aqueles que lhe haviam sido fiéis. Henrique poderia ter contido essa onda de covarde represália, se não fosse uma sinistra série de acontecimentos. Henrique e a maioria de sua Corte ficaram gravemente doentes devido a algo que haviam comido, suspeitando-se que fosse veneno. Os galenses, já descontentes, sob a liderança de Owen Glendower, esposaram então a causa de Ricardo. A lentidão das comunicações permitiu que um grupo de forças varresse o país antes que o grupo adversário tivesse sequer percebido o que estava acontecendo. Agora, este começava a movimentar-se por sua vez. Cinco dos seis antigos Lordes Apelantes, que se encontravam na sombra, formaram com amigos de Ricardo II uma conspiração para capturar o príncipe usurpador em Windson. Recuperado de sua misteriosa enfermidade, cavalgando sozinho por estradas perigosas, Henrique escapou à sua cilada. Todavia, levantes armados surgiam em várias partes do país. A severidade com que esses levantes foram reprimidos elevou o governo ao apogeu. A população, em certos lugares, juntava-se às forças governamentais. Em

Cirencester, a população local degolou o lorde Lumley e os condes de Kent e Salisbury, o último um lollardista. Toda a clemência do temperamento de Henrique não era bastante para moderar as perseguições movidas por aqueles que partilhavam de seus riscos. Com efeito, em um ano sua popularidade quase fora destruída pelo que se considerava como uma fraqueza na repressão à rebelião e à tentativa de assassínio. Devemos, porém, compreender que ele era um homem mais bravo e mais forte do que aqueles cruéis personagens abaixo dele.

A malograda revolta, a guerra civil que fora iniciada em favor de Ricardo depois de sua queda, foi fatal ao ex-rei. Um halo de santidade envolvia sua pessoa e todo o processo cerimonial e constitucional com que se entronizara seu sucessor não puderam privá-lo dele. Enquanto se encontrava no Castelo de Pontefract, era objeto de muitas simpatias, tanto de seus adeptos como das massas oprimidas. E isso irritava e atormentava o partido no governo. A morte de Ricardo foi anunciada em fevereiro de 1400. Não se sabe se foi deixado morrer de fome ou, como sugeriu o governo, se fez a greve da fome ou ainda se houve o emprego de métodos mais diretos. As muralhas de Pontefract guardaram seu segredo. Entretanto, por toda a Inglaterra espalhou-se a lenda de que havia fugido e que, em seu refúgio, aguardava a hora de levar a gente comum da época ao gozo do que era seu.

Tudo isso se erguia contra Henrique Bolingbroke. O rei enfrentava contínuas conspirações para assassiná-lo. As perturbações com os galenses aprofundaram-se a ponto de tornar-se uma insurreição nacional. Owen Glendower, que era um homem notável, de considerável educação, manteve uma guerra que foi um constante segundo plano dos negócios ingleses até 1409. O rei foi também obrigado a lutar continuamente contra os escoceses. Depois de seis anos dessa hostilização, dizem que sua natural magnanimidade foi esgotada e que ele se entregou à disposição de seus adeptos e de seu Parlamento em atos de crueldade. É bem possível que assim tenha acontecido.

Seu mais sério conflito foi com os Percys. Esses lordes das Fronteiras do Norte, o velho conde de Northumberlard e seu belicoso filho Hotspur, haviam mantido durante quase três anos a defesa da Inglaterra contra os escoceses, sem auxílio e quase inteiramente à sua custa. Ocupavam também importantes áreas para o rei na Gales do Norte. Não podiam mais suportar a situação. Reclamaram um acerto de contas. O conde apresentou uma conta de 60 mil libras. O rei, em atroz pobreza, não pôde oferecer mais de 40 mil libras. Por trás disso havia uma longa história. Os Percys haviam desempenhado importante papel na colocação de Henrique sobre o trono. Todavia, Edmund Mortimer, cunhado de Hostpur, juntara-se a Glendower na rebelião e a família encontrava-se então sob suspeita. Os Percys dispunham de um grande poder independente e um antagonismo era talvez inevitável. Hotspur desfraldou o estandarte da revolta. Todavia, em Shrewsbury, em 21 de julho de 1403, Henrique venceu-o e matou-o numa pequena e feroz batalha. O velho conde, que estava marchando em socorro do filho, foi obrigado a submeter-se. O perdão lhe foi oferecido sem condições. O Parlamento encontrou dificuldades para absolvê-lo de todas as acusações de traição e rebelião, e declará-lo culpado apenas de invasão ilegal. Essa clemência foi sem dúvida devida às necessidades da Fronteira e à falta de quaisquer outros meios adequados para defendê-la contra os escoceses. O conde voltou-se portanto para sua tarefa, que assegurava sua posição à frente de poderosas forças.

Entretanto, dois anos mais tarde, com a morte de seu filho no coração, rebelou-se de novo. Desta vez a conspiração era de maior alcance. O arcebispo Scrope, de York, e Thomas Mowbray, conde de Nottingham, eram seus principais aliados. O programa de rebelião era de reforma, sendo evitadas todas as questões pessoais. Mais uma vez Henrique marchou para o norte e mais uma vez conseguiu êxito. Northumberland foi expulso para o outro lado da Fronteira, onde durante anos permaneceu como uma ameaça. Scrope e Mowbray caíram nas mãos dos oficiais do rei e Henrique, apesar dos apelos do arcebispo de Canterbury, permitiu que fossem degolados depois de um julgamento sumário. A execução de Scrope causou profundo choque em todo o país e muitos a compararam com o assassínio de Thomas Beckett. Ao mesmo tempo, a saúde do rei ficou abalada. Dizia-se que ele fora atingido pela lepra e isso era atribuído à ira de Deus. O diagnóstico pelo menos era inexato. O rei sofria de uma moléstia cutânea desfiguradora e de uma doença do coração, caracterizada por desmaios e ataques. Era fisicamente um homem abatido. Daí por diante seu reinado foi uma luta contra a morte, assim como contra a vida.

Apesar disso, conseguiu triunfar na guerra galense e Owen Glendower foi forçado a recuar para suas montanhas. O Parlamento, porém, obtinha o máximo de vantagens das necessidades do rei. Henrique só encontrava segurança na rendição. Cedeu aos Estados com a deferência constitucional de um soberano moderno. Fizeram-lhe dura pressão e das maneiras mais intimamente mortificantes. Os estrangeiros, sem excetuar as duas irmãs casadas da rainha, deviam ser expulsos. Devia ser nomeado pelo rei um Conselho que incluísse os líderes parlamentares. As contas das despesas do governo ficavam sujeitas ao exame de um contador parlamentar. A própria Casa Real foi vasculhada e remodelada por mãos hostis. O novo Conselho exigia poderes cada vez mais amplos. O rei comprometeu-se a governar somente através de seus conselhos. Por essas submissões, Henrique tornou-se o menor dos reis. Todavia, transferira para outros uma tarefa intolerável. Para eles voltavam-se agora o ódio e o trabalho. Eles se mostravam cada vez menos dignos da confiança.

Uma nova figura entrava agora em cena. O filho mais velho de Henrique, o príncipe de Gales, já demonstrava extraordinária força e qualidade. Comandara a carga contra Hotspur em Shrewsbury. Obtivera vitórias na Gales. Somente depois da virtual derrota de Glendower foi que o príncipe Henrique teve liberdade de voltar-se para a grande intriga política. À medida que declinava a saúde de seu pai, ele era arrastado em toda parte para os negócios do Estado. Aceitava todos os deveres e ainda procurava mais. Premido por seus adeptos, particularmente seus meio-tios, os três irmãos Beaufort, para tomar o governo das mãos vacilantes de um inválido, ele encabeçou um pedido para que o rei abdicasse em seu favor. Entretanto, Henrique Bolingbroke, embora cambaleante, repeliu a proposta com violenta indignação. Houve um sério encontro entre pai e filho em Westminster em 1411. Os partidários do rei pareciam ser mais numerosos ou mais decididos. O príncipe retirou-se humilhado. Foi afastado da presidência do Conselho e seus adeptos foram demitidos dos cargos que ocupavam. Escondeu a cabeça em seu refúgio. Seus adversários chegaram mesmo a acusá-lo de ter desviado o pagamento da guarnição de Calais. Dessa acusação ele se inocentou decisivamente. Contudo, não pode haver dúvida de que o soberano agonizante ainda segurava convulsivamente as rédeas do poder. O desgoverno e a decrepitude permaneceram durante algum tempo triunfante entronizados. Em 1412, quando não podia mais andar e mal podia montar a cavalo, o rei foi com dificuldade dissuadido por seu Conselho de tentar comandar as tropas na Aquitania. Arrastou a existência durante todo o inverno, falou de uma Cruzada, convocou o Parlamento em fevereiro, mas nenhum negócio pôde com ele tratar. Em março, quando rezava na abadia de Westminster, teve um prolongado ataque, do qual se recuperou apenas para morrer na Câmara de Jerusalém em 20 de março de 1413.

Assim, a vida e o reinado do rei Henrique IV exibem-nos outros exemplos das vaidades de ambição e dos cruéis galardões que recompensam seu sucesso. Henrique IV tinha injustiças a vingar e uma causa a defender. Mal ousava a princípio pretender a coroa, mas deu o golpe final para conquistá-la. Achou-a menos agradável depois que a possuiu. Afundou-se sob seu peso, não apenas física, mas também moralmente. Seus anos de triunfo foram seus anos de preocupações e sofrimentos. Ninguém pode dizer, porém, que a razão e a justiça não estiveram por trás de suas ações ou que ele não foi aceito no país em geral. Após a sua morte, uma nova personalidade, construída em escala histórica grandiosa, desde muito sedenta de poder, assumiu sem disputa o trono, não apenas da Inglaterra, mas bem logo de quase toda a Cristandade Ocidental.

CAPÍTULO 3

O Império de Henrique V

Um lampejo de glória surge na história sombria e agitada da Inglaterra medieval. Henrique V foi rei aos vinte e cinco anos. Sentia-se, como nunca acontecera com seu pai, seguro de seu título. Passara sua mocidade no campo de batalha e no Conselho. Durante cinco ou seis anos dirigira intermitentemente o governo do reino durante o declínio de seu pai. As românticas histórias sobre sua turbulenta juventude e sua repentina conversão à seriedade e à virtude quando investido da suprema responsabilidade não devem ser superestimadas. Pode muito bem ser verdade que tenha sido "em sua mocidade um diligente adepto de práticas ociosas, muito dado aos instrumentos de música e inflamado pelos archotes da própria Vênus". Entretanto, se assim cedera às veementes efervescências de sua natureza, isso não fora mais do que um passatempo, pois sempre, desde a infância, estivera preso a graves negócios.

No agitado reino, com seu rei enfermo, facções exaltadas e profunda inquietação social e moral, todos os homens tinham desde algum tempo antes os olhos voltados para ele; e gerações sucessivas raramente duvidaram de que, pelos padrões de sua época, ele tinha tudo quanto um rei devia ter. Seu rosto, contam-nos, era oval, com um nariz comprido e reto, tez rosada, cabelos escuros e lisos, e olhos brilhantes, ternos como os de uma pomba quando não provocado, mas semelhantes aos de um leão quando enfurecido. Seu corpo era magro, mas bem ajustado, forte e ativo. Seu temperamento era ortodoxo, cavaleiroso e justo. Subiu ao trono num momento em que a Inglaterra estava cansada de lutas e conflitos, e ansiava por unidade e fama. Desviou a nação da discórdia interna para a conquista no estrangeiro; e tinha o sonho, e talvez o plano, de liderar toda a Europa Ocidental no elevado empreendimento de uma Cruzada. O Conselho e o Parlamento mostravam-se de repente igualmente inclinados a uma guerra contra a França. Como era, já então, habitual na Inglaterra, envolviam isso em frases de sentido oposto. Os lordes bem sabiam, dizia-se, "que o rei nada tentará que não seja para a glória de Deus e evitará o derramamento de sangue cristão; se for à guerra, a causa será a restauração de seus direitos, não sua própria voluntariedade". O bispo Beaufort abriu a sessão de 1414 com um sermão sobre o tema "Lutar pela verdade até a morte" e esta exortação: "Enquanto temos tempo, façamos o bem a todos os homens". Entendia-se que isso significava a rápida invasão da França.

Os Comuns foram então liberais em suprimentos. O rei, por sua parte, declarou que nenhuma lei seria aprovada sem o consentimento deles. Uma onda de reconciliação envolveu o país. O rei proclamou um perdão geral. Procurou amenizar o passado. Negociou com os escoceses a libertação do filho de Hotspur e restaurou-o no condado de Northumberland. Trouxe o corpo, ou o suposto corpo, de Ricardo II para Londres e reenterrou-o na abadia de Westminster, com pompa e solene cerimonial. Uma conspiração tramada contra ele na véspera de sua partida para as guerras foi abafada, segundo toda aparência com facilidade e com aprovação nacional, e apenas com um punhado de execuções. Em particular, poupou seu primo, o jovem Edmund Mortimer, conde de Fronteira, que fora mencionado como rival do rei e através de cuja família muitas crueldades seriam praticadas mais tarde.

Em 1407, Luís, duque de Orleans, o poder decisivo na Corte do imbecil rei francês, Carlos VI, foi assassinado por instigação do duque da Borgonha e a luta entre os dois partidos que dividiam a França tornou-se violenta e mortal. A isso devera o falecido rei da Inglaterra o relativo alívio da ameaça estrangeira que tornara mais fáceis os últimos anos do seu reinado. Quando da ascensão de Henrique V, os orleanistas haviam conquistado a predominância na França e desfraldaram a Auriflama contra o duque da Borgonha. Henrique naturalmente se aliou à parte mais fraca, os borgonheses, que, em sua situação angustiosa, estavam dispostos a reconhecê-lo como rei da França. Quando levou o poderio da Inglaterra através do Canal, em continuação à longa vingança da história contra a expedição do duque Guilherme, pôde contar com o apoio de grande parte do que é hoje o povo francês.

Durante todo o ano de 1414, Henrique V absorveu-se nos preparativos bélicos por terra e por mar. Reorganizou a frota. Ao invés de apossar-se principalmente de navios particulares e armá-los, como era o costume, Henrique, como Alfredo, construiu muitos vasos para a Marinha Real. Tinha pelo menos seis "grandes navios", com cerca de mil e quinhentas unidades menores. O exército expedicionário foi escolhido e treinado com especial cuidado. Apesar do recurso mais geral à luta a pé, que fora imposta pelo arco, seis mil arqueiros, dos quais metade era formada de infantaria montada, constituíam o grosso e o sustentáculo do exército, juntamente com dois mil e quinhentos guerreiros em armadura, nobres, cavaleirosos ou importantes em outros sentidos, cada um dos quais com seus dois ou três acompanhantes e ajudantes.

O exército inglês de cerca de dez mil combatentes partiu para a França em 11 de agosto de 1415, em uma frota de pequenos navios, e desembarcou sem oposição na embocadura do Sena. Harfleu foi sitiada e capturada em meados de setembro. O rei destacou-se por sua bravura:

> "Once more unto the breach, dear friends, once more;
> Or close the wall up with our English dead."[1]

Com essa disposição, convidou então o delfim para terminar a guerra com um combate singular. O desafio foi rejeitado. O desgaste do sítio e da doença, que impunha seu incessante tributo a esses acampamentos militares, já causara devastação na expedição inglesa. O principal poderio da França estava agora em campo. O Conselho de Guerra, em 5 de outubro, aconselhou o regresso à pátria por mar.

---

[1] " Mais uma vez pela brecha, queridos amigos, mais uma vez; Ou fechemos a muralha até o alto com nossos mortos ingleses."

Todavia, o rei, deixando uma guarnição em Harfleur e mandando para a pátria vários milhares de enfermos e feridos, resolveu, com cerca de mil cavaleiros e auxiliares, e quatro mil arqueiros, avançar ao longo do litoral francês, numa marcha de cem milhas até sua fortaleza em Calais, onde navios o aguardavam. Todas as circunstâncias dessa decisão mostram que seu desígnio era tentar o inimigo à batalha. Isso não lhe foi negado. Marchando por Fécamp e Dieppe, pretendia atravessar o Somme no vau de maré, em Blanchetaque, que seu ·bisavô cruzara antes de Crécy. Falsamente informado de que haveria oposição à passagem, avançou por Abbeville; ali, porém, a ponte estava destruída. Precisou subir o Somme até acima de Amiens, através de Boves e Corbie, e só pôde atravessar pelo vau de Béthencourt. Todos esses nomes são bem conhecidos de nossa geração. Em 20 de outubro, acampou perto de Péronne. Estava agora profundamente enterrado na França. Foi a vez de o delfim apresentar as sombrias cortesias da guerra cavaleirosa. Os mensageiros franceses compareceram ao acampamento inglês e indagaram, para conveniência mútua, por que rota Sua Majestade desejaria seguir. "Nosso caminho leva direto a Calais", foi a resposta de Henrique. Com isso não lhes estava dizendo muito, pois não tinha outra escolha. O exército francês, que já se interpusera, por um movimento em direção à direita através da frente inglesa, recuou diante de sua guarda avançada por trás do rio Canche. Henrique, movimentando-se através de Albert, Frévent e Blangy, soube que os franceses estavam à sua frente com efetivos aparentemente esmagadores. Tinha de abrir caminho através deles, perecer ou render-se. Quando um de seus oficiais, Sir Walter Hungerford, lamentou "que não tivessem pelo menos uns dez mil daqueles homens que na Inglaterra não estão hoje trabalhando", o rei censurou-o e revigorou seu ânimo num discurso a que Shakespeare deu uma forma imortal:

> "In we are market to die, we are enough
> To do our country loss; and if to live,
> The fewer men, the greater share of honour"[2]

---

[2] "Se estamos marcados para morrer, somos bastantes
Para fazer falta a nosso país; e, se para viver.
Quanto menos homens, maior a parte da honra."

"Não sabeis", disse realmente ele, "que o Senhor pode com estes poucos destruir o orgulho dos franceses?" Ele e os "poucos" passaram a noite na aldeia de Maisoncelles, mantendo absoluto silêncio e a mais estrita disciplina. O quartel-general francês estava em Agincourt e dizem que lá se fizeram grandes festas e se jogaram no dado os prisioneiros que iriam ser capturados.

A vitória inglesa da Crécy foi obtida na defensiva e com grande desvantagens. Poitiers foi um contra-ataque. Agincourt classifica-se como a mais heróica de todas as batalhas terrestres já travadas pela Inglaterra. Foi um assalto veemente. Os franceses, cujo efetivo era calculado em cerca de vinte mil homens, desdobraram-se em três linhas de batalha, das quais certa proporção permanecia montada. Com justificável confiança, esperaram o ataque de uma força com menos de um terço de seu efetivo e que, longe da pátria e a muitas marchas do mar, precisava vencer ou morrer. Montado sobre um pequeno cavalo cinzento, tendo sobre o capacete uma coroa ricamente ornada de pedras preciosas e vestindo seu manto real de leopardos e lírios, o rei dispôs suas tropas. Os arqueiros foram dispostos em seis formações em forma de cunha, cada uma delas apoiada por um corpo de tropas montadas. No último momento, Henrique procurou evitar batalha tão desesperada. Mensageiros correram de um lado para outro. Henrique prontificou-se a entregar Harfleur e todos os seus prisioneiros em troca de passagem livre para Calais. O príncipe francês respondeu que ele deveria renunciar à coroa da França. Diante disso, o rei decidiu arriscar-se ao último extremo. Todo o exército inglês, inclusive o próprio rei, desmontou e mandou seus cavalos para a retaguarda. Pouco depois das onze horas, no dia de São Crispim, 25 de outubro, Henrique deu a ordem: "Em nome de Deus Todo-Poderoso e de São Jorge, Avante Estandarte do melhor tempo do ano e que São Jorge neste dia seja teu auxílio". Os arqueiros beijaram o chão em reconciliação com Deus e, gritando em altas vozes "Hurra! Hurra! São Jorge e a Bela Inglaterra!", avançaram até trezentas jardas de distância das compactas massas à sua frente. Enterraram suas estacas e lançaram suas flechas.

Os franceses estavam mais uma vez inconvenientemente amontoados no campo. Permaneciam em três densas linhas e nem seus besteiros nem sua bateria de canhões podiam disparar eficientemente. Sob a tempestade de flechas, movimentaram-se por sua vez, avançando encosta abaixo, arrastando-se com dificuldade através de um campo lavrado já transformado num lamaçal. Avançando ainda com trinta homens em profundidade, sentiam-se seguros de romper a linha. Mais uma vez, porém, o arco destruiu tudo à sua frente. A cavalo e a pé, tudo tombou igualmente; um comprido monte de mortos e feridos couraçados jazia sobre o chão, por cima do qual os reforços lutaram bravamente, mas em vão. Nesse momento grandioso, os arqueiros abandonaram seus arcos e, espada à mão, caíram sobre os esquadrões ·vacilantes e as massas em desordem. Então o duque de Alençon investiu para a frente com toda a segunda linha e seguiu-se uma renhida luta corpo a corpo, na qual o príncipe francês derrubou com sua própria espada Humphrey de Gloucester. O rei correu em socorro de seu irmão e foi lançado ao chão por um tremendo golpe. Entretanto, apesar das desvantagens, Alençon foi morto e a segunda linha francesa foi derrotada corpo a corpo pela cavalaria e pela milícia inglesas. Recuou como a primeira, deixando nas mãos dos atacantes grande número de prisioneiros não feridos e número ainda maior de feridos.

Ocorreu então um episódio terrível. A terceira linha francesa, ainda intacta, cobria toda a frente e os ingleses não estavam mais em formação regular. Nesse momento, cantineiros franceses e camponeses, que haviam caminhado ao acaso até a retaguarda inglesa, saquearam o acampamento e roubaram a coroa, as roupas e o Grande Selo do rei. Este, acreditando que estava sendo atacado pelas costas, deu a terrível ordem de massacrar os prisioneiros. Pereceu então a flor da nobreza francesa, da qual muitos já se entregavam a fáceis esperanças de resgate. Somente os mais ilustres foram poupados. O caráter desesperado desse ato e do momento oferece a única defesa que pode ser encontrada para sua ferocidade. Não era de fato um recurso necessário. O alarma na retaguarda foi logo atenuado, mas o massacre já estava quase concluído. A terceira linha francesa abandonou o campo sem tentar reiniciar a batalha em qualquer sentido sério. Henrique, que declarara ao romper do dia "Por mim neste dia a Inglaterra jamais pagará resgate", via agora o caminho para Calais aberto à sua frente. Mas havia muito mais do que isso; ele derrotara decisivamente em batalha campal, com inferioridade de mais de três para um, a cavalaria armada da França. Em duas ou no máximo três horas havia pisado ao mesmo tempo sobre os cadáveres dos mortos e sobre a força de vontade da monarquia francesa.

Depois de perguntar como se chamava o castelo vizinho e ordenar que, devido a ele, fosse dada à batalha o nome de Agincourt, Henrique seguiu para Calais, com escassez de alimentos, mas sem ser molestado pelas forças ainda superiores que os franceses haviam posto em ação. Cinco meses depois de deixar a Inglaterra, voltava a Londres, tendo, diante de toda a Europa, abalado o poderio francês por um feito de armas que, examinado sob qualquer aspecto, deve ser considerado como insuperado. Cavalgou em triunfo através das ruas de Londres com despojos e prisioneiros exibidos para o deleite do povo. Ele próprio vestia um traje simples e recusou permitir que seu "capacete amassado e sua espada entortada" fossem mostrados à multidão admiradora, "para que não se esquecesse de que a glória era devida a Deus somente". A vitória de Agincourt fez de Henrique a figura suprema na Europa.

Quando em 1416 o imperador Sigismundo, do Santo Império Romano, visitou Londres, num esforço para obter a paz, reconheceu Henrique como rei da França. Seguiram-se, porém, longas e custosas campanhas e sítios que esgotaram os recursos financeiros da Ilha e gradualmente esfriaram seu ardor marcial. Uma expedição muito maior atravessou o Canal em 1417. Depois de um árduo e prolongado sítio, Caen foi tomada; e uma por uma todas as fortalezas francesas na Normandia foram conquistadas nos anos sucessivos. Depois de pavorosos massacres em Paris, dirigidos pelos borgonheses, inflamados adeptos do delfim assassinaram o duque de Borgonha em Monterau em 1419, fato que selou a aliança da Borgonha com a Inglaterra. A França orleanista fora completamente derrotada, não apenas na batalha, mas na guerra. Em maio de 1420, pelo Tratado de Troyes, Carlos VI reconheceu Henrique como seu herdeiro do reino francês após sua morte e como Regente durante sua vida. O rei inglês comprometeu-se a governar com o auxílio de um Conselho de Franceses e a preservar todos os costumes antigos. A Normandia ficaria sob sua plena soberania, mas por ocasião de sua elevação ao trono francês se reuniria à França. Foi-lhe conferido o título de "Rei da Inglaterra e Herdeiro da França." Para concretizar e consolidar esses triunfos, casou-se com a filha de Carlos, Catarina, uma graciosa princesa, que lhe deu um filho que reinaria por muito tempo entre prolongadas misérias na Inglaterra.

"Era", escreve Ranke, "uma posição muito extraordinária a que Henrique V ocupava agora. Os dois grandes reinos, cada um dos quais reivindicara sozinho, antes ou depois, o direito de dirigir o mundo, deveriam (sem estar

fundidos num só) permanecer unidos para sempre sob ele e seus sucessores...
A Borgonha estava ligada a ele por laços de sangue e pela hostilidade de um
inimigo comum."[3] Henrique convenceu a rainha de Nápoles a adotar seu
irmão mais velho, João de Bedford, como seu herdeiro. O rei da Castela e o
herdeiro de Portugal eram descendentes das irmãs de seu pai. Logo depois
de sua morte, o mais jovem de seus irmãos, Humphrey de Gloucester, casou-
se com Jacqueline da Holanda e Hainault, que possuía também outras terras.
"As linhagens da Europa Meridional e Ocidental encontram-se igualmente na
casa de Lancaster, cujo chefe parece assim ser o chefe comum de todos."
Parecia ser necessária apenas uma Cruzada, uma alta e sagrada causa comum
contra o poderio otomano em avanço, para fortalecer os laços que poderiam
ter unido, por algum tempo pelo menos, toda a Europa ocidental sob um
inglês. O reinício da luta entre a Inglaterra e a França consumiu contingentes
poderosos que poderiam ter sido empregados na defesa da Cristandade
contra a ameaça turca.

Foi esse o mais ousado empreendimento que a Ilha jamais fez na Europa.
Henrique V não era um soberano feudal do velho tipo, com interesses de
classe que superassem barreiras sociais e territoriais. Era inteiramente nacional
em seu ponto de vista: foi o primeiro rei a empregar o idioma inglês em suas
cartas e mensagens mandadas da frente para a pátria; seus triunfos foram
conquistados por tropas inglesas; sua política era apoiada por um Parlamento
que podia afirmar que falava em nome do povo inglês. Isso porque fora a
união da alta sociedade rural e da ascendente classe média das cidades,
trabalhando com os Common Lawyers, que dera ao Parlamento inglês assim
tão cedo um caráter e um destino que o Estados Gerais da França e as
Cortes de Castela não conheceriam. Henrique ficou, e com ele seu país, no
cume do mundo. Ele próprio era dotado dos mais altos atributos da
masculinidade. "Nenhum soberano", diz Stubbs, "que já tenha reinado recebeu
dos escritores contemporâneos elogios tão singularmente uníssonos. Ele era
religioso, puro em sua vida, sóbrio, liberal, cuidadoso e, ainda, brilhante,
generoso, veraz e honrado; discreto na palavra, previdente na opinião,
prudente no julgamento, modesto na aparência, magnânimo na ação; um

---

[3] "History of England".

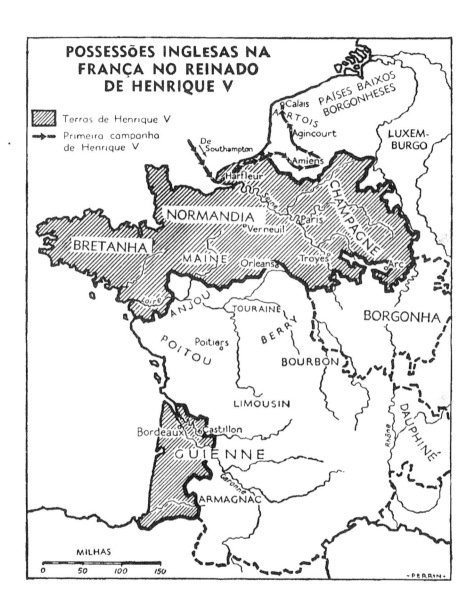

soldado brilhante, um sólido diplomata, um organizador capaz e um consolidador de todas as forças sob seu comando; o restaurador da Marinha Inglesa, o fundador de nosso direito militar, internacional e marítimo. Um verdadeiro inglês, com todas as grandezas e nenhum dos manifestos defeitos de seus antepassados Plantagenets."

Podia ser implacável em certas ocasiões, mas os cronistas preferem falar de sua generosidade e de como estabeleceu para sua vida e regra de tratar todos os homens com consideração. Nos negócios de Estado, desprezava as respostas evasivas ou críticas. "É impossível" ou "Precisa ser feito" eram as decisões características que proferia. Foi mais profundamente amado por seus súditos de todas as classes do que qualquer outro rei na Inglaterra. Sob ele, os exércitos ingleses conquistaram uma ascendência que jamais voltariam a ter durante séculos.

Como sempre, porém, a glória foi comprada caro. O imponente império de Henrique V era oco e falso. Onde Henrique II falhara, seu sucessor não conseguiu triunfar. Quando Henrique V reviveu as pretensões inglesas sobre a França iniciou a maior tragédia de nossa história militar. Agincourt foi uma vitória cintilante, mas as ruinosas e inúteis campanhas subseqüentes pesaram muito mais do que o seu valor militar e moral, e o século miserável e destruidor que se seguiu lançou sua sombra negra sobre o heróico triunfo de Henrique.

Existe também um triste reverso da brilhante vida da Inglaterra nesses anos. Se Henrique V uniu a nação contra a França, lançou-a também contra os lollardistas. Vimos que os lollardistas eram considerados, não apenas como hereges, mas também como o que hoje poderíamos chamar de cristãos comunistas. Haviam estabelecido como seu líder Sir John Oldcastle, um guerreiro de renome. Ameaçavam nada menos que uma revolução na fé e na propriedade. Contra eles se voltaram todos os ódios domésticos numa época devota e crédula. Parecia horrível além de qualquer expressão o fato de declararem que a hóstia levantada na Missa era uma coisa morta, "menos do que um sapo ou uma aranha".

Sua política de esbulhar a Igreja provocou hostilidade. Nem a constância desses mártires em suas convicções afastava a cólera pública. Já em 1410 assistimos a uma cena estranha e horrível, na qual Henrique, então príncipe de Gales, esteve presente à execução de John Badby, um alfaiate de Worcestershire. Ofereceu-lhe o perdão se se retratasse. Badby recusou e a lenha foi acesa, mas seus lamentosos gemidos deram ao príncipe a esperança de que ele ainda pudesse converter-se. Ordenou que o fogo fosse apagado e novamente tentou a torturada vítima com a perspectiva de vida, liberdade e uma pensão se se retratasse. O alfaiate, porém, com invencível constância, concitou-os a fazer o mal que quisessem e foi queimado até reduzir-se a cinzas, enquanto os espectadores se maravilharam igualmente com a natureza generosa do príncipe e os firmes princípios religiosos do alfaiate. Oldcastle, que fugira para os montes de Herefordshire depois de uma débil insurreição em 1414, foi finalmente capturado e também sofreu seu castigo. Essas horríveis obsessões exerciam influência sobre a época e Henrique, embora rei do mundo, não foi senão um de seus escravos. Essa degradação pesa sobre ele e seu tempo, e nossos contatos com sua nobreza e bravura pessoais, embora imperecíveis, são prejudicados.

A fortuna, que prodigalizara ao rei tudo quanto podia ser sonhado, não podia arriscar seu trabalho numa vida longa. Em pleno auge do poder e do sucesso, o rei morreu em fins de agosto de 1422, vitimado por uma moléstia contraída no campo de batalha, provavelmente disenteria, contra a qual a medicina daquele tempo não dispunha de remédio. Quando recebeu o Sacramento e ouviu os salmos penitenciais, ao soarem as palavras "Construí vós as muralhas de Jerusalém", ele falou: "Bom Deus, sabeis que minha intenção era e ainda é, se eu puder viver, reconstruir as muralhas de Jerusalém". Esse foi o seu pensamento de agonizante. Morreu com seu trabalho inacabado. Havia arrastado mais uma vez o seu país à sangrenta guerra dinástica contra a França. Fora o instrumento da perseguição religiosa e social contra os lollardistas. É possível que, se houvesse vivido o período normal de existência, seu poderio se tivesse tornado escravo de suas virtudes e criasse as harmonias e tolerâncias que a humanidade tantas vezes procura em vão. Todavia, a morte cortou com sua foice essas perspectivas. O brilhante rei, desaparecido prematuramente, foi para seu túmulo entre as lamentações de seu povo, e a coroa passou para seu filho, uma criança de nove meses de idade.

CAPÍTULO · 4

JOANA D'ARC

Um bebê era rei na Inglaterra e, dois meses depois, por ocasião da morte de Carlos VI, foi proclamado sem disputa rei da França. Bedford e Gloucester, seus tios, tornaram-se Protetores e, com um Conselho que incluía os chefes das mais poderosas famílias, tentaram continuar o trabalho de Henrique V. Uma santidade peculiar envolvia o filho do herói e a glória de Agincourt pairava radiosamente sobre seu berço. Pajens, professores e depois nobres tutores, cuidadosamente escolhidos para a educação e criação do menino, foram autorizados a recorrer a "castigo razoável" quando necessário. Isso, porém, era pouco necessário, pois a criança tinha um caráter brando, virtuoso, honesto e piedoso. Sua piedade não conhecia limites e foi, com a caça e o gosto pela literatura, o sustentáculo e o conforto de sua longa, ignominiosa e terrível peregrinação. Através de seu pai, herdou a fraqueza física da casa de Lancaster e, através de sua mãe, as doenças mentais de Carlos VI. Era fraco tanto de corpo como de espírito, irresoluto e instável em seus julgamentos, pródigo com seus amigos mais do que lhe permitiam seus recursos, imprudente contra seus inimigos, tão compassivo que se chegava a dizer que deixava ladrões e assassinos comuns viverem, embora tivesse sido obrigado a suportar o peso de inúmeras execuções políticas.

Jogado como uma peteca entre facções rivais; presidindo como um fantoche impotente à progressiva decadência da sociedade inglesa; vagueando perdido à margem das grandes batalhas; três vezes feito prisioneiro no campo de batalha; ora desfilando com toda pompa real diante de Parlamentos, exércitos e multidões, ora levado entre escárnios através das ruas, ora prisioneiro, ora fugitivo sem lar, escondendo-se, caçado, faminto; afligido de tempos em tempos por períodos de idiotice total ou parcial, sofreu na mais ampla escala durante quase cinqüenta anos as extremas misérias da existência humana, até que a mão do assassino o mandou para um mundo que, ele tinha certeza, seria melhor e dificilmente poderia ser pior do que aquele que havia conhecido. Contudo, apesar de todo seu vergonhoso malogro e incompetência, e dos desastres que deles resultaram para seu país, o povo inglês reconheceu a bondade de seu coração e com razão lhe atribuiu a qualidade de santo. Os ingleses nunca deixaram de amá-lo e, em muitas partes do país, onde a casa de Lancaster era obstinadamente defendida, ele foi venerado como um santo e como um mártir.

Por ocasião da morte do grande rei, a ascendência das armas inglesas na França estava firmada. Em seu irmão, João, duque de Bedford, que foi à França como regente e comandante-chefe, encontrou-se um sucessor da mais alta qualidade militar. A aliança com a Borgonha, envolvendo a vassalagem e as simpatias de Paris, persistia. A morte, em outubro de 1422, do rei francês, que havia assinado o Tratado de Troyes, embora admitisse o infante inglês ao reino da França, expunha seu título a um desafio mais sério. Ao sul do Loire, exceto naturalmente na Gasconha, o delfim governava e iria agora reinar. A guerra continuou renhidamente. Nada podia resistir aos arqueiros ingleses. Muitos sítios e muitas devastações afligiram os campos. Em 1421, os franceses e seus aliados escoceses, sob o comando do conde de Buchan, derrotaram os ingleses em Baugé, mas três outras ações importantes terminaram com vitórias inglesas. Em Cravant, em agosto de 1423, os franceses foram novamente ajudados por um forte contingente escocês. Esses escoceses eram animados por um ódio aos ingleses que se erguia muito acima das animosidades comuns. Contudo, os arqueiros ingleses, com seus aliados borgonheses, mataram a maioria deles. Em Verneuil, um ano mais tarde, repetiu-se esse resultado. Buchan, que fora feito Condestável da França depois de Baugé, convenceu seu sogro, o conde de Douglas, a levar um novo exército escocês e tornar-se ele próprio Condestável. Os franceses, tendo obtido algum êxito, estavam inclinados a retirar-se por trás do Loire, mas a fúria dos escoceses, dos quais havia nada menos de cinco mil sob o comando de Douglas, era incontrolável. Forçaram uma batalha e foram quase todos destruídos pela tempestade de flechas. Douglas, Buchan e outros chefes escoceses tombaram no campo de batalha, e tão impiedoso foi o massacre de seus seguidores que nunca mais se tornou possível naquelas guerras formar uma brigada separada de escoceses.

A tentativa inglesa de conquistar toda a vasta França com alguns milhares de arqueiros comandado por nobres guerreiros, quase sem receber dinheiro da pátria e com o pouco alimento que podia ser encontrado nas regiões devastadas, atingiu seu clímax no triunfo de Verneuil. Aos franceses parecia não haver meio concebível de lutar contra esses rudes, vigorosos e violentos ilhéus, com seus arqueiros, suas táticas flexíveis e sua audácia, nascidas de vitórias grandes e pequenas em condições variadas e com quase quaisquer desvantagens. Mesmo cinco anos mais tarde, na "Batalha dos Arenques", vencida em fevereiro de 1429 por Sir John Falstaff, a desproporção de seis para um não pôde prevalecer. Um comboio de quatrocentos carros estava transportando para a frente os arenques indispensáveis ao exército inglês durante a Quaresma. Os ingleses foram indispensáveis ao exército inglês durante a Quaresma. Os ingleses foram inesperadamente atacados na estrada. Formaram com seus carros o que hoje seria chamado de "laager". Os arqueiros postaram-se entre os carros e sobre eles. E a uma distância maior do que jamais puderam alcançar os mosquetes de Marlborough, Frederico, o Grande, ou Napoleão repeliram o ataque. Entretanto, o delfim, que logo seria o rei Carlos VII, simbolizava a França. Por toda parte, mesmo nas províncias subjugadas, centralizava-se sobre ele uma latente e profunda noção de nacionalidade, inflamada não apenas na elite, mas em todos quantos podiam erguer-se acima das classes oprimidas.

Nessa ocasião, os amores e a ambição do duque de Gloucester, que na ausência de Bedford, então na França, se tornou o Protetor do rei-menino inglês, introduziram uma cunha entre a Inglaterra e a Borgonha. Jacqueline, princesa de Hainault, Holanda e Zelândia, e herdeira dessas províncias, mulher de notável espírito, no apogeu de sua natureza fora casada por motivos de política borgonhesa com o duque de Brabant, um doentio palerma de quinze anos de idade. Revoltou-se contra essa imposição, refugiou-se na Inglaterra e implorou a proteção de Gloucester. Esta lhe foi dada em ampla escala. Gloucester resolveu desposá-la, gozar de sua companhia e adquirir sua herança. Uma forma de divórcio foi obtida para Jacqueline com o antipapa Benedito XIII e o casamento realizou-se em princípios de 1423. Esse discutível romance ofendeu profundamente o duque de Borgonha, cujos importantes interesses nos Países Baixos foram feridos. Filipe de Borgonha olhava para o mundo vingativamente através de seu ponto de vista próprio. Até então sua ira contra os traiçoeiros assassinos de seu pai tornara-o inimigo implacável do delfim. Entretanto, essa intriga inglesa deu-lhe uma razão compensadora para seu ódio pessoal e, quando Gloucester, em correspondência oficial, o acusou de falsidade e, em companhia de Jacqueline, desembarcou com força considerável em Hainault e Holanda, seu apego aos interesses ingleses sofreu profundo transtorno. Embora tanto Bedford na França como o Conselho Inglês na Inglaterra desautorizassem inteiramente a ação de Gloucester e fizessem pródigos esforços para reparar o dano causado, e embora o papa fosse levado por Filipe de Borgonha a retardar as necessidades anulações, a brecha entre a Inglaterra e a Borgonha data desse acontecimento. No decorrer desses anos também o duque de Bretanha se desligou dos interesses ingleses e atendeu aos apelos e oferecimento do rei francês. Pelo Tratado de Saumur, de outubro de 1425, ele obteve a direção suprema da guerra contra os ingleses. Ainda que de seu comando nenhum benefício resultasse para qualquer dos lados, a confederação contra a França foi enfraquecida e surgiu uma oportunidade, tênue e fugitiva, para a terra ferida. Os defeitos do delfim, o esgotamento da monarquia francesa e a desordem e miséria do reino haviam, porém, atingido um ponto em que tudo pendia da balança.

Apareceu então na cena devastada um Anjo de Libertação, a mais nobre patriota da França, a mais esplêndida de suas heroínas, a mais amada de suas santas, a mais inspiradora de todas as suas recordações, a Donzela camponesa, a sempre resplandecente e sempre gloriosa Joana D'Arc. Na pobre e remota aldeia de Domrémy, na orla da floresta de Vosges, ela servia na hospedaria. Montava em pêlo os cavalos dos viajantes para levá-los até a água. Vagueava nos domingos pelas matas, onde havia santuários, e onde, dizia uma lenda, surgiria um dia daqueles carvalhos alguém para salvar a França. Nos campos onde cuidava de seus carneiros, os santos de Deus, que se afligiam pela França, erguiam-se à sua frente em visões. O próprio São Miguel nomeou-a, por direito divino, para comandar os exércitos da libertação. Joana recuou a princípio diante do tremendo dever, mas quando São Miguel voltou, acompanhado por Santa Margarida e Santa Catarina, as padroeiras da igreja da aldeia, ela obedeceu à sua ordem. Lá nasceu no coração de Donzela uma piedade pelo reino da França, sublime, talvez milagrosa, certamente invencível.

Como Maomé, encontrou o mais obstinado obstáculo em sua própria família. Seu pai ficou escandalizado pelo seu desejo de cavalgar em trajes masculinos entre soldados rudes. Como poderia ela obter cavalos e armadura? Como poderia ter acesso até o rei? Entretanto, os santos sentiam-se sem dúvida na obrigação de orientá-la direito em seu caminho. Ela convenceu Baudricourt, governador da cidade vizinha, de que era inspirada. O governador recomendou-a a uma Corte ansiosa por agarrar-se a qualquer esperança. Joana fez uma viagem perigosa através da França. Foi levada à presença do rei na imensa pilha de pedras de Chinon. Lá, entre os nobres e os cortesãos, no grande salão, sob as tochas ardentes, ela reconheceu imediatamente o rei, que propositadamente se misturara com a multidão. "Nobilíssimo senhor delfim", disse ela, "eu sou Joana, a Donzela, enviada da parte de Deus para ajudar-vos e ao reino, e por Sua ordem eu anuncio que sereis coroado na cidade de Rheims." A acusação de que era um bastardo sempre perturbou Carlos e quando a Donzela o reconheceu no meio da multidão ele se sentiu profundamente comovido. Sozinha com ele, ela conversou sobre segredos de Estado que devia ter ouvido dos santos ou de outra alta autoridade. Pediu uma antiga espada que nunca havia visto, mas que descreveu minunciosamente antes que a encontrassem. Fascinou o círculo real. Quando a colocaram montada como homem sobre um cavalo, em trajes marciais, viram que sabia cavalgar. Quando empunhou sua lança, os espectadores ficaram encantados.

Então, senão antes, a política passou a desempenhar um papel. O caráter sobrenatural da missão da Donzela foi difundido no estrangeiro. Para tornar certo que ela havia sido enviada pelo Céu e não por outra parte qualquer,

Joana foi examinada por uma comissão de teólogos, pelo Parlamento de Poitiers e por todo o Conselho Real. Foi reconhecida como uma virgem de boa intenção, inspirada por Deus. Com efeito, suas respostas foram de tal qualidade que motivaram a teoria segundo a qual ela fora durante algum tempo cuidadosamente educada e treinada para sua missão. Essa seria pelo menos uma explicação razoável para os fatos conhecidos.

Orleans, em 1429, estava sujeita aos extremos do sítio. Alguns milhares de ingleses, abandonados pelos borgonheses, estavam lentamente abatendo a cidade por um bloqueio completo. Sua autoconfiança e prestígio levava-os a continuar o ataque a uma fortaleza afundada em território hostil, cuja guarnição era quatro vezes maior que o seu efetivo. Haviam construído linhas de redutos em cujo interior se sentiam seguros. A Donzela propôs-se então a conduzir um comboio em socorro da cidade. Com armadura simples e sem ornamento, cavalgou à frente das tropas. Restaurou seu ânimo; rompeu o encanto do domínio inglês. Cativou não apenas a soldadesca rude, mas também seus endurecidos comandantes. Seu plano era simples. Marcharia diretamente para Orleans entre os mais fortes redutos. Todavia, o capitão, Dunois, filho bastardo do duque de Orleans, não pretendia levar seu comboio por esse perigoso caminho. Como a Donzela não conhecia o mapa, ele embarcou seus suprimentos em barcos e, por outros meios, levou-a quase sozinha até o interior da cidade sitiada. Ela foi recebida com enorme entusiasmo. Entretanto, o comboio, obrigado a recuar por ventos contrários, foi forçado ao final a entrar na cidade pelo caminho que ela recomendara. Com efeito, desfilou durante um dia inteiro entre os redutos dos ingleses, enquanto eles o olhavam assombrados.

A notícia da existência de uma visitante sobrenatural, enviada por Deus para salvar a França, que havia inspirado os franceses, embotou o espírito e congelou as energias dos ingleses. O sentimento de respeito e mesmo de temor privou-os de sua firmeza. Dunois regressou a Paris, deixando a Donzela em Orleans. Por sua invocação, o espírito de vitória mudou de lado e os franceses iniciaram uma ofensiva que não cessaria mais senão quando os invasores ingleses fossem expulsos da França. Joana propôs um ataque imediato aos sitiantes e comandou ela própria os grupos de assalto contra eles. Ferida por uma flecha, arrancou-a e voltou à carga. Subiu pelas escadas de escalagem e foi lançada meio desacordada ao fosso. Caída ao chão, ordenou novos esforços. "Avante, compatriotas!" gritou ela. "Deus entregou-os em nossas mãos." Um por um os fortes ingleses cairam e suas guarnições foram mortas. O sítio estava rompido. Orleans estava salva e o conde Suffolk foi mais tarde capturado. Os ingleses retiraram-se em boa ordem e a Donzela prudentemente impediu que os cidadãos os perseguissem em campo aberto.

Joana era agora de fato o chefe do exército francês. Era perigoso até mesmo discutir suas decisões. Os contingentes de Orleans não obedeciam senão a ela. Lutou em novos encontros; comandou o ataque contra Jargeau, abrindo assim o Loire acima de Orleans. Em junho de 1429, avançou com o exército que conquistou a vitória de Patay. Disse a Carlos que ele devia marchar contra Rheims para ser coroado sobre o trono de seus antepassados. A idéia parecia fantástica: Rheims estava bem no fundo do território inimigo. Todavia, sob seu fascínio, ele obedeceu; e por toda parte as cidades abriam as portas à sua frente e o povo acorria em seu auxílio. Com toda a pompa da vitória e da fé, com as mais sagradas cerimônias dos tempos antigos, Carlos foi coroado em Rheims. Ao seu lado estava a Donzela, resplandescente, com seu estandarte proclamando a Vontade de Deus. Se isso não foi um milagre, deveria ter sido.

Joana tornou-se então consciente de que a sua missão estava encerrada. Suas "vozes" estavam silenciosas. Pediu que lhe permitissem voltar para casa, para o lado de seus carneiros e dos cavalos da hospedaria. Entretanto, todos lhe imploraram que ficasse. Os capitães franceses que dirigiam as operações efetivas, embora se ressentindo de sua interferência militar, tinham profunda consciência do seu valor para a causa. A Corte era tímida e entrou em negociações com o duque da Borgonha. Um frouxo ataque foi lançado contra Paris. Joana avançou até a vanguarda e lutou para arrebatar a vitória. Foi gravemente ferida e os comandantes ordenaram a retirada. Quando se restabeleceu, procurou novamente desobrigar-se. Deram-lhe o título e a renda de um conde.

Entretanto, a atitude tanto da Corte como da Igreja estava mudando em relação a Joana. Até essa altura, ela fora a campeã da causa orleanista. Depois de suas "vinte vitórias" transpareceu o pleno caráter de sua missão. Tornou-se claro que ela servia a Deus e não à Igreja, e à França e não ao partido de Orleans. Com efeito, toda a concepção de França parece ter surgido e irradiado dela. Assim, os poderosos interesses particularísticos que até então a apoiavam se afastaram. Entrementes, ela planejava reconquistar Paris para a França. Quando em maio de 1430 a cidade de Compiègne se revoltou contra a decisão do rei no sentido de render-se ela aos ingleses, Joana com apenas seiscentos homens tentou socorrê-la. Não tinha dúvidas de que a empresa era desesperada. Tomou a forma de uma surtida de cavalaria através ao longo dique sobre o rio. O inimigo, a princípio surpreendido, reorganizou-se e o pânico manifestou-se entre os franceses. Joana, indômita, foi retirada do campo de batalha por seus amigos. Ainda lutou com a retaguarda através .do dique. Os dois lados estavam misturados. A própria fortaleza encontrava-se em perigo. Seus canhões não podiam disparar sobre a confusa "mêlée". Flavy, o governador, cujo dever era salvar a cidade, sentiu-se obrigado a erguer a ponte levadiça diante de Joana e deixá-la entregue aos borgonheses.

Joana foi vendida aos rejubilantes ingleses por uma importância moderada. Para Bedford e seu exército, ela era uma feiticeira, uma bruxa, uma devassa, um sujo rebento da magia negra, que devia ser destruído a todo custo. Não era fácil, porém, fabricar uma acusação; ela era prisioneira de guerra e muitas convenções entre os aristocratas guerreiros protegiam-na. Por isso, foi invocada a arma espiritual. O bispo de Beauvais e os sábios doutores de Paris processaram-na por heresia. Foi submetida a prolongada inquisição. O ponto fundamental da acusação era que, recusando repudiar suas "vozes", ela estava desafiando o julgamento e a autoridade da Igreja. Durante um ano inteiro seu destino pendeu da balança, sem que o descuidado e ingrato Carlos erguesse um dedo para salvá-la. Não há notícia de que tenha sido oferecido qualquer resgate. Joana havia se retratado sob incessante pressão e recebido a mercê de prisão perpétua a pão e água. Padres ardilosos colocaram sua armadura e suas roupas masculinas à sua frente; com renovada exaltação, ela as vestiu. A partir desse momento, foi declarada herética relapsa e condenada à fogueira. Em meio de uma imensa multidão, foi arrastada para a fogueira na praça do mercado de Rouen. No alto da pirâmide de lenha, as chamas ergueram-se em sua direção e a fumaça do destino enrolou-se e espiralou-se. Joana ergueu uma cruz feita de lenha e sua última palavra foi "Jesus!" A história registrou o comentário de um soldado inglês que testemunhava a cena. "Estamos perdidos", disse ele. "Queimamos uma santa." O futuro provou que isso tudo era verdade.

Joana era um ente tão acima do comum da humanidade que não encontra igual em um milhar de anos. Os registros de seu julgamento apresentam-nos fatos ainda vivos hoje através de todo o nevoeiro do tempo.

Por sua própria boca ela pode ser julgada em cada geração. Ela encarnou a bondade e o valor naturais da raça humana com perfeição sem igual. Coragem invencível e compaixão infinita, a virtude dos simples e a sabedoria dos justos nela resplandecem. Glorifica tanto quanto libertou o solo onde nasceu. Todos os soldados deveriam ler a sua história e meditar nas palavras e nos feitos da verdadeira guerreira, que num único ano, embora sem conhecimento das artes técnicas, revela em toda situação a chave da vitória.

Joana D'Arc pereceu em 30 de maio de 1431 e daí por diante a maré da guerra fluiu implacavelmente contra os ingleses. O menino Henrique foi coroado em Paris em dezembro entre multidões hostis. Todo o espírito do país estava contra a pretensão inglesa. A Borgonha tornou-se definitivamente hostil em 1435. Bedford morreu e foi substituído por capitães de menor valor. O capitão-chefe adversário, Dunois, ao invés de lançar a cavalaria francesa em ataques frontais contra a concentração de arqueiros ingleses passou a atuar por meio de manobra e surpresa. Os franceses venceram uma série de batalhas. Aqui surpreenderam as tropas montadas inglesas de um lado do rio enquanto seus arqueiros estavam do outro; acolá, por meio de um canhoneio, forçaram um desorganizado ataque inglês. A artilharia francesa tornava-se agora a melhor do mundo. Setecentos engenheiros, sob as ordens dos irmãos Bureau, empregaram um pesado trem de artilharia de vinte e duas polegadas de calibre, disparando balas gigantescas contra os inúmeros castelos ocupados pelos ingleses. Fortalezas que nos tempos de Henrique V só podiam ser vencidas pela fome caíam agora depois de alguns dias de devastador bombardeio. Todo o norte da França, com exceção de Calais, foi reconquistado. Até mesmo Guienne, dote de Eleanor de Aquitania, leal e satisfeito feudo da coroa inglesa durante trezentos anos, foi invadida. É notável, porém, que essa província se tenha revoltado quase imediatamente contra a França, reclamado a volta dos ingleses e precisado ser subjugada de novo. O Conselho da Inglaterra, formado de facções rivais, foi incapaz de proporcionar socorro eficiente. O valoroso Talbot, conde de Shrewsbury, foi morto com a maioria de seus ingleses na temerária Batalha de Castillon em 1453. Os ingleses sobreviventes fizeram um acordo para voltar de La Rochelle para a Inglaterra. No fim daquele ano, pela força ou por negociação, os ingleses haviam sido expulsos do Continente. De todas as suas conquistas, conservaram daí por diante apenas a cabeça de ponte de Calais, cuja guarnição custava quase um terço da renda concedida à Cora pelo Parlamento.

YORK E LANCASTER

À medida que Henrique VI crescia, suas virtudes e sua idiotice tornavam-se igualmente aparentes. Não era inteiramente dócil. Em 1431, quando tinha dez anos de idade, Warwick, seu preceptor, comunicou que ele estava "crescido em anos, na estatura de sua pessoa e também em presunção e conhecimento de sua condição real, o que faz com que resmungue contra qualquer punição". Havia falado sobre "diversas matérias não proveitosas". Em sua infância, o Conselho fizera grande exibição dele, levara-o a cerimônias e coroara-o com solenidade tanto em Londres com em Paris. Com o passar do tempo, sentiu-se naturalmente inclinado a conservá-lo sob rígido controle. Sua importância era mantida pela rivalidade entre os nobres e pelas ilimitadas esperanças da nação. Um corpo de cavaleiros e escudeiros foi durante alguns anos nomeado para morar com ele e ser seus servidores. Enquanto transcorriam os desastrosos anos na França, era alvo de constante pressão para que fizesse valer seus direitos. Aos quinze anos já comparecia regularmente às reuniões do Conselho. Permitiam-lhe exercer certo grau de prerrogativa, tanto nos perdões como nas recompensas. Quando o Conselho se dividia, ficou acordado que ele decidiria. Muitas vezes desempenhava o papel de mediador por conciliação. Antes dos dezoito anos absorvia-se na fundação dos seus colégios em Eton e Oxford. Os altos nobres achavam que tomava precoce e doentio interesse pelos negócios públicos, o que nem sua sabedoria nem sua experiência justificavam. Demonstrava uma fraqueza de mente e de espírito, e uma brandura de caráter incompatíveis com as ferozes rivalidades de uma época marcial. As opiniões e também os interesses ao seu redor dividiam-se. Relatos elogiosos de sua notável inteligência eram compensados por outras histórias igualmente parciais segundo as quais ele era um idiota quase incapaz de distinguir entre o certo e o errado. Os historiadores modernos confirmam a opinião menos lisongeira. Na hora em que somente um rei forte poderia criar de novo o equilíbrio entre a nação e a nobreza, quando todos reclamavam o refreamento do facciosismo no país e a condução de uma guerra vitoriosa em excessiva despesa no estrangeiro, sabia-se que o trono estava ocupado por um simplório devoto cujas qualidades e defeitos o tornavam igualmente adequado a ser um fantoche.

Esses foram dias ruins para a Inglaterra. A Coroa era indigente, os nobre ricos. O povo era mais infeliz e inquieto do que impróspero. As questões religiosas de um século antes eram agora dominadas por políticas mais práticas. O império tão rapidamente conquistado no Continente estava sendo posto fora por uma incompetente oligarquia preocupada com seu próprio enriquecimento e as rendas que poderiam ter mandado exércitos irresistíveis derrotar os franceses eram absorvidas pela Igreja.

Os príncipes de casa de Lancaster disputavam entre si. Depois da morte de Bedford, em 1435, aumentou a tensão entre Gloucester e os Beaufort. O cardeal Beaufort, bispo de Winchester e um dos filhos legitimados da terceira união de João de Gaunt, era o homem mais rico da Inglaterra e senhor principal das contribuições que a Igreja considerava prudente oferecer ao Estado. De sua fortuna particular, mediante compromissos que só podiam ser resgatados em ouro, ele fornecia constantemente dinheiro de contado à Corte e muitas vezes ao Conselho. Inclinando-se sempre para o rei, intrometendo-se pouco com a mal-azarada conduta dos negócios, os Beauforts e seu associado, William de la Pole, conde de Suffolk, mantinham por arte pacíficas e um desprendimento crítico uma influência a que os elementos marciais eram muitas vezes obrigados a ceder. O poderio desta facção, em 1441, voltou-se maldosamente contra o duque de Gloucester. Este, depois da anulação de seu matrimônio com Jacqueline, estava agora casado com a bela Eleanor

Cobham, que fora durante muito tempo sua amante. Como ponto mais fraco de sua posição, ela foi escolhida para o ataque e acusada com muito esmero de dedicar-se à magia negra. Havia feito, alegava-se, uma figura de cera do rei e expunha-a de tempos em tempos ao calor, que a desgastava. Seu objetivo, segundo seus acusadores, era fazer com que a vida do rei também se desgastasse. Foi declarada culpada. Descalça, com trajes penitenciais, foi obrigada a caminhar durante três dias pelas ruas de Londres e em seguida .condenada à prisão perpétua com manutenção razoável. Seus supostos cúmplices foram mortos. Isso era naturalmente uma prova de força entre os partidos e foi para Gloucester um tormento e uma ofensa muito reais.

A perda da França, que se avultava de ano para ano, provocou uma profunda e soturna raiva em todo o país. Essa paixão agitava não apenas a nobreza, mas também a classe dos arqueiros, com seus amigos admiradores em toda aldeia. Um forte sentimento de orgulho nacional ferido espalhou-se pelo povo. Onde estavam as glórias de Crécy e Poitiers? Onde estavam os frutos da famosa Agincourt? Tudo fora desperdiçado, ou mesmo traído, por aqueles que se haviam aproveitado da queda e do assassínio do bom rei Ricardo. Não faltavam agitadores e pregadores, religiosos e leigos, que preparavam um levante nacional e social, recordando ao povo que a verdadeira linha de sucessão fora alterada pela violência. Era uma corrente subterrânea, mas nem por isso menos poderosa. Era um fundo, nebuloso, mas dominante. Exatamente como essas forças agiam é coisa que não se sabe, mas vagarosa e incessantemente surgiam no país, não apenas entre a nobreza e a alta sociedade rural, fortes partidos que agora assumiam forma e organização.

Aos vinte e três anos, era bem tempo de o rei Henrique casar-se. Cada uma das facções lancastrianas estava ansiosa por oferecer-lhe uma rainha; todavia, o cardeal Beaufort e seus irmãos, com seu aliado Suffolk, cujos antepassados, os de la Poles de Hull, haviam feito suas fortunas no comércio, prevaleceram sobre o duque de Gloucester, enfraquecido como este estava pela má administração e pelos insucessos. Suffolk foi enviado à França para combinar uma nova trégua e estava incluída em sua missão a tarefa de promover um casamento entre o rei da Inglaterra e Margaret de Anjou, sobrinha do rei da França. Essa mulher notável juntava à rara beleza e encanto um intelecto magistral e um espírito destemido. Da mesma forma que Joana, a Donzela, embora sem suas inspiração ou sua causa, ela sabia como fazer os homens combaterem. Mesmo na reclusão de sua família, suas qualidades tornaram-se bem conhecidas. Não era ela portanto a companheira indicada para esse rei débil mental? Não lhe daria a força que faltava? E aqueles que a colocassem a seu lado não garantiriam para si próprios amplo e seguro futuro?

Suffolk estava bem consciente da delicadeza de sua missão. Obteve do rei e dos lordes uma garantia de que, se agisse como melhor lhe fosse possível dentro de sua capacidade, não seria punido por más conseqüências e que quaisquer erros que ficasse provado ter cometido seriam perdoados antecipadamente. Assim fortalecido, dedicou-se à sua tarefa com um zelo que lhe foi fatal. O pai de Margaret, René de Anjou, era não apenas primo e conselheiro favorito do rei da França, mas também por seu próprio direito rei de Jerusalém e da Sicília. Esses magníficos títulos não eram acompanhados de vantagens práticas. Jerusalém estava nas mãos dos turcos, René de Anjou não possuía uma jarda quadrada de território na Sicília e metade de seu patrimônio de Anjou e Maine estava há anos ocupada pelo exército inglês. Suffolk ficou encantado com Margaret. Fez o negócio; e em sua ansiedade, por meio de uma cláusula secreta, concordou sem autoridade formal com que o Maine seria a recompensa da França. Tão forte era o poder básico da facção de Gloucester, tão vivo era o antagonismo contra a França, tão altos eram os murmúrios de que a Inglaterra fora traída em suas guerras, que essa cláusula foi guardada como um segredo mortal. O casamento foi realizado em 1445 com o máximo de esplendor possível na época. Suffolk foi feito marquês e vários de seus parentes foram elevados à nobreza. O rei estava radiantemente feliz, a rainha sinceramente agradecida. Ambas as Câmaras do Parlamento manifestaram seus agradecimentos a Suffolk por sua realização pública. Entretanto, o segredo dormitava inquietamente e, como a sensação de derrota nas mãos da França se espalhava por círculos cada vez mais amplos, sua inevitável revelação prenunciava um perigo mortal.

Durante os seis anos que se seguiram à condenação de sua esposa Eleanor, em 1441, Gloucester vivera em retiro, colecionando livros para a Biblioteca da Universidade de Oxford, que havia fundado. Seus inimigos resolveram, nessa grave conjuntura, promover sua queda final. Suffolk e Edmund Beaufort, sobrinho do cardeal, apoiados pelos duques de Somerset e Buckingham, com a rainha em seu meio e o rei por sua conta, prenderam Gloucester quando ele compareceu a um Parlamento convocado em St. Edmonsdsbury, onde força real adequada havia sido secretamente reunida. Dezessete dias mais tarde, o cadáver de Gloucester foi exibido, a fim de que todos pudessem ver que nele não havia ferimentos. Entretanto, a maneira da morte de Eduardo II era muito conhecida para que essa prova fosse aceita. Acreditava-se geralmente, embora erroneamente, que Gloucester fora assassinado por determinação expressa de Suffolk e Edmund Beaufort. Sugeriu-se, porém, .que sua morte fora causada pela cólera e espanto diante da ruína de sua fortuna.

Logo transpareceu que imensas forças de represália estavam em ação. Quando em 1448 a cláusula secreta sobre a cessão do Maine à França se tornou pública devido à ocupação do território pelos franceses, o furor expressou-se de todos os lados. A Inglaterra, dizia-se, pagara com uma província uma princesa sem dote; traidores haviam malbaratado muito no campo de batalha e entregue o resto pela intriga. No fundo da temível guerra civil que logo dividiria a Ilha estava essa dor e ira nacionais pela ruína do império. Todos os outros descontentamentos fundiram-se com esse. A casa de Lancaster havia usurpado o trono, arruinado as finanças, vendido as conquistas e agora manchara suas mãos com desleal assassínio. Dessas acusações todos os homens absolviam o rei por seu bom coração e sua tola cabeça. Contudo, daí por diante a casa de York tornou-se cada vez mais um partido rival dentro do Estado.

Edmund Beaufort, agora duque de Somerset, tornou-se comandante do exército na França. Suffolk permaneceu na Inglaterra para enfrentar a vingança que se preparava. A Marinha estava descontente. O bispo Moleyns, Guarda do Selo Privado, mandado a Portsmouth para pagar o que podia ser pago à Frota, foi injuriado pelos marinheiros como um traidor da pátria e assassinado num motim das tropas que estavam para seguir para a França a fim de reforçar Somerset. O oficial que comandava as fortalezas a serem cedidas à França recusou entregá-las. Os exércitos franceses avançaram e tomaram pela força tudo quanto agora lhe era negado. Suffolk foi declarado impedido. O rei e Margaret lutaram, como lhes exigia a honra, para salvá-lo. Exagerando sua prerrogativa, Henrique abafou o processo, mandando-o em 1450 para um exílio de cinco anos. Vemos agora um exemplo do tremendo estado de indisciplina a que fora arrastada a Inglaterra. Quando o duque exilado estava atravessando o Canal com seus servidores e seu tesouro em dois pequenos barcos, o *Nicholas of the Tower*, o maior navio de guerra da Marinha Real, interceptou-o transferiu-o para seu bordo. Foi recebido pelo capitão com as ominosas palavras: "Bem-vindo, traidor". Dois dias mais tarde, foi baixado num bote e degolado com seis golpes de uma enferrujada espada. É um sinal revelador dos tempos em que um navio real capturasse e executasse um ministro real que estava viajando sob a especial proteção do rei.

Em junho e julho, ocorre em Kent um levante, que os lancastrianos afirmaram ter as marcas do apoio yorkista. Jack Cade, um soldado de capacidade e mau caráter, de regresso das guerras, reuniu vários milhares de homens, todos convocados na devida forma pelos "constables" dos distritos, e marchou sobre Londres. Foi admitido na cidade, mas quando executava lorde Say, o Tesoureiro, em Cheapside, depois de um julgamento pela multidão, os magistrados e cidadãos voltaram-se contra ele, seus adeptos dispersaram-se sob a condição de perdão e ele próprio foi perseguido e morto. Esse sucesso restabeleceu por um momento a autoridade do governo e Henrique gozou de um breve intervalo no qual se dedicou de novo aos seus colégios em Eton e Cambridge, e a Margaret, que conquistara seu amor e obediência.

À medida que continuava o processo de expulsão dos ingleses da França, fortalezas caíam, cidades e distritos eram perdidos e a maior parte de suas guarnições voltaram para a pátria. A rapidez desse desastre contribuiu poderosamente para chocar a opinião pública inglesa e abalar, não apenas a posição dos ministros individualmente, mas também os próprios alicerces da dinastia lancastriana. Com incrível insensatez e má-fé, os ingleses romperam a trégua em Fougères, em março de 1449. Em agosto de 1450, toda a Normandia estava perdida. Em agosto de 1451, toda a Gasconha, que era inglesa desde três séculos antes, também estava perdida. De todas as conquistas de Henrique V, que haviam custado à Inglaterra onze anos de esforço e sangue, só restava Calais. Edmund Beaufort, o comandante, amigo e primo lancastriano do rei, foi culpado pela continuada derrota e isso exerceu efeito sobre o próprio rei. A Inglaterra encheu-se do que poderíamos chamar "ex-combatentes", que não sabiam por que haviam sido derrotados, não estavam certo de que tinham sido mal dirigidos e lutado em vão. Os nobres, na crescente desordem, ficavam satisfeitos em empregar esses combatentes endurecidos na sua defesa local. Todas as grandes casas mantinham bandos de vassalos armados, que chegavam às vezes a representar verdadeiros exércitos particulares. Davam-lhes pagamento ou terras, ou ambos, e uniformes ou librés com o timbre da família. O conde de Warwick, talvez o maior proprietário de terras, que aspirava a desempenhar papel importante na política, tinha milhares de dependentes que comiam o que era chamado de "seu pão". Grande parte desses homens formava tropas organizadas, .orgulhosas de ostentar a insígnia do Urso e da Vara Nodosa. Outros magnatas emulavam esses exemplos de acordo com os seus recursos. O dinheiro e a ambição governavam e o país mergulhava rapidamente na anarquia. O rei era uma criatura indefesa, respeitada, até mesmo amada, mas de nenhuma utilidade para homem algum. O Parlamento, tanto os Lordes como os Comuns, era pouco mais que uma câmara de liquidação para as rivalidades dos nobres.

Um estatuto de 1429 limitava o direito de voto no condado ao proprietário de terras de quarenta xelins. É difícil compreender como esse direito de voto arbitrariamente limitado vigorou na Inglaterra por quatrocentos anos e como todas as guerras e disputas, a decisão das maiores causas, os maiores acontecimentos no país e no exterior se processaram nessa base até a Lei de Reforma de 1832. No preâmbulo do Ato original alegava-se que a participação nas eleições de número muito grande de pessoas "de pequena importância e valor" conduzira a homicídios, distúrbios, assaltos e conflitos. Por isso foi adotada na representação parlamentar uma medida atrasada, mas duradoura. Entretanto, nunca durante séculos, o privilégio do Parlamento esteve tão alto. Nunca durante séculos ele foi mais clamorosamente explorado.

A força da lei era aproveitada pela intriga. A violência baronial empregava ou violava as formas legais com crescente impunidade. A Constituição foi voltada contra o público. Nenhum homem estava seguro em sua vida, em sua terras ou mesmo em seu mais humilde direito, a não ser através da proteção de seu chefe local. As célebres Cartas de Paston mostram que a Inglaterra, enormemente adiantada como estava em compreensão, caráter e civilização, decaía da paz e segurança para uma confusão bárbara. As estradas eram inseguras. O mandado do rei era desobedecido ou deturpado. Os juízes reais eram insultados ou subornados. Os direitos de soberania eram proclamados com as mais altas expressões, mas o rei era um tolo fraco e manobrado. Os poderes do Parlamento podiam ser voltados para este ou para aquele lado, conforme as facções que o dominavam. Todavia, a comunidade sofredora, laboriosa e indomável havia avançado muito além dos tempos de Stephen e Maud, de Henrique II e Thomas Beckett, do rei João e dos barões. Havia uma sociedade altamente complexa, ainda crescendo em muitas regiões apesar dos males. A pobreza do Executivo, as dificuldades de comunicação e a força popular, tudo contribuiu para mantê-la equilibrada. Havia uma opinião pública. Havia um senso moral coletivo. Havia costumes venerados. Acima de tudo, havia um espírito nacional.

Sobre essa comunidade é que deveria agora recair as agonias das Guerras das Rosas. Não devemos subestimar as grandes questões que levaram à luta nem os esforços conscientes, intensos e prolongados feitos para evitá-la. A necessidade de todos os homens e seu ativo desejo era de um governo forte e capaz. Alguns achavam que isso podia ser conseguido ajudando-se o regime legal e estabelecido. Outros vinham sustentando secretamente há muito tempo que fora imposta sobre eles uma usurpação, que agora se tornara incompetente. As pretensões e esperanças da oposição à casa de Lancaster estavam encarnadas em Ricardo, duque de York. De acordo com o uso estabelecido, ele tinha um direito precedente à coroa. York era filho de Ricardo, conde de Cambridge, e neto de Edmundo, duque de York, irmão mais jovem de João de Gaunt. Como bisneto de Eduardo III era a única pessoa, além de Henrique VI, com uma descendência masculina ininterrupta desde Eduardo II, mas na linhagem feminina tinha também condição superior através de sua descendência do irmão mais velho de Gaunt, Leonel de Clarence. Pelo Ato de 1407, os Beauforts – bastardos legitimados de Gaunt – haviam sido excluídos da sucessão. Se Henrique VI conseguisse anular o Ato de 1407, Edmundo Beaufort (Somerset) teria pretensão por linhagem masculina melhor do que York. Era isso que York temia. York havia ocupado o lugar de Gloucester como primeiro príncipe de sangue. Depois da morte de Gloucester, não sobrevivera um único descendente masculino da legítima casa de Lancaster, salvo Henrique VI. Ao redor e por baixo de York reunira-se um imenso grupo de descontentes, que o impeliam a reclamar hesitantemente um lugar no governo, e oportunamente, através da crescente hostilidade da rainha Margaret, o próprio trono.

Uma rede yorkista desenvolveu-se em todas as partes do país, mas principalmente no Sul e Oeste da Inglaterra, em Kent, em Londres, e na Gales. Era significativo que Jack Cade, à frente dos insurretos de Kent, tivesse pretendido usar o nome de Mortimer. Acreditava-se geralmente que os yorkistas, como começaram então a intitular-se, haviam promovido o assassínio o bispo Moleyns em Portsmouth e de Suffolk em alto mar. Já havia, portanto, corrido sangue entre as casas de Lancaster e York.

Nessas condições, o caráter de Ricardo de York merece cuidadoso estudo. Era um príncipe virtuoso, respeitador da lei, lento de movimentos e altamente competente. Todo cargo confiado a ele pelo regime lancastriano fora exercido com competência e lealdade. Prestara bons serviços. Teria ficado contente com o governo de Calais e do que restava da França, mas tendo sido privado disso em favor de Somerset aceitou o governo da Irlanda. Não somente submeteu parte da Ilha, mas também, no decorrer desse próprio processo, conquistou a boa vontade do povo irlandês. Assim, vemos de um lado um rei fraco, com um título defeituoso, nas mãos de personagens desacreditados pelo desastre nacional e agora manchados pela culpa de sangue, e do outro lado um administrador honrado e criterioso, apoiado por um partido nacional e com direito um tanto superior à coroa.

Quem quer que estude a disputa que então dividia o reino verá como era possível aos homens honestos convencerem-se facilmente de qualquer das causas. Quando o rei Henrique VI compreendeu que seu direito ao trono estava sendo impugnado ficou levemente espantado. "Desde o berço, durante quarenta anos", disse ele, "eu fui rei. Meu pai foi rei; o pai dele foi rei. Todos vós jurastes lealdade a mim em muitas ocasiões, como vossos pais juraram a meu pai." Entretanto, o outro lado declarava que os juramentos não baseados na verdade eram nulos, que a injustiça precisava ser reparada, que a usurpação bem-sucedida não adquiria santidade com o tempo, que os alicerces da monarquia só podiam repousar sobre a lei e a justiça, que reconhecer uma dinastia de usurpadores era convidar à rebelião sempre que houvesse oportunidade e assim dissolver a própria estrutura da sociedade inglesa; e, finalmente, se a conveniência deve prevalecer, quem poderia comparar o rei infeliz e idiota, sob o qual tudo estava caminhando para a ruína, com um príncipe que se demostrara um soldado e um estadista da mais alta têmpera e qualidade?

Toda a Inglaterra estava dividida entre essas duas concepções. Embora os yorkistas predominassem no rico Sul e os lancastrianos fossem supremos no beliscoso Norte, havia muitos entrelaçamentos e sobreposições. Embora a gente da cidade e a massa da população, em geral, se abstivessem de participação ativa nas ações militares dessa luta entre as classes superiores e seus vassalos armados, e embora alguns achassem que "quanto menos nobres, melhor", sua própria opinião estava também profundamente dividida. Veneravam a piedade e a bondade do rei; admiravam também as virtudes e a moderação do duque de York. A atitude e os sentimentos do público, em todas as partes e em todas as ocasiões, afetavam fortemente ambas as facções contendoras. Assim, a Europa testemunhou o espantoso espetáculo de quase trinta anos de guerra feroz, travada sem que quase nenhuma única cidade fosse saqueada e com a massa da população comum pouco afetada e as funções do governo legal mantidas em grande parte.

Em 1450, o fermento do descontentamento e das rivalidades levou o duque de York ao seu primeiro ato declarado. Abandonou o governo na Irlanda e desembarcou inesperadamente na Gales. Durante a sessão parlamentar do ano seguinte, um membro dos Comuns, um certo Young, propôs ousadamente que o duque de York fosse declarado herdeiro do trono. Esse pedido era impressionante, não apenas pelo apoio que tinha, mas também pelo bom senso que encerrava. O rei estava casado havia seis anos e não tinha filhos. O que dele se dizia dava a impressão de que seria pouco provável que viesse a tê-los. Não deveria, perguntavam os homens nessa época, designar seu sucessor? Se não fosse York, quem seria? Só poderia ser Somerset ou outro representante da linhagem de Beaufort. Pode-se ver como foi astuciosa essa investida. Entretanto, o rei, animado certamente por Margaret, repeliu-a com excepcional vigor. Recusou abandonar sua esperança de progênie e, logo que o Parlamento se dissolveu, mandou para a Torre o arrogante membro dos Comuns. Na mesma ocasião, rompeu também com o duque de York, que se retirou para seu castelo em Ludlow, nas fronteiras da Gales.

Desgostoso com o fracasso do governo em restabelecer a ordem e a justiça no país e impedir desastres militares na França, York convenceu-se cada vez mais de que o partido Beaufort, que dominava o fraco rei, devia ser expulso do poder, Súplica e protestos haviam falhado; restava o recurso às armas. Em conseqüência, em 3 de fevereiro de 1452, enviou aos cidadãos de Shrewsbury uma mensagem na qual culpava Sommerset pela desgraça na França e o acusava de "trabalhar continuamente junto à Alteza do Rei pela minha ruína, e para corromper meu sangue e para deserdar-me e aos meus herdeiros e às pessoas que me cercam... Vendo que o dito duque sempre prevaleceu e governou sobre a pessoa do rei, e o aconselha tão mal que a terra está provavelmente para ser destruída, eu posso decidir plenamente agir com toda a pressa contra ele com o auxílio de meus parentes e amigos". Depois disso, marchou de Shrewsbury para Londres, com um exército de vários milhares de homens, inclusive com artilharia. Penetrou em Kent, evidentemente esperando que aqueles que haviam marchado com Jack Cade aderissem à sua causa. A reação foi desapontadora. Londres fechou os portões diante de seus emissários. O rei foi levado por Margaret, Somerset e os interesses lancastrianos para Blackheath, com forças superiores. A guerra civil parecia estar o ponto de começar.

York, porém, sentiu que era o mais fraco. Era visceralmente avesso à violência. Norfolk estava a seu lado, assim como outros grandes nobres, mas o conde de Warwick, com vinte e quatro anos de idade, estava com o rei. Fez-se todo esforço para evitar derramamento de sangue. As conversações foram intermináveis. Entrementes, York dispersou suas forças e apresentou-se desarmado e descalço perante o rei Henrique, proclamando sua lealdade e pedindo reparação. Sua vida pendeu por um fio. Poucos dos que cercavam a pessoa do rei teriam tido escrúpulos de matá-lo. Mas todos conheciam as conseqüências. York representava uma causa; era apoiada pelo Comuns; metade da nação estava a seu lado; seu jovem filho, o conde de Fronteira, tinha um segundo exército em pé de guerra na fronteira galense. Como York era apoiado pelos Comuns e chefiava evidentemente um grande partido, o rei prometeu que seria nomeado "um Conselho firme e substancial" do qual ele faria parte. A Corte tinha ainda de escolher entre Somerset e York. A rainha, sempre trabalhando com Somerset, decidiu a questão a seu favor. Somerset foi nomeado Condestável de Calais, guarnecida pelas únicas tropas regulares a soldo da Coroa, e na prática ele foi durante mais de um ano o chefe dos negócios tanto na França como na Inglaterra.

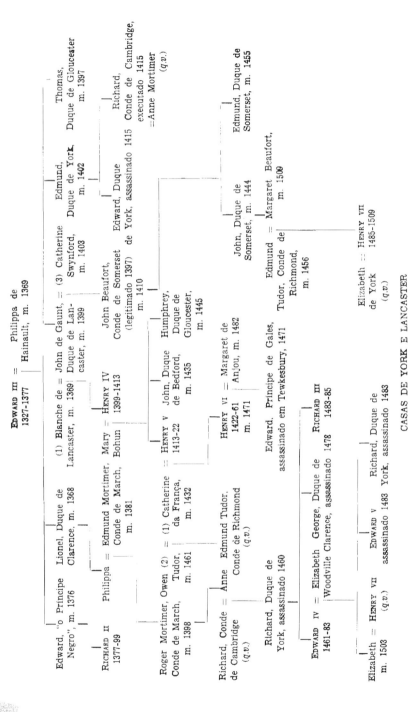

CASAS DE YORK E LANCASTER

Ocorreu então, em rápida sucessão, uma série de graves acontecimentos. Os desastres culminaram na França. A tentativa de Talbot de reconquistar a Gasgonha falhou; ele foi derrotado em Castillon, em julho de 1493, e Bordéus caiu em outubro. Somerset, o comandante-chefe, suportou o peso da derrota. Nessa situação, o rei ficou louco. Havia ido a Wiltshire para passar os meses de julho e agosto. De repente, sua memória falhou. Não reconhecia mais ninguém, nem mesmo a rainha. Podia comer e beber, mas sua linguagem era infantil ou incoerente. Não podia andar. Durante mais quinze meses permaneceu absolutamente sem capacidade de compreensão. Em seguida, quando se recuperou, declarou que não se lembrava de nada. O piedoso Henrique fora retirado das preocupações da existência para uma ilha de misericordioso esquecimento. Seu corpo movimentava-se desorientado e abobado pelo reino convulsionado.

Quando esses terríveis fatos se tornaram conhecidos, a rainha Margaret aspirou ser Protetora. Todavia, as forças adversas eram muito fortes para que o partido lancastriano ousasse fazer esse desafio. Além disso, ela tinha outra preocupação. Em 13 de outubro, teve um filho. Não é claro até que ponto esse acontecimento era esperado, mas, como aconteceu muito depois com Jaime II, ele endureceu inevitavelmente o coração de todos os homens. Parecia afastar para sempre a pretensão yorkista. Até então nenhum dos lados estivera inclinado a ir ao extremo. Se Lancaster dominava durante a vida de Henrique, York subiria ao trono depois de sua morte e ambos os lados poderiam acomodar-se nesse processo natural e legítimo. Agora parecia que haveria para sempre uma linhagem lancastriana.

A insanidade do rei derrotou Somerset, que não podia mais resistir a York. Norfolk, um dos adeptos de York, apresentou uma petição contra ele no Conselho e, em dezembro de 1453, Somerset foi encerrado na Torre. A força da posição de York levou-o ao Protetorado. Ele agia por meios parlamentares e com grande moderação, mas não podia sofrer resistência. Obteve pleno controle do Executivo e gozava do apoio de ambas as Câmaras do Parlamento. Não havia demonstrado ainda por muito tempo suas qualidades, mas uma imediata melhoria na administração foi reconhecida. Pôs-se a trabalhar com frio vigor para suprimir vantagens ilícitas e restaurar a ordem nas estradas e em todo o país. Não hesitou em aprisionar vários de seus próprios e mais preeminentes adeptos entre os quais o conde de

Devonshire, por travarem uma guerra particular. Se se absteve de levar a julgamento Somerset, que ainda estava aprisionado, foi apenas por clemência. Seu partido estava atônito diante de sua tolerância. Quando tinha o governo nas mãos, quando seu futuro era prejudicado pelo novo herdeiro da Coroa, quando seu poder ou sua vida poderiam ser destruídos a qualquer momento pela recuperação do rei, ele manteve absoluta fé no direito e na justiça. Esse é o seu monumento e a sua justificação. Ergue-se diante da história como um ·patriota disposto a arriscar a vida para proteger o bom governo, mas indisposto a erguer sua mão contra o Estado em defesa de qualquer interesse pessoal.

As surpresas continuaram. Quando geralmente se acreditava que a linhagem de Henrique estava extinta, ele produzia um herdeiro. Quando parecia que mergulhara em permanente imbecilidade, recupera-se de repente. No Natal de 1454, readquiriu todas as suas faculdades. Perguntou se estivera dormindo e o que acontecera nesse intervalo. Margaret mostrou-lhe seu filho e contou-lhe que havia dado à criança o nome de Eduardo. Até então ele olhava o infante com olhos embaçados. Todo esforço para despertá-lo fora vão. Agora, estava tão bom quanto antes. Ergueu suas mãos, agradeceu a Deus e, de acordo com as Cartas de Paston, disse que "nunca soube até aquele momento, nem teve conhecimento do que lhe diziam, nem percebeu o que acontecia enquanto estava doente, até agora". Mandou seu esmoler a Canterbury com uma oferenda de graças e declarou-se "em caridade com todo o mundo", observando que "apenas desejava que os lordes também assim estivessem".

AS GUERRAS DAS ROSAS

Na primavera de 1455 a Rosa Vermelha de Lancaster floresceu de novo. York deixou legalmente de ser Protetor a partir do momento em que se tornou conhecida a recuperação mental do rei. Não fez esforço algum para conservar o poder. A rainha Margaret tomou o leme. Somerset foi não apenas libertado, mas restaurado em sua posição-chave. O governo de York em Calais, que lhe fora confiado por sete anos, foi entregue de novo ao seu rival. York não foi mais convidado para as reuniões do Conselho do Rei; e, quando um Grande Conselho de pares foi convocado para reunir-se com Leicester, temeu que tivesse sido chamado apenas para ser julgado. Retirou-se para Sandal, no Yorkshire, e sendo acompanhado pelos condes de Warwick e Salisbury, juntamente com grande companhia de nobres, fortemente armados, denunciou Somerset como o homem que, após ter perdido a Normandia e Guienne, estava a ponto de arruinar todo o reino. Os lordes de York concordaram em recorrer às armas. Com três mil homens, marcharam para o sul. Ao mesmo tempo, o duque de Norfolk apareceu à frente de vários milhares de yorkistas, e Shrewsbury e Sir Tomas Stanley de mais alguns milhares. Todas essas forças movimentaram-se em direção a Londres, com St. Albans como seu ponto de concentração. O rei, a rainha,

Somerset, a Corte e o partido lancastriano, com suas forças, cujo efetivo não era de mais de três mil homens, deslocaram-se para Watford a fim de enfrentá-las.

St. Albans era uma cidade aberta. O antigo e poderoso mosteiro lá existente impedira que os cidadãos "se cercassem com uma grande muralha", para que não se tornassem arrogantes. Por essa razão, era um local conveniente como ponto de reunião. Ali chegou o exército do rei e o estandarte real foi desfraldado em St. Peter Street e Hollowell Street. York, Salisbury e Warwick não esperaram pelos grandes reforços que deles se estavam aproximando. Viram que suas forças levavam vantagens e que as horas contavam. Desta vez, houve uma luta. Foi mais uma colisão do que uma batalha; nem por isso, porém, foi menos decisiva. Lorde Clifford sustentou para o rei a barreira através da rua, que York atacou com arqueiros e canhões; entretanto, Warwick, circundando a cidade, caiu sobre ele por trás, matou-o e pôs em fuga as tropas reais. Somerset morreu "combatendo por uma causa que era mais dele mesmo que do rei". O duque de Buckingham e seu filho foram feridos por flechas; o filho de Somerset, conde de Dorset, foi capturado gravemente ferido e levado para casa numa carroça. O próprio rei ficou ligeiramente ferido por uma flecha. Não fugiu, mas refugiou-se na casa de um comerciante na rua principal. Ali foi procurado pelo duque de York, que, caindo de joelhos, lhe assegurou sua lealdade e devoção. Não pereceram mais de trezentos homens nesse encontro de St. Albans, mas entre eles se incluía extraordinária proporção dos nobres do lado do rei. A soldadesca foi encorajada a poupar-se mutuamente; os chefes lutaram até a morte. Os corpos de Somerset e Clifford permaneceram nus na rua durante várias horas, ninguém ousando enterrá-los. O triunfo dos yorkistas foi completo. Tinham agora o rei em suas mãos. Somerset estava morto. Margaret e seu filho haviam procurado refúgio. Os vencedores proclamaram sua devoção à pessoa real e rejubilaram-se pelo fato de o rei ter ficado livre de maus conselheiros. Depois disso, o Parlamento foi imediatamente convocado em nome do rei.

Os historiadores retraíram-se diante das Guerras das Rosas e a maioria daqueles que catalogaram seus acontecimentos nos deixou apenas um quatro melancólico e desconexo. Estamos, porém, diante do mais feroz e implacável conflito de que existe registro fatual. Os atores individuais haviam sido criados por gerações de privilégio e guerra, nos quais o tema feudal introduzira sua noção peculiar de honra e para os quais o Papado contribuíra com as sanções espirituais que decorriam de suas rivalidades e intrigas. Foi um conflito no qual ódios pessoais atingiram seu auge e do qual ficaram felizmente excluídos os efeitos sobre a massa. Deve ter havido muitas convulsões semelhantes na história humana. Nenhuma delas porém foi preservada com personagens talhadas ao mesmo tempo de maneira tão mundana e tão dispendiosa.

Causas desnecessárias de confusão podem ser evitadas. As cidades não devem ser confundidas com os títulos. A luta mortal entre York e Lancaster não envolveu qualquer antagonismo entre os dois conhecidos condados ingleses. York era com efeito a fortaleza dos lancastrianos e os yorkistas encontravam sua força nos Midlands e no sul da Inglaterra. Os altos e baixos da fortuna foram tão numerosos e espantosos, as lutas entre famílias tão complicadas, o impacto do sentimento nacional nos momentos de crise tão difícil de medir, que tem sido moda subestimar este período. Somente Shakespeare, baseando-se principalmente na *Chronicle* de Hall, retratou seus selvagens, mas heróicos lineamentos. Não tentou tirar conclusões e para finalidades dramáticas encaixou uns nos outros os acontecimentos e as campanhas. Exponhamos agora os fatos tais como aconteceram.

St. Albans foi o primeiro derramamento de sangue na luta. Os yorkistas apossaram-se do rei. Todavia, logo vemos o poder inerente de Lancaster. Os lancastrianos tinham a maioria dos nobres de seu lado e a majestade da Coroa. Em poucos meses, estavam novamente tão fortes quanto antes. Ocorriam contínuas provas de força. Houve levantes no país e ferozes reuniões no Parlamento. A legalidade, o constitucionalismo e a reverência pela Coroa eram contestados, mas não ainda destruídos, por episódios turbulentos e sangrentos. Os quatro anos de 1456 a 1459 foram um período de nervosa trégua. Todos pareciam conscientes do perigo que havia para si próprios e para sua ordem. Contudo, o Destino pesava fortemente sobre eles. Houve intensos esforços para reconciliação. Os londrinos assistiram ao espetáculo do rei sendo escoltado até Westminster por uma procissão na qual o duque de York e a rainha Margaret caminhavam lado a lado, seguidos pelos lordes yorkistas e lancastrianos, os mais opostos aos pares. Solenes compromissos de amizade foram trocados; o Sacramento foi tomado em comum por todos os líderes; todos procuravam paz onde não havia paz. Mesmo quando se firmou uma espécie de acordo em Londres, ele foi perturbado pela violência no Norte. Em 1459 irrompeu novamente a luta. Uma reunião de yorkistas armados nas proximidades de Worcester dispersou-se na presença do exército real e seus chefes espalharam-se. York regressou à Irlanda e Warwick à sua capitania de Calais, na qual substituíra Somerset.

A guerra começou seriamente em julho de 1460. York estava ainda na Irlanda, mas os lordes yorkistas, sob o comando de Warwick, ocupando bases na Gales e em Calais, em todos seus adeptos e partidários, apoiados pelo legado papal e por alguns dos bispos e, em geral, pelos Comuns, enfrentaram os lancastrianos e a Corte em Northampton. Henrique VI permaneceu entrincheirado e novos canhões protegiam suas linhas. Entretanto, quando os yorkistas atacaram, lorde Grey de Ruthven, que comandava uma ala, abandonou-o e ajudou os yorkistas a atravessarem os parapeitos. As forças reais fugiram em pânico. O rei Henrique VI permaneceu em sua tenda, "sentado sozinho e solitário". Os vencedores compareceram à sua presença, curvando-se até o chão. Da mesma forma que depois de St. Albans, conduziram-no de novo a Londres e, tendo-o novamente em seu poder, governaram em seu nome. Foi então tentado o chamado compromisso do qual participaram todos os Estados do Reino. "O duque de York", diz a *"Chronicle"* de Gregório, "conservou o rei Henrique em Westminster pela força e poderio, até que finalmente o rei, pelo medo da morte, lhe concedeu a coroa, pois um homem que não tem senão pouca inteligência logo fica com medo da morte." Henrique seria rei por toda a vida; York dirigiria o governo e o sucederia depois de sua morte. Todos quantos procuravam uma vida calma para a nação aplaudiram esse arranjo. Entretanto, a solução ignorava o fato de a rainha Margaret, com seu filho, o príncipe de Gales, estar em liberdade no Castelo de Harlech, na Gales. O rei, em servidão, deserdara seu próprio filho. A rainha continuava lutando.

Com seu exército do Norte e da Gales do Norte, Margaret avançou para afirmar o direito hereditário de seu filho. O duque de York, desdenhando permanecer em segurança no Castelo de Sondal até que toda sua força estivesse reunida, marchou contra ela. Em Wakefield, em 30 de dezembro de 1460, travou-se a primeira batalha considerável da guerra. Os lancastrianos com forças superiores apanharam de surpresa os yorkistas, quando muitos deles estavam empenhados na procura de alimentos, e seguiram-se uma tremenda fuga e massacre. Não se pensava em poupar os homens comuns, dos quais muitas centenas foram mortos; mas o peso principal recaiu sobre os chefes. Nenhum quartel foi dado. O duque de York foi morto; seu filho, o conde de Rutland, com dezessete anos de idade, estava fugindo, mas o novo lorde Clifford, lembrando-se de St. Albans, matou-o com alegria, exclamando: "Pelo sangue de Deus, teu pai matou o meu; e o mesmo farei contigo e com todos os de tua família". Daí por diante, essa foi a regra da guerra. O velho conde de Salisbury, surpreendido durante a noite, foi degolado imediatamente por lorde Exeter, filho natural do duque de Buckingham. Nessa severidade podia-se discernir a mão de Margaret. As cabeças dos três nobres yorkistas foram expostas sobre os portões e as muralhas de York. A cabeça do grande duque, com uma coroa de papel, sorria sombriamente para a paisagem, convocando os vingadores.

Até então, a luta fora entre magnatas amadurecidos e tranqüilos, profundamente envolvidos em negócios de Estado e procurando arduamente manter certos limites. Agora, uma nova geração assumia o comando. Havia um novo lorde Clifford, um novo duque de Somerset e, sobretudo, um novo duque de York, todos com pouco mais de vinte anos, de espada na mão, com pais a vingar e com a Inglaterra como prêmio. Quando o filho de York, até então conde de Fronteira, soube que a chefia da causa de seu pai recaíra sobre ele, não hesitou. Investiu contra o conde de Wilshire e os lancastrianos galenses, e em 2 de fevereiro de 1461, na Batalha de Mortimer's Cross, perto de Hereford, derrotou-os e destruiu-os. Apressou-se em pagar as crueldades de Wakefield. "Nada de quartel" foi novamente a palavra de ordem. Entre os que foram executados depois da batalha incluiu-se Owen Tudor, um nobre inofensivo, que, com o machado e o cepo à sua frente, mal acreditava que estivesse para ser degolado até quando a gola de seu gibão vermelho foi arrancada. Seu filho Jasper viveu, como veremos, para continuar a luta.

Os vitoriosos yorkistas, sob o comando de seu jovem duque, marchavam agora para socorrer o conde de Warwick, que regressara de Calais e estavam sofrendo forte pressão em Londres. Entretanto, a rainha Margaret antecipou-se a eles e, em 17 de fevereiro, na segunda batalha de St. Albans, infligiu a Warwick uma sangrenta derrota. Warwick, que era nessa ocasião o verdadeiro líder do partido yorkista, com muitas tropas reunidas no estrangeiro, com as armas de fogo mais modernas e com suas próprias forças feudais, levava

consigo o rei prisioneiro e afirmava agir em seu nome. Contudo, o ataque de Margaret apanhou-o de surpresa. "Seus batedores não voltaram para trazer notícias de quão próxima estava a rainha, salvo um que veio e disse que ela estava a nove milhas." Warwick e Norfolk escaparam; metade de seu exército foi morto. O rei Henrique havia sido levado à cena da batalha. Lá, embaixo de uma grande árvore, observara o que acontecia com legítima e já não oculta satisfação. Dois cavaleiros que havia conquistado grande renome na guerra da França, sendo um deles o temível Sir Thomas Kyriel, tinham sido nomeados seus vigilantes e guardiães. Acima de tudo, deviam fazer com que nenhum mal lhe acontecesse. Por isso, ficaram a seu lado embaixo da árvore e foram todos cercados pelo exército vitorioso. Entre os numerosos capitães importantes que Margaret fez matar a sangue frio na manhã seguinte, esses dois casos exigem consideração especial. O rei Henrique disse que lhes havia pedido para ficarem com ele e que eles assim o fizeram para sua própria segurança. A rainha Margaret fez avançar seu filho Eduardo, então com sete anos, que o rei consentira pela força em deserdar, e pediu a essa criança, já então precocemente feroz, que decidisse. "Querido filho, que morte deverão ter estes dois cavaleiros que aqui vedes?" "Suas cabeças devem ser cortadas", foi a pronta resposta. Quando Kyriel era conduzido para seu destino, exclamou: "Que a ira de Deus recaia sobre aqueles que ensinaram uma criança a proferir tais palavras". Assim a piedade foi banida de todos os corações e morte ou vingança era o grito que se ouvia.

Margaret tinha agora seu marido seguro em suas mãos e com ele a plena autoridade da Coroa. A estrada para Londres estava aberta, mas Margaret decidiu não avançar por ela. As ferozes hordas que trouxera do Norte já se haviam desacreditado pelas enormes devastações praticadas ao longo de sua linha de marcha. Haviam despertado contra elas a fúria dos campos. Os amigos do rei diziam: "Eles consideravam que os homens do Norte teriam sido muito cruéis em roubar se tivessem chegado a Londres". A cidade estava, de maneira geral, firme em favor da causa yorkista, mas também se dizia: "Se o rei e a rainha tivessem vindo com seu exército para Londres, teriam tido todas as coisas que desejassem". Não podemos julgar perfeitamente as circunstâncias. Eduardo de York estava marchando dia e noite com o triunfante exército de Mortimer's Cross a fim de alcançar Londres. Warwick juntara-se a ele em Oxfordshire com os sobreviventes de St. Albans. Talvez o rei Henrique tenha intercedido para que a capital não se tornasse um campo de batalha, mas de qualquer modo Margaret e seus conselheiros não ousariam fazer isso. Entusiasmados pela vitória, carregados de despojos, reunidos com o rei, os lancastrianos retiraram-se através de Dunstable para o Norte e assim disfarçaram o fato de seus mercenários escoceses já estarem voltando lentamente para casa com tudo quanto podiam carregar. De acordo com Holinshed, "a rainha, tendo pouca confiança em Essex, menos ainda em Kent e menos que tudo em Londres... partiu de St. Albans para a Região do Norte, onde se encontrava a base de sua força e refúgio".

Foi esse o ponto decisivo da luta. Nove dias depois da segunda batalha de St. Albans, Eduardo de York entrou em Londres. Os cidadãos, que se haviam submetido a Margaret e ao rei, agora aplaudiam com entusiasmo os yorkistas. Agradeciam a Deus e diziam: "Caminhemos em um novo vinhedo e façamos um alegre jardim no mês de março, com esta bela rosa e ervas brancas, o conde de Fronteira".[1] Foi um vinhedo entre espinhos. O pretexto de agir em nome do rei já não podia mais servir. Os yorkistas haviam se tornado sem disfarce traidores e rebeldes contra a Coroa. Todavia a disposição do jovem guerreiro que triunfara e massacrara em Mortimer's Cross pouco se abalava com essa acusação. Tal como via as coisas, seu pai fora arruinado e morto devido ao respeito pela majestade de Henrique VI. Ele e seus amigos não aceitariam mais tarde concepções. Imediatamente reivindicou a coroa e era tal o sentimento em Londres e tanta a força de seu exército, agora no local, que conseguiu fazer uma boa exibição de autoridade pública para esse ato. Declarou-se rei e, em 4 de março de 1461, foi proclamado em Westminster com todas as formalidades que eram possíveis. Daí por diante, sustentou que o outro lado era culpado de traição e que aplicaria a ele todas as penalidades.

Era preciso agora transformar em realidade essas afirmações e o rei Eduardo VI marchou para o Norte a fim de acertar as contas uma vez por

---

[1] "Chronicle" de Gregório. Há no original inglês um jogo de palavras entre "março (March) e "conde de Fronteira" (Earl of March).

404

todas com rei Henrique VI. Perto de York, a rainha, com todo o poderio de Lancaster, enfrentou-o não muito longe de Tadcaster, ao lado das aldeias de Saxton e Towton. Alguns relatos dizem que cem mil homens estavam em campo, tendo os yorkistas quarenta mil e os lancastrianos sessenta mil. Todavia, autoridades posteriores reduzem de muito essas cifras.

Em 28 de março, o jovem lorde Chifford forçou a guarda avançada yorkista a recuar na Ferry Bridge e o próprio Warwick ficou ferido. Entretanto, com a chegada de forças mais poderosas, a ponte foi tomada, Clifford foi morto e o exército yorkista passou. No dia seguinte, travou-se uma das mais ferozes batalhas já verificadas em solo inglês. Os lancastrianos ocupavam boa posição num terreno elevado, com seu flanco direito protegido pelas águas transbordantes do Cock, em muitos pontos impossíveis de serem vadeadas. Embora seu exército não estivesse completo e a ala do duque de Norfolk ainda se estivesse aproximando, Eduardo resolveu atacar. A batalha iniciou-se sob uma cegante tempestade de neve, que batia contra os rostos dos lancastrianos. Sob essa proteção, grupos de lanceiros yorkistas subiram a encosta. O vento dava alcance superior aos arqueiros atacantes e as flechas lancastrianas caíam a pequena distância, enquanto os próprios lancastrianos sofriam severamente. Sob essa pressão, foi tomada a decisão de avançar contra o inimigo encosta abaixo. Durante seis horas, os dois lados lutaram furiosamente, com êxitos variados. Dizem que, no auge da batalha, Warwick desmontou e matou seu cavalo para provar a seus homens que não os abandonaria vivo. Entretanto, tudo pendeu da balança até o fim da tarde, quando a chegada do corpo do duque de Norfolk contra o flanco exposto dos lancastrianos lançou toda a massa em retirada, que logo se transformou em debandada.

Agora, o córrego Cock, que fora até então um amigo para os lancastrianos, tornou-se um inimigo. A ponte na direção de Tadcaster foi bloqueada pelos fugitivos. Muitos milhares de homens, pesadamente couraçados, mergulharam na correnteza engrossada e afogaram-se em tão grande número que pontes hediondas foram formadas por cadáveres e sobre elas alguns escaparam. A perseguição desenvolveu-se pela noite a dentro. Margaret e seu filho fugiram para York, onde o rei Henrique estava observando os ritos do domingo de Ramos. Apanhando-o, a autoritária rainha partiu com seu filho e um punhado de lanceiros para a fronteira escocesa. Os corpos de milhares de ingleses jaziam no campo de batalha. Eduardo, escrevendo à sua mãe, oculta suas próprias perdas, mas afirma que foram contados vinte e oito mil lancastrianos mortos. É certo que a flor da nobreza e da cavalaria lancastrianas tombou no campo de batalha. Para todos os prisioneiros não havia senão a morte. O conde de Devonshire e o "bastardo de Exeter" foram os únicos poupados e ainda assim apenas por um dia. Quando Eduardo chegou à cidade de York, seu primeiro cuidado foi retirar as cabeças de seu pai e das outras vítimas de Margaret e substituí-las pelas de seus prisioneiros mais nobres. Três meses mais tarde, em 28 de junho, Eduardo foi coroado rei em Westminster e o triunfo yorkista parecia completo. Foi seguido por proscrições e confiscos em ampla escala. Em novembro de 1461, o Parlamento aprovou um Ato de Extinção de Direitos que, superando todas as severidades anteriores, colheu cento e trinta e três pessoas notáveis em sua destruidora rede. Não somente o trono, mas também um terço das propriedades da Inglaterra mudaram de mãos. Foi olho por olho, dente por dente.

Depois de Towton, a causa lancastriana foi sustentada pela invencível vontade da rainha Margaret. Jamais sua tenacidade e raramente suas vicissitudes foram superadas em qualquer mulher. Além do soturno poderio de Lancaster do Norte, ela contava com a consideração amistosa de dois países: Escócia e França. O ódio dos escoceses pelos ingleses ainda despertava por sua intensidade a admiração dos estrangeiros. Quando Luís XI sucedeu a seu pai, Carlos VII, em 1461, ano da batalha de Towton, encontrou seu próprio país quase reduzido a um deserto, horrível de se ver. Os campos estavam abandonados; as aldeias eram montes de choupanas arruinadas. Entre as ruínas, as ervas daninhas e os restos de plantas que haviam sido outrora lavouras cultivadas e férteis, vivia uma raça de camponeses reduzidos às condições e arrastados à ferocidade de lobos. Tudo isso era o resultado da invasão inglesa. Por isso, o principal objetivo da política dos escoceses e franceses, sempre caminhando de mãos dadas, era fomentar a luta interna na Inglaterra e lá apoiar a parte mais fraca.

Margaret, como rainha da Inglaterra e princesa da França, era uma personagem eminente na Europa Ocidental. Suas qualidades de coragem e combatividade, sua personalidade dominadora e convincente, sua fúria contra aqueles que a haviam arrancado e a seu marido do trono, produziram através da força de vontade desta única mulher uma longa série de lutas desesperadas e desalentadas, depois que o principal acontecimento já fora decidido e depois que o transcorrer dos anos inverteu a decisão por um breve período. Os interesses nacionais ingleses não entravam em sua mente. Pagou sua fuga para a Escócia pela entrega de Berwick, Fechou seu negócio com Luís XI hipotecando-lhe Calais por vinte mil libras de ouro.

Em 1462, Margaret, depois de muitos apelos pessoais às Cortes da França, Borgonha e Escócia, encontrou-se em condições de desembarcar com uma força poderosa e, tenha sido por traição ou fraqueza, os três castelos mais poderosos do Norte, Bamburgh, Alnwick e Dunstanburgh, abriram-lhe suas portas. Luís XI havia-lhe cedido os serviços de um magnífico soldado, Pierre de Brézé, que sob o encanto de Margaret gastou em sua causa a grande fortuna que possuía. No inverno de 1462, o rei Eduardo reuniu suas forças yorkistas e, transportando seu novo trem de artilharia por mar até Newcastle, iniciou o cerco a essas fortalezas perdidas. O rei permaneceu em Durham, atacado de sarampo, e lorde Warwick comandou as operações. Os pesados canhões, cada um dos quais tinha seu apelido carinhoso, causaram devastações na alvenaria dos castelos. Houve tanto rigor nos sítios que até mesmo as licenças de Natal foram proibidas. De Berwick, Margaret tentou em vão socorrer Alnwick. As três fortalezas caíram em um mês.

O comportamento de Eduardo neste momento constitui uma sólida defesa de seu caráter. Esse jovem e voluptuoso rei, seguro de sua posição, demonstrou então uma clemência desconhecida nas Guerras das Rosas. Não apenas perdoou os nobres lancastrianos que foram apanhados nas fortalezas, mas também fez com eles solenes pactos e tomou-os em sua plena confiança. O duque de Somerset e Sir Ralph Percy, após jurarem lealdade, não apenas tiveram permissão de partir em liberdade, mas também foram restaurados em suas propriedades. Percy recebeu mesmo o encargo de guardião de dois dos castelos. Somerset, filho do eminente ministro morto na primeira Batalha de St. Albans, gozou de favores ainda maiores. Tendo feito sua paz, recebeu um alto comando e um lugar nos conselhos internos do exército real. Em sua nova posição, deu a princípio argutos conselhos militares e foi agraciado pelo rei com pensões especiais.

A magnanimidade e a indulgência de Eduardo foram mal recompensadas. Quando Margaret voltou com novos auxílios da França e da Escócia, em 1463, Percy abriu os portões de Bamburgh aos escoceses e Alnwick foi traída mais ou menos na mesma época por um oficial yorkista descontente, Sir Ralph Grey. Mais uma vez Eduardo e os yorkistas puseram-se em campo, e a nova e temível artilharia, tão estimada entre as grandes nações naquela época quanto as armas atômicas hoje, foi levada para o Norte. Os grandes canhões arrancavam pedaços dos castelos. Margaret fugiu para a França, enquanto Henrique se afundava entre os vales e os piedosos alicerces de Cumberland. Essa foi a separação final entre Henrique VI e sua rainha – que rainha ela era. Margaret levou o príncipe consigo em suas viagens. Foram viagens notáveis. Com o duque de Exeter, seis cavaleiros e seu fiel Pierre de Brézé, ela desembarcou em Sluys e apelou ao renomado cavalheirismo da casa de Borgonha. Chegou "sem hábito ou posição real"; ela e suas sete criadas tinham apenas as roupas que vestiam. Brézé pagava sua alimentação. Apesar disso, foi tratada com honras reais mesmo nessa corte hostil. Filipe, duque de Borgonha, era idoso; seu filho Carlos tinha o apelido de "o Atrevido". Os embaixadores da Inglaterra estavam ativos. Margaret nada obteve da Borgonha, a não ser os presentes e cortesias que a antiquada hospitalidade podia oferecer a "uma dama em desgraça". É porém através desses contatos que decorrem nossos conhecimentos sobre as aventuras de Margaret.

Chastellain, o cronista borgonhês, registrou seus relatos. Só assim a história ficou sabendo como ela, o rei Henrique e seu filho viveram durante cinco dias sem pão, dividindo entre si um arenque por dia. Na Missa, certa vez, a rainha viu-se sem um níquel sequer para a esmola. Pediu a um arqueiro escocês que estava perto que lhe emprestasse algo. "Um tanto constrangido e pesaroso", ele retirou uma moeda de sua bolsa. Por ocasião do último desastre em Norham, relatado pela rainha, ela foi capturada por soldados yorkistas em pilhagem, roubada e levada perante o capitão para ser degolada. Somente devido a uma briga entre seus captores em torno dos despojos é que sua execução foi adiada. Entretanto, lá se encontrava um escudeiro yorkista, para quem ela se voltou, "falando lastimosamente". "Senhora", disse ele, "montai atrás de mim, e Monsenhor o Príncipe na frente, e eu vos salvarei ou morrerei, vendo que é mais provável que a morte me atinja do que não me atinja." Montados os três num só cavalo, mergulharam na floresta, com Margaret cheia de temor pela vida de seu filho, da qual dependia a sua causa. O escudeiro yorkista retirou-se depois. A floresta era um conhecido refúgio de bandidos. Mãe e filho ocultaram-se em seus recessos. Logo lá apareceu um homem de aspecto hediondo e horrível, com a evidente intenção de matar e roubar. Mais uma vez, porém, Margaret, por sua força pessoal, prevaleceu. Disse quem era e confiou seu filho, o herdeiro do trono, à honra do bandoleiro. O ladrão foi fiel a seu compromisso. A rainha e o príncipe chegaram finalmente ao abrigo do rei fugitivo.

A clemência de Eduardo fora traída por Percy, mas nem por isso ele retirou sua confiança em Somerset. O rei era um homem capaz dos atos mais sangrentos quando forçado, como julgava, pela necessidade, mas ao mesmo tempo ansioso por demonstrar não apenas magnanimidade, mas também confiança sincera. A confiança que depositou em Somerset deve tê-lo levado a perigos mortais. Esse terceiro duque gozava em princípios de 1463 do mais alto favor do rei. "E o rei o apreciava muito, a ponto de o alojar em sua própria cama muitas noites e às vezes cavalgar na caça com ele, tendo o rei a seu redor seis cavalos no máximo, três dos quais com homens do duque de Somerset."

Quando no outono de 1463, foi ao Somerset do Norte, duzentos de seus próprios homens formavam sua guarda pessoal. Em Northampton, onde ainda pairavam amargas recordações da batalha, a gente da cidade ficou a princípio espantada e depois enfurecida por ver esse detentor de um modo amaldiçoado em companhia de seu soberano yorkista. Somente os esforços do rei Eduardo salvaram seu recém-convertido adepto de ser reduzido a pedaços. Depois disso, o rei considerou necessário dar outro emprego a Somerset e sua escolta. Somerset foi mandado para o Castelo de Holt, em Denbighshire. É de supor que os acontecimentos de Northampton tenham convencido de que nem mesmo o rei poderia protegê-lo contra seus inimigos yorkistas. No Natal de 1463, Somerset abandonou Eduardo e voltou para o lado lancastriano. Os nomes desses grandes nobres eram verdadeiros ímãs em seus próprios territórios. O volúvel duque esperava conquistar a posse de Newcastle, e muitos de seus adeptos, ao ter notícia de que ele estava nas proximidades, procuraram-no. Entretanto, o duque foi obrigado a fugir e seus adeptos foram apanhados e degolados.

Novamente foi desfraldado o estandarte de Lancaster. Somerset juntou-se ao rei Henrique. Alnwick e Bamburgh ainda resistiam. Norham e Skipton haviam sido capturadas, mas agora o irmão de Warwick, Montagu, estava em campo com substancial exército. Em 25 de abril de 1464, em Hedgeley Moor, perto de Alnwick, derrotou e destruiu a revolta lancastriana. Seus líderes pereceram no campo de batalha ou posteriormente no cepo. Sir Ralph Percy lutou até a morte e empregou a expressão, notável para alguém que havia aceito perdão e mesmo cargo do rei Eduardo: "Eu salvei o pássaro em meu peito". Que era esse "pássaro"? Era a causa de Lancaster, que podia ser dissimulada ou mesmo traída em ocasiões de dificuldades, mas que ainda continuava sendo, quando a ocasião convinha, a estrela polar de seus adeptos. Havia muitos que tinham esse pássaro em seus peitos, mas que jamais teriam cunhado a grandiosa frase de Percy ou se curvado até sua baixeza.

A experiência de clemência de Eduardo nessa luta estava agora no fim e o antigo rigor foi restabelecido em grau extremo. Somerset, derrotado com uma pequena companhia em Hexham, em 15 de maio de 1464, foi degolado na manhã seguinte. Antes de terminado o mês, em todo acampamento yorkista, nobres e cavaleiros lancastrianos às dúzias e meias dúzias foram levados à morte. Nada havia em favor disso senão o desejo de anular aqueles espíritos inquietos. John Tiptoft, conde de Worcester, Condestável da Inglaterra, versado na guerra civil e com experiência na Itália, presidia a conselhos de guerra sumários e juntando desnecessárias crueldades à sua severidade justificou a vingança que um dia seria tomada.

Entrementes, a diplomacia da Coroa inglesa efetuara uma trégua de quinze anos com o rei da Escócia e era poderosa tanto na Corte da França como na da Borgonha. Margaret permanecia impotente em Bar-le-Duc. O pobre rei Henrique foi finalmente encontrado perto de Clitheroe, no Lancashire, e levado para Londres. Desta vez não houve entrada solene. Com os pés amarrados aos estribos por correias de couro e com um chapéu de palha na cabeça, a fútil mas santa figura ao redor da qual tantas tempestades haviam rugido foi levada por três vezes em torno do pelourinho e finalmente lançada na Torre, cujos portões se fecharam por trás dela – ainda não, dessa vez, para sempre.

Com a queda de Alnwick, somente uma fortaleza em todo o reino ainda resistia. Só o castelo de Harlech, à margem do mar ocidental, desafiava a Rosa Vermelha. Harlech suportou um sítio de sete anos. Quando se rendeu em 1468, descobriu-se que não tinha senão cinqüenta homens efetivos em sua guarnição. Com duas exceções, todos foram agraciados com o perdão. Entre eles estava uma criança de doze anos, que sobrevivera aos rigores do longo bloqueio. Era o sobrinho de Jasper, o neto de Owen Tudor e o futuro fundador da dinastia e do sistema de governo Tudor. Seu nome era Richmond, que mais tarde se tornou o rei Henrique VII.

As Aventuras de Eduardo IV

O rei Eduardo IV confirmara seu direito à Coroa no campo de batalha. Era um soldado e um homem de ação; nos momentos de perigo é que melhor se mostrava sua qualidade. Na guerra, nada o intimidava ou o cansava. Longas marchas, decisões arriscadas, a concentração dos exércitos, a conduta das batalhas pareciam ser sua esfera natural. Quanto pior corriam as coisas melhor ele se tornava. Entretanto, o oposto também era verdadeiro. Ele era nessa época um combatente e pouco mais do que isso. Quando cessou a luta, não teve entusiasmo sério pela soberania. A terra era boa; o sangue da mocidade corria em suas veias; todas as suas dívidas de sangue estavam pagas. Com naturalidade e boa vontade, embainhou sua afiada espada. Esta lhe conquistara a coroa, agora, era gozar a vida.

Os êxitos desses anos difíceis foram conquistados para o rei Eduardo pela família Neville. Warwick e Montagu, agora conde de Northumberland, com George Neville, arcebispo de York, tinham em suas mãos todo o mecanismo do governo. O rei estivera presente apenas em algumas de suas ações. Podia mesmo ser censurado por sua mal orientada clemência, que abrira de novo as desgraças da guerra civil. Sua magnanimidade fora por fim drasticamente restringida por seus conselheiros e generais. Na primeira parte de seu reinado, a Inglaterra foi portanto governada pelos dois irmãos, Warwick e Northumberland. Este acreditavam ter posto o rei sobre o trono e pretendiam que lá ficasse enquanto eles governavam. O rei não brigava por isso. Durante todo o seu reinado, jamais lutou a não ser quando foi obrigado; e então foi magnífico. A história censura esse príncipe de vinte e dois anos por não ter sido dotado imediatamente da capacidade de estadista e do gosto pelos negócios que seu cargo exigia. Eduardo reunia característica contrastantes. Amava a paz; brilhava na guerra. Contudo, amava a paz por seus prazeres, não por sua dignidade. Sua perseguição a mulheres, na qual não encontrava obstáculos, combinava-se com a caça, as festa e as bebidas para encher sua vida. Não eram esses os justos prêmios da vitória? Que Warwick, Northumberland e outros lordes ambiciosos carregassem o peso do Estado e que o rei se divertisse. Durante algum tempo, isso foi conveniente a todas as partes. Os vencedores dividiam os despojos; o rei ficou com seus divertimentos e seus lordes com o poder e a política.

Assim deslizaram alguns anos, durante os quais o rei, embora agarrando de tempos em tempos as rédeas da autoridade, em geral levava uma vida despreocupada. Sua disposição em relação a homens e mulheres é descrita com palavras muito bem escolhidas pelo sensato Hume:

"Durante o presente intervalo de paz, ele viveu da maneira mais familiar e sociável com seus súditos, particularmente com os londrinos; e a beleza de sua pessoa, assim como a gentileza de suas maneiras, que, mesmo não aliadas à sua dignidade real, o teriam tornado aceitável aos justos, facilitavam todos os apelos que fazia em seu favor. Esse modo de vida despreocupado e prazeroso aumentava dia-a-dia sua popularidade entre todas as categorias de homens. Ele era peculiar favorito das pessoas jovens e alegres de ambos os sexos. A disposição dos ingleses, pouco propensos ao ciúme, impedia que se ofendesse com essas liberdades. E sua indulgência aos divertimentos, ao mesmo tempo que satisfazia sua inclinação, tornou-se assim sem premeditação, um meio de apoiar e garantir seu governo". Depois dessas censuras relativamente brandas, o historiador passa a lamentar a fraqueza e imprudência que levaram o rei a desviar-se das amplas e ensolaradas sendas de libertinagem real para os perigosos precipícios do romance e do casamento.

Um dia, quando estava caçando, o rei foi levado até muito longe pela caça. Passou a noite num castelo, onde uma dama de categoria, sobrinha do proprietário, havia encontrado asilo. Elizabeth Woodville, ou Wydvil, era a viúva de um cavaleiro lancastriano, Sir John Grey, "morto em St. Albans na batalha de Margaret". Sua mãe, Jacquetta de Luxemburgo, fora a juvenil esposa do famoso John, duque de Bedford, e depois de sua morte casara-se com seu camareiro, Sir Richard Woodville, posteriormente elevado a conde de Rivers. Essa condescendência tão abaixo de sua posição ofendeu a aristocracia. Ela foi multada em mil libras como exemplo a outras. Apesar disso, viveu desde então sempre feliz, tendo dado a seu marido nada menos de treze filhos, entre os quais Elizabeth. Nas veias de Elizabeth corria sangue nobre, assim como sangue comum. Era uma mulher austera, correta, destemida, casta e fecunda. Ela e seus dois filhos estavam sujeitos à privação de direitos que deserdava os adeptos de Lancaster. A oportunidade de obter perdão real não podia ser perdida. A viúva curvou-se em humilde petição diante do jovem conquistador e, como a filha do curtidor de couros de Falaise, fez do soberano seu escravo ao primeiro olhar. O relato de Shakespeare, embora um tanto cru, não erra na substância. Lady Elizabeth mantinha a mais rígida compostura, o que apenas contribuía para aumentar a paixão do rei. Este lhe deu todo o seu amor e, quando o viu obstinada, pediu-lhe que partilhasse de sua coroa. Desprezou os conselhos da prudência e da sabedoria mundana. Por que vencer nas batalhas, por que ser rei, se não para satisfazer o desejo do próprio coração? No entanto, ele estava bem consciente dos perigos de sua escolha. Seu casamento em 1464 com Elizabeth Woodville foi um segredo guardado com o máximo empenho. Os estadistas na chefia do governo, enquanto sorriam diante do que parecia uma travessura amorosa, jamais sonharam que fosse uma união solene, que deveria abalar o país até sua profundezas.

Os planos de Warwyck para o futuro do rei eram diferentes. Isabella da casa de Espanha ou, de preferência, uma princesa francesa seriam noivas capazes de favorecer muito os interesses da Inglaterra. Um casamento real naqueles tempos podia ser uma união de paz entre Estados vizinhos ou o meio para uma guerra bem-sucedida. Warwick recorreu a graves argumentos e fez pressão sobre o rei para que se decidisse. Eduardo parecia estranhamente hesitante e demorava-se em suas objeções, até que o ministro, que era também seu mestre, se tornou impaciente. Então, finalmente, a verdade foi relatada a todos: o rei estava casado havia cinco meses com Elizabeth Woodville. Foi essa a ocasião que separou do valoroso fazedor de rei, catorze anos mais velhos, mas também ainda no apogeu da vida. Warwick tinha profundas raízes na Inglaterra e sua popularidade, intensificada pela pródiga hospitalidade que oferecia a todas as classes em suas numerosas e grande propriedades, era ilimitada. Os londrinos voltavam seus olhos para ele. Eles detinha o poder. Entretanto, ninguém melhor do ele sabia que em Eduardo dormia um tremendo guerreiro, hábil, implacável e capaz, quando despertado, de tentar tudo e fazer tudo.

O rei também, por sua parte, começou a tomar mais interesse pelos negócios. A rainha Elizabeth tinha cinco irmãos, sete irmãs e dois filhos. Por decreto real, elevou-os a alta categoria ou casou-os nas maiores famílias. Chegou a ponto de casar o quarto irmão de sua esposa, com vinte anos, com a viúva duquesa de Norfolk, que contava oitenta anos, oito novos pariatos foram criados para a família da rainha: para seu pai, seus cinco cunhados, seu filho e seu irmão Anthony. Isso foi em geral considerado excessivo. Deve-se lembrar que naquele tempo não havia senão sessenta pares, dos quais nunca mais de cinqüenta podiam comparecer ao mesmo tempo ao Parlamento. Todos esses potentados se mantinham num sistema fechado e cuidadosamente calculado. O aparecimento de uma nova nobreza que nada fizera de notável na guerra e que agora cercava o indolente rei era não apenas ofensivo, mas politicamente perigoso para Warwick e seus orgulhos companheiros.

No entanto, o choque ocorreu em matéria de política exterior. Nessa triste geração, a Inglaterra, que mais tarde seria a senhora dos Estados vizinhos, tornava-se seu joguete. Seus refugiados titulados, de uma facção ou de outra, enchiam as Cortes da Europa Ocidental. O duque de Borgonha ficou chocado certa manhã ao saber que o duque de Exerter e várias outros altos nobres ingleses estavam efetivamente mendigando seu pão na cauda de seu cortejo. Envergonhado de ver tal desconsideração à sua classe, proporcionou-lhes modestas moradias e pensões. Caridades semelhantes foram praticadas por Luís XI em benefício dos infelizes descendentes dos vencedores de Agincourt. Margaret com seu cortejo de sombras foi bem recebida em sua indigente altivez tanto na Borgonha como na França. A qualquer momento, uma dessas potências, agora tornada formidáveis enquanto a Inglaterra decaíra, poderia apoiar seriamente a facção exilada e, por uma invasão da Inglaterra, pagar as dívidas de cinqüenta anos antes. Era política de Warwick e seu partido fazer amizade com a França, a mais forte das potências por grande diferença, e assim obter efetiva segurança. Nessa disposição, esperavam promover um casamento francês para a irmã do rei. Eduardo seguiu a direção oposta. Com o instinto que mais tarde dirigiria nossa Ilha durante tantos séculos, procurou basear a política inglesa sobre o segundo mais forte Estado da Europa Ocidental. Poderia sem dúvida argumentar que ser aliado da França era estar em poder da França, ao passo que unir-se à Borgonha era dispor dos meios para corrigir, se não controlar, a ação francesa. Em meio a suas festas e caçadas, o rei alimentava um espírito de conquistador. Jamais a Inglaterra deveria tornar-se um Estado vassalo; ao invés de ser dividida por seus vizinhos, deveria ela, dividindo-os, manter um equilíbrio. Nessa época, tais políticas eram novas; todavia, as tensões que causaram no pequeno mas veemente mundo do governo inglês podem ser facilmente compreendidas hoje em dia.

Em resultado, para pensar a alarma de Warwick, em 1468, o rei casou sua irmã Margaret com Carlos, o Atrevido, que em 1467 sucedera a seu pai como duque de Borgonha. Assim, aqueles grandes lordes que, com constante perigo para suas vidas e com todos os seus vastos recursos, o haviam colocado no trono, não apenas sofriam desfeitas e prejuízos materiais com a criação de uma nova nobreza, mas ainda tinham de suportar uma política exterior que acreditavam seria fatal à Inglaterra, ao partido yorkista e a eles próprios. Que auxílio poderia a Borgonha oferecer se a França, unida à casa de Lancaster, invadisse a Inglaterra? Que aconteceria a eles, a suas grandes propriedades e a todos que deles dependiam, em tal catástrofe? A disputa entre o rei e Warwick, como chefe dos Nevilles, não foi portanto insignificante ou mesmo, como muitas vezes se sugeriu, inteiramente pessoal.

Os chefes ofendidos reuniram-se para consultas profundas. Eduardo continuava a gozar a vida com sua rainha e, de vez em quando, com outras. Sua atenção nas questões públicas era ocupada principalmente pelas conspirações e movimentos lancastrianos, mas por baixo e por trás dele uma ameaça muito grave estava se preparando. Os Nevilles estavam finalmente prontos a acertar as contas com ele. O plano de Warnick era singular em sua habilidade. Atraiu o irmão do rei, Clarence, para seu lado, segredando-lhe que, se não fosse aquela advertícia prole dos Woodvilles, ele poderia suceder a Eduardo como rei. Como compromisso, ficou secretamente combinado que Clarence desposaria a filha de Warwick, Isabella.

Quando tudo estava pronto, Warwick atacou. Ocorreu um levante no Norte. Milhares de homens no Yorkshire, sob a liderança de vários jovens lordes, tomavam armas para queixar-se dos impostos. O "thrave", um tributo pago desde os tempos de Athelstan, tornou-se repentinamente odioso. Entretanto, faziam-se outras queixas, particularmente a de que o rei era dominado por "favoritos". Ao mesmo tempo, em Londres, a Câmara dos Comuns peticionava contra a administração negligente e perdulária. O rei foi então obrigado a seguir para o Norte. Com exceção de sua pequena guarda pessoal, não dispunha de tropas próprias, mas convocou seus nobres para levarem seus homens. Avançou em julho até Nottingham e lá esperou os condes de Pembroke e Devon, ambos recém-elevados por ele, os quais haviam reunido os recrutas da Gales e do Oeste. Logo que o rei foi atraído para o Norte pela rebelião, Warwick e Clarence, que até então se haviam refugiado em Calais, voltaram para a Inglaterra com a guarnição de Calais. Warwick publicou um manifesto apoiando os rebeldes do Norte, "os verdadeiros súditos do rei", como os qualificava, e concitando-os "com comoventes lamentações a servirem como meios de remédio e reforma ao nosso Soberano Senhor o Rei". Warwick obteve a adesão de muitos milhares de homens de Kent e foi recebido com grande respeito em Londres. Entretanto, antes que ele e Clarence pudessem lançar suas forças contra a retaguarda do rei, o acontecimento já estava decidido. Os rebeldes do Norte, sob o comando de "Robin de Redesdale", interceptaram Pembroke e Devon, e em Edgcott, perto de Banbury, derrotaram-nos com um morticínio impiedoso, no qual cento e sessenta e oito cavaleiros, escudeiros e cavalheiros tombaram em combate ou foram executados em seguida. Pembroke e posteriormente Devon foram degolados.

O rei, tentando reunir suas forças dispersas em Oleny, no Buckinghamshire, viu-se em poder de seus grandes nobres. Seu irmão, Ricardo de Gloucester, conhecido na lenda como "Corcunda" devia à sua alegada deformidade, parecia ser o seu único amigo. A princípio, tentou chamar Warwick e Clarence ao dever, mas no decorrer da conversação foi obrigado a compreender que era prisioneiro deles. Com curvaturas e cerimônias, explicaram que seu futuro reinado deveria ser de acordo com os conselhos deles. Foi conduzido ao castelo de Warwick em Middleham e lá mantido em honrosa, mas verdadeira prisão, sob vigilância do arcebispo de York. Assim, nesse momento, Warwick, o fazedor de rei, tinha na realidade os dois reis rivais, Henrique VI e Eduardo IV, como seus prisioneiros, um na Torre e o outro em Middleham. Essa era uma realização notável para qualquer súdito. Para tornar a lição ainda mais clara, lorde Rivers, o pai da rainha, e John Woodville, seu irmão, foram presos e executados em Kenilworth, sem qualquer simulação de julgamento. Assim a nobreza mais antiga lidava com a nova.

Todavia, as relações entre Warwick e o rei admitiam soluções tão simples. Warwick havia atacado com rapidez e durante algum tempo ninguém percebeu o que acontecera. Quando a verdade se tornou conhecida, a nobreza yorkista viu com espanto e cólera a detenção de seu bravo e vitorioso soberano, enquanto os lancastrianos por toda parte erguiam suas cabeças na esperança de aproveitar-se da disputa yorkista. O rei julgou conveniente dissimular. Proclamou-se convencido de que Warwick e Clarence estavam certos. Comprometeu-se a corrigir-se e, depois de haver assinado perdões incondicionais a todos quantos haviam estado em armas contra ele, foi libertado. Assim, chegou-se a um acordo entre Warwick e a Coroa. Logo o rei Eduardo estava novamente à frente das forças derrotando rebeldes lancastrianos e executando seus líderes, enquanto Warwick e todos os seus poderosos companheiros voltaram a seus postos, proclamavam sua lealdade e aparentemente gozavam do favor real. Mas tudo isso era apenas na superfície.

Em março de 1470, sob o pretexto de reprimir uma rebelião lancastriana em Lincolnshire, o rei chamou suas forças às armas. Em Losecoat Field derrotou os insurretos, que fugiram; e na série de execuções que agora se tornavam costumeiras depois de cada encontro obteve uma confissão de Sir Robert Welles, que acusou tanto Warwick como Clarence de traição. O depoimento era bastante convincente, pois nessa ocasião ambos estavam conspirando contra Eduardo e pouco depois recusaram obedecer à sua ordem expressa para que se juntassem a ele. O rei com tropas saídas da vitória, voltou-se repentinamente contra eles. Marchou contra Warwick e Clarence, que fugiram, espantados pelo fato de seus próprios métodos serem aplicados contra eles. Procuraram segurança na base de Warwick em Calais. No entanto, lorde Wenlock, que Warwick havia deixado como seu substituto, recusou-se a recebê-los. Mesmo depois de terem bombardeado o litoral, lorde Wenlock enviou como mera gentileza algumas garrafas de vinho para a esposa de Clarence que, a bordo, acabara de dar à luz um filho. O fazedor de rei viu-se, por uma cruel reviravolta das fortuna, privado de quase todos os recursos que considerava como certos. Apresentou-se então por sua vez à Corte Francesa como suplicante.

Essa, porém, era a maior sorte que Luís XI já conhecera. Deve ter esfregado as mãos com a mesma satisfação com que o fazia quando visitava seu ex-ministro, · o cardeal Jean Balue, que conservava prisioneiro numa jaula de ferro em Chinon por ter conspirado com Carlos, o Atrevido. Dois anos antes, Eduardo, como aliado da Borgonha, ameaçara-o de guerra. Agora, ali na França, estavam os líderes de ambos os partidos que haviam disputado a Inglaterra por tanto tempo. Margaret estava vivendo no Anjou de seu pai. Warwick, amigo da França, vencido em seu próprio país, havia chegado a Honfluer. Com satisfação, o severo e cínico Luís empenhou-se na tarefa de reconciliar e combinar essas forças opostas. Em Angers, colocou Margaret e seu filho, agora um belo jovem de dezessete aos, diante de Warwick e Clarence, e propôs brutalmente que eles se unissem com seu apoio para derrubar Eduardo. A princípio, ambas as partes recuaram. Nem isso nos pode causar admiração. Um rio de sangue havia corrido entre elas. Tudo aquilo por que haviam lutado durante esses anos cruéis seria desfigurado por sua união. Warwick e Margaret haviam matado deliberadamente os mais queridos amigos e parentes recíprocos. Ela degolara o pais de Warwick, Salisbury, matara seu tio York e seu primo Rutland. Ele, por seu lado, massacrara os dois Somersets, pai e filho, o conde e Wilshire e muitos dos dedicados adeptos de Margaret. A gente comum, que havia tombado em suas lutas, não era por eles contada. Em 1459, Margaret havia declarado Warwick privado de direitos, o que era uma terrível proscrição. Em 1460, Warwick chamara o filho de Margaret de bastardo ou criança roubada. Haviam feito um ao outro as mais graves ofensas humanas. Entretanto, tinham um laço em comum. Ambos odiavam Eduardo e desejavam vencer. Eram os campeões de uma geração que não podia aceitar a derrota. E ali, como ficou provado pelo tempo, surgiam os meios de rápido triunfo.

Warwick tinha uma frota, comandada por seu sobrinho, o bastardo de Fauconberg. Dispunha de marinheiros em todos os portos marítimos do litoral sul. Sabia que não precisava senão ir ou mandar seu apelo a grandes partes da Inglaterra para que o povo tomasse armas sob seu comando. Margaret representava a derrota, deserdada e proscrita casa de Lancaster, sempre obstinada. Concordaram em perdoar e unir-se. Fizeram solenes juramentos em Angers, sobre um fragmento da Santa Cruz, que por sorte se encontrava à mão. O conluio foi selado pelo noivado do filho de Margaret, o príncipe de Gales, com a filha mais nova de Warwick, Anne. Ninguém pode culpar a rainha Margaret por ter, na ruína de sua causa, perdoado relutantemente as injúrias e acolhido o valioso auxílio do fazedor de rei. Jamais ela se afastou de sua fé. Para Warwick, porém, a transação era antinatural, cínica e brutal.

Além disso, ele ignorou o efeito que teria sobre Clarence a notícia do casamento que arrumara para sua filha, Anne. Um filho nascido dessa união teria sido grande possibilidade de unir a despedaçada e atormentada Inglaterra. Era razoável esperar o nascimento de um herdeiro com tais perspectivas. No entanto, Clarence fora levado a abandonar seu irmão pelo pensamento de conquistar a Coroa e, embora agora fosse citado como o seguinte na sucessão depois do filho de Margaret, o valor de sua probabilidade não era grande. Eduardo ficara desconcertado com a conduta de seu irmão. Todavia, não permitiu que seu ressentimento pessoal influenciasse suas ações. Uma dama de companhia da nova duquesa de Clarence demonstrou-se uma discreta e perfeita emissária do rei. Logo depois que Clarence fugiu da Inglaterra, comunicou-lhe que não precisaria senão voltar a unir-se a seu irmão para que tudo fosse perdoado e esquecido. O novo acordo entre Warwick e Margaret decidiu Clarence a aceitar essa fraternal oferta, mas não imediatamente. Clarence deve ter sido um grande simulador, pois Warwick não foi mais capaz de prever suas ações no futuro do que o fora seu irmão o passado.

O rei Eduardo estava agora alarmado e vigilante, mas dificilmente poderia prever quantos de seus adeptos o trairiam. Warwick repetiu o processo que empregara um ano antes. Fitzhugh, seu primo, iniciou uma nova insurreição no Yorkshire. Eduardo reuniu algumas forças e, dando pouca importância ao caso, marchou contra os rebeldes. Advertido por Carlos de Borgonha, chegou mesmo a expressar o desejo de que Warwick desembarcasse. Parecia estar absolutamente confiante. Nunca, porém, houve uma desilusão mais rápida. Warwick e Clarence desembarcaram em Dartmouth, em setembro de 1470. Kent e outros condados do sul levantaram-se em seu favor. Warwick marchou para Londres. Retirou o miserável Henrique VI de sua prisão na Torre, colocou uma coroa em sua cabeça, fê-lo desfilar através da capital e sentou-o sobre o trono.

Em Nottingham, Eduardo recebia notícias alarmantes. A maior parte de seu reino parecia ter-se voltado contra ele. Repentinamente, soube que, enquanto os rebeldes do Norte desciam sobre ele e isolavam-no de seus auxílios galenses e enquanto Warwick se movimentava para o norte com poderosas forças, o marquês de Montagu, irmão de Warwick, até então fiel, fizera com que seus homens erguessem seus chapéus pelo rei Henrique. Quando Eduardo soube da deserção de Montagu e também dos rápidos movimentos feitos para capturar sua pessoa, achou que sua única esperança estava em fugir para além dos mares. Não tinha senão um refúgio – a Corte de Borgonha. Com um punhado de adeptos, entregou-se à proteção de seu cunhado. Carlos, o Atrevido, era também cauteloso. Precisava considerar o iminente perigo de um ataque pela Inglaterra e França unidas. Enquanto não teve certeza de que isso era inevitável, contemporizou com seu parente e refugiado real. Quando, porém, se tornou claro que a política de Warwick era indubitavelmente a de fazer-lhe guerra em conjunto com Luís XI, defendeu-se por uma manobra evidente. Forneceu ao rei Eduardo cerca de mil e duzentos leais soldados flamengos e alemães, com os necessários navios e dinheiro para um desembarque. Essas forças foram concentradas secretamente na ilha de Walcherem.

Enquanto isso, o fazedor de rei governava a Inglaterra e tinha-se a impressão de que assim continuaria por muito tempo. Tinha o rei Henrique VI como um fantoche em suas mãos. O infeliz homem, uma ruína viva sentada como um saco sobre o trono, com uma coroa na cabeça e um cetro na mão, recebia as caprichosas carícias da fortuna com a mesma branda tolerância que demonstrara por suas maldades. Em seu nome foram aprovados estatutos que anularam as deserdações e privações de direitos proclamados pelo Parlamento yorkista. Um terço da terra da Inglaterra voltou a seus antigos donos. Os nobres banidos ou os herdeiros dos mortos voltaram da pobreza e do exílio para suas antigas propriedades. Entrementes, faziam-se todos os preparativos para um ataque combinado da Inglaterra e França contra a Borgonha e a guerra tornou-se iminente.

No entanto, embora essas violentas transformações fossem compreensíveis para os atores, e o drama se desenvolvesse com aparente sucesso, a sólida base da Inglaterra de ambos os lados era incapaz de acompanhar tão rápidos movimentos e reconciliações. Quase toda a população permanecia onde se encontrava antes. Seus líderes poderiam ter feito novas combinações, mas os homens comuns não podiam acreditar que estivesse encerrado o antagonismo entre a Rosa Vermelha e a Rosa Branca. Não era necessário senão outro choque para produzir uma cena completamente diversa. É significativo que, embora repetidamente concitada por Warwick a juntar-se a ele e a seu marido, o rei Henrique, em Londres, e embora disposto de forças eficientes, Margaret permanecia na França e conservava seu filho consigo.

Em março de 1471, Eduardo desembarcou com sua pequena expedição em Ravenspur, porto de Yorkshire, hoje devastado pelas águas do mar do Norte, mas então ainda famoso pelo desembarque de Henrique de Bolingbroke em 1399. O rei, lutando por sua vida, estava, como de hábito, em sua melhor forma. York fechou-lhe as portas na cara, mas como Bolingbroke, ele declarou que tinha vindo apenas reivindicar suas propriedades particulares e mandou suas tropas declararem-se a favor do rei Henrique VI. Acolhido e alimentado nessas condições, iniciou sua marcha sobre Londres. Montagu, com efetivos quatro vezes superiores aos seus, aproximou-se para interceptá-lo. Eduardo, por meio de extraordinárias marchas, conseguiu evitá-lo. Todos os lordes e adeptos yorkistas dos distritos por onde ele passava juntavam-se ao seu exército. Em Warwick ele já estava suficientemente forte para proclamar-se novamente rei. O fazedor de rei, desconcertado pela marcha dos acontecimentos, enviou repetidas e imperativas mensagens a Margaret para que viesse imediatamente e, em Coventry, postou-se no caminho do rei Eduardo. Entrementes, seu irmão Montagu seguia Eduardo na direção sul, apenas duas marchas atrás dele. Nessa situação extrema, Eduardo contava com um recurso de que Warwick não suspeitava. Sabia que Clarence estava do seu lado. Clarence avançara de Gloucestershire com consideráveis forças, ostensivamente para juntar-se a Warwick. Entretanto, Eduardo, deslizando ao redor do flanco de Warwick, da mesma forma como havia superado Montagu na marcha e na astúcia, colocou-se entre Warwick e Londres, na posição exata em que Clarence poderia fazer junção com suas forças.

Ambos os lados concentravam agora todo seu poderio e novamente eram vistos na Inglaterra grande exércitos. Eduardo entrou em Londres e foi cordialmente recebido pelos cidadãos desnorteados. Henrique VI, que fora levado a cavalgar pelas ruas da cidade à frente de seiscentos cavaleiros, foi dispensado desses esforços e levado de volta à sua prisão na Torre. A batalha decisiva tornou-se iminente na North Road e, em Barnet, em 14 de abril de 1471, Eduardo e os yorkistas defrontaram-se com Warwick e a casa de Neville, com o novo duque de Somerset, segundo filho de Edmund Beaufort, e com importantes aliados lancastrianos.

Em toda a Inglaterra ninguém conseguia ver claramente o que estava acontecendo e a Batalha de Barnet, que dissipou suas dúvidas, foi ela própria travada no nevoeiro. As linhas de batalha sobrepunham-se. O flanco direito de Warwick dava a volta ao flanco esquerdo de Eduardo e vice-versa. O fazedor de rei, melindrado talvez por insinuações sobre sua coragem física, combatia a pé. O novo lorde Oxford, um preeminente lancastriano, cujo pai fora degolado no princípio do reinado, comandado a esquerda lancastriana sobreposta, viu-se bem-sucedido em sua carga, mas perdido no nevoeiro. Mal sabendo que toda a retaguarda do rei Eduardo estava aberta a seu ataque, tentou voltar às suas próprias linhas e chegou à retaguarda do centro de Somerset. A insígnia de uma estrela e raios em seu estandarte foram confundidos pela tropas de Warwick com a estrela e raios do rei Eduardo. Os arqueiros de Warwick investiram contra ele. O engano foi descoberto, mas naqueles tempos de traição e de mudanças de lado isso apenas conduziu a outra erro. Acreditou-se que Oxford havia desertado. O grito de traição correu através da hostes de Warwick. Oxford, em sua incerteza, afastou-se na escuridão. Somerset, no outro flanco, já havia sido derrotado. Warwick, com a ala direita, foi atacado pelo rei e pela principal força yorkista. Ali de nada adiantava realmente pedir mercê. Warwick, superado pelo número com suas fileiras rompidas, procurou alcançar seu cavalo. Teria agido sabiamente se, apesar dos sarcasmos, tivesse seguido seu costume habitual de montar novamente no dia de batalha depois de haver caminhado entre as linhas. Isso porque, se tivesse escapado, esta história em ziguezague poderia ter terminado do lado oposto. Entretanto, ao norte da cidade, perto do lugar onde se travara a luta principal, o fazedor de rei, quando estava para alcançar o necessário cavalo, foi surpreendido pelos yorkistas e golpeado até a morte. Havia sido o maior campeão da causa yorkista. Servira bem ao rei Eduardo. Recebera insultos do jovem que colocara e sustentara sobre o trono. Pela maneira depravada com que abandonara todas causa pelas quais mandara tantos homens a destinos fatais, ele merecia a morte; e por sua virtudes, que foram notáveis, era justo que a morte o procurasse em roupagens decentes.

No mesmo dia de Barnet, Margaret desembarcou finalmente na Inglaterra. Somerset, o quarto duque, com seu pai e seu irmão mais velho para vingar, saído do desastre de Barnet, encontrou-se com ela e tornou-se seu comandante militar. Ao saber que Warwick fora morto e seu exército derrotado e dispersado, a rainha até então inabalável teve a sua hora de desespero. Abrigando-se na Abadia de Cerne, perto de Weymouth, seu pensamento voltava-se para a França; agora, porém, seu filho, o príncipe de Gales, com quase dezoito anos, em cujas veias corria o sangue de Henrique V, estava disposto a lutar pela coroa ou morrer. Margaret recuperou seu ânimo e apareceu mais uma vez inquebrantada pela sua vida de desastres. Sua única esperança era alcançar a fronteira galense, onde poderosas forças lancastrianas já estavam em armas. A aberração do fazedor de rei havia sido destruída. A luta era mais uma vez entre Lancaster e York. Eduardo, perto de Londres, ocupava linhas interiores. Enforçou-se por isolar Margaret de Gales. Ambos os exércitos marcharam incessantemente. Em sua marcha final, cada um deles cobriu quarenta milhas num único dia. Os lancastrianos conseguiram atingir primeiro o objetivo, mas com suas tropas em estado de extremo esgotamento. Eduardo, perseguindo-os de perto, fez pressão sobre eles e, em 4 de maio, forçou-os à batalha em Tewkesbury.

Essa batalha foi simples em seu caráter. Os dois lados defrontavam-se na usual formação de três setores, direita, centro e esquerda. Somerset comandava a esquerda de Margaret, Lorde Wenlock e o príncipe de Gales o centro e Devon a direita. O rei Eduardo exercia um comando mais geral. A posição lancastriana era forte: "Diante de seu campo havia tantas veredas ruins e diques profundos, tantas sebes, árvores e arbustos, que era muito difícil aproximar-se deles ali e atracar-se com eles". Aparentemente, o plano lancastriano era esperar o ataque que os yorkistas estavam ansiosos por desfechar. Entretanto, Somerset viu uma oportunidade de usar uma das "veredas ruins" para perfurar o centro yorkista e, sem consultar os outros generais ou em desacordo com eles, carregou para a frente e conquistou um sucesso momentâneo. Todavia, o rei Eduardo havia previsto sua fraqueza nesse ponto. Resistiu virilmente à irrupção em seu corpo principal e duzentos lanceiros que havia espalhado largamente como guarda de flanco caíram sobre

Somersetem um momento decisivo e por um ângulo mortal. A ala lancastriana recuou em desordem. Os yorkistas avançaram todos ao longo da linha. Caíram por sua vez sobre o flanco inimigo, agora desprotegido, e o último exército da casa de Lancaster foi reduzido a ruínas. Somerset, o Quarto, evidentemente achou que não havia sido apoiado no momento crítico. Antes de fugir do campo de batalha, estourou os miolos de Wenlock com sua clava. Este protesto, embora lançando uma fraca luz sobre a história da batalha, . não afetou seu resultado.

Os lancastrianos estavam dispersos ou destruídos. Somerset e muitas outras grandes personalidades, que se acreditavam em asilo seguro, foram arrancados de onde estavam e decapitados. Margaret foi capturada. O príncipe de Gales, lutando bravamente, foi morto no campo de batalha, segundo um cronista, gritando em vão por socorro para seu cunhado, o traidor Clarence. Margaret foi conservada para exibição e também porque as mulheres, especialmente quando acontecia serem rainhas, não eram massacradas nessa época feroz. Permaneceu no cativeiro, transferida de lugar para lugar, até ser resgatada por Luís XI. Onze anos depois de Tewkesbury, morreu na pobreza, no Anjou de seu pai.

Depois da batalha, Ricardo de Gloucester dirigiu-se às pressas para Londres. Tinha uma tarefa a executar na Torre. Enquanto o príncipe de Gales vivia, a vida do rei Henrique estava garantida, mas com a morte da última esperança de Lancaster seu destino foi selado. Na noite de 21 de maio, o duque de Gloucester visitou a Torre com plena autoridade do rei e lá provavelmente supervisionou o assassínio do melancólico espectador que fora o centro de cinqüenta anos de cruel contenda.

Quando o rei Eduardo e seu vitorioso exército entraram em Londres, sempre a seu favor, especialmente em tais momentos, o triunfo da causa yorkista era completo.

"Once more we sit in England's royal throne,
Re-purchas'd with the blood of enemies.
What valiant foemen like to autumn's corn,
Have we wow'd down, in tops of all their pride!
Three Dukes of Somerset, threefold renown'd

For hardy and undoubted champions;
Two Cliffords, as the father and the son,
And two Northumberlands: two braver men
Ne'er spurr'd their coursers at the trumpet's sound;
With them, the two brase bears, Warwick and Montague,
That in their chains fetter'd the kingly lion,
And made the forest tremble when they the roar'd
Thus have we swept suspicion from our seat,
And made our footstool of security.
Come hither, Bess, and let me kiss my boy.
Young Ned, for three thine uncles and myself
Have in our armours watch'd the winter's night;
Went all a-fott in summer's scalding heat,
That thou might'st repossess the crown in peace;
And of our labours thou shalt reap the gain".[1]

---

1 "De novo nos sentamos no real trono
da Inglaterra, que sangue dos inimigos
nos custou. Que de altivos adversários
ceifamos, como trigo em pleno outono
no mais alto do orgulho! Três famosos
Duques de Somerset, campeões três vezes
ilustres, de alta fama nos combates;
e dois Cliffords, pai e filho, ambos notáveis;
cavaleiros jamais aos márcios toques
os corcéis esporearam. Juntos com eles,
os dois ursos temíveis, Montague e Warwick,
que nas suas cadeiras agrilhoaram
o rei leão, fazendo toda a selva
encher-se de pavor, quando rugiam.
O trono, assim, limpamos de suspeita
e escabelo fizemos do sossego.
Aproxima-te Bess, porque eu desejo
beijar meu filho. Foi por ti, meu Ned,
que eu e teus tios muitas noites frias
passamos sob as armas ou marchamos
debaixo da canícula do estio;
vai ter de paz, assim, tua coroa.
Os frutos colherás do nosso esforço."
(Trad. C. A. Nunes, ed. Melhoramentos)

O resto do reinado de Eduardo IV pode ser contado rapidamente. O rei era agora supremo. Seus inimigos e seus protetores estavam igualmente mortos. Eduardo era agora um estadista amadurecido e desiludido. Dispunha de todos os meios para continuar sendo senhor completo do reino e ao mesmo tempo levar uma vida alegre. Desde o início do seu reinado sempre relutara em convocar o Parlamento. O Parlamento criava complicações; mas se era necessário dinheiro ele tinha de ser convocado. Portanto, naquele tempo, o grito que moderava todos os soberanos era este: "O rei deve viver do que é seu". Mas essa doutrina não levava em conta o crescente âmbito do governo. Como poderia o rei, com sua propriedade patrimoniais, juntamente com certas taxas e dízimas, quinzenas e alguns poucos tributos, mais as ocasionais mortes de pessoas intestadas ou sem herdeiros adultos, descobertas de tesouros e coisas semelhantes, manter com essa migalhas uma administração à altura das necessidades de uma sociedade em expansão? Nessa base ainda menos possível seria travar guerras vigorosas contra a França, como se esperava. Era difícil realmente até mesmo defender a Fronteira Escocesa. Era preciso fazer uso da nobreza belicosa do Norte, cuja profissão hereditária era guardar as Fronteiras. Dinheiro – acima de tudo, dinheiro de contado. Aí estava a dificuldade que embaraçava os reis medievais; e mesmo hoje ainda pesa um pouco.

Eduardo estava resolvido a ter o mínimo de relações possíveis com o Parlamento, mesmo quando rapaz de vinte anos, nas dificuldades da guerra, tentara árdua e fielmente "viver do que era seu". Agora que estava vitorioso e seguro, dispôs-se a praticar o máximo de economia em tudo, exceto em suas despesas pessoais, e a evitar qualquer política de aventura estrangeira que pudesse levá-lo a mendigar no Parlamento. Dispunha de uma nova fonte de renda nas propriedades dos lancastrianos privados de direitos. A Coroa saíra ganhando com as Guerras das Rosas. Muitas eram as novas possessões que produziam seus frutos anuais. Assim, enquanto houvesse paz, o rei poderia pagar suas contas. Todavia, a nobreza e a nação queriam mais do que isso. Desejavam reconquistar a França. Lamentavam a perda das províncias francesas. Olhavam para trás, através de suas próprias misérias, para as glórias de Agincourt, Poitiers e Crécy. Esperava-se que o rei, o guerreiro experimentado, produzisse resultados nessa esfera. Era sua intenção fazer o mínimo possível. Nunca apreciava a guerra e já tivera dela o suficiente. Apesar disso, obteve do Parlamento consideráveis recursos para uma guerra contra a França, em aliança com a Borgonha.

Em 1475, invadiu a França, mas avançou apenas até Picquigny, perto de Amiens. Lá parlamentou. Luís XI partilhava de sua opinião. Via que os reis podiam tornar-se fortes e seguros na paz, e que seriam presa e instrumento de seus súditos na guerra. Os dois reis procuraram paz e encontraram-na. Luís XI ofereceu a Eduardo IV a importância de 75 mil coroas pagas de uma só vez e mais um tributo anual de 50 mil. Isso era quase suficiente para equilibrar o orçamento real e torná-lo independente do Parlamento. Eduardo fechou o negócio e assinou o Tratado de Picquigny. Entretanto, Carlos, o Atrevido, seu aliado na Borgonha, ofendeu-se. Em Péronne, em plena assembléia, com todos os capitães reunidos, declarou que havia sido vergonhosamente traído por seu aliado. Criou-se uma impressão muito penosa, mas o rei suportou isso. Voltou para casa e recebeu durante sete anos sucessivos esse substancial pagamento para não hostilizar a França, ao mesmo tempo que embolsava a maior parte do dinheiro que o Parlamento votara para que a hostilizasse.

A esta altura, o interesse de tais transações centraliza-se principalmente no caráter de Eduardo IV e podemos ver que, embora ele tivesse de participar de ferozes lutas e massacres para conquistar o trono, era no fundo um "Little-Englander" e um amante da tranqüilidade. Não quer isso dizer de maneira alguma que sua política tenha sido prejudicial ao reino. Uma longa paz era necessária para que o país se recuperasse da horrível guerra civil. O governo francês via nele com terror todas as qualidades de Henrique V. Pagava-lhe gordamente para manter essas qualidades inativas. Isso convinha ao rei. Fez sua administração viver economicamente e, quando sua morte, foi o primeiro rei desde Henrique II a deixar, não dívidas, mas uma fortuna. Trabalhou para conter o orgulho nacional dentro dos mais estreitos limites, mas ao mesmo tempo permitiu que a nação se tornasse forte de novo. Ele que, acima de todos os outros, era considerado como destinado a ser uma ponta de lança, tornou-se uma almofada; mas naquela época uma boa almofada. É bem possível que, como já foi escrito, "sua indolência e alegria fossem meros véus sob os quais Eduardo ocultava uma profunda habilidade política".

Chegou o dia, porém, em que teve de convocar o Parlamento. Não foi, entretanto, para pedir-lhe dinheiro. Com os confiscos, o tributo francês e os lucros de suas próprias aventuras comerciais particulares, ele podia ainda sustentar-se. Sua disputa era com seu irmão Clarence. Embora o pacto feito entre esses irmãos antes de Barnet e Tewkesury tivesse sido estritamente cumprido, Eduardo nunca mais confiou em Clarence. Nada podia apagar de sua mente a idéia de que Clarence era um traidor, que traíra sua casa e sua família em um momento decisivo e fora comprado de novo em outro momento. Clarence de sua parte sabia que a ferida, embora fechada, não estava curada. Era, porém, um príncipe magnificente e espraiava-se animadamente pela terra. Zombara do rei e desafiava os tribunais reais; executava penas capitais contra pessoas que o haviam ofendido em questões particulares e sentia-se seguro. É possível que tivesse descoberto o segredo o suposto pré-contrato de casamento de Eduardo com Eleanor Butler, que Ricardo de Gloucester usaria mais tarde para justificar sua usurpação. Certamente, se ficasse provado que por essa razão o casamento de Eduardo com Elizabeth Woodville era nulo, Clarence seria o herdeiro legítimo seguinte e uma fonte de perigo para o rei. Quando, em janeiro de 1478, a paciência de Eduardo se esgotou, ele convocou o Parlamento sem outra tarefa senão a de condenar Clarence. Apresentou um formidável catálogo de crimes e afrontas ao Trono, constituindo traição. O Parlamento, como se poderia esperar, aceitou o ponto de vista do rei. Por uma Lei de Privação de Direitos, os parlamentares julgaram Clarence digno da morte, deixaram a execução aos cuidados do rei e voltaram para casa, aliviados por não terem sido intimados a pagar mais impostos.

Clarence já estava na Torre. Como morreu é coisa muito discutida. Alguns dizem que o rei o deixou escolher o modo de morrer. Sem dúvida, Eduardo não pretendia oferecer um horroroso espetáculo público. De Acordo com Shakespeare, o duque foi afogado num tonel de vinho Malmsey. Era essa certamente a lenda popular acreditada no século XVI. Por que não seria verdadeira? Seja como for, ninguém tentou provar qualquer história diferente. "O falso, o volúvel, o perjuro Clarence" saiu do mundo espantado pelo fato de seu irmão ter memória tão boa e levar as coisas tão a sério.

Outras fortunas estavam reservadas para Ricardo de Gloucester. Pouco depois da morte da Henrique VI, casou-se com Anne, filha do falecido fazedor de rei e co-herdeira das vastas propriedades de Warwick. Essa reunião não despertou entusiasmo, pois Anne já fora noiva, senão efetivamente esposa, do jovem príncipe Eduardo, morto em Tewkesbury. Combinaram-se, porém, importantes interesses.

A rainha Elizabeth, no decorrer dos anos, tivera não apenas cinco filhas, mas também dois belos rapazes, que estavam crescendo. Em 1483, um deles tinha doze anos e o outro nove. A sucessão à Coroa parecia simples e segura. O próprio rei tinha apenas quarenta anos. Em mais dez anos, o triunfo yorkista teria se tornado permanente. Aí, porém, o Destino interveio e, com mão solene, recordou a Eduardo, amante de prazeres, que sua conta estava fechada. O principal pensamento de Eduardo era assegurar a Coroa para seu filho, o imaturo Eduardo V. Todavia, em abril de 1483, a morte lhe sobreveio tão repentinamente que não teve tempo de adotar as precauções necessárias. Embora sempre dedicado à rainha Elizabeth, ele vivera promiscuamente durante toda a sua existência. Ela estava nos Midlands quando, após dez dias apenas de doença, esse forte rei foi abatido no apogeu de sua vida. Os historiadores asseguram-nos que esse foi o castigo da devassidão. É bem possível que tenha sido apendicite, uma explicação então ainda desconhecida. Morreu despreparado, a não ser pela Igreja, e seu leal irmão Ricardo viu-se repentinamente diante de uma perspectiva inteiramente nova para seu futuro.

CAPÍTULO 8

RICARDO III

O rei morreu tão inesperadamente que todos foram apanhados de surpresa. Surgiu imediatamente uma tensa crise. Depois de Barnet e Tewkesbury, a velha nobreza teve de engolir, com tanta graça quanta pudesse exibir, a volta dos Woodvilles sobreviventes ao calor do poder e dos favores. Entretanto, em toda a Inglaterra os parentes da rainha eram vistos com ressentimento ou desprezo, enquanto o rei se divertia com sua bela e encantadora amante, Jane Shore. Agora, a morte desmanchara a autoridade real, única coisa que podia sustentar tão discutível estrutura. Seu filho mais velho, Eduardo, vivia em Ludlow, na fronteira galense, sob os cuidados do tio, o segundo lorde Rivers. Um Protetorado era inevitável. Não podia haver dúvida quanto ao Protetor. Ricardo de Gloucester, o leal irmão do rei, famoso na guerra, sério e competente na administração, enriquecido pela herança de Warwick e muitas outras grandes propriedades, na posse de todos os principais cargos militares, adiantava-se sem concorrência e havia sido nomeado pelo próprio rei falecido. Ao redor dele reuniu-se a maioria das velha nobreza. Os integrantes desta encaravam com geral desgosto a idéia de um rei cujo avô, embora um cavaleiro, fora mero camareiro de um dos de sua classe. Lamentavam uma minoridade e, conseqüentemente, o domínio de um rei menino, não provado e não experimentado. Estavam porém presos por seus juramentos e pela sucessão na linhagem yorkista que fora estabelecida por suas próprias espadas.

Uma coisa pelo menos não tolerariam: a rainha Elizabeth e seus parentes de origem baixa não continuariam a ter ascendência. Por outro lado, lorde Rivers, em Ludlow, com numerosos adeptos e amigos da família, estava de posse do novo rei. Durante três semanas, as duas partes espiaram-se mutuamente e parlamentaram. Ficou combinado em abril que o rei deveria ser coroado o mais breve possível, mas que viria para Londres acompanhado por não mais de dois mil cavaleiros. Em conseqüência, essa cavalgada, encabeçada por lorde Rivers e seus sobrinho, Grey, desfilou através de Shrewsbury e Northampton. Haviam atingido Stony Stratford quando souberam que Gloucester e seu aliado, o duque de Buckingham, indo de Yorkshire para Londres, estavam apenas a dez milhas atrás deles. Voltaram para Northampton a fim de cumprimentar os dois duques, aparentemente sem suspeitar de qualquer cilada. Ricardo recebeu-os amavelmente. Jantaram juntos. Na manhã seguinte, porém, houve uma modificação.

Quando despertou, Rivers encontrou as portas das hospedaria fechadas. Perguntou qual a razão dessa precaução. Gloucester e Buckingham enfrentaram-no com olhares ameaçadores e acusaram-no de "tentar pôr distância" entre o rei e eles. Rivers e Grey foram imediatamente feitos prisioneiros. Ricardo cavalgou então com suas forças até Stony Stratford, prendeu os comandantes dos dois mil cavaleiros, forçou passagem até onde estava o jovem rei e disse-lhe que havia descoberto um plano de lorde Rivers e outros para apossar-se do governo e oprimir a velha nobreza. Diante dessa declaração, Eduardo V teve o único ato positivo registrado em seu reinado. Chorou. Fez bem.

Na manhã seguinte, o duque Ricardo apresentou-se novamente a Eduardo. Abraçou-o como um tio; curvou-se diante dele como um súdito. Proclamou-se Protetor. Mandou os dois mil cavaleiros de volta para suas casas; seus serviços não seriam necessários. Para Londres, então! Para o coração! Assim se pôs em marcha essa melancólica procissão.

A rainha, que já estava em Londres, não tinha ilusões. Refugiou-se imediatamente com seus outros filhos em Westminster, fazendo um buraco na parede entre a igreja e o palácio para transportar todos os objetos pessoais que pôde carregar.

A notícia de que o rei estava sob coação causou uma comoção na capital. "Ele ia ser mandado, ninguém sabia para onde, para com ele ser feito o que só Deus sabia."[1] Entretanto. Lorde Hastings tranqüilizou o Conselho, dizendo que tudo estava bem e que qualquer perturbação só poderia retardar a coroação, da qual dependia a paz do reino. O arcebispo de York, que era também "Chancellor", procurou tranqüilizar a rainha. "Coragem, senhora", disse ele, "pois se coroarem qualquer outro homem que não vosso filho que agora tem com eles, no dia seguinte coroaremos seu irmão que tendes convosco." O arcebispo deu-lhe mesmo o Grande Selo como sinal de garantia. Ele não estava em conspiração alguma, mas era apenas um velho tolo procurando segurança em primeiro lugar e paz a qualquer preço. Em seguida, assustado pelo que havia feito, conseguiu obter de volta o Grande Selo.

O rei só chegou a Londres em 4 de maio e a coroação, que havia sido fixada para aquela data, foi necessariamente adiada. Foi alojado no palácio do bispo de Londres, onde recebeu vassalagem de todos os lordes, espirituais e temporais. Entretanto, o Protetor e seus amigos acharam que seria pouco apropriado que o rei ficasse como hóspede de um eclesiástico e, quando os amigos da rainha sugeriram que ele poderia residir no Hospital dos Cavaleiros de São João, em Clerkenwell, Ricardo argumentou que seria mais consentâneo com a dignidade real viver em um de seus próprios castelos e sobre seu próprio terreno. A Torre era uma residência não apenas confortável mas ao mesmo tempo segura em caso de qualquer desordem popular. A esta decisão os lordes do Conselho deram unânime aprovação, uma vez que não seria fácil ou seguro para a minoria discordar. Com muita cerimônia e protestos de devoção, a criança de doze anos foi conduzida à Torre, cujos portões se fecharam às suas costas.

Londres estava fermentando e os magnatas lá reunidos olhavam uns para os outros com dúvidas e temores. O passo seguinte na tragédia envolveu lorde Hastings. Ele desempenhara importante papel nos últimos anos de Eduardo IV. Depois da morte do rei, mostrara-se vigorosamente contra os

---

[1] Sir Thomas More.

Woodville. Contudo, foi o primeiro a desligar-se dos processos de Ricardo. Não convinha a ele, nem a alguns dos outros magnatas, que todo o poder se acumulasse rapidamente nas mãos de Ricardo. Lorde Hastings começou a mostrar-se amigo do partido da rainha, ainda refugiada na Abadia de Westminster. Sobre o que aconteceu em seguida só sabemos realmente que Hastings foi bruscamente preso durante uma reunião do conselho na Torre em 13 de junho e decapitado sem julgamento no mesmo dia. Sir Thomas More, em fins do reinado seguinte, escreveu sua célebre história. Seu livro baseou-se naturalmente, em informações que lhe foram dadas sob o novo e fortemente estabelecido regime. Seu objetivo parece ter sido menos o de compor uma narrativa fatual do que um drama moralista. Nele, Ricardo é a encarnação do mal e Henrique Tudor, o libertador do reino, toda a doçura e luz. Opinião oposta teria sido traição. More não apenas atribui a Ricardo todos os crimes possíveis, e alguns impossíveis, mas também o apresenta como um monstro físico, corcunda e com braços murchos. Ninguém parece ter notado essas deformidades durante a vida de Ricardo, mas elas agora nos são muitos familiares através da peça de Shakespeare. Desnecessário é dizer que, tão pronto a dinastia Tudor caiu, os defensores de Ricardo se puseram a trabalhar e têm estado cada vez mais atarefados desde então.

A história de More, porém, tem prioridade. Temos a famosa cena do Conselho na Torre. Era sexta-feira, 13 de junho. Ricardo chegou à câmara do Conselho cerca de nove horas, aparentemente de bom humor. "Meu lorde", disse ele ao bispo Morton, "tendes morangos muito bons em vossa horta em Holborn. Peço-vos que nos mandeis uma porção deles." O Conselho iniciou seus trabalhos. Ricardo pediu licença por alguns momentos; quando voltou entre dez e onze horas toda sua maneira estava mudada. Franziu os sobrolhos e fitou o Conselho, enquanto grupos de homens armados se reuniam na porta. "Que castigo merece", perguntou o Protetor, "quem conspira contra a vida de alguém tão próximo do rei quanto eu e incumbido do governo do reino?" Houve geral consternação. Hastings disse finalmente que merecia o castigo dos traidores. "Aquela bruxa, a mulher do meu irmão", gritou Ricardo, "e outros com ela – vede como fizeram definhar meu corpo com bruxaria e feitiçaria." Assim dizendo, conta-se que ele desnudou seu braço e mostrou-o ao Conselho, encolhido e murcho, como diz a lenda que era. Em termos furiosos, referiu-se depois a Jane Shore, com quem Hastings havia feito intimidade depois da morte do rei. Hastings, colhido de surpresa, respondeu: "Certamente, se fizeram coisa tão atroz merecem um castigo atroz." "Quê?" gritou o Corcunda. "Falais-me em 'se' e 'e'"? Eu vos digo que eles fizeram e que eu cobrarei sobre vosso corpo, traidor!" Bateu com o punho na mesa do Conselho e a este sinal os homens armados entraram correndo, gritando "Traição!" Hastings, o bispo Morton e o arcebispo de York com alguns outros foram capturados. Ricardo mandou que Hastings se preparasse para a morte imediata. "Eu não jantarei enquanto não tiver sua cabeça." Mal houve tempo para encontrar um padre. Sobre um tronco de árvore que havia por acaso no pátio da Torre, Hastings foi decapitado. O terror reinou.

Ricardo ordenou a seus vassalos no Norte que viessem para Londres em armas sob o comando de seu leal lugar-tenente, Sir Richard Ratcliffe. Apanhou os lordes Rivers, Vaughan e Grey, assim como os comandantes dos dois mil cavalheiros nos castelos onde estavam internados e, em Pomfret, cortou-lhes a cabeça alguns dias depois de Hastings ter sido morto. Essas execuções são um fato indiscutível.

Entrementes, a rainha e seu filho restante ainda se encontravam refugiados em Westminster. Ricardo achou que seria mais natural os dois irmãos ficarem juntos sob seus cuidados e fez com que o expurgado Conselho pedisse à rainha que o entregasse. O Conselho previu o emprego de força em caso de recusa. Não tendo outra alternativa, a rainha submeteu-se e o pequeno príncipe de nove anos foi entregue em Westminster Hall ao Protetor, que o abraçou afetuosamente e o conduziu para a Torre, de onde ele e seu irmão jamais tornariam a sair.

Os bandos do Norte de Ricardo estavam agora se aproximando de Londres em número considerável, sendo esperados muitos milhares. Ricardo considerou-se suficientemente forte para dar o passo seguinte. A coroação de Eduardo V fora adiada por várias vezes. Um pregador chamado Shaw, irmão do prefeito de Londres, um dos partidários de Ricardo, foi incumbido de fazer um sermão em St. Paul's Cross. Extraindo seu texto do *Livro da Sabedoria*, "Os deslizes bastardos não tomarão raízes profundas", impugnou o casamento de Eduardo IV com Elizabeth Woodville por diversas razões, inclusive bruxaria, violação do alegado compromisso matrimonial anterior com Eleanor Butler e a afirmação de que a cerimônia fora realizada em lugar não consagrado. Argumentou daí que os filhos de Eduardo eram ilegítimos e que a coroa pertencia por justiça a Ricardo. Reviveu mesmo a insinuação de que o próprio Eduardo IV não fora filho de seu pai. Ricardo apareceu, então, acompanhado por Buckingham, esperando com certeza ser publicamente aclamado. Entretanto, diz More, "o povo estava tão longe de gritar "Rei Ricardo!" que ficou como que transformado em pedra pelo espanto que lhe causou esse vergonhoso sermão". Dois dias mais tarde, o duque de Buckingham tentou por sua vez e, segundo uma testemunha ocular, foi tão eloqüente e bem ensaiado que não parou sequer para cuspir. Mais uma vez, porém, o povo permaneceu mudo e apenas alguns dos servidores do duque ergueram seus chapéus, gritando "Rei Ricardo!"

Ainda assim, em 25 de junho, o Parlamento reuniu-se e, depois de receber um pergaminho, declarando que o casamento do rei com Elizabeth absolutamente não fora um casamento e que os filhos de Eduardo eram bastardos, pediu a Ricardo que assumisse a Coroa. Uma delegação, chefiada pelo duque de Buckingham, procurou Ricardo, que estava hospedado em casa de sua mãe, cuja virtude ele havia difamado. Com apropriada modéstia, Ricardo recusou persistentemente; mas quando Buckingham lhe assegurou a determinação em que estavam de não permitir que os filhos de Eduardo reinassem e afirmou que, se ele não se dispusesse a servir ao país, seriam forçados a escolher algum outro nobre, Ricardo deixou que o apelo ao serviço público vencesse seus escrúpulos de consciência. No dia seguinte, foi entronizado, com muita cerimônia. Ao mesmo tempo, as forças que Ratcliffe enviara do Norte foram passadas em revista em Finsbury Fields. Verificou-se que tinham um efetivo de cerca de cinco mil homens, "mal aparelhados... com equipamento enferrujado, nem cuidado nem polido". A cidade sentiu-se aliviada ao descobrir que as notícias sobre seu poderio e seu efetivo eram exageradas.

A coroação do rei Ricardo III foi marcada para 6 de julho, e cortejos procissões distraíram o público inquieto. Como ato de clemência, Ricardo libertou da prisão o arcebispo de York e transferiu o bispo Morton de Ely para a mais confortável custódia de Buckingham. A coroação foi celebrada com toda a pompa e esplendor possíveis. Importância particular foi atribuída ao aspecto religioso. O arcebispo Bourchier colocou as coroas nas cabeças do rei e da rainha; ambos foram ungidos com óleo; receberam o Sacramento na presença da assembléia e, finalmente, compareceram a um banquete em

Westminster Hall. O rei tinha agora um título reconhecido e confirmado pelo Parlamento, e dentro da teoria da bastardia dos filhos de Eduardo ele era também o sucessor lineal pelo sangue. Assim, todo o plano parecia ter sido executado. Todavia, a partir desse momento, iniciou-se aquela acentuada desconfiança e hostilidade de todas as classes em relação ao rei Ricardo III, que todas as suas artes e competência não conseguiram vencer "Resultou que", diz o cronista contemporâneo Fabiano, "assim que este homem assumiu, ele incorreu em grande ódio por parte da maioria dos nobres do seu reino, a tal ponto que aqueles que antes o amavam e o louvaram... agora murmuravam e resmungavam contra ele de tal modo que raros ou ninguém favoreciam seu partido, a não ser pelo medo ou pelos grandes presentes dele recebidos."

Afirmam os defensores do rei Ricardo que a versão Tudor sobre esses acontecimentos prevaleceu. No entanto, o povo inglês que vivia na época e tomava conhecimento dos acontecimentos dia-a-dia formou suas convicções dois anos antes que os Tudors conquistassem o poder ou fossem realmente um fator proeminente. Ricardo III manteve a autoridade do governo. Contava sua própria história com todas as facilidades de que dispunha e era espontâneo e universalmente descrito. Com efeito, nenhum fato se apresenta de maneira mais indiscutível do que a afirmação de que a esmagadora maioria da nação estava convencida de que Ricardo usara seus poderes como Protetor para usurpar a coroa e que os príncipes haviam desaparecido na Torre. Serão necessários muitos e engenhosos livros para erguer esta questão à dignidade de uma controvérsia histórica.

Nenhum homem fizera mais para levar Ricardo ao trono do que o duque de Buckingham e a nenhum o rei conferiu maiores dádivas e favores. Entretanto, durante os primeiros três meses do reinado de Ricardo, Buckingham, de seu principal adepto, passou a ser seu inimigo mortal. Seus motivos não são claros. Talvez ele não desejasse tornar-se cúmplice do que previa como o ato final de usurpação. Talvez temesse pela sua própria segurança, pois não tinha ele também sangue real? Descendia de Eduardo III, tanto através dos Beauforts como de Thomas de Woodstock. Acreditava-se que, quando a família Beaufort fora legitimada por cartas-patente no reinado de Ricardo II, confirmadas por Henrique IV, houvera uma ressalva que a tornava incapaz de herdar a coroa. Todavia essa ressalva não fazia parte do documento original e só fora escrita durante o reinado de Henrique IV. O duque de Buckingham, como um Beaufort por parte de sua mãe, possuía as cartas-patente originais com o Grande Selo, confirmadas pelo Parlamento, nas quais não era mencionada tal proibição. Embora guardasse esse segredo com toda a necessária prudência, devia agora considerar-se como um pretendente potencial à Coroa e não podia sentir-se nada seguro se Ricardo assim também o considerasse. O espírito de Buckingham estava perturbado pelo conhecimento de que toda a cerimônia e o vigor com que se realizara a .elevação de Ricardo ao trono não haviam afetado o sentimento geral no sentido de que ele era um usurpador. Em seu castelo em Brecknock, começou a falar melancolicamente com seu prisioneiro, o bispo Morton; e o bispo, que era um mestre na arte da persuasão e um consumado político, sem dúvida conquistou grande domínio sobre ele.

Entrementes, o rei Ricardo começava a avançar de Oxford através dos Midlands. Em toda cidade esforçava-se por causar a melhor impressão, reparando injustiças, solucionando disputas, concedendo favores e cortejando a popularidade. Apesar disso, não podia fugir à impressão de que, por trás das manifestações de gratidão e lealdade, que naturalmente o envolviam, havia um desafio silencioso à sua Realeza. Pouco se fazia para ocultar isso no Sul. Em Londres, Kent, Essex e em todos os Home Counties havia um forte sentimento contra ele e nos lábios de todos os homens estava o pedido para que o príncipe fosse libertado. Ricardo ainda não suspeitava que Buckingham, que dele se separara em Gloucester, tivesse qualquer sério descontentamento. Todavia, ele se sentia ansioso pela segurança de sua coroa. Como poderia conservá-la enquanto seus sobrinhos vivessem e servissem como ponto de concentração de qualquer combinação de forças hostis a ele? Chegamos assim ao principal crime que foi posteriormente associado ao nome de Ricardo. Seu interesse é claro. Seu caráter era impiedoso. É certo que as indefesas crianças na Torre não foram mais vistas depois do mês de julho de 1483. No entanto, alguns nos pedem para acreditar que elas definharam no cativeiro, sem ser levadas à morte por Henrique Tudor.

De acordo com a história de Sir Thomas More, Ricardo resolveu em julho extirpar a ameaça à sua paz e soberania representada pelos príncipes. Enviou um mensageiro especial, chamado John Green, a Brackenbury, o

Condestável de Torre, com ordem para dar um fim aos príncipes. Brackenbury recusou obedecer. "Em quem pode um homem confiar", exclamou o rei quando Green regressou com suas notícias, "quando aqueles que eu pensava que mais seguramente serviriam sob minhas ordens nada fazem por mim?" Um pajem que ouviu essa explosão recordou ao seu senhor que Sir James Tyrell, um dos antigos companheiros de armas de Ricardo, era capaz de tudo. Tyrell foi enviado a Londres com uma ordem autorizando Brackenbury a entregar-lhe por uma noite todas as chaves da Torre. Tyrell desincumbiu-se de sua cruel missão com toda rapidez. Um dos quatro carcereiros responsáveis pelos príncipes, de nome Forest, mostrou-se disposto e, juntamente com Dighton, criado do próprio Tyrell, praticou o ato. Quando os príncipes estavam dormindo, esses dois assassinos apertaram fortemente os travesseiros em seus rostos até ficarem sufocados e seus corpos foram sepultados em algum canto secreto da Torre. Existem algumas provas de que esses três assassinos foram convenientemente recompensados pelo rei. Entretanto, não foi senão no reinado de Henrique VII, quando Tyrell se encontrava na Torre sob sentença de morte por um crime absolutamente diferente, que se afirma ter ele feito uma confissão na qual, juntamente com muitas outras provas circunstanciais, se baseia a história como a conhecemos.

No reinado de Carlos II, quando em 1674, a escada que leva à capela da Torre Branca foi alterada, os esqueletos de dois rapazes, cujas idades aparentes combinavam com as dos dois príncipes, foram encontrados enterrados sob uma massa de entulho. Foram examinados pelo cirurgião real e os arqueólogos anunciaram que se tratava sem dúvida dos restos de Eduardo V e do duque de York. Carlos aceitou essa opinião e os esqueletos foram reenterrados na Capela de Henrique VII, em Westminster, com uma inscrição em latim que lança toda a culpa sobre seu pérfido tio, "o usurpador do reino". Isso não impediu que vários escritores, entre os quais se destaca Horace Walpole, se tenham esforçado por inocentar Ricardo do crime ou tentado atribuí-lo a Henrique VII, sem qualquer prova além de conjecturas. Entretanto, em nossa própria época, uma exumação confirmou a opinião das autoridades imparciais do reinado do rei Carlos.

Buckingham tornou-se então o centro de uma conspiração contra o rei em todo o Oeste e o Sul da Inglaterra. Havia chegado a uma decisão definitiva quanto à sua própria pretensão à Coroa. Parece ter concluído através de seu conhecimento sobre Ricardo que os príncipes na Torre estavam mortos ou condenados. Encontrou-se nessa época com Margaret, condessa de Richmond, sobrevivente da linhagem Beaufort, e reconheceu que, mesmo se a casa de York fosse inteiramente afastada, tanto ela como seu filho, Henrique Tudor, conde de Richmond, ainda ficariam entre ele e a coroa. A condessa de Richmond, supondo que ele ainda fosse o braço direito de Ricardo, pediu-lhe para conseguir o consentimento do rei ao casamento de seu filho Henrique de Richmond com uma das filhas de Eduardo, Elizabeth, ainda refugiada com sua mãe em Westminster. Ricardo jamais concordaria com tal projeto, que era de fato absolutamente contrário aos seus interesses. Buckingham, porém, viu que tal casamento uniria as pretensões de York e Lancaster, fecharia o abismo que dividira a Inglaterra durante tanto tempo e permitiria formar imediatamente uma tremenda frente com o usurpador.

O pedido popular pela libertação dos príncipes foi seguido por uma notícia sobre sua morte. Quando, como e por qual mão o ato fora praticado eram coisas desconhecidas. Entretanto, à medida que a notícia se espalhava como um incêndio, uma espécie de fúria dominou muitas pessoas. Embora acostumado às brutalidades das longas guerras civis, o povo inglês daqueles tempos ainda conservava a faculdade de horrorizar-se. E, uma vez excitada esta, ele não se esquecia depressa. Um ditador moderno com os recursos da ciência à sua disposição pode facilmente conduzir o público de dia para dia, destruindo toda persistência de pensamento e objetivo, de tal modo que a memória seja nublada pela multiplicidade das notícias diárias e o julgamento confundido pela sua deturpação. No século XV, porém, o assassínio dos dois jovens príncipes pelo próprio homem que se comprometera a protegê-los foi considerado como um crime atroz, que nunca seria esquecido ou perdoado. Em setembro, Ricardo chegou a York e ali elevou seu filho a príncipe de Gales, oferecendo assim aos olhos de seus inimigos a confirmação dos mais sombrios rumores.

Todos os preparativos de Buckingham eram para um levante geral em 18 de outubro. Concentraria suas forças galenses em Brecknock; todos os condados do Sul e do Oeste tomariam armas; e Henrique, conde de Richmond, com o auxílio do duque da Bretanha, desembarcaria na Gales com uma força de cinco mil homens. No entanto, a ira do povo diante dos rumores do assassínio dos príncipes desorganizou esse cuidadoso plano. Em Kent,

Wiltshire, Sussex e Devonshire ocorreram levantes dez dias antes da data marcada; Henrique de Richmond viu-se obrigado a partir da Bretanha com mau tempo em 12 de outubro, de tal modo que sua frota foi dispersada; e quando Buckingham desfraldou sua bandeira em Brecknock, os elementos puseram-se também contra ele. Uma terrível tempestade inundou o vale do Severn e Buckingham viu-se preso na fronteira galense, num distrito que não podia atender às necessidades de seu exército, e incapaz de reunir-se aos rebeldes em Devonshire, como havia planejado.

O rei Ricardo agiu com o máximo vigor. Dispunha de um exército e marchou contra a rebelião. Os levantes esporádicos no Sul foram abafados. As forças de Buckingham desmoronaram-se e ele próprio se ocultou para fugir à vingança. Richmond chegou finalmente às costas da Inglaterra com apenas dois navios e navegou para Oeste em direção a Plymouth, aguardando um sinal que nunca recebeu. Era tanta a incerteza em Plymouth que ele fez cautelosamente novas investigações, em resultado das quais partiu de volta para Bretanha. Buckingham, por cuja cabeça fora oferecido alto preço, foi traído e entregue a Ricardo, que não perdeu uma hora sequer antes de fazê-lo matar. Seguiu-se a série habitual de execução. A ordem foi restabelecida em todo o país e o rei parecia ter-se firmado seguramente sobre o trono.

No ano novo, passou a inaugurar uma série de esclarecidas reformas em todas as esferas do governo. Reviveu o poder do Parlamento, que fora política de Eduardo IV reduzir à nulidade. Declarou ilegal a prática de obter renda por meio de empréstimos forçados. O Parlamento voltou a legislar copiosamente depois de um longo intervalo. O comércio foi protegido por uma série de leis bem intencionadas, embora mal orientadas, e aprovou-se uma lei territorial para regular os "usos" ou, como diríamos hoje, "trusts". Foram feitas tentativas de agradar o clero, confirmando seus privilégios, dotando novas fundações religiosas e ampliando a proteção ao ensino. Dedicava-se grande cuidado às exibições de heráldica e cerimonial. Demonstrava-se magnanimidade pelos adversários tombados e os peticionários em desgraça eram tratados com bondade. Tudo isso, porém, de nada adiantou. O ódio que o crime de Ricardo despertara com ele em todo o país continuou soturno e irreprimível; nenhum benefício concedido, nenhuma medida sagaz adotada, nenhum êxito administrativo poderia beneficiar o monarca culpado.

Um impulsivo cavalheiro, um certo Collingbourne, ex-xerife de Worcester, estava tão enfurecido contra o rei que fez pregar na porta de St. Paul's uma rima de pés quebrados que havia composto:

> "The Catte, the Ratte, and Lovell our dogge
> Rulyth all Englande under a Hogge".[2]

Catesby, Ratcliffe, o visconde Lovell e Ricardo, cuja insígnia era uma javali, sentiram-se ofendidos. Não foi apenas por isso, todavia, que Collingbourne sofreu uma morte atroz no fim de um ano. Era sem dúvida um rebelde, ativamente empenhado em conspiração.

A própria alma de Ricardo revoltou-se contra ele. Era perseguido por temores e sonhos. Via a represália aguardando em todo canto. "Eu soube por informação digna de crédito", diz Sir Thomas More, "através de gente que mantinha segredo com seus camareiros, que depois desse ato abominável ele nunca mais teve paz de espírito, nunca mais se julgou seguro. Quando ia ao estrangeiro, seus olhos giravam de um lado para outro, seu corpo privadamente cercado, sua mão sempre sobre o punhal, seu semblante e suas maneiras como as de alguém sempre pronto a atacar de novo. Repousava mal à noite, ficava muito tempo acordado e cismarento; extremamente cansado pelos cuidados e pela vigilância, mais modorrava do que dormia. Perturbado por sonhos aterrorizadores, às vezes acordava repentinamente, saltava de sua cama e corria pelo quarto. Assim era seu inquieto coração continuamente agitado e martelado pela tediosa impressão e pela tempestuosa recordação de seu mais abominável feito."

Um terrível golpe atingiu então o rei. Em abril de 1484, seu único filho, o príncipe de Gales, morreu em Middleham, e sua esposa, Anne, a filha do fazedor de rei, cuja saúde estava abalada, não podia mais ter filhos. Henrique

---

[2] "O Gato, o Rato e Lovell nosso cão
Governam toda a Inglaterra sob um Porco".

Tudor, conde de Richmond, tornou-se então evidentemente o pretendente e sucessor rival ao trono. Richmond, "a coisa mais próxima de realeza que o partido lancastriano possuiu", era um galense, cujo avô, Owen Tudor, executado pelos yorkistas em 1461, se casara (se efetivamente se casara) com a viúva de Henrique V, Catarina da França, e cujo pai Edmund se havia casado com Lady Margaret Beaufort. Assim, Richmond podia, através de sua mãe, traçar sua ascendência até Eduardo II e do lado de seu pai tinha nas veias sangue real francês, assim como uma nebulosa pretensão a descendente de Cadwallader e dos antigos e lendários reis da Grã-Bretanha, inclusive o rei Artur. Sua vida fora passada em meio de incessantes dificuldades. Durante sete anos, na infância, ficara sitiado no Castelo de Harlech. Aos catorze anos de idade, por ocasião da derrota dos lancastrianos em Tewkesbury, fora obrigado a fugir para a Bretanha. Depois disso, o exílio e a privação haviam sido sua sorte. Essas provações haviam deixado sua marca sobre seu caráter, tornando-o astucioso e suspeitoso. Isso, porém, não prejudicava um espírito orgulhoso nem entorpecia uma mente sábia e dominadora. Não lançava também sombra sobre seu semblante, que era, segundo nos contam, "sorridente e amável, especialmente em suas comunicações".

Todas as esperanças da Inglaterra voltavam-se agora para Richmond e era evidente que o casamento que se projetava entre ele e a filha mais velha de Eduardo IV, Elizabeth, oferecia a perspectiva de terminar para sempre a cruel luta dinástica de que o país estava insuportavelmente cansado. Depois do malogro da rebelião de Buckingham, Richmond e sua expedição haviam voltado à Bretanha. O duque de Bretanha, há muito seu amigo, concedeu novamente abrigo e sustento ao exilado e ao seu grupo de talvez quinhentos ingleses de classe. Entretanto, a diplomacia do rei Ricardo estava ativa. Ofereceu uma grande importância em dinheiro pela entrega de seu rival. Durante a doença do duque de Bretanha, o ministro bretão Landois sentiu-se disposto a vender o valioso refugiado. Richmond, porém, suspeitando do perigo, escapou por um fio, galopando doidamente para a França, onde, de acordo com a política geral de conservar vivas as disputas inglesas, foi bem recebido pela regente francesa, Ana. Entrementes, o duque da Bretanha, recuperando a saúde, reprovou seu ministro e continuou a abrigar os exilados ingleses. Na França, juntou-se a Richmond o conde de Oxford, principal sobrevivente do partido lancastriano, que havia fugido após um aprisionamento de dez anos e mergulhara de novo na velha luta.

À medida que passavam os meses, muitos ingleses preeminentes, tanto yorkistas como lancastrianos, afastaram-se da funesta presença de Ricardo e encaminharam-se para Richmond, que a partir de então ficou sendo o chefe de uma combinação que bem poderia ter unido toda a Inglaterra. Sua esperança repousava no casamento com a princesa Elizabeth. Entretanto, Ricardo não se mantivera ocioso nesse setor. Antes da rebelião havia tomado providências para impedir que Elizabeth fugisse de seu refúgio e da Inglaterra. .Em março de 1484, fez propostas de reconciliação à Rainha Viúva, Senhora Elizabeth Grey, como a chamava. A infeliz rainha não repeliu suas propostas. Ricardo prometeu em solene documento "por sua honra como rei" prover o sustento da ex-rainha e casar convenientemente suas filhas com cavalheiros. Esse notável documento teve como testemunhas não apenas os Lordes Temporais e Espirituais, mais ainda o prefeito e os vereadores de Londres. Apesar do passado, a rainha precisava confiar-se a isso. Deixou seu refúgio. Esqueceu-se do noivado de sua filha com Richmond. Ela e as princesas mais velhas foram recebidas na Corte de Ricardo e tratadas com excepcional distinção. Na corte de Natal em Westminster, em 1484, grandes festejos foram realizados. Notou-se que as roupas fornecidas à Senhora Elizabeth Grey e suas filhas eram quase reais em seu estilo e em sua riqueza. O estigma de bastardia tão recentemente aplicado aos filhos de Eduardo e o horrível segredo da Torre foram esquecidos. Embora a ameaça de invasão fosse constante, a alegria e as danças dominavam a cena. A "Senhora Elizabeth" chegou mesmo a escrever a seu filho do primeiro matrimônio, o marquês de Dorset, então em Paris, que abandonasse Richmond e voltasse para casa a fim de partilhar dos favores recém-conquistados.

Mais surpreendente ainda, a princesa Elizabeth pareceu não ter sido de maneira alguma hostil às atenções do usurpador. Em março de 1485, a rainha Ana morreu, provavelmente de causas naturais. Circularam então rumores de que Ricardo pretendia casar-se com a própria sobrinha, a fim de conservar Richmond afastado de seu caminho. Essa união incestuosa poderia ter sido efetuada por dispensa papal, mas Ricardo desmentiu qualquer intenção nesse sentido, tanto no Conselho como em público. É difícil mesmo ver como poderia sua posição ser fortalecida pelo casamento com uma princesa que ele declarava ilegítima. Seja como for, Richmond ficou assim aliviado de uma grande ansiedade.

Durante todo a verão, a expedição de Richmond esteve sendo preparada na embocadura do Sena e era incessante o êxodo de pessoas importantes de Inglaterra para juntar-se a ele. O "suspense" estava desgastando Ricardo. Sentia que estava cercado de ódio e desconfiança, e que ninguém o servia senão pelo medo ou pela esperança de favores. Seu caráter obstinado e indomável levava-o a travar pela sua coroa a maior de todas as suas lutas. Estabeleceu seu quartel-general numa boa posição central em Nottingham. Comissões de convocação e alistamento receberam ordens para chamar homens às armas em quase todos os condados. Afastando-se por necessidade dos preceitos que ele próprio estabelecera no ano anterior, pediu uma "benevolence" ou "malevolence", como foi chamada, de trinta mil libras. Organizou uma força regular disciplinada. Estacionou cavaleiros de vinte em vinte milhas, permanentemente, ao longo das grandes rodovias para trazer notícias e levar ordens com uma rapidez organizada até então desconhecida na Inglaterra. Esse importante desenvolvimento no sistema postal havia sido inaugurado por seu irmão. À frente de suas tropas, Ricardo patrulhava incessantemente a área de Midland, procurando intimidar pela força e abrandar por bom governo os seus taciturnos súditos. Expôs sua causa numa veemente proclamação, em que denunciava "... um certo Henry Tydder, filho de Edmund Tydder, filho de Owen Tydder", de sangue bastardo tanto por parte de seu pai como de sua mãe, que por sua ambição e cobiça pretende a coroa, "para deserdar e destruir todo o sangue nobre e venerável deste reino para sempre". Entretanto, isso não causou entusiasmo.

Em 1.º de agosto, Richmond embarcou em Harfleur com seus ingleses, tanto yorkistas como lancastrianos, e um corpo de tropas francesas. Um vento favorável levou-o Canal abaixo. Desviou-se dos esquadrões de Lovell, dobrou Land's End o desembarcou em Milford Haven no dia 7. Ajoelhando-se, recitou o salmo *Judica me, Deus, et decerne causam meam*. Beijou o chão, fez o sinal da Cruz e deu ordem de avançar em nome de Deus e de São Jorge. Contava apenas com dois mil homens, mas eram tantas as suas garantias de apoio que imediatamente proclamou Ricardo usurpador e rebelde contra ele próprio. Os galenses ficaram satisfeitos com a perspectiva de alguém de sua raça suceder à coroa da poderosa Inglaterra. Há séculos esse era um sonho nacional. Os antigos britânicos recuperariam sua coroa. O principal chefe e oficial de Ricardo, Rhys ap Thomas, considerou-se a princípio impedido, por seu juramento de lealdade, de ajudar o invasor. Declarou que nenhum rebelde entraria na Gales, "a não ser que passasse sobre sua barriga". Recusou-se, porém, a mandar seu único filho a Nottingham como refém, assegurando a Ricardo que nada podia obrigá-lo com mais força do que sua própria consciência. Isso se tornou então um obstáculo. Entretanto, o bispo de St. David's protificou-se a absolvê-lo de seu juramento e sugeriu que ele poderia, se ainda se sentisse desassossegado, deitar-se no chão diante de Ricardo e deixar que ele efetivamente passasse sobre sua barriga. Um processo mais digno, mas igualmente satisfatório, foi adotado. Rhys ap Thomas permaneceu embaixo da ponte de Molloch, perto de Dale, enquanto Henrique de Richmond caminhava por cima dela. A alta sociedade rural galense aderiu em número moderado a Richmond, que desfraldou não apenas o estandarte de São Jorge, mas também o Dragão Vermelho de Cadwallader. Com cinco mil homens avançou então para Leste, através de Shrewsbury e Stafford.

Apesar de todos seus postos de cavaleiros, transcorreram cinco dias antes que o rei tivesse conhecimento do desembarque. Reuniu seu exército e marchou para enfrentar seu inimigo. Neste momento, a atitude dos Stanleys adquiriu decisiva importância. Eles haviam sido incumbidos pelo rei da missão de interceptar os rebeldes se estes desembarcassem no Oeste. Sir William Stanley, com alguns milhares de homens, não fez tentativa alguma nesse sentido. Ricardo intimou então lorde Stanley, o chefe da casa, a comparecer à sua Corte e, quando esse potentado declarou estar "doente da moléstia do suor", capturou lorde Strange, seu filho mais velho, para fazer com que ele respondesse com sua vida pela lealdade de seu pai. Isso não impediu que Sir William Stanley com os recrutas de Cheshire mantivesse contato amistoso com Richmond. Contudo, lorde Stanley, esperando salvar seu filho, manteve até o último momento um procedimento incerto.

A cidade de York, nesta ocasião, estava com a causa yorkista. O duque de Norfolk e Percy, conde de Northumberland, eram os principais adeptos de Ricardo. Catesby e Ratcliffe não tinham esperança de viver senão pela vitória de seu senhor. Em 17 de agosto, assim auxiliado, o rei avançou em direção a Leicester à frente de seu exército. Suas fileiras em ordem, em colunas de três, com a cavalaria em ambos os flancos e o rei montado em seu grande cavalo branco no centro, causavam uma formidável impressão aos observadores. E quando, no domingo, dia 21, toda essa formação chegou a Leicester para enfrentar Richmond perto da aldeia de Market Bosworth, havia certeza de que uma batalha decisiva seria travada no dia seguinte.

As aparências favoreciam o rei. Tinha dez mil homens disciplinados sob a autoridade real contra cinco mil rebeldes apressadamente reunidos por Richmond. Entretanto, a alguma distância dos flancos do exército principal, em cumes opostos, permaneciam as respectivas forças, principalmente de Lancashire e Cheshire, de Sir William Stanley e lorde Stanley, toda a situação assemelhando-se, como já foi dito por alguém, a quatro jogadores num jogo de cartas. Ricardo, de acordo com os historiadores Tudors, embora confessando ter tido uma noite de sonhos horrorosos e assombrados por demônios, dirigiu-se aos seus capitães em magnífico estilo. "Afastai todo medo... Que cada um dê um único golpe certo e o dia será nosso. Que pode fazer um punhado de homens contra todo um reino? Quanto a mim, asseguro-vos que neste dia triunfarei por gloriosa vitória ou sofrerei a morte para fama imortal." Deu então o sinal para a batalha e mandou uma mensagem a lorde Stanley dizendo que, se não investisse, decapitaria instantaneamente o seu filho. Stanley, obrigado a essa cruel escolha, respondeu orgulhosamente que tinha outros filhos. O rei deu ordens para a execução de Strange. Contudo, os oficias, disso encarregados julgaram prudente manter o golpe em suspenso até que as coisas estivessem esclarecidas. "Meu senhor, o inimigo atravessou o pântano. Que o jovem Stanley morra depois da batalha."

Mesmo então Richmond não estava certo sobre que papel lorde Stanley e suas forças desempenhariam. Quando, depois da ação dos arqueiros e dos canhões, as linhas se entrechocaram, todas as dúvidas desapareceram. O conde Northumberland, dominando a esquerda de Ricardo, permaneceu ocioso a distância. A força de lorde Stanley juntou-se a Richmond. O rei viu que tudo estava perdido e, gritando "Traição! Traição!", lançou-se no mais aceso da luta numa tentativa desesperada de abater Richmond com suas próprias mãos. Na verdade, matou Sir William Brandon, porta-estandarte de Richmond, e derrubou Sir John Cheney, um guerreiro famoso por sua força física. Dizem que chegou a alcançar Richmond e cruzar espadas com ele. Nesse momento, porém, os três mil homens de Sir William Stanley, "em casacos tão vermelhos quanto o sangue", caíram sobre os yorkistas em luta.

As marés do conflito separaram os principais contendores. Richmond salvou-se e o rei, recusando fugir, foi derrubado e massacrado como merecia.

"One foot I will never flee, while the breath is my breast withim.
As he said, so did it he – if he lost his life he died a king."[3]

A coroa de Ricardo, que ele usou até o fim, foi apanhada no meio de um arbusto e colocada sobre a cabeça do vencedor. O duque de Norfolk foi morto lutando bravamente; seu filho, lorde Surrey, foi feito prisioneiro; Ratcliffe foi morto; Catesby, depois de autorizado a fazer seu testamento, foi executado no campo de batalha; e Henrique Tudor tornou-se rei da Inglaterra. O cadáver de Ricardo, nu e dilacerado pelos ferimentos, foi amarrado sobre um cavalo, com a cabeça e os compridos cabelos pendendo, sangrentos e horríveis. Nessas condições foi levado a Leicester para que todos os homens o vissem.

Bosworth Field pode ser considerado como encerrando um longo capítulo na história da Inglaterra. Embora continuassem a haver levantes e conspirações durante todo o reinado seguinte, a luta entre a Rosa Vermelha e a Rosa Branca em geral chegou a seu término. Ninguém venceu. Encontrou-se uma solução pela qual os sobreviventes de ambas as causas puderam reconciliar-se. O casamento de Richmond com a adaptável princesa Elizabeth produziu a linhagem Tudor, na qual tanto yorkistas como lancastrianos tiveram participação. Os vingativos fantasmas de duas gerações mutiladas foram sepultados para sempre. A morte de Richmond encerrou também a linhagem Plantagenet. Durante mais de trezentos anos, essa forte raça de reis guerreiros e estadistas, cujos dotes e vícios foram na mais ampla escala, cuja noção de autoridade e império foi persistentemente mantida, desapareceu então das fortunas da Ilha. Os Plantagenets e a orgulhosa e exclusivista nobreza que seu sistema criou reduziram-se a pedaços. As cabeças da maioria das casas

---

[3] – "Jamais recuarei um pé, enquanto no meu peito houver um sopro de vida. E como disse, assim o fez – se perdeu a vida, morreu como um rei."

nobres foram cortadas e seus membros extirpados até a segunda e terceira gerações. Uma oligarquia cujas paixões, lealdades e crimes escreveram durante muito tempo a história da Inglaterra foi destruída. Rebentos das linhagens femininas ou bastardas estabeleceram discutíveis contatos com uma idade desaparecida. Como disse Coração de Leão a respeito de sua casa: "Do Diabo nascemos e para o Diabo iremos".

Em Bosworth, as Guerras das Rosas atingiram seu marco final. No século seguinte, os súditos dos Tudors gostavam de considerar que a Idade Média também havia chegado ao seu fim em 1485 e que uma nova era amanhecera com a ascensão de Henrique Tudor. Os historiadores modernos preferem acentuar que não existem linhas divisórias marcantes neste período de nossa história e que Henrique VII continuou e consolidou muito do trabalho dos reis yorkistas. Sem dúvida, o prolongamento da luta, do desperdício e da insegurança no século XV despertou em todas as classes um irresistível desejo de governo forte e ordeiro. A concepção parlamentar que prevalecera sob a casa de Lancaster conquistara muitas fronteiras de direitos constitucionais. Esses direitos entraram agora em longo período de inatividade. Somente no século XVII é que as velhas máximas "Queixas antes de suprimentos", "Responsabilidade dos ministros de acordo com a vontade pública", "A coroa como serva e não senhora do Estado" surgiram novamente à luz e, quando isso aconteceu, houve o resplendor de um novo dia. A agitação da Renascença e a tempestade da Reforma lançaram seus problemas sobre os perplexos, mas também reinspirados mortais da nova era em que a Inglaterra entrou sob a orientação do sábio, melancólico e cuidadoso monarca que iniciou a ditadura Tudor com o nome de rei Henrique VII.

Este livro foi impresso
no processo CtP pela
Ferrari Editora e Artes Gráficas
em Agosto de 2005